徐復觀著

增訂 兩漢思想史

卷二

臺灣學生書局印行

自序

我在一九七二年三月，由香港新亞研究所出版了周秦漢政治社會結構之研究（註），是作爲計劃中的兩漢思想史的背景篇而寫的，所以可稱爲兩漢思想史卷一。此處所彙印的七篇專論，便稱爲兩漢思想史卷二。因爲我要繼續寫下去，預定還有卷三卷四的印行。

我曾指出過，兩漢思想，對先秦思想而言，實係學術上的鉅大演變。不僅千餘年來，政治社會的局格，皆由兩漢所奠定。所以嚴格地說，不了解兩漢，便不能澈底了解近代。即就學術思想而言，以經學史學爲中心，再加以文學作輔翼，亦無不由兩漢樹立其骨幹，後人承其緒餘，而略有發展。一般人視爲與漢學相對立的宋明理學，也承繼了漢儒所完成的陰陽五行的宇宙觀、人生觀；而對天人性命的追求，實亦順承漢儒所追求的方向。治中國思想史，若僅著眼到先秦而忽視兩漢，則在「史」的把握上，實係重大的缺憾。何況乾嘉時代的學者們，在精神、面貌、氣象、規模上，與漢儒天壤懸隔。却大張「漢學」之幟，以與宋儒相抗，於是兩漢的學術思想，因乾嘉以來的所謂「漢學」而反爲之隱晦。我以流離瑣尾的餘年，治舉世禁忌不爲之舊學，也有一番用心所在。

這幾年來，頗有好學之士，向我問到治思想史的方法。在這裡特鄭重說一句：我所用的，乃是一種笨方法。十年以前，我把閱過的有關典籍，加以注記，先後由幾位東海大學畢業的同學爲我摘抄了約四十多萬字，其中有關兩漢的約十多萬字。等到我要正式拿起筆來時，發現這些摘抄的材料，並不能構成寫論文的基礎。於是又把原典拿到手上，再三反復；並盡可能的追尋有關的材料，這樣才慢慢的形成觀點，建立綱維；有的觀點、綱維，偶得之於午夜夢回，在床上窮思苦索之際。卽使是如此，也只能說我的文章，在治學的途轍上，稍盡了點披荆斬棘之勞，斷乎不敢說沒有犯下錯誤。李唐有自咏其畫之句謂「看之容易畫時難」。二十多年來，才漸漸識得一個「難」字。

只有在發展的觀點中，才能把握到一個思想得以形成的線索。只有在比較的觀點中，才能把握到一種思想得以存在的特性。而發展比較兩觀點的運用，都有賴於分析與綜合的工力。我的這種工力雖然不敢說完全成熟，但每寫一文時，總是全力以赴，以期能充分運用發展與比較的觀點。這可能是我向讀者所提供的一點貢獻。

這七篇文章，都是作爲獨立性的論文來寫的，所以重複甚至論點不大一致的地方，在所難免。這只有期待全書寫成後，作一次總的調整。幾十年來，把王充的分量過分誇張了。本書中的王充論考一文，目的在使他回到自己應有的位置。在這種揭破的工作中，應當引起研究者乃至讀者自身對感情與理智的反省。就東漢思想而言，王充的代表性不大。所以我把西漢還有幾篇文章寫完後，便接著寫東漢的一羣思想家。

此書曾經香港中文大學印行。這裏增加了兩篇文章，並訂正若干內容，恢復被中文大學出刊組删去的側線，由學生書局的朋友，印行增訂版，實感厚意。又本書訂正部份，多得力於友人劉殿爵教授的教示，感佩難忘。一九七五年十二月十日浠水徐復觀序於九龍寓所。

（註）此書增加了兩篇重要文章後，於一九七四年五月，由臺灣學生書局出臺灣版。

目錄

先秦儒家思想發展中的轉折及天的哲學大系統的建立
——董仲舒春秋繁露的研究

揚雄論究

王充論考

王充論考

呂氏春秋及其對漢代學術與政治的影響

一、呂氏春秋內容之檢別

一般地說，經學是兩漢學術的骨幹；也是支持、規整兩漢政治的精神力量。但兩漢人士，許多是在呂氏春秋影響之下來把握經學；把呂氏春秋對政治所發生的鉅大影響，即視爲經學所發生的影響；離開了呂氏春秋，即不能了解漢代學術的特性，這點却被人忽畧了。所以爲了打開探索兩漢學術思想特性之門戶，便應先從呂氏春秋所及於兩漢學術與政治的影響開始。當然，兩漢思想，除儒家以外，還有其他思想的重大影響。例如道家思想，在四百年中，一直是一支巨流。而管子一書，對西漢前期的影響也相當鉅大，其中有的便成篇於漢初。法家對兩漢也一直保持一個有力的傳承的系統。但第一，道法各家的影響，是界域分明，因而也是有一定範圍的影響；不是像呂氏春秋那樣，以摻透融和之力，發生了幾乎是無孔不入的影響。第二，各家的影響，都是統系分明，言者不諱，易爲人所把握。但司馬遷劉向們，雖然都很重視呂不韋；可是在一般反秦風氣之下，大家都諱其思想之所自出，故這樣大的影響，却無人公開加以承認。所以値得特別提出來加以研究。

呂氏春秋，是對先秦經典及諸子百家的大綜合。我約畧統計一下，引詩者十五，引逸詩者一。引書者十，其中稱書者一，稱商書者二，稱仲虺者一，稱洪範者二，稱周書者三，稱書而不明所出者一。引商箴周箴者各一。引易者四。述春秋者一。與政治有關之禮，則皆組入十二紀中。仲夏紀季夏紀言音樂，多與禮記中之樂記相通。引論語者一，引孝經者一。在諸子百家方面，呂氏春秋全書，係統合儒、道、墨、陰陽五家思想而成；因含有反對秦國當時所行法家之治的深刻意味，故一字不提法家外；其餘被它個別提到的，孔子者二十四。墨子者六，孔墨並稱者八。又多次提到孔墨的許多弟子。提到老子者四。孔老並稱者一。提到莊子者二，列子者二，詹何者三，子華子者五，田駢者二。尹文、愼子、田子方、管子者各一。提到出於鄒衍之後，與鄒衍系統有密切關連之黃帝者十一。提到鄧析者一，惠施者六，公孫龍者四。提到白圭者三，提到農家的神農，后稷者各二。裡面還有採用了他人的思想而未出其名者更多，有如孟子荀子即其一例。而我這裡擧出的姓名和數字，只是粗畧的統計，必有不少遺漏的。但即此已可推見其內容的宏富。

由上面簡單地陳述，可以了解呂氏春秋，應當從各個不同的角度，來作重新發現性的研究。例如其中包含大量的古代史料，便值得與同一史料，但分見於先後或同時的各種典籍的，作一番比較性的研究。至於站在思想史的立場，應當把各種有關資料作比較而精密的處理，更不待說。同時，在一篇論文裡，幾乎不能包括每一重要角度的觀點，也是非常明白的。本論文的目的，是站在呂氏門客的立場，來檢別出其中他們認爲最重要的部分，由此以討論它所給與兩漢學術及政治上的影響。我所以用「檢別」兩個字，因爲卽使識力卓絕的司馬遷，他所把握的呂氏春秋的重點，或者說是骨幹，可能便與呂氏門客們自己衡定的，並不相符。這裡應順便提破一點，構成內容骨幹部分的，在今日看來，不一定是全書中最有價值的部分。

史記卷八十五呂不韋列傳：

「莊襄王元年，以呂不韋爲丞相，封爲文信侯……莊襄王卽位三年薨，太子政立爲王，尊不韋爲相國，號稱仲父……當是時，魏有信陵君，楚有春申君，趙有平原君，齊有孟嘗君，皆下士，喜賓客，以相傾。呂不韋以秦之强，羞不如，亦招致士，厚遇之，至食客三千人。是時諸侯多辯士，如荀卿之徒，著書布天下。呂不韋乃使其客人人著所聞，集論以爲八覽六論十二紀，二十餘萬言，以爲備天地萬物古今之事，號曰呂氏春秋。布咸陽市門，懸千金其上，延諸侯游士賓客有能增損一字者予千金。」

按史公所重者在「備天地萬物古今之事」，故先八覽六論而後十二紀。在答任安書中謂「不韋遷蜀，世傳呂覽」，這很明顯地是以八覽概括全書。然史公所見，與呂不韋自身之所期，頗有出入。呂氏春秋有序意一篇，不綴於全書之後，而綴於十二紀之末；且自名其書爲「春秋」，正係綜括十二紀以立名；則在呂氏及其門客的心目中，此書的骨幹，是十二紀而不是八覽六論，至爲明顯。序意（註一）說：

「維秦八年（註二），歲在涒灘，秋甲子朔，朔之日，良人請問十二紀。文信侯曰，嘗得黃帝之所以誨顓頊矣。爰有大圜在上，大矩在下。汝能法之，爲民父母。蓋聞古之清世，是法天地。凡十二紀者，所以紀治亂存亡，所以知壽夭吉凶也。上揆之天，下驗之地，中審之人，若此，則是非可不可，無所遁矣」。

上面一段話，正概括了十二紀的內容；而其著十二紀之目的，乃以秦將統一天下，而預爲其建立政治上之最高原則。其十二紀所不能盡，或尚須加以發明補充者，乃爲八覽六論以盡其意。八覽之八，我以爲殆指的是八方。有始覽中之所謂「九野」，除中央外，實已舉八方以爲言；所謂「八風」，實指八方之風。則八覽云者，乃極八方之觀覽。六論之六，我以爲殆指的是六合。莊子齊物論「六合之外，聖人存而不論」。則六論者，乃窮極六合之論。八覽六論的性格，正如史公之所謂「備天地萬物古今之事」。不僅呂氏的主要用心並不在此。並且因爲他們太喜愛數字上整齊的形式，於是全書都有分其所不必分，重其所不必重，以牽就整齊的數字形式。全書到了六論，在內容上似乎有蹶竭之感。

今人楊樹達，著有讀呂氏春秋記。其中頗多精義。但他在讀呂氏春秋書後一文中謂「古人著書，自序必殿居全書之末，何以呂氏書不爾？及讀史記，而後知今本呂氏春秋經後人易置其次，非呂氏書之舊也。請以五證明之」。楊氏長於訓詁而不諳於思想，不能把握當時呂氏及其門客思想之骨幹及其淵源，故其所舉五證，皆不足置辯。

二、鄒衍學派與呂氏春秋十二紀紀首

十二紀是綜貫天地人以建立政治的最高原則，這表現了他們很大的野心。要對此作一確切地了解，應當自鄒衍的思想說起；因爲十二紀的成立，是鄒衍的陰陽五行思想發展的結果。

甲、有關鄒衍的若干考查

有關鄒衍最可靠的紀錄，還只有史記的孟子荀卿列傳裡面的材料。因爲鄒衍在西漢是一種顯學，所以史公在孟荀列傳中費了相當大的篇幅來寫他的生平與思想。孟荀列傳：

「齊有三騶（與鄒同）子。其前騶忌，以鼓琴干威王……先孟子。其次騶衍，後孟子。……是以騶子重於齊。適梁，惠王郊迎，執賓主之禮。適趙，平原君側行襒席。如燕，昭王擁彗先驅，請列弟子之座而受業。築碣石宮，身親往事之。」

按上面所說的「在孟子前」，「在孟子後」，是史公有意以孟子作時間的定位。我們考查鄒衍的生平，應以此爲準。史記卷四十四魏世家「惠王數敗於軍旅，卑禮厚幣以招賢者，鄒衍淳于髡孟軻皆至梁」。

卷四十六田敬仲完世家，「威王卒，子宣王辟彊立……喜文學遊說之士。自如鄒衍淳于髡愼到環淵之徒，七十六人，皆賜第爲上大夫」。這都是泛叙，沒有各人時間先後的嚴格意味。史記卷三十四燕召公世家「燕昭王於破燕之後卽位，卑身厚幣，以招賢者……樂毅自衞往，鄒衍自齊往。」按此事史公係採自戰國策燕策，又見於韓詩外傳卷七，大戴記保傅第四十八，新書卷十胎教雜事等。則鄒衍在燕昭王初年到了燕國，是無可疑的。試以此一故事爲中心，而將其他故事加以連綴，則據史記六國年表，鄒忌於西紀前三五八年（周顯王十一年）以琴見齊威王；下距孟子遊齊，早二十四年，故可謂「先孟子」。孟子於西紀前三二〇年（周愼靚王元年）遊梁，梁惠王稱之曰「叟」，假定此時爲五十餘歲。若此時鄒衍三十多歲，亦可以與孟子相先後遊梁。在年歲上可稱爲「後孟子」。孟子於西紀前三一八年由梁至齊（註三）。鄒衍本齊人，亦可能由梁返齊，爲齊宣王之客。燕昭王嗣位於西紀前三一一年（周赧王四年），若鄒衍於燕昭王卽位後之兩三年內由齊來燕，則他此時約四十餘歲。趙勝於西紀前二九八年封平原君，鄒衍此時約五十餘歲或六十歲左右；他參與燕昭王謀伐齊之策，而出外奔走，則他有「適趙」或「過趙」之可能。劉向別錄所載鄒衍破公孫龍白馬非馬之論，陳義的當，爲後人所不及知，故甚爲可信。且平原君以公子的身份而好客，不必始於封平原君之後；史家慣例，常以某人最後之爵位稱其人之一生。公孫龍本爲趙人，平原君對他的「厚待」，乃因其堅白異同之論，與邯鄲解圍後他勸平原君勿請封之事無關。則鄒衍過趙，亦可在趙勝封平原君之前。樂毅於西紀前二八四年（赧王三十一年）伐齊入臨淄，鄒衍此時約七十歲左右。他的生平，應以此爲準；御覽十四引淮南子「鄒衍事燕王盡忠，左右譖之王，王繫之獄，仰天哭；夏四月，天爲之下霜」；這種傳說，恐不太可信了。總結的說，他的活動，應開始於西紀前三二〇年前後；西紀前三一八、九年左右，返齊爲齊宣王的稷下大夫；到了西紀前三一一年以後入燕。他在齊國約住了十年，他的「深觀陰陽消息，而作迂怪之變，終始大聖之篇，十餘萬言，」（註四）應即完成於此時，這是他傾動當時王侯的資本。史公說「如燕，昭王……築碣石宮身親往師之，作主運」，是主運乃入燕以後所作，不同於入燕以前所作的終始大聖之篇。所以他大事著書的時代，乃在西紀前三一八、九到三〇八、九年的時代；此時的年齡作合理的推測，當在他三十多歲到四十多歲；他應生於西紀前三五六、七年，而死於燕伐齊前後，得年當在六十幾歲到七十歲之間。

呂不韋相秦，在西紀前二四九年（秦莊襄王元年）；他招集賓客，從事著書，應當始於此年；上距鄒衍之死，約四十年左右。據史記孟荀列傳「騶奭者齊諸騶子；亦頗采騶衍之術以紀文……鄒衍之術，迂大而閎辯，奭（鄒奭）也文具（按：文飾其言而更加詳盡）難施。……故齊人頌曰，談天衍，雕龍奭」。可知鄒奭在鄒衍之後，他繼承鄒衍之說，而更有所發揮。又史記卷二十八封禪書「自齊威宣之時，鄒子之徒，論著終始五德之運。及秦帝，而齊人奏之，故始皇采用之……鄒衍以陰陽主運，顯於諸侯；而燕齊海上之方士，傳其術，不能通；然則怪迂阿諛苟合之徒自此興，不可勝數也」。這段話裡面說，始皇因齊人奏之而始采用鄒衍五德之說，殊未必然。因為應當是通過合著呂氏春秋的呂氏門客而採用其說。燕齊海上方士所傳的，亦係鄒說的更加附會；但由此亦可知鄒衍生前死後，其說係不斷地在發展傳播（註五）。而呂氏春秋十二紀，正是直承其發展而加以組織化，具體化的。

乙　從鄒衍到呂氏春秋

漢書藝文志著錄有鄒子四十九篇，鄒子終始五十六篇，早亡。史記孟荀列傳述其思想之內容如下：

「鄒衍睹有國者益淫侈，不能尚德，若大雅整之於身，施及黎庶矣。乃深觀陰陽消息，而作怪迂之變，終始大聖之篇十餘萬言。其語閎大不經；必先驗小物，推而大之，至於無垠。先序今以上至黃帝，學者所共術，大並盛衰（註六）。因載其禨祥度制（註七）。推而遠之，至天地未生，窈冥不可考而原也。……稱引天地剖判以來，五德轉移，治各有宜，而符應若玆。以為儒者所謂中國者，於天下乃八十一分居其一分耳。中國名曰赤縣神州。赤縣神州內自有九州，禹之序九州是也。不得為州數。中國外如赤縣神州者九，乃所謂九州也。……其術皆此類也。然要其歸必止乎仁義節儉，君臣上下，六親之施。始也濫耳。」

按鄒氏之書，史公時俱在；篇幅既多，內容當亦龐雜；史公並不信其說，故又謂「騶衍其言雖不軌（不合於常道），儻亦有牛鼎之意乎」。因此，上面的簡單敘述，未必能盡其條理。玆就其內容畧加分析，可列爲四端：

一、其動機及歸結，乃在以儒墨之道，解決當時的政治問題。且係以儒家思想爲主。此通觀上文，即可明瞭。

二、以陰陽消息言災異，於以加强對當時統治者行爲上的壓力。所謂「乃深觀陰陽消息，而作迂怪之警」；「因載其禨祥度制」者是。

三、以五行言五德終始，對政治上傳統的天命，賦予全新的內容，而使其更具體化。所謂「終始大聖之篇」，「稱引天地以來，五德轉移，治各有宜」者是。其所作的主運，當亦屬此類。

四、大九州說。此蓋燕齊等地，當時已有海外交通，由此啓發而來。

呂氏春秋，未採第四項的大九州說。惟應同篇首段言五德終始一段，一般認爲係採用第三項的鄒衍之說。此證以文選魏都賦注引「七畧云，鄒子爲終始五德，言土德從所不勝，木德次之，金德次之，火德次之」等語，與應同篇首段的內容正合，當爲可信。惟應同篇「代火者必將水……故其色尚黑，其事則水。水氣至而不知數備，將徙於土」數語，俞樾以爲「淺人不察文理，以上文之例增入」。因「當呂氏著此書時，秦猶未併天下，所謂尚黑者果何代乎」。按鄒氏五德終始之說，正所以激勵時君，代周之火德而王，故爲此懸記，秦乃得因而用之；兪氏見淺不及此。然以五行相勝（剋）言歷史的遞嬗，實過於機械而不能含攝人在歷史行爲中所應佔有的地位。遠不及漢書六十四嚴安傳嚴安上書有謂「臣聞鄒衍曰，政教文質者，所以云救也」的話，爲有文化的意義。所以史公不信五德終始之說，而於高祖本紀贊則沿用文質互救之意義，以言歷史發展應循的軌跡。呂氏及其門客，雖未否定五德終始的說法，但全書中僅在應同篇中引及，可知其並不重視。給呂氏及其門客以最大的影響的，仍在上述第二項。將第二項與第一項加以融合，並擴大其內容，此乃呂氏門客用心之所在。

第二項之所謂「深觀陰陽消息」，須作進一步的解釋。把向日者爲陽，背日者爲陰的兩個表達經驗現象的名詞，逐漸抽象化以言天象，乃至由此以言天道運行的法則，開始是在主管天文的這一部份人手上發展出來的。到了戰國中期，才慢慢擴展到一般思想界（註八）。孔子只是以「四時行焉，百物生焉」（註九）言天道。所謂「陰陽消息」，是指陰長（息）則陽消，陽長則陰消而言。陰陽二氣，是人的眼睛看不見的；鄒衍的「深觀陰陽消息」，是如何「深觀」法呢？史記卷二十六歷書「是時獨有鄒衍，明於五德之傳（轉），而散消息之分，以顯諸侯」。張文虎因爲不了解「散消息之分」的意義，所以認爲「散字分字疑有誤」。我以爲散消息之分，是開始把抽象的陰陽觀念，與經驗界中的四時現象，結合在一起；把陰陽的消息，散佈在四時中間去，由四時氣候的變化，以看出消與息之分。只有這樣，鄒衍才可以「深觀」。本來在通過詩經及春秋所代表的時代中，陰陽的觀念，已由以日光爲準，發展而爲明暗、冷暖、氣候的陰晴等觀念。孔子以由四時生物言天道，這是春秋時代下及戰國中期，一般的說法。溫帶氣候，四時分明，冷暖殊致；鄒衍進而把陰陽融入到四時中去，由四時的冷暖之度，以言陰陽消息之分，這是很自然的，也是他的一個劃時期的創說。此一創說，形成了十二紀紀首的骨幹。十二紀，是把陰陽融入到四時十二月中去的。但就現在可以看到的材料看，鄒衍是不是把五德運轉，與陰陽消息，組成一個系統；亦即是他是不是把五行視爲由陰陽二氣所分化而出，因而把五行也融入到四時中去，並不明瞭；而且我認爲其可能性甚小。因爲在他，是以陰陽消息爲天道運行的法則；以五德終始爲歷史運行的法則；所以在史記中提到時，總是分作兩事。

但鄒衍的用心，依然是在以仁義、節儉來解決政治問題的。他所談的陰陽消息，如何能與政治關連上，以實現他的仁義節儉的要求呢？我覺得呂氏春秋卷十三應同篇下面的話，值得注意：

「黃帝曰，芒芒昧昧，（高誘註，廣大之貌），因天之威，與元同氣。故曰，同氣賢於同義；同義賢於同力；同力賢於同居；同居賢於同名。帝者同氣。王者同義。霸者同力（功）。勤者同居，則薄矣。亡者同名，則觕（注：粗惡也）矣。其智彌觕者，其所同彌觕。其智彌精者，其所同彌精。」

按先秦黃帝之言，多爲各家所假托，不僅出於道家末流。上引黃帝之言，與序意「嘗得學黃帝之所以誨顓頊矣，爰有大圜在上，大矩在下。汝能法之，爲民父母」之言，兩相符合，可能皆出於鄒衍的這一派。所謂「帝者同氣」，是說最理想的政治人物，他的以仁義節儉爲內容的生活與施爲，是與天同其氣的。天之氣爲陰陽，陰陽消息於四時之中；作爲最高政治理想人物的「帝」，他的以仁義節儉爲內容的生活與施爲，是與四時中所體現出的陰陽之氣，完全相符應的。這樣，便把陰陽消息與仁義節儉等政治原則，統一在一起了。這正是序意中的所謂「蓋聞古之清世，是法天地」。十二紀紀首，是以此一構想爲基幹所構成的。

三、從夏小正到十二紀紀首

但十二紀不是僅憑鄒衍學派的思想所憑空構造出來的；它是把許多有歷史根據的材料，按照「同氣」的原則，作一大的綜合與統一。紀錄一年四季十二個月的節候、產物，以適應農業社會的需要，在我國當起源很早。因爲近年考古上的發現，在新石器的仰韶文化時代，生產便是以農業爲主。農業與節候有不可分的關係。古人一定加以重視，並紀錄下來。目前可以看到這方面有系統的材料，有大戴記中的夏小正、周書中的周月，時訓。

禮記禮運「孔子曰，我欲觀夏道，是故之杞，而不足徵也，吾得夏時焉。」鄭註「得夏四時之書，其書存者有小正」。是以夏小正爲夏代所傳下來的。夏小正的傳，是戴德所撰（註十），而夏小正的本文，記有十二月中可以作定時標準的星象，及可以表徵氣候寒暖，節物先後的各種天象及動植物的生態，也加入有季節性的重要人事活動；文字質樸而殘缺，這是把長期累積的農業生產中所得的經驗，寫了出來，作爲一年十二個月的全民活動的準據。說他是從夏代傳下來，在道理上是可以說得通的。他與後來的此類材料相比較，最顯明的區別，在於他沒有一絲一毫的陰陽五行的痕跡。

周書（註十一）中有很早的材料，也有少數爲後來編進去的材料。卷六周月第五十一，統述夏商周的三統。總述一年的十二個月的中氣。中謂「夏數得天，百主所同」；結以「亦越我周王，致伐於商，改正異械，以垂三統。至於敬授民時，巡狩祭享，猶自夏焉。是謂周月，以紀于政」。其中已出現有陰陽的觀念。如以一月（夏之十一月）「微陽動於黃泉，陰降慘於萬物」，及「陽氣虧」等。這可能出於戰國時代，周室主管天文者之手。與夏小正似乎沒有直接關連。

在周月第五十一後面，有時訓第五十二，述一年之節候，不以月爲單位，而以二十四氣爲單位。由四時而十二中氣；由十二中氣而二十四氣，似乎是在測候上的一種進步。其中對可以徵表節候的動植物等的叙述，則很明顯地是繼承夏小正而來。裡面所用陰陽的觀念，與周月有關，且亦無五行觀念；但出現有節物不時，即爲政治社會將有某種不詳事物出現的思想。這或者是與周月同時的東西；周月簡畧，係總論性質，而此則每月皆分爲二氣，加以叙述，殆係分述的性質。

在時訓第五十二後面，又有月令第五十三。盧文弨據蔡邕明堂月令論，及隋書牛宏傳，謂禮記月令，卽周書月令；因以呂氏春秋十二紀紀首補之。乃朱右曾周書集訓校釋謂「馬融論語注引月令改火之文，蔡邕牛弘引月令論明堂之制，今俱不見於呂覽，則其同異未可知也。」故以爲「周書另有所謂月令，今已亡失。」然孫詒讓周書斠補卷三引臧庸拜經日記謂「據中郎此言，是周書月令，卽禮記月令也。初據論語集解言周書月令有改火之文，疑別有月令。今考周禮司爟，鄭司農引周書爲鄒子……然則論語注所言周書，實鄒子耳。」孫氏亦以「臧說近是」。至蔡邕牛弘所引月令明堂之制，正本於呂氏之十二紀紀首，不知朱氏何以失察。總之，周書之月令第五十三，實卽呂氏春秋的十二紀紀首。朱氏所輯周書逸文有關這一部份，正可爲證。

呂氏春秋十二紀紀首，正吸收了夏小正及周書的周月、時訓，加以整理；而另發展了鄒衍的思想，以此爲經；再綜合了許多因素，及政治行爲，以組織成「同氣」的政治理想的系統。玆分引正月之文如下，以便比較。

夏小正：（據顧鳳藻夏小正經傳集解本）

正月。啓蟄。雁北鄉。雉震呴。魚陟負冰。農緯厥耒。初歲祭耒。囿有見韭。時有俊風。寒日滌凍塗。田鼠出。農率均田。獺獸祭魚；鷹則爲鳩。農及雪澤，初服於公田。采芸。鞠（當爲匏，星名）則見。初昏參中，斗柄縣在下。柳梯。梅杏杝桃則華。緹縞。鷄桴粥。

周書時訓（據朱右曾周書集訓校釋本）

立春之日，東風解凍。又五日，蟄蟲始振。又五日，魚上冰。風不解凍，號令不行。蟄蟲不振，陰氣奸陽。魚不上冰，甲冑私藏。驚蟄之日，獺祭魚。又五日，鴻雁來。又五日，草木萌動。獺不祭魚，國多盜賊。鴻雁不來，遠人不服。草木不萌動，果蔬不熟。

十二紀孟春紀紀首（據許維遹呂氏春秋集釋本）

一曰：孟春之月，日在營室。昏參中，旦尾中。其日甲乙，其帝太皞。其蟲鱗。其音角。律中太簇。其數八。其味酸。其臭羶。其祀戶。祭先脾。東風解凍。蟄蟲始振。魚上冰，獺祭魚。候鴈北。天子居青陽左個。乘鸞輅，駕蒼龍。載青旂。衣青衣。服青玉。食麥與羊。其氣疏以達。是月也，以立春。先立春三日，太史謁之天子曰，某日立春，盛德在木。天子乃齊。立春之日，天子親率三公九卿，以迎春於東郊。還，乃賞卿諸侯大夫於朝。命相布德和令，行慶施惠，下及兆民。慶賜遂行，無有不當。迺命太史，守典奉法，司天日月星辰之行；宿離不忒；無失經紀，以初爲常。是月也，天子乃以元日祈穀於上帝。乃擇元辰，天子親載耒耜，措之參于保介之御間。率三公九卿諸侯大夫，躬耕帝籍田。天子三推，三公五推，卿諸侯大夫九推。反，報爵於太寢。三公九卿，諸侯大夫皆御，命曰勞酒。是月也，天氣下降，地氣上騰。天地和同，草木繁動。王布農事，命田舍東郊。皆修封疆，審端徑術。善相丘陵、阪險、原隰，土地所宜，五穀所殖，以教道民，必躬親之。田事既飭，先定準直，農乃不惑。是月也，命樂正入學習舞。乃修祭典，命祀山林川澤。犧牲無用牝。禁止伐木。無覆巢，無殺孩蟲胎夭飛鳥。無麛無卵。無聚大衆。無置城郭。掩骼霾髊。是月也，不可以稱兵，稱兵必有天殃。兵戎不起，不可以從我始。無變天之道，無絕地之理，無亂人之紀。孟春行夏令，則風雨不時，草木早槁，國乃有恐。行秋令，則民大疫，疾風暴雨數至，藜莠蓬蒿並興。行冬令，則水潦爲敗，霜雪大摯。首種不入。

在這裡只指出由夏小正到十二紀紀首的發展演變之跡。夏小正只單純紀錄可以表徵節候的事物，及直接與農業生活有關的事情；對節候的變遷，亦未深求其所以然之故。這只是紀錄，而未把紀錄者的觀念加到裡面去。也未牽涉到政治問題。因文字質樸，在傳承中可能有些錯誤。如「梅杏杝桃則華」句，「杏杝桃」三字可能由二月或三月誤入。到了時訓，則將一月分解爲兩氣，加以叙述。對夏小正的文字，加以整理。如夏小正的「時有俊風，寒日滌凍塗」，整理爲「東風解凍」。對節候之變，以陰陽觀念加以說明，如「陰氣奸陽」。對有關事物的出現，分別安排在每一個五日之中。對節候失調，則關連上政治的問題。但奇怪的是，它完全沒有關涉到農業的活動。可以推想這是出於一位知識份子把自己的觀念應用到純樸的紀錄中去，並把重點轉到政治方面，而加以重新組織的。到了十二紀的紀首，不用時訓的以二十四氣爲單位，而恢復以十二月爲單位。但有關節物的敘述，則多採用經過時訓上整理了的文句。取同了夏小正中的農事活動而更加完備；不以夏小正的正月一月二月紀月，而改用春夏秋冬的孟、仲、季紀月，以特別顯出「四時」的觀念。接受了時訓上政治的災異與節物變異的關連。但時訓上的災異，不是由施政的得失而來，可以說，人是完全處於被動的。但到了十二紀的紀首，則完全倒轉過來，災異是由於施政沒有按著節候而來，人成爲主動的。但最大的發展演變，乃在於他們是以由鄒衍思想所發展出的「帝者同氣」的觀念所完成的大綜合，大系統。

四、十二紀紀首的構造

我在陰陽五行及其有關文獻的研究一文中，曾指出陰陽與五行，本是兩不相屬的系統。把兩者組合在一起，可能即始於鄒衍。但現在看起來，此一組合，可能完成於鄒衍的後學。而成爲十二紀紀首骨幹的，正是把陰陽二氣，運行於四時之中，而將五行分別與四時相配合。例如春是「盛德在木」。夏是「盛德在火」。秋是「盛德在金」。冬是「盛德在水」。鄒衍的所謂「盛德」的「德」，指的是五行的五種作用。此處之所謂「盛德」，是指五行之氣所發生的「最當令」的作用。「盛德在木」，是指春季最當令的作用，乃在五行中之木。而木德是與春季之陽氣相應的。但此時尚未認爲五行乃由陰陽二氣分化而來；而只是把兩者組成一種相關，但並非融合的系統，以作爲「天」的完整表現。再把一切生活事物，政治行爲，安排得與春季的陽氣與木德相合。其他各季，皆可由此類推。此卽所謂「同氣」。亦卽所謂「是法天地」。這樣一來，政治領導者的一擧一動，皆與天地相通；皆表現爲天人合一；形上形下，打成一片。在他們認爲這當然是最理想，最強大的政治。

問題是五行有五，而四時只有四；以五行配四時，還多出一行無法安頓；於是他們想了一個很笨的方法，在季夏之月（六月）的末段，加上「中央土，其日戊己，其帝黃帝，其神后土」等七十四個字，以安頓五行中的土。但其他四行，每行都主管四時中的一時三個月；季夏還是屬于火德，天子服赤色，與孟仲夏正同。現在突然冒出一個「中央土」出來，把服色改爲黃色；這已經是一種混亂。同時，木火金水，在四時中皆是各配一時，故春謂「盛德在木」，夏謂「盛德在火」，秋謂「盛德在金」，冬謂「盛德在水」。至土則僅謂「中央土」，此「中央」應指一年之中央，卽是六、七月之交。而六月屬火，七月屬金，土則完全落空了。這種顯明的不合理，呂氏春秋的作者，竟無一字說明。淮南王安的賓客，將其採入淮南內篇二十一篇中而稱爲時則訓時，補救的辦法，是把季夏之月，分配給土；所以把「中央土」改爲「季夏之月，招搖指未，……其位中央，其日戊己，盛德在土……」。這便使土德在季夏——

六月有了落脚之處。但問題是（一），一年十二月，季夏並非一年的中央。（二），這樣一來，火德只當令兩個月，土德只當令一個月；何以木、金、水却都能當令三個月？所以禮家把它採入小戴記中而稱爲月令時，補救的辦法是不把「中央土」這一段，附屬於季夏之末，而使其介在於季夏與孟秋之間，成爲獨立的一段，這便與「中央土」的中央之義相合。但鄭康成在此處注云「火休而盛德在土也」。如此，則究係何月何時而盛德在土的問題，依然是落空而不能解決。所以孔穎達疏不用鄭注謂「以木配春，以火配夏，以金配秋，以水配冬；以土則每時輒寄，王十八日也。雖每分寄，而位本未宜處於季夏之末，金火之間，故在此陳之也。」這是說土在四時中，各分主十八天，共七十二天。孔氏以三百六十日爲一年，五行各主七十二日，加起來恰是三百六十日。「而位本未宜處於季夏之末」三句，是斥十二紀紀首對此安排的不當，且申明所以將「中央土」一段改爲獨立之文的原故。至此而五行配四時的問題，才算完全解決了。孔氏的這一改變，不是突然出現的。春秋繁露五行對第三十八謂「土爲季夏」，此猶秉承十二紀之說。但又謂「五行莫貴於土。土之於四時無所命者，不與火分功名」。董仲舒這種說法，是對「土爲季夏」的說法感到有點不安，而想下一轉語，尚未轉得出。至白虎通德論五行「土王四季，各十八日」。「五行更王，亦須土也；王四季居中央，不名時」。才算勉強說通了。孔疏實據此以爲說。我所以把這一問題的演變詳加敘述，意在指明五行說盛行以後，把許多事物與五行的五相配合，都是出於這類的牽强傅會；由此所說出的一套道理，都是胡謅出來的。並不代表某種眞實存在。但在胡謅的演進歷程中，却含有一種合理的要求在裡面。

對十二紀紀首中五行的性格，應當考查一下。我在陰陽五行及其有關文獻的研究一文中，曾經指出，一直到春秋時代爲止，所謂五行，只指的是國計民生所通用的五種材料，所以又稱爲「五材」；絲毫沒有作爲構成宇宙的五種基本原素，或由陰陽二氣分化而爲五氣的意味。並且與陰陽的觀念，全不相干。在戰國初期約百年之間，五行一詞，反甚少出現。中間不知如何淪爲社會迷信之一。至鄒衍而把它提升爲「五德終始」。五行的作用（德），各主持一個朝代；以相勝（剋）的規律，終而復始。這裡的五行之德，便不是原來的五種通用材料所發生的作用，而係宇宙間五種神秘力量所發生的作用。鄒衍或其後學把它和陰陽連結在一起，五行至此，便已由具體之物，上昇而爲抽象之物。但陰陽與五行，究係何種關係，從今日可以考見的材料來看，並不能完全明瞭。至十二紀紀首，則明確的把五行配合到陰陽所運行的四時之中，五行在四時中輪流作主，發生作用。這正是由各朝代的五德終始，進而爲四時的五德終結。它是抽象性的，或者可以說是形而上性的東西。但此五種形而上性的東西，表現在形器世界——經驗世界的情形，却依然是由具體地五種材料的情形，所聯想構成的。這便說明我國思想的性格，由具體昇向抽象時，在抽象的捨象過程中，把由具體而來的屬性，捨得並不乾淨，而成爲抽象中含有具體性——具象性。孔穎達在月令「中央土」下謂「夫四時五行，同是天地所生；而四時是氣，五行是物」。把四時與五行的性格分開，這一方面說明陰陽與五行，在十二紀紀首中，依然是天的兩種平行的因素；一方面說明五行在十二紀紀首中，依然保有「物」的具體性格。把五行視爲由陰陽所分化出的五種氣，這要到白虎通德論成立的前後才出現。但五行所含的具體性格依然保存著。所以對中國思想，僅在純思辯中作形而上的把握，這與中國思想性格本身是不能相應的；除非在中國另建立一種新的學統。例如以青、赤、黃、白、黑五種顏色，爲木火土金水五行的顏色，分明是由經驗界中五種具體材料的顏色而來。而以金爲白色，這說明了它是以戰國中期前後爲背景，此時對鐵的冶鍊，已到達了很高的程度，經過精鍊後的鐵才是白色。金和銅都不是白色。這是近十多年在考古上所能肯定的事實。

在十二紀紀首中，把許多事物，都組入進去，而成爲陰陽與五行所顯露之一體，以構成包羅廣大的構造，於是使人們感到，我們所生存的世界，都是陰陽五行所支配的世界，由此而成爲爾後中國的宇宙觀，世界觀。例如孟春之月「其日甲乙」，把起源很早的天干組入進去了。「其蟲鱗」，把動物組入進去了。「其音角，律中太簇」，把音樂組入進去了。「其數八」，把數的觀念組入進去了。「其味酸，其臭羶」，把臭味組入進去了。「其祀戶，祭先脾」，把祭祀、房屋、身體構造、組入進去了。「東方解凍，蟄蟲始振，魚上冰，獺祭魚，候雁北」，把氣候，及節物的活動，都組入進去了。「食麥與羊，其器疏以達」，把飲食器具組入進去了。「孟春行夏令，則風雨不時，草木早槁，國乃有恐。行秋令，則民大疫……行冬令，則水潦爲敗，霜雪大摯，首種不入」。把風雨、草木、疾病、雨水、霜雪、稼穡等，都組入進去了。其中由夏小正來的，本是與時令相關的，這是合理的一部分；其餘的都是憑藉聯想，而牽強附會上去的。但一經組入到陰陽五行裡面去，便賦予了一種神秘的意味，使萬物萬象，成爲一個大有機體。若把它在知識上的眞實性及由此所發生的影響的好壞，暫置不論，這確要算是呂氏門客的一大傑構，而爲以前所沒有的具體、完整、而統一的宇宙觀，世界觀。

五、明堂的問題

四時加上中央，都是陰陽五行的體現，也卽是天道的體現。「天子」是天的兒子，有法天的責任。並且能法天，也便有天的功效與偉大。從春秋時代起，至戰國中期，思想家們所說的天，是表現爲道德的法則。此時則表現而爲陰陽五行之氣；而陰陽五行之氣，體現於四時與中央，是可加以描述的。天子法天，首先便要在生活上「與元同氣」。春季陽氣的功用是生育萬物。此時陽氣的方位是東方。木在春季發生作用，它的顏色是青的蒼的，它的方位也是東方；天子在生活上爲了與元同氣，所以便須「居青陽左個。乘鸞輅，駕蒼龍，載青旂，衣青衣，服青玉，食麥與羊，其器疏以達」。其他各季，皆可類推。其意義，高誘注都按陰陽五行解釋得淸楚。青陽左個，指的是明堂左邊的一間房子，也卽是明堂的一部份；這裡順便對明堂的問題稍作考查。

明堂，是古典中引起爭論最多的問題之一。到王國維的明堂廟寢通考(註十二)爲止，討論此一問題的文字，前後大概不下二十餘萬言，而終莫衷一是；主要是因爲過去的人，不了解歷史上的明堂，與呂氏春秋十二紀紀首的明堂，雖有關連，但並非一物。前者是事實地存在，後者是理想地存在。後儒多混而同之，所以便治絲愈棼了。首先應當了解，凡十二紀紀首所述各種制度，多有若干歷史的根據；但呂氏的門客們，却按照他們自己的理想，來加以重新安排、改造，而賦予他們以所要求的新意義；明堂的問題，正是如此。

左氏文公二年「瞫曰，周志有云，勇則害上，不登於明堂」。杜注：「明堂，祖廟也，所以策功序德。故不義之士不得升」。周書大匡第三十八「勇如害上，則不登於明堂。明堂所以明道」。狼瞫所謂周志，當出於此。而周書明堂第五十五「……周公攝政，君天下弭亂，六年而天下大治。乃會方國諸侯于宗周，大朝諸侯於明堂之位……明堂者，明諸侯之尊卑也，故周公建焉，而朝諸侯於明堂之位……」。禮記明堂位首段，全襲此文，而文字稍有異同(註十三)。考工記匠人「夏后氏世室……殷人重屋……周人明堂」。孟子梁惠王下「明堂者王者之堂也。王如行王政，則勿毀之矣」。孝經聖治章，「宗祀文王於明堂以配天」。荀子彊國篇「若是，則雖爲之築明堂於塞外（註十四）而朝諸侯，可矣」。上面這些材料，都可認爲是呂氏春秋十二紀紀首以前的材料。呂氏春秋卷十五愼大覽「故周明堂外戶不閉」，卷十九上德「周明堂金在其後」。（註：「作樂金鏄在後」）此兩處係徵引性質，亦爲周有明堂之證。如把這些以前的材料稍加條理，則（一），明堂乃周人太廟之別名；或卽係周公所建以祀文王之廟。因周公的關係，魯亦有太廟，亦卽有明堂。魯悼公之時，「魯如小侯」（註十五），其明堂廢而入於齊，而太廟之禮久廢，原義不明，故齊宣王有「人皆謂我毀明堂，毀諸，已乎」之問。（二）周室以宗法制度爲封建制度的骨幹，重大的政事行爲，皆於祖廟行之，則天子朝諸侯於太廟，頒佈重大政令於太廟，紀功於太廟，都是可以承認的。其所以稱太廟爲明堂，或竟如蔡邕之說「聖人南面而聽天下，鄉明而治」；「取其鄉明，則曰明堂」（註十六）。（三）在上述材料中，有祀祖先以配天之意，但不以明堂卽是法天；更與陰陽五行無涉。

十二紀紀首中的明堂，與上述的明堂，大異有趣。玆先錄其材料如下：

孟春紀：天子居青陽左個。韋注：青陽者明堂也……各有左右房，謂之個……東出謂之青陽。南出謂之明堂。西出謂之總章。北出謂之玄堂。

仲春紀：天子居青陽太廟

季春紀：天子居青陽右個

孟夏紀：天子居明堂左個

仲夏紀：天子居明堂太廟

季夏紀：天子居明堂右個

中央土：天子居太廟太室

孟秋紀：天子居總章左個

仲秋紀：天子居總章太廟

季秋紀：天子居總章右個

孟冬紀：天子居玄堂左個

仲冬紀：天子居玄堂太廟

季冬紀：天子居玄堂右個

它與以前的明堂不同之處；（一）以前的所謂明堂，係太廟的別稱，明堂即是太廟。此處則太廟乃明堂的一部份。（二）明堂，太廟，太室三個名詞，皆於古有據。甲骨文中已出現有七個太室（註一七），都是祭先王先公的地方。其他如青陽、總章、玄堂等名詞，則是呂氏門客們自己造出來的。由此可以推知，於古有據的三個名詞，他們僅借用其名，並不拘泥於名詞原有的內容。因爲他們的目的不在述古。（三）他們這個特殊建築物，不僅與祖宗的祭祀，完全沒有關連；乃至與所有的祭祀，也沒有關連。甚且是否在此一建築物內施行重要政令，也是可疑的。因爲慶賞等大政，還是在朝廷上施行。更無在此處朝諸侯的規定。他們構想此一理想建築物的原因，只是要天子的居處，順應陰陽五行，亦即是在居處上與元同氣。

漢初，明堂的觀念尙未定形。大體上可分爲三支。一是儒生的一支。一是接近道家的一支；再另一是方士的一支。史記卷二十八封禪書：

「周公相成王，郊祀后稷以配天。宗祀文王於明堂以配上帝。」

這說的是十二紀紀首以前的明堂。西漢首先要實現這一理想的，是漢武卽位以後的事。史記卷二十八封禪書：

「而上（武帝）鄉儒術，……欲議古立明堂城南以朝諸侯。」

史記卷一百七魏其武安侯列傳：

「魏其武安俱好儒術，推轂趙綰爲御史大夫，王臧爲郎中令，迎魯申公，欲設明堂。」

史記卷一百二十一儒林列傳：

「蘭陵王臧，既受詩（於申公）……今上初卽位……一歲中爲郎中令。及代趙綰亦嘗受詩申公。綰爲御史大夫。綰臧請天子，欲立明堂以朝諸侯，不能就其事。乃言師申公。於是天子使使束帛加璧，安車駟馬，迎申公。………至見天子，天子問治亂之事。申公時已八十餘，老。對曰，爲治者不在多言，顧力行何如耳。是時天子方好文詞，見申公對，默然。然已招致，則以爲太中大夫，舍魯邸，議明堂事。太皇竇太后好老子言，不說儒術。得趙綰王臧之過以讓上，上因廢明堂事，盡下趙綰王臧吏，後皆自殺。申公亦疾免以歸。」

趙綰王臧所欲實現的明堂，是十二紀紀首以前的明堂。當武帝初卽位時的政治問題，在於分封的諸侯王及列侯與朝廷的關係問題。趙、王兩人，欲借古明堂之制，以整飭諸侯王及列侯的綱紀。而漢代早另有廟制，與明堂無關。所以他們撇掉了「宗祀文王於明堂」的一面，而只取周公朝諸侯於明堂的一面。這是屬於儒生一支的明堂觀念。其所以難就，是要在廟制之外，再創造一套建築與儀式出來的原故。但式微已久的明堂觀念，重新被重視而當作政治上的重大設施，提了出來，依然是受十二紀的影響。

淮南子中所述的明堂，有的是屬於歷史性的。如主術訓「成康繼文武之業，守明堂之制。」明堂之制，卽以太廟爲基點的宗法制度。齊俗訓「武王既沒，殷民叛之。周公踐東宮，履乘石，攝天子之位，負扆而朝諸侯，放蔡叔，誅管叔，克殷殘商，祀文王於明堂，七年而致政成王。」這與周書的明堂，可互相印證。氾論訓將「明堂太廟」並稱，大概也是屬於歷史性的。泰族訓「乃立明堂之朝，行明堂之令，以調陰陽之氣，以和四時之節，以辟疾病之菑」，這是歷史性而又摻揉了十二紀紀首的理想以立言的。其中最表現特別意義的是卷八本經訓對明堂下面的描述：

「是故古者明堂之制，下之潤濕弗能及，上之霧露弗能入。四方之風弗能襲。土事不文，木工不斲，金器不鏤。衣無隅差之削。冠無觚贏之理。堂大足以周旋理文。靜潔足以享上帝，禮鬼神。以示民知節儉。」

本經訓主張「同精於陰陽，一和於四時」，這便很和十二紀紀首的思想相一致。但它所說的明堂，由上下關連的文字看，其着眼點在針對當時統治者的奢侈的情形而提倡以道家思想為背景的節儉。其祭祀亦只泛言，而非以祖先為主；也沒有與四時同氣的意味。這算是道家的一支。

史記卷二十八封禪書：

「初天子封泰山。泰山東北阯，古時有明堂處，處險不敞。上欲治明堂奉高（地名）旁，未曉其制度。濟南人公玉帶上黃帝時明堂圖。明堂圖中有一殿，四面無壁，以茅蓋。通水圜宮垣，為複道。上有樓，從西面入（註一八），命曰昆侖。天子從之入，以拜祠上帝焉。於是上令奉高作明堂汶上，如帶圖。及五年脩封，則祠太乙五帝於明堂上坐。令高皇帝祠坐對之。祠后土於下房，以二十太牢。天子從昆侖道入，始拜明堂如郊禮。」

按公玉帶所獻的黃帝明堂圖及其意義，與十二紀紀首以前及十二紀紀首之所謂明堂，皆兩不相涉。且亦與淮南子本經訓上的明堂構造，互不相干。這是方士一支所胡亂湊出來的。但素問著至敎論「黃帝坐明堂」。事物紀原禮記郊祀部明堂引「管子曰，黃帝有明堂之議」；是方士將黃帝與明堂附會在一起，相當的流行。我推測這是鄒衍學派中某一支派所蕃衍出來的。大戴記盛德第六十六中所說的「故明堂，天法也」，這是十二紀紀首的明堂思想的發展。而明堂第六十七，則係西漢初年各種明堂說法的初步綜合，我懷疑這是戴德本人的傑作。所以開始說：「明堂者古有之也。」接着是「凡九室。一室而有四戶，八牖；三十六戶，七十二牖；以茅蓋屋，上圓下方。明堂者所以明諸侯尊卑。外水曰辟雍……堂高三尺……九室十二堂……其宮方三百步。在近郊，近郊三十里。或以爲明堂者文王之廟也。」在此一初步綜合中，還保存有歷史性的與理想性的近於模糊地分界線。戴德在這種地方，亦稍露出兩者間有某程度的矛盾之感。

歷史上的明堂，早因代遠年湮而不易把握。從十二紀紀首起，已經把它變成理想性的東西，大家便可按照自己的理想隨意加以構想。但因禮記月令的影響一天增大一天；對明堂的觀念，便漸漸統一到十二紀紀首的觀念方面。而漢代學術基本性格之一，常將許多各有分域的事物，組成一個大雜拌的系統。

明堂在大戴記明堂第六十七雖然有了初步的綜合，但仍嫌簡略而不圓融。到了蔡邕的明堂論而完成了以儒家及十二紀紀首爲主幹的大系統。明堂論：

「明堂者，天子太廟，所以宗祀其祖，以配上帝者也。夏后氏曰世室，殷人曰重屋，周人曰明堂。東曰青陽，南曰明堂，西曰總章，北曰玄堂，中央曰太室……雖有五名，而主以明堂也。其正中皆曰太廟，謹承天順時之令，昭令德宗祀之禮，明前功百辟之勞，起尊老敬長之義，顯教幼誨穉之學，朝諸侯，選造士於其中，以明制度。生者乘其能而至，死者論其功而祭。故爲大教之宮，而四學具焉。官司備焉。譬如北辰，居其所而衆星拱之，萬象翼之，政教之所由生，變化之所由來，明一統也。故言明堂，事之大，義之深也。取其宗祀之貌，則曰清廟；取其正室之貌，則曰太廟。取其尊崇，則曰太室。取其鄉明，則曰明堂。取其四門之學，則曰太學。取其四面之周，水圓如璧，則曰辟雍。異名而同事，其實一也……」（註一九）

蔡邕不僅把歷史的明堂及十二紀紀首的明堂，揉合在一起；並且把從秦及漢初所提倡，至漢武而初步實現的太學乃至小學等，都揉合在一起，成爲理想性的政教總機構；明堂至此而始完成至高無上的地位，給後世以很大的嚮往。而其實，這只是蔡邕由綜合所構造的明堂。明堂的理想性愈高，他所含的歷史因素便愈小。我現在把有關明堂的來龍去脈，在這裏擺淸楚了，則後儒要一一在歷史中證明其存在，其聚訟紛紜，而不能折衷於一是，乃必然之事。因此也可以了解這是根本不必爭論的問題。王國維氏，不知在歷史的具體情況中，求其發展演變之跡，而僅以室堂等字的文字訓詁爲基點，由此而把明堂推定爲古代宮室堂廟的統一建築形式，因而下一結論謂明堂「爲古代宮室通制」；此既不合於歷史性的明堂，亦不合於理想性的明堂；而只成爲王氏一人之臆說而已。

六、十二紀紀首中的政令與思想的分配

陰陽之氣的性格及作用，這是通過人對四時氣候所得的感受，及四時對萬物生存所發生的作用而加以把握的。在今日看，實際是把四時的氣候套向假設的陰陽身上去；但在當時，則以爲這是由陰陽的眞實存在，發而爲四時的氣候及其作用。理想的政治，是要與元「同氣」，即是要與陰陽同氣，與陰陽展現而爲四時同氣；於是政治的設施，便分爲四大類，按各類的性質，分別分配到與此性質相同的四時中的各時乃至各月中去。這種分配，有的是合理的，有的是牽強附會的。柳宗元已提出了這種看法，他說：

「觀月令（註二〇）之說，苟以合五事，配五行，而施其政令，離聖人之道，不亦遠乎。凡政令之作，有俟時而行之者，有不俟時而行之者。是故孟春修封疆，端徑術，相土宜，無聚大衆；季春利

堤防，達溝瀆，止田獵，備蠶器，合牛馬，百工無悖於時。孟夏無起土功，無發大衆，勸勉農人。仲夏班馬政，聚百藥。季夏行水殺草，糞田疇，美土疆土功，兵事不作。孟秋納材葦（按此一句乃季夏非孟秋），仲秋勸人種麥，季秋休百工，人皆入室，具衣裘……孟冬築城郭，穿竇窖……斯固俟時而行之，所謂敬授人時者也。其餘郊廟百祀，亦古之遺典，不可以廢。誠使古之爲政者，非春無以布德和令，行慶施惠，養幼少，省囹圄，賜貧窮，禮賢者。非夏無以贊傑俊，遂賢良，舉長大，行爵出祿，斷薄刑，決小罪，節嗜慾，靜百官。非秋無以選士勵兵，任有功，誅暴慢，明好惡，修法制……非冬無以賞死事，恤孤寡，舉阿黨，易關市，來商旅，審門閭，正貴戚近習，罷官之無事者，去器之無用者，則其闕政亦以繁矣。斯固不俟時而行之者也。」（註二一）

柳宗元的話，說得有點粗疏；例如把十二紀中的五行與陰陽混同起來，這是以後來的觀念，代替十二紀首的觀念。而「審門閭」，有檢查修補之意，一般當然在冬季行之。但若不承認呂氏門客的「與元同氣」的哲學，則柳宗元的話，是可以成立的。「俟時而行之者」，多半由農業社會的長期經驗而來，更進一步使其規律化。這是夏小正的發展。「其不俟時而行之」的部分，若不把它分別安排進四時十二月中間去，則這類的政令、行爲，失掉了與天的關連，因而失掉了作爲政令、行爲得以成立的根據；在他們看來，不僅減輕了它們的意義，而且破壞了帝王與天的圓滿關係，破壞了「法天」的政治最高原則。

政令，行爲，皆順應陰陽四時五行之氣的性格來操作，則帝王與天，政治的規律與天的規律，皆貫通而合一，當然是吉祥而有價值的。相反的，若有「春行秋令」這一類的情形，則是以人逆天，以政治逆天道；其發生由錯雜之氣而來的災異，這站在他們的邏輯上講，也是事有必至，理有固然的。孟春紀「孟春行夏令，則風雨不時，草木早槁，國乃有恐。」韋注「春，木也。夏，火也。木德用事，法當寬仁；而行火令，火性炎上，故使草木槁落………」，卽其一例。災異之說，起源甚早。至此而把過去對災異的零星解釋，重新安放在「與元同氣」的反面的基礎之上，而賦予以一個可以推論，甚至可以預知的新的解說系統。

❀　❀　❀

周書卷六周月第五十一「萬物春生夏長，秋收冬藏，天地之正，四時之極，不易之道。」生、長、收、藏，是由陰陽展現而爲四時的性格、作用。呂不韋的門客們，除了順着上述性格、作用，以安排各種生活與政令外，更把與生活、政治有關的思想，作一大綜合，也按照生、長、收、藏的四種性格、作用，分別安排到四時十二月中間去，每月安排四篇，以表示各種思想，也是順應着陰陽之氣的。但他們所建立的形式太整齊了，也太機械了，這便使他們不能不遇到更大的困難；卽是過於牽强和過於重複的困難。但我們不應抹煞他們這番苦心的。

春的作用是生，春季言思想的十二篇，皆在政治、社會、人生上發揮生或由生所引伸之義。夏的作用是長，夏季言思想的十二篇，皆在政治、社會，人生上發揮長或由長所引伸之義。秋的作用是收，秋季言思想的十二篇，皆在政治、社會、人生上發揮收或由收所引申之義。冬的作用是藏，冬季言思想的十二篇，皆在政治、社會、人生上發揮藏或由藏所引伸之義。

孟春紀紀首的第一篇是本生，言政治以養育人民之生命爲本。所以一開始便說「始生之者天也。養成之者人也。能養天之所生而勿攖之，謂之天子。天子之動也，以全（註：猶順也）天爲故（註：故事也）者也。此官之所自立也。立官者以全生也。今世之惑主，多官而反以害生，則失所爲立之矣。」人主不能獨治，必設官以爲治。現實上，人君與人民總是處於對立的地位，於是設官，只是爲了榨壓人民。呂氏門客們，特在這裏來一個大回轉。

本生篇接着便談養個人之生的問題。養個人之生，在呂氏春秋全書中，佔有很重的分量，其故有三。一是道家思想，在戰國末期，特別向養生方面發展；方士長生之說，是由此傅會出來的。所以呂氏春秋之重視養生，可以說是反映當時道家思想的傾向。二、呂氏春秋上所說的養生，主要指的是人君；而養生的內容，以節欲爲主。人君能節欲，即可少取於人民，讓人民能自養其生。三、認爲養生可以「

全其天」（註二三）。能全其天，則一人之身，即是一個小天地，可以與天地相通；且和天地一樣，能發生莫大的感應效果。這也是戰國末期由道家所發展出的一種近於神秘的思想。呂氏春秋全書，發揮此一思想的很多。本生篇：

「萬物章章，以害一生（縱欲），生無不傷。以便一生，生無不長。故聖人之制萬物也，以全其天也。天全則神和矣。目明矣。耳聰矣。鼻臭矣。口敏矣。三百六十節皆通利矣。若此人者，不言而信，不謀而當，不慮而得。精通乎天地，神覆乎宇宙。其於物，無不受也，無不裹也，若天地然。上爲天子而不驕，下爲匹夫而不惛，此之謂全德之人。」

接着本生篇的便是重己，即是尊重自己的生命。而尊重自己生命之要點在於節欲。所以說「凡生之長也，順之也。使生不順者欲也。故聖人必先適欲（高注：適猶節也）。」

接着重己篇的是貴公，這代表了呂氏春秋的基本政治思想。也直接提出了政治的最基本問題。公與私相對，貴公是說明統治者應以人民的共同意見、利益爲貴；必如此，乃能全人民之生。他說：

「昔先聖王之治天下也，必先公。公則天下平矣。平得於公。嘗試觀於上志，有得天下者衆矣。其有得之必以公，其失之必以偏。凡主之立也生於公……天下非一人之天下也，天下之天下也。陰陽之和，不長一類。甘露時雨，不私一物。萬民之主，不私一人」。「故智而用私，不若愚而用公。日醉而飾服，私利而立公，貪戾而求王，舜弗能爲。」

貴公則必去私，故繼之以去私。他所說的私，是指「傳子」而言。所以說「堯有十子，不與其子而授舜。舜有九子，不與其子而授禹，至公也」。最後說，「庖人調和而弗敢食，故可以爲庖。……王伯之君亦然，誅暴而不私，以封天子之賢者，故可以爲王伯。」呂氏的門客，及當時儒生，於秦統一天下之後，主張封建，其用意乃在不以天下私之於天子一人。後人多不明瞭他們的用心。

把一套政治理論安排在「春生」的「生」的觀念之下，以爲這樣便會與春之氣相應，自然會流於牽强。並且春有孟春仲春季春，孟、仲、季，各須安排四篇性質相同的東西，更不能不重複。所以仲春紀的四篇是貴生、情欲、當染、功名。貴生、情欲，是孟春重己的重述與發揮。當染的主要內容是「凡爲君，非爲君而因榮也；非爲君而因安也，以爲行理也。行理生於當染。故古之善爲君者，勞於論人，而佚於官事，得其經也。」當染是指人君用得其人，能得到好的薰染。所以這篇實際講的是人君應爲官擇人，可以說這是貴生「立官者以全生也」的意義的發揮。功名在說明嚴刑重罰，不能使天下歸心。但能示民以仁義，而豪傑人民自至。他說「欲爲天子，民之所走，不可不察。今之世，至寒矣，至熱矣，而民無走者，取則行鈞也。欲爲天子，所以示民，不可不異也。」這是切指秦的現狀以立言；但一定歸之於仲春之紀，便有些勉强。季春紀的盡數，先己，是重己貴己的重述與發揮；論人，圜道，乃當染的發揮。各有精義要言；但已不如孟春紀的四篇，與「生」的觀念關連得密切。

夏秋冬各紀的政治思想的安排，其用心與春季相同，而其牽强更甚。「夏長」是萬物在夏季因陽氣正盛而得到發育成長的意思。呂氏的門客們，認爲人的發育成長，係來自學問；而從藝術上使人的精神得以舒展的莫如音樂。所以便在孟夏紀紀首後第一篇是勸學。勸學說：

「忠孝，人君人親之所甚欲也。顯榮，人子人臣之所甚願也。然而人君人親不得其所欲，人子人臣不得其所願，此生於不知理義。不知理義，生於不學……是故古之聖王，未有不尊師者也。尊師則不論其貴賤貧富矣。聖人生於疾學，……疾學在於尊師。」

次篇爲尊師，引用了許多聖人尊師的故事，以發揮尊師的意義。這可能受了荀子學說的影響；並開漢儒重師法的先河。他說：

「君子之學也，說義必稱師以論道……說義不稱師，命之曰叛。背叛之人，賢主弗納之於朝，君子不與交友。故教也者，義之大者也。學也者，知之盛者也。義之大者莫大於利人，利人莫大於敎。知之盛者莫大於成身，成身莫大於學……天子入太學祭先聖，則齒嘗爲師者弗臣，所以見敬學與尊師也。」

次於尊師者爲誣徒，言教學之方法，在於因人情以施教，並要求「師徒同體」，而不可誣詆弟子。他說：

「達師之教也，使弟子安焉樂焉休焉遊焉肅焉嚴焉………此六者不得於學，則君不能令於臣，父不能令於子，師不能令於徒。………爲之而樂者，奚待賢者，雖不肖者猶若勸之。爲之而苦矣，奚待不肖者，雖賢者猶不能久。反諸人情，則得所以勸學矣。

不能教者志氣不和，取舍數變，………失之在己，不肯自非。愎過自用，不可證移。………此師徒相與異心也。人之情，惡異於己者，此師徒相與造怨尤也。人之情，不能親其所怨。不能譽其所惡。學業之敗也，學術之廢也，從此生矣。善教者則不然。視徒如己，反己以教，………所加於人，必可行於己。若此，則師徒同體。人之情，愛同於己者，譽同於己者，助同於己者。學業之章明也，道術之大行也，從此生矣。」

再次，則爲用衆。這是說學者爲學之方，在於能用衆多之長，以補一己之短。他說：

「善學者若齊王之食鷄也，必食其跖數千而後足………物固莫不有長，莫不有短，人亦然。故善學者假人之長以補其短。故假人者遂有天下。」

「天下無粹白之狐，而有粹白之裘，取之衆白也。夫取於衆，此三皇五帝之所以立大功名也。凡君之所以立，出乎衆也。立已定而舍其衆，是得其末而失其本。……夫以衆者，此君人之大寶也。」

仲夏紀季夏紀共八篇，皆言音樂之功效、歷史、及其度數。雖其中雜有少數神秘思想；然古代音樂藝術之有關資料，以呂氏春秋所保存者最爲完備，應另爲專論。此處我們僅了解他們以音樂與仲夏季夏相配之用心爲已足。

秋收，是萬物到了秋天皆因成熟而可以收獲。秋是「盛德在金」，金主殺戮；所以孟秋紀說「始用刑戮」；仲秋紀說「殺氣浸盛，陽氣日衰。」分配在秋季的思想，皆應與此種秋氣相應。所以孟秋紀的蕩兵、振亂、禁塞、懷寵四篇，皆言用兵之道。而歸結於用兵所以救民。救民之兵稱爲義兵。懷寵篇說：

「先發聲出號曰，兵之來也，以救民之死。子（注：謂所伐國之君）………上不順天，下不惠民，徵斂無期，求索無厭，罪殺不辜，慶賞不當。若此者天之所誅也。人之所讎也。不當爲君。今兵之來也，將以誅不當爲君者也。以除民之讎而順天之道也。………故克其國，不及其民，獨誅所誅而已矣。」

仲秋紀論威，論用兵以威重而勝；而威之立由乎義。簡選論用兵須「簡選精良」。決勝論決勝之道在於能「益民之氣。」「有氣則實，實則勇。無氣則虛，虛則怯」。愛士言必平時愛士，戰時乃能得士之用。此四篇依然是說的軍事思想。

季秋紀陰氣已盛，「乃趣獄刑，無留有罪」，以與季秋之陰氣相應。順民乃言不可以刑戮強迫人民，而先「取民之所悅」以「順民心」爲本。知士、審己、精通三篇，皆未直接言及刑罰。我的推測，秦自商鞅以來，以刑罰爲治，呂氏春秋一書，欲以扭轉秦的政治方向爲職志；故特略刑罰而不言；特於精通篇言精誠感通之道，使君臣上下，如「骨肉之親」，因而「痛疾相救，憂患相感，生則相歡，死則相哀」；如此，則刑罰亦可措而不用。

冬藏，因冬季是「盛德在水」，「天氣上騰，地氣下降，天地不通，閉而成冬。」萬物此時都把自己的生命凝結隱藏起來。人死則藏於葬，葬之爲言藏也；所以孟冬紀節葬、安死、異寶、異用四篇，皆言喪葬之事，特伸張墨子薄葬的主張。但仲冬紀至忠、忠廉兩篇，所以辨忠臣之分。當務一篇，所以辨事理於疑似之間。長見一篇，乃言政治上之遠見。此皆與冬季無密切關連。季冬紀士節、介立、誠廉、不侵四篇，乃所以勵士節，明士志，東漢的名節，皆可在這些地方得到一些線索。冬季氣象嚴肅堅定，或即以此爲士節士氣之象徵，所以便安排了這四篇文字。

將各種思想，分配于十二紀之下，以使思想與十二紀之氣相適應，本來是說不通的，所以愈到後來，愈見牽強。到了西漢初年，幾種典籍採用十二紀時，都擺脫了此一格套。但在呂氏門客的心目中，可能認爲與四時之氣結合在一起的思想，才能使這些思想更有生命，更有力量。

七、呂氏春秋中的天人思想

呂氏春秋一書，我已經指出過，內容包羅宏富，可從各種角度加以研究。這裏僅提出兩點，就全書作一簡略的綜述。一爲天人性命的問題；二爲他們所總結的先秦的政治原則的問題。

他們肯定人是由天所生(註二三)，這是來自久遠的傳統觀念。他們更具體的說「凡人物者陰陽之化也。陰陽者造乎天而成者也」(註二四)，這却是戰國末期所出現的新觀念。此一新觀念爲漢代所繼承；並由董仲舒在春秋繁露中特別加以推演。由人爲天所生，更發展出兩個重要觀念，一爲對生命的尊重，一爲由養生而可以與天地相通。

呂氏春秋所用的「性」字，實與生命之生，同一意義。大概他們因生命由天而來，故亦稱生爲性，有時亦可稱之爲天。卷一本生「人之性壽，物者抇(汩)之，故不得壽。物也者所以養性也。非所以性養也。」重己「五者(按指飲食聲色等)聖王之所以養性也」。皆說明生與性爲一義。所以卷二十知分便明說「生、性也。死、命也」。天所生出的生命的內容，當然有理性的一面，因而發生生命內的欲望與理性的抵抗。但呂氏春秋並未把理性的一面特別凸出，這大概因爲他們認爲生命既是得之於天，生命的整體卽是理性的。由養生而全生，全生卽是全天，全天卽是理性全般呈現；所以在他們這一思想結構中，天理人欲的抵抗性，比之原始道家及儒家，較為輕微，這也表現出戰國末期道家的特色。正因為如此，所以生命中最顯現的，是情欲。而他們對情欲，是採取肯定的態度。卷二情欲「天生人而使有貪有欲。欲有情，情有節。聖人修節以止欲，故不過行其情也。」高註以「適」釋「節」，從呂氏春秋相關連的文字看，是很確切的。先秦儒家，多主張以禮來節制欲。即是發揮理性的力量來節制欲。呂氏門客們對情欲既加以肯定，又要加以節制，與儒家相同。但節制的根據，不是直接求之於理性的本身，乃由老子「五色令人目盲」之意，直接求之於情欲的本身。他反復發揮物質享受太過，則反使情不適而生命為之剝喪。能節制欲望，反可適於情，而保全天所與人的生命；此之謂「全生」、「全性」、「全天」。本生篇說：

「今有聲於此，耳聽之必慊（注：快也）已。聽之則使人聾，必弗聽。有色於此，目視之必慊已。視之則使人盲，必弗視。……故聖人之於聲色滋味也，利於性，則取之。害於性，則舍之。此全性之道也。世之貴富者，其於聲色滋味也，多惑者，日夜求。幸而得之，則遁（注：流逸不能自禁也）焉。遁焉，性惡得不傷……萬物章章，以害一生，生無不傷。以便一生，生無不長。故聖人之制萬物也，以全其天也。」

上面這類的話，全書許多地方皆有發揮。他是以生命的合理要求為準；合於此要求的，可以完成天所給與於人的生命，否則會促短其生命；其眞實用意，與今日的生理衞生學是一樣的；這對當時希望能得到長生不老的統治者而言，應當是比較容易接受的。但呂氏的門客們，更由此而伸到神秘的境界。他們旣認定人的生命是由天所生，便認爲「人之與天地也同。」（註二五）。認爲「天地萬物，一人之身也」（註二六）。旣能由養生以全其天，則人卽可與天地相通，而與天地同其功用。本生篇繼續說：

「天全則神和矣，目明矣，耳聰矣，鼻臭矣，口敏矣，三百六十節皆通利矣。若此人者，不言而信，不謀而當，不慮而得。精通乎天地，神覆乎宇宙。其於物，無不受也，無不裹也，若天地然。上爲天子而不驕，下爲匹夫而不惛（注：惛讀憂悶之悶）。此謂全德之人。」

儒家由人性中理性的擴充而得到與天地相通的精神境界；原始道家，由「致虛極，守靜篤」的工夫，以擴充生命中的虛靜之德，而得到與天地相通的精神境界。呂氏春秋則以養生而得到與天地相通的精神境界。但依然與原始道家的老子思想，有一條可以相通的線索。老子二十章，在對道形容中有謂「窈兮冥兮，其中有精；其精甚眞」的話。經驗界的萬物，對道而言，是粗。創造萬物的道，老子則擬之爲精。此處可借用莊子秋水篇的話作解釋。秋水篇說「夫精者小之微也。」這意思是說，所謂精，是指比一般之所謂小還要微細的東西。這是勉强對道所作的形容。又說「可以言論者物之粗也。可以意致者，物之精也。」這是說人對精的把握的方法。老子將道稱爲精，將道的作用稱爲神；莊子繼承此一思想，而合稱之爲精神。但莊子稱道爲精神，對於人的心亦稱之爲精神；以見人之心與道是一體相通而無阻隔（註二七）。「精」的觀念，至戰國末期而大爲流行；雖然各家使用精字神字時，不一定有莊子上指道而下指心的嚴格意義；但承認在人生命之中也有一種可稱爲「精」的東西，可以與天地之精相通感，也可以與天下之人相通感，則幾乎成爲共同的趨向。此一趨向在呂氏春秋上得到了發揚，與漢代，尤其是與淮南子中的道家及董仲舒以很大的影響。玆略擧於下：

一、「聖人察陰陽之宜，辨萬物之利，以便生；故精神安乎形，而年壽得長矣。」（卷三盡數。）

二、「大喜大怒大憂大恐大哀，五者接神，則生害矣。大寒大熱大燥大濕大風大霖大霧，七者動精，則生害矣。故凡養生，莫若知本。……精氣之集也，必有入也。集於羽鳥，與爲飛揚…………集於聖人，與爲敻明。……流水不腐，戶樞不螻（蠹），動也。形氣亦然。形不動則精不流。精不流則氣鬱。」（同上）

三、「凡事之本，必先治身。嗇其大寶，用其新，棄其陳，腠理遂通。精氣日新，邪氣盡去，及其天年。……昔者先聖王成其身而天下成，治其身而天下治。……爲天下者不於天下，於身。」（卷三先己）

四、「主道約，君守近。太上反諸己。……何謂反諸己也？適耳目，節嗜欲，釋智謀，去巧故，而游意乎無窮之次，事心乎自然之途，若此，則無以害其天矣。無以害其天，則知精。知精則知神。知神之謂得一。………故知知一，則若天地然。則何事之不勝，何物之不應。」（卷三論人）

五、「何以知天道之圜也？精氣一上一下，圜周復雜，無所稽留，故曰天道圜。」（卷三圜道）

六、「日夜思之，事心任精。」（卷七禁塞）

七、「聖人南面而立，以愛利民爲心。號令未出，而天下皆延頸舉踵矣，則精通乎民也。夫賊害於人，人亦然………神者先告也。身在乎秦，所親愛在於齊，死而志氣不安，精或往來也。德也者萬民之宰也………聖人行德乎己，而四荒咸飭乎仁。養由基射兕，中石，石乃飲羽，誠乎兕也。伯樂學相馬，所見無非馬者，誠乎馬也。………故君子誠乎此，而諭乎彼；感乎己而發乎人，豈必彊說乎哉………神出於忠，而應乎心，兩精相得，豈待言哉。」（卷九精通）

八、「故曰天無形而萬物以成。至精無象，而萬物以化。」（卷十七君守）

九、「聖王………養其神，脩其德而化矣，豈必勞形愁（慮）弊耳目哉………神合乎太一………精通乎鬼神。深微玄妙，而莫見其形。今日南面，百邪自正，而天下皆反其情。黔首畢樂其志，安育其性，而莫爲不成。故善爲君者矜服性命之情，而百官已治矣。」（卷十七勿躬）

十、「凡君也者處乎靜，任德化，以聽其要。若此，則形性彌羸，而耳目愈精。百官愼職，而莫敢偸綖。」（同上）

十一、「故誠有誠，乃合於情。精有精，乃通於天。乃通於天水（五字衍文），木石之性，皆可動也，又況於有血氣者乎。故凡說與治之務，莫若誠。」（卷十八具備）

十二、「故曰精而熟之，鬼將告之。非鬼告也，精而熟之也。」（卷二十四博志）

十三、「夫驥驁之氣，鴻鵠之志，有諭乎人心者，誠也。人亦然，誠有之，則神應乎人矣。言豈足以諭之哉。」（卷二十六士容）

上面所引材料中的精字神字，雖含義不能如老子莊子中的確定；但就（五）及（八）說，天道之所以爲圜，是因精氣之一上一下。是天有此精。天之精雖不可見，但萬化實因此精的活動而生育成長。就其餘各項來看，是人生命之內，亦有此精此神，或合稱爲精神。就（一）的「精神安乎形」的話來看，是精神亦可不安於人之形體。此生命內之精或神，高注有時以魂魄釋之，但就全書看不必如此。似乎可以這樣的說，天分化自己之精氣於各生命之內，以成爲各生命之精之神。此精神必由節省嗜欲，並講求運動等各種養生之道，乃在生命中得以保全而發生作用。此觀於（一）（二）（三）（四）（十）等項而可見。以養生的工夫使「形性彌羸」而讓精能保存於生命之中，發生作用，此謂「矜服性命之情」（九。）

凡呂氏春秋中之所謂性命，皆指此種意義而言。精為天所賦予，而為人所得。由養生而保全天所賦予於生命中之精，此即呂氏春秋中之所謂「全其生」，「全其天」，「全其德」。其第一效應為人可完成天所賦予之壽命而「年壽得長」。第二效應則生命中之精，本是來自天之精；故此時之生命「若天地然」，而可與天相感通（十一）。既可與天地相感通，則在政治上亦將若天之「無形而萬物以成」，「萬物以化」。此觀於（三）（四）（八）（九）（十）各項而可見。精為萬物所同具，故一人之精，即可通於萬物。既可通於萬物，則可收不言而萬物自化之效，此觀於（七）（九）（十一）（十三）而可見。在上引材料中，又強調「誠」的觀念。它所說的誠，指的是眞實愛利人民的精神狀態。因誠故精。故後來常將「精誠」連為一詞。此乃在養生以外能達到精的一種積極工夫。補出此一積極工夫，呂氏春秋這一方面的思想，始有一部分的客觀的意義。司馬談論六家要旨稱述道家「凡人所生者神也，所托者形也。………不先定其神，而曰我有以治天下，何由哉」一段話的思想，實由呂氏春秋而來。以養生致精而可與天地及天下相通感，這是由戰國末期道家發展老子重生貴己的這一部分思想而來。但老子這一部分思想，決沒有進入到這種神秘主義中去。莊子外篇雜篇中，雖多敷衍養生之說，但亦未嘗由養生以言天人一體。老子的「體道」，亦即是天人一體，必由「致虛極，守靜篤」這類的工夫而來。莊子則更將此工夫落實於人的心上而稱為「心齋」。所以由呂氏春秋所代表的道家思想，乃戰國末期與陰陽家相混合以後，一方面是庸俗化，一方面是神秘化的道家思想。與老莊的原始道家思想，有很大的距離的。由養生致精以與天地通應的思想，在當時旁通於神仙方士，在以後發展爲道教的鍊氣鍊丹。但這裏所提出的誠的觀念，却接受了儒家中庸、易傳中的觀念；但亦爲老莊所應有之義。所以呂氏春秋這一方面的思想，以戰國末期的道家思想爲主，而融合了一小部分儒家的思想。

×　×　×　×

不論由養生，或由誠，以達到與天地相感通，都是出於人在主觀上的努力；也可便宜地稱爲「自覺地天人通感。」但自戰國中期以來，發展出並非出於自覺地天人通感，即是「以類相感」的觀念，爲呂氏春秋所演繹，給兩漢思想以莫大的影響。

易繫傳「同聲相應，同氣相求。」這卽是以類相感的觀念。荀子不苟篇謂「君子絜其辯（身）而同焉者合矣。善其言，而類焉者應矣。故馬鳴而馬應之………。」因荀子主張天人分途，所以此處不指天人相感而言；但其肯定「同類相感」的原則，並無二致。呂氏春秋既強調天人相感相應，又強調災變與政治是否合乎月令的關係，自必更強調同類相感的觀念。卷十三應同篇「類固相召。氣同則合，聲比則應。鼓宮而宮動，鼓角而角動，………無不皆類其所生以示人。故以龍致雨，以形逐影。師之所處，必生棘楚。禍福之所自來，衆人以爲命，安知其所………物之從同，不可爲記。」這段話，在卷二十召類篇又敍述了一次。全書這類的話很多。呂氏春秋應用這種觀念，也和荀子一樣，重在行爲所招致的效果。所以應同篇繼上文之後，接着說「君同則來，異則去。故君雖尊，以白爲黑，臣不能聽。父雖親，以黑爲白，則子不能從。」但又引「商箴云天降災布祥，並有其職。以言禍福人或召之也。」即是說人以某類的行爲，召致天降某類的災禍，則以類相感的觀念，既即應用於君主臣民之間，亦用於天人之際。而兩漢的災異思想，主要以同類相感，作解釋的根據。這對人自身而言，可以說是不自覺地天人通感。

八、呂氏春秋政治思想之一端

呂氏春秋的內容，雖包羅宏富，然究以政治問題爲主。秦自孝公用商鞅變法以來，以法家的精神法度立國；並且這也是戰國中期以後的一般傾向；不過其他六國，沒有像秦國行之力而持之久。法家政治，是以臣民爲人君的工具，以富強爲人君的唯一目標，而以刑罰爲達到上述兩點的唯一手段的政治。這是經過長期精密構造出來的古典地極權政治。任何極權政治的初期，都有很高的行政效率；但違反人道精神，不能作立國的長治久安之計。秦所以能吞併六國，但又二世而亡，皆可於此求得解答。

呂氏的門客們，在消極方面，便是要扭轉這一趨向，改建秦國即將統一天下的政治結構。此一努力，貫澈於全書之中，下面簡錄若干材料以爲例證：

一、「彊令之笑不樂，彊令之哭不悲。彊令之爲道也，可以成小，而不可以成大……以貍致鼠，以冰致蠅，雖工不能。以茹魚去蠅，蠅愈至，不可禁，以致之道去之也。桀紂以去之道致之也，罰雖重，刑雖嚴，何益？……今之世，至寒矣，至熱矣，而民無走者，取則行鈞也。（注：鈞，等也。等於暴亂也。）欲爲天子，所以示民，不可不異也。」（卷二功名）

二、「當今之世，巧謀並行，詐術遞用，攻戰不休，亡國辱主愈衆。所事者末也。」（卷三先己）

三、「此十聖人六賢者，未有不尊師者也。今尊不至於帝，智不至於聖，而欲無尊師，奚由至哉。」（卷四尊師）

四、「今世之以偃兵疾說者，終身用兵而不自知悖。故說雖彊，談雖辯，文學雖博，猶不見聽。」（卷七振亂）

五、「今天下彌衰，聖王之道廢絕。世主多盛其歡樂，大其鐘鼓，侈其台榭囿苑，以奪人財。輕用民死，以行其忿……攻無辜之國以索地，誅不辜之民以求利，而欲宗廟之安也，社稷之不危也，不亦難乎？」（卷十三聽言）

六、「爲天下及國，莫如以德，莫如行義。以德以義，不賞而民勸，不罰而邪止……豈必以嚴罰厚賞

哉。嚴罰厚賞，此衰世之政也。」（卷十九上德）

七、「故擇先王之成法，而法其所以爲法。先王之所以爲法者何也，先王之所以爲法者人也。而己亦人也。故察己則可以知人。」（卷十五察今）

「故治國無法則亂，守法而弗變則悖。悖亂不可以持國。世易時移，變法宜矣。」（同上）

八、「法也者衆之所同也。賢不肖之所以其（疑當作齊）力也。謀出乎不可用，事出乎不可同，此爲先王之所舍也。」（卷二十五處方）

上引材料中，（一）（六）很明顯地反對法家政治。再加以全書援引各家學說，廣博豐富，獨無一言援引當時盛行的法家之言，其用心可以概見。但他們反對法家，並不是反對法，更不是反對變法，而是反對法家的法，完全以統治者的權威、目的爲基礎，片面地加在人民身上的法。他們要把法的基礎，安放在人民與統治者一律平等地「人」的基礎之上。統治者自己的生活可以接受的法，乃可加之於人民。法家由法所規定的人民生活狀態，與統治者自身的生活狀態，完全屬於兩個本質不同的範疇，這就是（八）所說的「事出乎不可同」，所以他們便加以反對。法家反對文化學術，自然無所謂「師」。（三）要求統治者尊師；並且全書在許多地方尊重學術，這也可以說是對法家的抗辯。古代的由君師合一，到孔子以平民立教，而戰國百家各尊其師，呂氏的門客更要求人君能尊師，把師的地位安放在君臣關係之外，以達到君師分立，這是一個了不起的大進步。（二）（四）是針對縱橫之士說的。（五）是針對統治者的侈靡風氣說的。全書所反復叮嚀，由節欲以養生的議論，只要想到秦政後來驕奢淫侈的情形，便可承認它的客觀意義。

呂氏春秋在政治問題上的積極主張，除了前面已經提到的「與元同氣」這一類特別觀念外，在政治的基本原則上，是盡量發揮「天下爲公」的主張。

一、「昔聖王之治天下也必先公。公則天下平矣。……凡主之立也生於公……天下者非一人之天下也，天下之天下也。」「故智而用私，不若愚而用公。」（卷一貴公）

二、「堯有子十人，不與其子而授舜。舜有九子，不與其子而授禹，至公也。」「庖人調和而弗敢食，故可以爲庖。……王伯之君亦然。誅暴而不私，以封天下之賢者，故可以爲王伯。若使王伯之君，誅暴而私之，則亦不可以爲王伯矣。」（卷二去私）

二、堯舜，賢主也，皆以賢者爲後，不肯與其子孫，猶若立官以使之方。今世之人主，皆欲世勿失矣，而與其子孫，立官不能使之方，以私欲亂之也。」（卷三圜道）

四、「凡君之所以立，出乎衆也。立已定而舍（捨）其衆，是得其末而失其本。得其末而失其本，不聞安居。」（卷四用衆）

五、「故克其國，不及（罪）其民，獨誅所誅而已矣。舉其秀士而封侯之。」（卷七懷寵）

六、「衆封建，非以私賢也，所以便勢全威，所以（博利）博義。義博利（博），則無敵。」（卷十七愼勢）

七、「古之君民者，仁義以治之，愛利以安之，忠信以導之，務除其災，思致其福。」（卷十九適威）

八、「凡人之性，爪牙不足以自守衞……然猶足以裁萬物，制禽獸，……不唯先有其備，而以羣聚邪（也）？羣之可聚也，相與利之也。利之出於羣也，君道立也。……故廢其非君，而立其行君道者。君道何如？利而物（勿）利章（俞樾：章字衍文）。」「爲一國長慮，莫如置君也。置君，非以阿君也。置天子，非以阿天子也。置官長，非以阿官長也。德衰世亂，然後天子利天下，國君利國，官長利官。此國所以遞興遞廢也。亂難之所以時作也。」（卷二十恃君覽）

九、「安雖長久，而以私其子孫，弗行也。」「辛寬見魯繆公曰，臣而今而後，始知吾先君周公之不若太公望之知封也……吾君周公封於魯，無山林谿谷之險，諸侯四面以達，是故地日削，子孫彌殺。辛寬出，南宮括入見……對曰……夫賢者豈欲其子孫之阻山林之險，以長爲無道哉。小人哉寬也。」（卷二十長利）

由上面簡錄的材料，呂氏的門客，把儒、墨、道三家所蘊含的天下爲公的思想，作了强烈地表現。把夏禹以來，傳子的傳統，也敢於加以推翻。說苑十四至公「秦始皇帝既呑天下，乃召羣臣面議曰，古者五帝禪賢，三王世繼，孰是？將行之。……鮑白令之對曰，天下官。則讓賢是也。天下家，則世繼是也，故五帝以天下爲官，三王以天下爲家。……秦始皇帝仰天而嘆曰，吾德出於五帝，吾將官天下。誰可使代我後者……。」此雖係秦政一時矯情之言，要不可謂其非受有呂氏春秋的鉅大影響。漢羣臣請漢文帝立太子，而文帝却虛僞的謙遜一番，也是受了此一鉅大影響。天下爲公的思想，一直爲西漢大儒所繼承，到東漢後則已歸隱沒。呂氏春秋中有關政治方面所錄之嘉言懿德，實集先秦諸家之精英，不可勝數，此處僅揭其根本義。就它全面的政治思想說，却只能算是它的一端。至於全書中特別重視農業生產，可謂補儒家政治思想之所不足。

九、呂氏春秋對漢代學術思想的影響

呂氏春秋的初稿成於秦政八年。但其補綴之功，直至秦政統一天下之後。卷十安死「以耳目所聞見，齊荆燕嘗亡矣。宋中山已亡矣。趙魏韓皆亡矣。其皆故國矣。」這分明是秦政二十六年以後所寫的。由此可知有的呂氏門客的學術活動，可能與秦代同其終始，甚且一直延至漢初。因此，漢初的思想家，對呂氏春秋，有直傳或再傳的關係。它對漢代思想的影響，實在是至深且鉅。淮南子及周官或稱周禮的所以成立，都是啓發自呂氏春秋。這將另有專文論及。其思想及於兩漢，尤其是西漢人的著作中的，不可勝數。玆僅就十二紀紀首在漢代發生的影響，略加敍述。

淮南子成書於景帝末年，吸收了呂氏春秋許多材料，並全錄十二紀紀首以爲時則訓，而頗有變更。例如十二紀紀首中的五帝五神，淮南王的門客把它編到天文訓中而成爲五星。天文訓：

何謂五星，東方木也，其帝太皡，其佐句芒……南方火也，其帝炎帝，其佐朱明（高註：舊說云祝融）。中央土也，其帝黃帝，其佐后土。……西方金也，其帝少皡，其佐蓐收……北方水也，其帝顓頊，其佐玄冥。

既把十二紀紀首中的五帝五神改編到天文訓中去了，所以在時則訓中便把它略去。如以孟春之月爲例，時則訓中增加了「招搖指寅」。「其位東方」。「服八風水，爨萁燧火。東宮御女青色，衣青采，鼓琴。其兵矛，其畜羊」。「修除祠位，幣禱鬼神」，「犧牲用牝」，「正月官司空」等。也有前後位置移易，並改變文字的。其中最重要者，十二紀孟春紀在「候雁北」之下，接着便是「天子居青陽左個，乘鸞輅……衣青衣，服青玉……」。而時則訓則在「候雁北」之下，接着是「天子衣青衣……東宮御女青色……其兵矛，其畜羊」，再接着才是「朝於青陽左個，以出春令。」此一改變，意義重大。蓋呂氏春秋，不以明堂爲發號施令之地。天子發號施令，依然是在朝廷之上。而淮南王的門客，則以明堂爲發號施令之地。時則訓在按照十二紀把十二月敍完之後，再加了一段「五位」的敍述，這是在地理上敍述東、南、中、西、北、五方窮極所到之處。配上五帝五佐，中間各加上「其令曰」的五類政治措施。雖然五政也與五個方位有關連；但十二紀是決定於「與元同氣」的「氣」，時則訓則加上「與地同位」。再加上一段四季的孟、仲、季的互相配合的「六合」，目的在說明施政不合時令時所引起的災異。這與先秦之所謂六合，完全另爲一物。例如「孟春與孟秋爲合」，「正月（孟春）失政，七月（孟秋）凉風不至」等。再加上「天爲繩，地爲準，春爲規，夏爲衡，秋爲矩，冬爲權」的「六度」，而極力在政治作用上加以誇張。這都是淮南賓客在十二紀之外所增益上去的。但他們在十二紀中也有所刪節。小的文字刪節改變不計外，其重大者，例如孟春之月：

「是月也，以立春。先立春三日，太史謁之天子曰，某日立春，盛德在木（此句被移於「其日甲乙」之下）天子乃齋。」

時則訓將上數句刪去，而直述「立春之日」；這說明呂氏春秋猶承周代官制之遺風，太史有重要的地位。所以下面又說「乃命太史，守典奉法。」此地位至漢初已經失墜。所以淮南的賓客不再提到他。下面的一段，等於完全刪掉了。

「還（迎春於東郊還），乃賞卿諸侯大夫於朝。命相布德和令，行慶施惠，下及兆民。慶賜遂行，無有不當（此數句縮爲「布德施惠，行慶賞，省徭役」）。乃命太史，守典奉法，司天日月星辰之行，宿離不忒，無失經紀，以初爲常。是月也，天子乃以元日祈穀於上帝。乃擇元辰，天子親載耒耜，措之參於保介之御間，率三公九卿諸侯大夫，躬耕帝籍田………（此處省五十四字）王布農事，命田舍東郊。皆修封疆，審端徑術。善相丘陵阪險原隰，土地所宜，五穀所殖，以教導民，必躬親之。田事旣飭，先定準直，農乃不惑。是月也，命樂正入學習舞。」

由時則訓之所增所省，可以得出如下的三點看法：

一、反映政治風氣之變。時則訓中「服八風水」，這是淮南重神仙服食的反映。「東宮御女………」，是漢代後宮之盛的反映。刪去太史的職位，刪去祈穀及籍田之禮，這是呂氏春秋繼承了周初重視農業的政制及其有關禮制，而淮南王安及其賓客們却完全沒有這些觀念。站在「史的立場」來說，呂氏春秋中所保有的古代的「禮」及「禮意」，在淮南子的時則訓中已被滌蕩無餘。

二、就時則訓中所增益的來看，可以了解淮南賓客，遠較呂氏的門客，好怪異之談，喜誇張之論，並綜括了管子中有關的材料，但缺乏條理貫通的合理精神。

三、周初的統治階級，因文王與周公的提倡，和農民農業，非常接近；到了貴族政治爛熟以後，這種意義已漸漸消失。戰國時代，法家們從富强的角度，又注重農業與農民的問題；但在他們，不過是一種工具的意義。呂氏的門客，由此一趨向而喚起了對周初的記憶，所以在十二紀中，特詳於農事，詳於農政。且其序次皆與實際之要求相合。全書並終於上農、任地、辯土、審時四篇。但淮南賓客們，與人民的距離較遠，所以淮南子全書中，言及農事者不多。

但不論怎樣，沒有十二紀紀首，便沒有時則訓。甚至可以說沒有呂氏春秋，便沒有淮南子。這決不是偶然地、突出的事情，而是呂氏春秋在西漢初期所發生重大影響的結果。

就個人而論，受十二紀影響最大者當為董仲舒。他繼承了十二紀紀首陰陽五行的觀念，並作了極煩瑣地發展。此觀於春秋繁露一書而可見。他的尚德去刑，以春夏為天之德，秋冬為天之刑的觀念，也由十二紀發展而來。而春秋繁露觀德三十三謂「百禮之貴（貴重者），則編於月。月編於時」。這更是指十二紀紀首而言。五行對第三十八「天有五行，木火土金水是也。木生火，火生土，土生金，金生水。水為冬，金為秋，土為季夏，火為夏，木為春。春主生，夏主長，季夏主養，秋主收，冬主藏」，皆本於十二紀紀首。五行之義第四十二，四時之別第五十五等，莫不如此。要了解漢代學術的特性，便不能不了解董仲舒思想的特性及其在兩漢中所佔的重要地位。而董仲舒思想的特性，可以說全是由十二紀紀首發展出來的。

漢易最大的特色，為京房的卦氣說。漢書七十五京房傳「其說長於災變。分六十四卦，更直日用事，以風雨寒溫爲候。」孟康曰：

「分卦直日之法，一爻主一日；六十四（四字疑衍）卦爲三百六十日。餘四卦震離兌坎，爲方伯監司之官。所以用震離兌坎者，是二至二分用事之日；又是四時各專王之氣，各卦主時。其占法各以其日觀其善惡也。」

這裡不深入討論卦氣問題；而僅指出易十翼中有一部份應用到陰陽的觀念時，略帶有時間的意味，但無明確的劃分。且更未應用到五行的觀念。十二紀紀首，把陰陽五行之氣，表現到十二個月中間去，於是陰陽運行於時間之中，更爲具體而明確。由此再進一步的發展，則是把陰陽運行於時間之中，不僅以月爲單位，而係以日爲單位。六十四卦，抽出震離兌坎四卦各主一時；其餘六十卦三百六十爻，各主一日；這樣一來，運行於時間之中的陰陽之氣，可以日爲單位而加以考察按驗，就較之十二紀更爲具體而細密。由此以言占驗，便更可應接人事的紛煩。把陰陽之氣，由表現於十二月，進而表現於三百六十日，這是一條直線上的推演。所以卦氣說是受了十二紀的影響所展出來的。

❀ ❀ ❀

禮記四十九篇，凡不以陰陽五行言禮者，多傳自戰國中期以前，或出自未受陰陽家影響之儒者。尤其是荀子這一系統的儒者。其以陰陽五行言禮者，則多直接間接，受有十二紀紀首的影響。凡此皆應重加覆按，以論定其思想之淵源。而將十二紀紀首錄入爲月令，成爲四十九篇之一，十二紀紀首的影響，更爲擴大。

經典釋文序錄引晉司空長史陳邵周禮論序謂「戴德刪古禮二百四篇爲八十五篇，謂之大戴禮。聖（戴德之弟）刪大戴禮爲四十九篇，是爲小戴禮。後漢馬融盧植，考諸家同異，附戴聖篇章，去其繁重，及所叙略，而行於世，即今之禮記是也」。隋書經籍志因陳說而更加附益，謂「漢河間獻王又得仲尼弟子及後學者所記一百三十一篇獻之，時亦無傳之者。至劉向考校經籍，檢得一百三十篇，向因第而序之。而又得明堂陰陽記三十三篇，孔子三朝記七篇，王氏史記二十一篇，樂記二十三篇，凡五種，二百十四篇。戴德刪其煩重，合而記之爲八十五篇，謂之大戴記。而戴聖又刪大戴之書爲四十六篇，謂之小戴記。漢末馬融遂傳小戴之學，融又足月令一篇，明堂位一篇，樂記一篇，合爲四十九篇。又鄭玄受業於馬融，又爲之注」。

按陳邵的說法，在可以看到的兩漢有關材料中，只有相反的證明，找不出一條正面的證據。陳壽祺左海經辨，對此辨之甚爲明晰。至隋志則將戴德戴聖與劉向的時間也弄顚倒了。故其說更爲無根。謂今禮記中的月令明堂位樂記三篇，係由東漢馬融所補足，尤係不根之論。隋志既認大戴記所刪取，已有樂記二十三篇在內，則小戴刪大戴書時，即有現成的樂記，何待馬融補足。孔穎達義疏於樂記曰，「按別錄四十九篇」。後漢書橋宏傳，「七世祖仁，著禮記章句四十九篇。」又鄭康成注禮，皆於篇題下注明「此於別錄屬……」，可見劉向別錄及橋仁所見者皆為四十九篇。而漢書王莽傳上記羣臣奏請王莽居攝的奏議中，引有「禮明堂記曰……」即今禮記明堂位十四。所以月令、明堂位、樂記三篇，係由馬融所補入之說，絕不可信。

禮記的情形，大底是這樣的。漢書儒林傳「由是禮有大戴小戴慶氏之學」，立於學官，此皆指傳承后蒼的儀禮而言，與大小戴記無涉。這點清人毛奇齡何義門輩已言之。大小戴記之內容，由先秦以及漢初，既非出於一人，亦非出於一時，或單篇別行，或彙編成帙，並遞有增損；大約在宣帝之世，經大小戴各承其傳習而各編為一書，此後便成定本。小戴記，即今之禮記，以卷數言之，則為四十九。以篇題言之，則為四十六。蓋曲禮、檀弓、雜記，卷分上下，共為六卷，而篇題實三，故錢大昕廿二史考異，以小戴記「實止四十六」之言，為不可易。大小戴記，因各人所傳承之材料不同，故內容各別；然大較與禮有關，故其中相同者亦復不少。其說具見於陳壽祺左海經辨。不是大小戴分取漢志著錄之「記百三十一篇」以成八十五篇之大戴記及四十六篇之小戴記。乃劉向合八十五篇及四十六篇而統著錄為「記百三十一篇」。至隋志禮記百三十一篇出於河間獻王，及有謂出自叔孫通，皆係妄說。西漢最先引用「禮記」者可能是始於匡衡的時代（註三〇）。此後則常稱「禮記」。在匡衡以前，漢人文字中只稱「禮曰」或「記曰」，內容絕對多數都是今日的禮記。由此可以了解，小戴所傳承的系統，自漢初年，已佔絕對優勢。而「禮記」一辭，經小戴編定後始漸顯著，而更爲流行。此一問題，尙有許多須詳加討論的，這裡只談到此處爲止。

呂氏春秋十二紀紀首，在漢初已極有勢力。將十二紀改爲月令，和其他文獻編在一起，乃在戴聖以前。鹽鐵論論菑第五十四的「大夫曰」中，即引有「月令，涼風至」的話，即其明證。編周書的人，也編爲「月令第五十三」。可知這是西漢初年思想界的大趨勢。不過經小戴將禮記編爲定本後，月令的地位更提高，所發生的影響亦更大。

關於月令的另一重大爭論問題，鄭康成以爲「本呂氏春秋十二月紀之首章」；而蔡邕王肅等，則以爲周公所作。後世由此而繼續爭論下來。按孔穎達從官制等方面，列擧四證，以堅持鄭康成的說法（三二）。我現時再從思想史上把十二紀紀首的思想脈絡弄清楚了，所以對於這種爭論，沒有重加討論的必要。我這裡只指出兩點；第一點，蔡邕們所以認定月令是周公所作，乃出自推崇月令太過的心理。第二，十二紀紀首中所稱述的許多禮制，本有歷史的根源。例如藉田之禮，爲周初所固有；特呂氏門客，按照他們的觀念，重新加以安排；所以十二紀紀首中的藉禮，與國語周語中所記者又有出入。

月令全抄十二紀紀首；其不同者，正如孔穎達所說，「不過三五字別」。而這些三五字別，其義多以十二紀爲長。可以說，淮南子的時則訓，是加了他們自己的意見和其他材料到裡面；而禮記月令，則是對十二紀紀首作全面承認的。月令在兩漢的影響，即是呂氏春秋十二紀紀首的影響。

一〇、呂氏春秋對漢代政治的影響

兩漢思想家，幾乎沒有一個人沒有受到十二紀紀首——月令的影響的；這裡特別提到它在政治上的影響。但政治上的影響，幾乎都是順着「與元同氣」的這一觀念下來的。呂氏春秋在與元同氣的這一神秘外衣裡面，包含有許多政治上的大經大法，却發生影響極少。所以這種影響，可以說是買櫝還珠。但這是在專制政體下必然的現象。專制政體與文化思想的關係，都是買櫝還珠的關係。

十二紀紀首對政治的影響，是認爲政治與天，實際是與陰陽二氣，有密切地關連，並且由此而對天發生一種責任感。漢書七十四魏相傳「臣愚以爲陰陽者王事之本，羣生之命，自古聖賢，未有不由者也。天子之義，必純取法天地，而觀於先聖。高皇帝所述書天子所服第八曰，大謁者臣章，受詔長樂宮曰，令羣臣議天子所服，以安治天下。相國臣何，御史大夫臣昌，謹與將軍臣陵，太子太傅臣通等議，春夏秋冬，天子所服，當法天地之數，中得人和。故自天子王侯有土之君，下及兆民，能法天地，順四時，以治國家，身無禍殃，年壽永究，是奉宗廟安天下之大禮也，臣請法之。中謁者趙堯舉春。李舜舉夏。

兒寬學秋，貢禹學冬。四人各職一時。大謁者臣章奏曰可」。西漢開國時由廷議所定的服制及定此服制的觀念，全出自十二紀紀首。史記第五十六陳丞相世家，漢文帝問左丞相陳平「君所主者何事」?平答以「宰相者，上佐天子，理陰陽，順四時，下育萬物之宜………。」從政治上要去「理陰陽，順四時」的觀念，這也是在呂氏春秋十二紀紀首以前不會出現的觀念。由此可以推知周官論三公之職爲「論道經邦，燮理陰陽」的觀念，必然是呂氏春秋以後，在西漢所發展的觀念。周官的春官夏官秋官冬官等名稱，也是由十二紀紀首演變而出。

漢書七十四丙吉傳：丙吉繼魏相爲相，「嘗出，逢淸道羣鬥者，死傷橫道，吉過之不問。掾史獨怪之。吉前行，逢人逐牛，牛喘吐舌，吉止駐，使騎吏問逐牛行幾里矣。………或以譏吉，吉曰，民鬥相殺傷，長安令、京兆尹職，所當禁備逐捕……宰相不親小事，非所當於道路問也。方春少陽用事，未可大熱，恐牛近行用暑故喘，此時氣失節，恐有所傷害也。三公典調和陰陽，職所當憂，是以問之。掾史乃服」。丙吉的觀念，與陳平完全相同。若不了解十二紀的思想背景，簡直是無法使人理解。

如前所述，十二紀紀首中的明堂，只是天子順時氣居處之宮室，至漢初則看作是天子順四時十二月以發佈與元同氣的政令的神聖之地。這種思想，是完全順着十二紀紀首的觀念引伸出來的。漢初儒者，遂以建明堂，行十二月之令，作爲一個最高的政治理想。這在歷史上，在現實上，本都是無根之說，可以聽任大家隨意構想，所以漢書藝文志在禮下收錄有明堂陰陽三十三篇，明堂陰陽說五篇；其中較爲合理的，保留在大小戴記裡面。淮南子除時則訓外，主術訓、本經訓、齊俗訓、氾論訓、泰族訓等，都談到明堂。鼂錯本是學刑名法術的人，在文帝十五年九月應賢良文學策裡，也說「臣聞五帝神聖，其臣莫能及，故自親事，處於法宮之中，明堂之上，動靜上配天，下順地，中得人；故衆生之類，亡不覆也；根着之徒，亡不盡也……然後陰陽調，四時節……」（註三二）。由此不難推想當時這種風氣之盛。

但十二紀紀首在漢代所發生的作用，主要是發生在：第一，是對災異的解釋與對策；第二，是對刑賞的規正與運用。

在前面引用過的魏相奏議中，曾有下面的一段話：

「臣聞易曰，天地以順動，故日月不過，四時不忒。聖王以順動，故刑罰淸而民服。天地變化，必由陰陽。陰陽之分，以日爲紀。日冬夏至，則八分之序立，萬物之性成。各有常職，不得相干。東方之神太昊，乘震、執規、司春。南方之神炎帝，乘離、執衡、司夏。西方之神少昊，乘兌、執矩、司秋。北方之神顓頊，乘坎、執權、司冬。中央之神黃帝，乘坤艮，執繩、司下土。茲五帝所司，各有時也。東方之卦，不可以治西方。南方之卦，不可以治北方……臣相伏念陛下恩降甚厚，然而災氣未息，竊恐詔令有未合當時者也。願陛下選明經通知陰陽者四人，各主一時；時至，明言所職，以和陰陽，天下幸甚。」

魏相上面的話，根據淮南子的時則訓，並加上了新起的卦氣說；兩者皆由十二紀紀首演變而出。漢宣帝中興，魏相丙吉，號稱賢相。他們都以和陰陽，順時令，爲政治的最高原則；且以此作災異的解說。自此以後，因戴聖編定禮記，而月令的影響更爲增大。漢書卷八宣帝紀，元康元年三月詔：

「朕未能章先帝休烈，協寧百姓，承天順地，調節四時。」

漢書卷九元帝紀初元三年六月求言詔：

「……有司勉之，毋犯四時之禁。丞相御史，擧天下明陰陽者三人……」。

漢書卷十成帝紀陽朔二年春順時令詔：

「昔在帝堯，立羲和之官，命以四時之事，令不失其序，……明以陰陽爲本也。今公卿大夫，或不信陰陽，薄而小之，所奏請多違時政……而欲望陰陽調和，豈不難哉？其務順四時月令。」

漢書卷四十九李尋傳對詔問災異：

「……加以號令不順四時……夫以喜怒賞罰而不顧時禁，雖有堯舜之心，猶不能致和……故古之王者，尊天地，重陰陽，敬四時，嚴月令。順之以善政，則和氣可以立政……今朝廷忽於時月之令；諸侍中尙書近臣，宜皆令通知月令之意；設臣下請事，若陛下出令，有繆於時者，當知爭之以順時氣。」

上面舉的例子，實際都說的是施政不合月令，則陰陽失和而災異見，以此作災異的解釋。從成帝的詔書看，當然有許多人並不相信這一套；而以陰陽言災異，也有並不遵守十二紀紀首的規格的。但順十二紀的規格以言政治及災異，在當時成爲一股有力的觀念，則萬無可疑。

十二紀紀首規定春夏陽氣當令，應行慶賞寬仁之政，故春夏不行刑；行刑必於陰氣當令的秋冬；這種觀念，對漢代刑法的運用，發生了更大的影響。而許多對災異的解釋，也是關連到行刑是否合乎時令的。

漢書卷七十陳湯傳：湯上疏：

「斬郅支首及名王以下，宜縣頭槀街……事下有司，丞相匡衡……以爲……月令，春掩骼埋胔之時，宜勿縣。」

漢書卷十成帝紀，嘉鴻元年春二月詔曰：

「……方春生長時，臨遣諫大夫理等，舉三輔三河弘農冤獄……」

漢書卷七十五李尋傳對詔問災異：

「間者春三月治大獄，時賊陰立逆，恐歲小收。季夏舉兵法，時寒氣應，恐後有霜雹之災。秋月行封爵，其月土濕奧，恐後有雷雹之災。」

漢書卷七十六張敞傳：

「敞使卒捕掾絮舜有所案驗，舜以敞劾奏當免，不肯為敞竟事，私歸其家。人或諫舜，舜曰，吾為是公盡力多矣，今五日京兆耳，安能復案事。敞聞舜語，卽部吏收舜繫獄。是時冬月未盡數日，案事吏晝夜驗治舜，竟致其死事。舜當出死，敞使主簿持敎告舜曰，五日京兆竟何如？冬月已盡，延命乎？乃棄舜市。會立春，行寃獄使者出，舜家載尸並編敞敎，自言使者。使者奏敞賊殺不辜，天子薄其罪。」

漢書卷九十九下王莽傳：

「地皇元年正月乙未，赦天下。下書曰，方出軍行師，敢有趨讙犯法者，輒論斬，毋須時，盡歲止。於是春夏斬人。」

從上面簡錄的材料看，春天應宣洩寃獄；死罪冬月未及行刑的，便不可於次年春夏行刑，此皆原自十二紀紀首。

月令的影響，由東漢所繼承；至明、章兩帝的時代而更為擴大。後漢書二十六侯霸列傳：

「建武四年，光武徵霸與車駕會壽春，拜尚書令。時無故典，朝廷又少舊臣。霸明習故事，收錄遺文……每春下寬大之詔，奉四時之令，皆霸所建也」。注：「月令，春布德行慶，施惠下人，故曰寬大。奉四時，謂依月令也。」集解：惠棟曰「續志，立春之日，下寬大書曰，制詔三公，方春東作，敬始慎微，動作從之。罪非殊死，且勿案驗，皆須麥秋。」

可知光武初建政權，月令已由侯霸而又成爲朝廷行政中的故事。

後漢書卷四十三隗囂列傳，移檄告郡國數王莽的罪狀中有：

「寃繫無辜，妄族衆庶。行炮烙之刑，除順時之法……」

後漢書卷二明帝紀，明帝於中元二年二月卽位，十二月甲寅詔曰：

「方春戒節，人以耕桑。其敕有司務順時氣，使無煩擾。天下亡命，殊死以下，聽得贖論。」

又：

「是歲（永平二年）始迎氣於五郊。」

又三年正月癸巳勸農詳刑詔

「……夫春者歲之始也。始得其正，則三時有成。比者水旱不節，……有司其勉順時氣，勸篤農桑……」

後漢書卷三十二樊宏列傳，宏子儵「議刑辟宜須秋月，以順時氣。顯宗並從之。」

後漢書卷四十一鍾離意列傳「意復上疏曰……願陛下垂聖德，揆萬機。詔有司愼人命，緩刑罰，順時氣。……」

後漢書卷三章帝紀建初元年丙寅詔曰：

「……各推精誠，專急人事。罪非殊死，須立秋案驗。有司明選擧，進柔良，退貪猾，明時令，理寃獄……。」

又建初五年冬「始行月令迎氣樂」。

又元和元年七月丁未禁酷刑詔「……自往者大獄以來，掠考多酷……宜及秋冬理獄，明爲其禁。」

又：元和三年秋七月庚子詔曰：

「月令，冬至之後，有順陽助生之文，而無鞫獄斷刑之政。朕咨訪儒雅，稽之典籍，以爲王者生殺，宜順時氣。其定律無以十一月十二月報囚。」

又章和元年秋：

「令是月養衰老，授几杖，行糜粥飲食。」

後漢書卷二十六韋彪列傳：

「彪以世承二帝吏化之後，多以苛刻爲能。又置官選職，不必以才。因盛夏多寒，上疏諫曰，臣聞政化之本，必順陰陽。伏見立夏以來，當暑而寒，殆以刑罰刻急，郡國不奉時令之所致也。……」

後漢書卷四十六陳寵列傳：

「元和二年旱，長水校尉賈宗等上言，以爲斷獄不盡三冬，故陰氣微弱，陽氣發泄，招致災旱。……帝以其言下公卿議。寵奏曰，……秦爲虐政，四時行刑。聖漢初興，改從簡易。蕭何定律，季秋論囚，俱避立春之月，而不計天地之正。……陛下探幽析微……稽春秋之文，當月令之意。……」

後漢書卷四孝和帝紀永元十五年

「有司奏以爲夏至（當作孟夏）則微陰起，靡草死，可以決小事。是歲初令郡國以日北至案薄刑。」

後漢書卷二十五魯恭列傳：

「初和帝末，下令麥秋得案驗薄刑。而州郡好以苛察爲政，因此遂盛夏斷獄。恭上疏諫曰，臣伏見詔書敬若天時，憂念萬民，爲崇和氣。罪非殊死，且勿案驗。……舊制，至立秋乃行薄刑。自永元十五年以來，改用孟夏，而刺史太守不深維憂民恤事之原，進良退殘之化，因以盛夏徵召農人，拘對考驗，連滯無已……自三月以來，陰寒不暖，物當化變而不被和氣。月令，孟夏斷薄刑，出輕繫。行秋令則苦雨數來，五穀不熟。……夫斷薄刑者，謂其輕罪已正，不欲令之繫，故時斷之也。臣愚以爲今孟夏之制，可從此令。其決獄案考，皆以立秋爲斷，以順時節，育成萬物，則天地以和，刑罰以清矣。」

又：

「初肅宗時，斷獄皆以冬至之前。自後論者互多駁異。鄧太后詔公卿以下會議。恭議奏曰，夫陰陽之氣，相扶而行。發動用事，各有時節。若不得其時，則物隨而傷。王者雖質文不同，而玆道無變。四時之政，行之若一。月令周世所造，而所據皆夏之時也。……夫王者之作，因時爲法。孝章皇帝，深惟古人之道，助三正之微，定律著令……然從變改以來，年歲不熟……者，率入十一月，得死罪賊，不問曲直，便即格殺。雖有疑罪，不復讞正……易十二月，君子以議獄緩死。可令疑罪使詳其法。大辟之科，盡冬月乃斷。其立春在十二月中者，勿以報囚如故事。」

後漢書卷五安帝紀元初四年七月辛丑霖雨詔：

「……又月令，仲春養衰老，授几杖，行糜粥。方今按比之時，郡縣多不入奉行……甚違詔書養老之意……」

又元初六年十二月乙卯賑貧民養貞婦詔：

「……月令仲春養幼小，存諸孤。季春賜貧窮，賑乏絕，省婦使，表貞女，所以順陽氣，崇生長也。」

後漢書卷七十五劉焉列傳，張魯：

「自在漢中，因其人信行修業，遂增飭之……又依月令，春秋禁殺……」

由上面簡錄的資料，可以了解月令的影響，東漢大於西漢。後漢書集解禮儀志上第四引「黃山曰，宋書禮志，漢制，太史每歲上其年曆，先立春立夏大暑，立秋立冬，常讀五時令。皇帝所服，各隨五時之色。……杜佑通典云，讀時令，非古制也，自東漢始焉，其後因而沿襲……」。司馬彪續漢書八志中的儀禮志及祭祀志，由譙周改定蔡邕所立之志而成；而蔡邕的志，是胡廣以月令作骨幹，爲東漢所建立的制度。這更可以推見月令對東漢影響的既深且鉅。而月令的意義，在蔡邕手上，更發揮到了極點。他說：

「周書七十一篇，而月令第五十三。秦相呂不韋著書，取月令爲紀號。淮南王安亦取以爲第四篇，改名時則。故偏見之徒，或云月令呂不韋作，或云淮南，皆非也。」（蔡中郎集）

這是他以月令出於周公的根據。周書序應出於西漢編集者之手，其中卽有「周公制十二月賦政之法，作月令」，可見蔡邕的說法，其言有自。蔡邕在月令問答中說：

「問者曰，子何爲著月令說也？曰，予幼讀記，以爲月令體大經問（同），不宜與記書雜錄並行。而記家記之又略。及前儒特爲章句者，皆用其意傳，非其本旨。又不知月令徵驗，布在諸經；周官左傳，皆實與禮記通；他議橫生，紛紛久矣。光和元年，予被謗責，罹重罪，徙朔方……竊誠思之……審求曆象，其要者莫於月令。故遂於憂怖之中，晝夜密勿，昧死成之……」

「問者曰，子說月令，多類周官左氏。假無周官左氏傳，月令爲無說乎？曰，夫根柢植，則枝葉必相從也。月令與周官，並爲時王政令之記，異文而同體；官名百職，皆周官解。月令甲子，沈子所謂似春秋也。若夫太昊蓐收句芒祝融之屬，左傳造義立說，生名者同，是以用之。」

一一、十二紀紀首是古代天的觀念演變的結果

呂氏春秋十二紀紀首，何以在兩漢發生這樣大的影響，便不能不稍稍總結一下我國古代對天的觀念的演變及其意義。

到西周初年止，天、帝，是我國原始宗教的最高人格神。殷多稱帝而少稱天；西周初年，稱天的頻度漸漸增加；爾後則多稱天而少稱帝。但其爲人格神的意味並沒有兩樣。可是一方面自周初文王周公開

始，已出現了道德地人文精神，認定人的禍福是決定於人自己的行爲，亦卽是人自己決定自己的命運；這樣一來，便大大減輕了原始宗教的意義與分量。另一方面，中國古代的僧侶階級，在祭神時只處於助祭的地位，主祭的人是政治領袖的王。所以神的代表是王而不是僧侶；「天子」一詞的出現，正說明了這種情形。這樣一來，人民對於神的權威信仰，常和對於王的權威信仰，糾纏在一起。當王的權威失墜的時候，神的權威，也隨之失墜。在殷紂的時候，殷民很輕鬆地把祭神的「犧牷牲」偷了吃掉，（註三五）不難推知殷王權的動搖，同時卽是神權的動搖。西周到了厲幽時代，也正遇着同樣的問題。加以平王東遷，王權掃地，作爲人格神的天、帝，便再也抬不起頭來；於是春秋時代的賢士大夫，把天看作是在人的上面的道德最高法則。天的運行，本來是有它自己的法則，及在此種法則下發生的作用的。如從客觀事實的角度去看此一法則，則可稱爲「自然法則」。但從人的道德價值要求的角度去看此一法則，卽可稱爲「道德地法則」。前者是實，而後者是虛。在天的人格神的地位墜落以後，純自然法則未確立以前，人與大自然的關係，便會出現此一過渡現象。孔子把春秋時代外在的道德，轉化到自己的生命裡面生根；於是在他心目中的天，一方面保持了若干傳統的觀念；同時又將傳統的觀念，接上了由自己生命內部所發出的道德精神，而賦與以感情地眞實感，這便使人讀到「畏天命」之類的語言時，彷彿把天的古老地人格神的觀念，又復活了若干。但從論語的全般語言看，他所把握的，只是在人現實生命中所蘊藏的道德根苗的實體：天乃由此實體的充實所投射出去的虛位。「仁遠乎哉？我欲仁，斯仁至矣」；「爲仁由己，而由人乎哉？」這類的話，可爲我的說法作證。所以他畢生的努力，都是集中在「人事之所當爲」，只在「四時行焉，百物生焉」的經驗現象上體驗天道，不另在天的問題上去費工夫。因而孔子一方面肯定了天，同時又在人的定位上擺脫了天。順着這一方向發展，出自子思的中庸，說了「天命之謂性，率性之謂道」的兩句話，正是既肯定而又同時擺脫的表現。人性是由天所命，這是對天的肯定；性乃在人的生命之中，道由率性而來，道直接出於性，這實際是對天的擺脫。所以全書只言「盡性」「明誠」，不在天的自身多作糾葛。到了孟子說「盡其心者，知其性也；知其性則知天矣」的話，事實上便完全從天的觀念擺脫出來了。心是實而天是虛，至爲明顯。孟子的意思，到程明道說出的「心即天也」的話，才完全表達明白了。

孔子、子思、孟子，是從道德主體的體驗中，體驗出道德主體是在人的生命之內的性、的心，而不在天；他們在實際上擺脫了天，但在道德精神的無限性及道德精神中的感情上，仍不知不覺的保持了天對人的虛位。荀子則以知識的立場，承認了天的自然法則及其功用。但天的法則與人並不相干，所以乾脆主張「惟聖人不求知天」。此一「天人分途」，取徑雖然不同，但在古代儒家對天的關係上，實際也可以說是共同的大傾向。此一大傾向，在禮記的祭義祭法祭統諸篇中，很明顯地說出人對鬼神的關係及祭祀的意義，都是活着的人對鬼神，對被祭祀者的精神與感情的關係和意義。所以大約出現於秦將統一天下或統一天下以後的大學一篇，便不再談到天、天命的問題，使人的道德主體的心，向平面的社會性的天下國家中去展現。

老子，我承認他是孔子的前輩的傳統說法。但現行老子一書，是他的弟子在戰國初期錄定並增補的。他提出「道」來代替原始宗教中的人格神，以創造宇宙萬物。他更用「無」的觀念來描述道的體態。他走的是以形上學來代替宗教的路，這正反映出春秋時代對天的宗教性格消退後，所開出的對萬物根源的另一答案。但他依然保有春秋時代天是最高道德法則的影響；所以道創造人時，便非目的地，把「無」的性格賦予於人，而成爲人的虛靜之德。人由「致虛極，守靜篤」而可以體道，但道與原始宗教性的天，是不相關連的。因此，到了莊子，他所說的天，除有時是自然性格的意味外，只是人的精神境界。

墨子重視天志。但墨子並不是通過巫祝及卜筮以知道天志，而是由經驗界的觀察以推言天志。他不是由自己的經驗乃至當時的經驗以證明有鬼，而是假借歷史中的鬼故事以證明有鬼。他更沒有認定自己是天以及鬼的代表，更沒有天或鬼的特別語言。因此，墨子心目中的天，是否係人格神的性格，實是模糊不清；而他本人不是許多人心目中的宗教家，則是可以斷言的。人格神的建立，要靠人類的原始感情在原始社會中的長期塑造。我國原始宗教中，天的人格神的性格，既已經垮掉了，而代之以合理地人文主義精神，墨子生於春秋之末，便不可能想到，也不可能做到，恢復天的人格神的地位。

總結上面的說法，我國古代文化的總方向，以「天」的問題爲中心，是向非宗教的大指標發展，實際是向對天的擺脫的大指標發展。

但其中蘊藏着另一相反的强力要求。我國自新石器的仰韶文化時代起，便證明是以農業爲經濟的主幹。農業生產的豐凶，與氣候有不可分的關係；這在農業生產者看起來，即是與天有不可分的關係。而由道德法則及道德精神對天所作的性格轉變後的肯定，即是從信仰上加以擺脫，從價值上加以肯定，使其成爲虛位的存在，這不是一般人所能體驗到，所能了解到的。即使老子所提出的代替人格神的形而上的道，也不是一般人所能推論到，所能了解到的。已垮掉了的人格神的天，已如前述，不可復活；但由氣候而來的與天的關係，又隨農業生產而永不能忘懷。正於此時，有一部份人，把本係古代天文家由測候所發展、提昇上來的陰陽觀念，作爲天的性格的新說明，以重建天對人的作用。陰陽具現於四時之中，更把五行配合在一起，使其更與農業的氣候關連密切；這較之道德法則、精神，及形而上的無，更能爲一般人所容易接受，亦即更容易滿足農業社會的廣泛要求。原來由追求道德價值根源所肯定的天的道德法則與精神，至此而重新配合到陰陽五行上面去，將使聽者感到更爲具體，更爲生動。到了呂氏的門客，把陰陽之氣，亦即是天之所以爲天的氣，表現於十二個月之中；使人的生活、行爲，皆與其相應；這樣一來，天簡直是隨時隨處隨事而與人同在了。這怎能不在學術與政治上，發生主導性的影響呢。但它不是人格神，十二紀紀首中的五帝，都是歷史中的人物，雖然是出自傳說性的歷史。後來想把五帝由歷史中的人物，昇爲天上的人格神，緯書中並加上些奇異名稱，以資掀動；但這不是由原始感情所塑造出來的，終是四不像地有名無實的神。所以由陰陽五行所構造的天，不是人格神，不是泛神，不是靜態的法則；而是有動力，有秩序，有反應（感通）的氣的宇宙法則，及由此所形成的有機體地世界。沉浸、宣揚太久，在社會上有點感覺到這好像是精靈的世界；由此而醞釀出道教。總結上面的叙述，可以了解十二紀紀首的思想，是古代天的觀念長期演變所出現的結果。

月令在漢代影響之得失，應分兩方面加以論斷。就學術方面言，陰陽五行之說，假月令而大行；以想像代推論，由附會造證據，將願望作現實，在學術發展中，加入了經二千年而尚不能完全洗汰澄清的弊害。但就政治方面言，把皇帝的權威、意志，及由這種權威意志所發出的行爲，鑲進了一個至高無上，而又息息相關的宇宙法則中去，使他擔負由宇宙法則而來的不可隱瞞逃避的結果，則皇帝的權威，可以不期然而然地壓低；他的行爲可以不期然而然地謹愼。這在無可奈何地對專制皇帝的控制上，當然有其重大意義。而月令的影響，雖然有許多是落在毫無意義的形式中去；但在解釋災異及援引到刑法上的問題時，總或多或少地導向寬厚而合理的道路上去。在整個一人專制的政體結構之內，這點補救之功，依然是非常難得的了。

最後我要指出的是，漢代以陰陽五行言天道，並非僅出於呂氏春秋十二紀的系統。並應指出由陰陽五行思想所引發的流弊——流於極端怪異的流弊，是在西漢成帝時代，開始由强調「原始經學」(註三六)來加以補救的。這都將另有專文論及。

附註

註一：按序意一篇，頗有脫誤。篇末引豫讓青荓之故事，就其性質言，疑本屬誠廉篇，而誤入此處。

註二：按始皇八年，乃此書初次定稿之年。實則呂氏遷蜀，死於十二年其後，秦政尙使人繼續作整理工作。孟冬紀安死篇「以耳目所聞見，齊荆燕嘗亡矣，宋中山已亡矣，趙魏韓已亡矣，其皆故國矣」；這分明是秦政二十六年滅六國以後的口氣。又秦併天下，以十月爲歲首；而十二紀中之九月有「來歲授朔」之語，此亦爲秦併天下以後所增入的。

註三：史記孟荀列傳以爲孟子先遊齊，次遊梁。趙歧孟子注及風俗通窮通篇並從之。資治通鑑則先梁後齊。顧炎武日知錄王懋竑白田草堂集，任兆麟孟子考，江愼修羣經補義，黃式三周季編略諸書，皆詳加論列，以爲係先梁後齊。今從之。所記孟子遊梁年歲，則從梁惠王後十五年之說。

註四：史記孟荀列傳。

註五：我在陰陽五行及其有關文獻的研究一文中曾謂「鄒衍之說，除引起了一部份統治者的興趣之外，沒有引起當時思想界的興趣。」（見拙著中國人性論史先秦篇五七五頁）的說法，應加以修正。

註 六：方苞以大當作及者是也。「並世」，乃隨時之意。全句之意，當爲「及隨時所以盛所以衰之故」。

註 七：按「禨祥」即災異。度制者，度災異之所以然而加以制禦。

註 八：詳見拙文陰陽五行及其有關文獻的研究

註 九：論語陽貨。

註一〇：隋書經籍志別出夏小正一卷，注云戴德撰。余嘉錫四庫提要辯正卷一頁五三——四，對此考證甚爲明晰，讀者可以參閱。

註一一：隋書經籍志稱汲冢周書，先儒已多辯其謬。又有稱爲逸周書，是以不逸爲逸。故宜用漢志周書的原名。

註一二：見觀堂集林卷第三。

註一三：由文字及詞彙言之，周書之明堂出於先秦，而禮記之明堂位，則由漢儒將周書明堂之文加以整理抄入，至爲明顯。周書明堂「天子之位、負斧扆南面立，羣公卿士侍於左右。三公之位，中階之前，北面東上」。禮記明堂位作「天子負斧依南鄉而立，三公中階之前，北面東上」，省「羣公卿士侍於左右」一句，而以「三公中階之前」一句代之。後人又將此句羼入於周書明堂之中；實則周書明堂不應有「三公之位，中階之前」二句。

註一四：「於塞外」三字，楊注以三字爲衍文註一五：見史記卷三十三魯周公世家。

註一六：全後漢文卷八十蔡邕明堂論。

註一七：陳夢家卜辭綜述四七六頁。考工記匠人謂「殷曰重屋」，甲骨中尚未發現此一名辭，頗爲可疑。

註一八：可能取易坤卦卦辭「西南得朋」之義。

註一九：全後漢文卷八十蔡邕。

註二〇：按實卽呂氏春秋十二紀紀首。

註二一：柳河東集卷三時令論上。

註二二：此處與性同義。性受於天，故亦稱之爲天。高注本生訓釋天爲身，謂「天，身也」。但淮南原道訓高注「天，性也。一說曰，天，身也。」應以訓性爲是。

註二三：卷一始生，「始生之者天也」。卷五大樂「始生人者天也。」

註二四：卷二十知分。

註二五：卷二情欲。

註二六：卷十三有始覽。

註二七：請參閱拙著先秦人性論史先秦篇第十二章第四節。

註二八：漢書四十四淮南王傳。

註二九：漢書三十六劉向傳。

註三〇：漢書梅福傳以孔子世爲殷後議，引匡衡之言，中有「禮記曰：孔子曰，丘殷人也。」

註三一：俱見禮記正義月令第六下的注及疏。

註三二：漢書四十九鼂錯傳。

註三三：史記卷一百七魏其武安侯列傳。又見於卷二十八封禪書及卷一百二十一儒林列傳。

註三四：史記卷一百二十一儒林列傳。

註三五：見尚書微子。

註三六：五經及論、孟、孝經，本無陰陽思想；易傳中的陰陽思想亦未與五行合流。將經學與陰陽五行相結合，這是西漢儒生的傑作。我把未大量摻入陰陽五行思想的經學，方便成爲「原始經學」。

漢初的啓蒙思想家——陸　賈

一、劉邦統治集團中的文化問題

此處所說的啓蒙，是指在文化上啓漢室統治集團之蒙而言。先秦諸子百家時代，中國文化，在社會上已有很高的成就。當時有養士養客的風氣；雖然只有法家兵家縱橫家這類的人，在現實政治上發生了實際作用；但其他諸子百家，也多以其學術思想，受到時君及貴族的尊敬與供養，最著者如齊之稷下，燕之碣石，及孟嘗、平原、信陵、春申四君之類。雖品類複雜，其中眞能以學術自見者不多；且亦未能在現實政治上發生實質的影響，可是對政治與社會的開放，及一般人民文化水準的提高，有其積極的意義。陳勝吳廣們以雇農戍卒的地位，受一位卜者的暗示，即假狐鬼起兵稱王，為推翻暴秦開路，這是眞正中國歷史上的農民起義，所以司馬遷在史記自序中，比之於湯武革命，孔子作春秋，給以最高的歷史評價。這種很突出的事件，假定不想到諸子百家所給與於當時政治社會以開放的影響，便無從加以解釋。所以中國歷史上統治集團自身的文化啓蒙運動，應推始於周公（註一）；而社會上的文化啓蒙運動，只能確定始於孔子。因此，在這裏所用的「啓蒙」兩字，首須限定其適用的範圍。

秦用了若干游士，但未嘗養士；所以荀卿以秦爲無儒。可是出身商人階級的呂不韋，早在中原漸染了諸子百家的風教，一旦在秦當政，便吸收了食客三千人；並集結他們思想的精華，寫成呂氏春秋一書，將以之作爲統治卽將完成的大一統天下的寶典。其十二紀紀首，給了漢代政治學術以頗大的影響。呂氏在政治上失敗後，此書仍繼續修補。所以由呂不韋引入關中的知識分子，在始皇三十四年焚書，三十五年坑儒以前，仍有積極的活動（註二）。焚書坑儒後，先秦諸子百家的學術活動，在社會上受到了抑制。但廣義的儒生，在社會上已形成特出的生活形態，暫時潛伏而未嘗絕跡。陳涉起兵後，這些潛伏的儒生，也成爲亡秦的一種力量。（註三）

史記盧綰列傳「盧綰者，豐人也，與高祖同里……及高祖盧綰壯，俱學書」。這裏是指學識字寫字而言。因爲他能識字寫字，所以出身自耕農的家庭（註四），能「及壯，試爲吏，爲泗水亭長」（註五）。因爲他個人有特異的感受力（註六），及出生地的豐沛，乃東西交通要道，易於擴充見聞，形成他在打天下中所顯出的突出的才智。但以他的粗野豪放的性格（註七），看不起詩書上的知識，厭惡以詩書爲業的儒生。而這種知識與儒生，在攻城野戰中，也確無甚用處。攻城野戰所需要的智勇，來自各人的材質及兵家之教，詩書實無能爲役。他對當時儒生的歸附，常用粗野的態度加以拒絕。史記酈生列傳，「騎士曰，沛公不好儒。諸客冠儒冠來者，沛公輒解其冠，溲溺其中。與人言，常大罵。未可以儒生說也」。

又「酈生踵軍上謁……使者入通，沛公方洗，問使者曰，何如人也；使者對曰，狀貌類大儒，衣儒衣，冠側注。沛公曰，爲我謝之，言我方以天下爲事，未假見儒人也。」叔孫通列傳，「叔孫通儒服，漢王憎之。迺變其服，服短衣，楚製，漢王喜。」這都可以表現出他厭惡儒生的情形。陳丞相世家，陳平答漢王「天下紛紛，何時定乎」之問謂，「項王爲人，恭敬愛人，士之廉節好禮者多歸之。至於行功爵邑，重之（吝惜之意），士亦以此不附。今大王慢而少禮，士廉節者不來。然大王能饒人以爵邑，士之頑鈍嗜利無恥者亦多歸漢……然大王恣侮人，不能得廉節之士」。在陳平的話中，可以看出當時浮在社會上面的活動份子，分別歸向劉項兩大集團的情形。但不應忽略了陳平在這段話的前面所講的一段話：「項王不能信人。其所任愛，非諸項卽妻之昆弟，雖有奇士不能用」。廉節之士雖未必有益於取天下，最低限度，項羽並不是因用廉節之士而致敗。

史記高祖本紀劉邦問「吾所以有天下者何？項氏之所以失天下者何？」高起王陵對曰，陛下慢而侮人，項羽仁而愛人。然陛下使人攻城略地，所降下者因以與之，與天下同利也。項羽妒賢嫉能，有功者害之，賢者疑之，戰勝而不予人功，得地而不予人利，此所以失天下也。高祖曰，公知其一，未知其二。夫運籌策帷帳之中，決勝於千里之外，吾不如子房。鎭國家，撫百姓，給餽饟，不絕糧道，吾不如蕭何。連百萬之軍，戰必勝，攻必取，吾不如韓信。此三者，皆人傑也。吾能用之，此吾所以取天下也。

項羽有一范增而不能用，此其所以爲我擒也。」必把高起王陵及劉邦所說的兩種因素合在一起，對當時成敗之數，才把握得完全。而高起王陵所說的因素，首由韓信在漢中向劉邦提出，自後張良陳平酈食其等，都順着這條路線設謀劃策，且爲能用韓信彭越英布等的張本，可知分享富貴，是當時共起亡秦的普遍心理。三傑中，以張良韓信的文化水準最高。張良曾語劉邦以太公兵法。漢書藝文志兵書略「漢興，張良韓信序次兵法，凡百八十二家。刪取要用，定著三十五家，諸呂用事而盜取之。」是他兩人對兵書曾作過一番整理工作。而漢志兵權謀十三家中有「韓信三篇」，是韓信且有著述。張良韓信，是中國歷史上偉大的謀略家與軍事家。但他們皆無預於詩書這一系統的文化。

在劉邦誅戮功臣以後，形成漢室政治骨幹的實際是豐沛子弟。在豐沛子弟中，要算「以文無害（通律令）爲沛主吏掾」的蕭何的文化水準最高。憑他這一文化水準，對漢室也作了重要的貢獻。即是劉邦入咸陽「何獨先入收秦丞相御史律令圖書藏之」（註八）。漢統一天下後「蕭何次律令，韓信申軍法，張蒼爲章程，叔孫通定禮儀」（註九）；這都是支持統治的重要工作；但也無預於詩書這一系統的文化。其他重要的豐沛人物，則「舞陽侯樊噲者沛人也，以屠狗爲事」。「汝陰侯夏侯嬰，沛人也，爲沛廐司御」。「潁陰侯灌嬰者，睢陽販繒者也」。睢陽與豐沛爲隣郡。（註十）「周昌者沛人也，其從兄曰周苛，秦時皆爲泗水卒史」。「任敖者故沛獄吏」。「申丞相屠嘉者，梁人，以材官蹶張從高帝擊項籍」（註十一）。

「蒯成侯緤者，沛人也，姓周氏，常爲高祖參乘」。(註十二)。司馬遷總結此時朝廷的人事情形說「自漢興至孝文二十餘年，會天下初定，將相公卿皆軍吏」(註十三)。由此可知當時統治集團中是沒有什麼文化氣氛的。從這種地方，可以了解陸賈對此一集團在文化上所作的啓蒙的意義。

一、新語(註十四)的問題

史記將酈生(食其)與陸賈同傳，因爲當時都目爲「辯士」。但酈食其急於以功名自見，行徑也正如他自稱「而公高陽酒徒也」。雖「好讀書」，而不屑爲儒生，他是蘇秦型的人物。所以爲劉邦下陳留後，即「號酈食其爲廣野君」，得到劉邦的重視。陸賈則似乎並不急於以功名自見，列傳說他「以客從高祖定天下，名爲有口辯士，居左右常使諸侯」。在「中國初定」，他奉詔拜尉佗爲南越王以前，依然是賓客的地位；即在拜尉佗爲南越王後，也不過「拜賈爲太中大夫」。這是郎中令(後改稱光祿勳)下面的「秩比千石」的官職。通過列傳所記，他一生從容暇豫，微赴事機，有點在羿之彀中，而能遊於羿之彀外的識度。所以呂氏擅政的死結，終賴他使平勃交歡始得解開，而他只若行其所無事。他的官位也始終是太中大夫。他這種從容暇豫，不急急於功名，也不矯情以干譽的態度，大概是得力於道家知足不辱之教。所以能以卑位而與劉邦相親近，也能泯其智辯而「遊漢廷公卿間，名聲藉甚。」但對漢廷文化啓蒙之功，更有重大的意義。史記陸賈列傳說：

「陸生時時前說稱詩書。高帝罵之曰，迺公居馬上而得之，安事詩書。陸生曰，居馬上得之，寧可以馬上治之乎？且湯武逆取而順守之，文武並用，長久之術也。昔者吳王夫差智伯，極武而亡；秦任刑法不變，卒滅趙氏。鄉使秦已並天下，行仁義，法先聖，陛下安得而有之。高帝不懌而有慚色，迺謂陸生曰，試爲我著秦所以失天下，吾所以得之者何？及古成敗之國。陸生乃粗述存亡之徵，凡著十二篇。每奏一篇，高帝未嘗不稱善，左右呼萬歲，號其書曰新語。」

漢志儒家錄有陸賈二十三篇，當係新語十二篇外，尚有其他著作。宋王應麟漢志考證謂新語僅存七篇，這只因他所看到的是一種殘缺的本子，並不是新語此時已佚去五篇；所以年長王氏十歲的黃東發（註十五）在他的黃氏日抄中所看到的新語便是十二篇；與現行本相同。漢志六藝略春秋下錄有楚漢春秋九篇，班固註明「陸賈所記」，史公著史記時爲重要資料之一。此書大約亡於南宋。

四庫提要，舉三事以爲新語「殆後人依托，非賈原本」。所舉三事：一、「漢書司馬遷傳稱遷取戰國策楚漢春秋陸賈新語作史記……惟是書（新語）之文，悉不見於史記」。二、「王充論衡本性篇引陸賈曰……今本亦無其文」。三、「又穀梁傳至武帝時始出，而道基篇末，乃引穀梁傳曰，時代大相牴牾。」嚴可均鐵橋漫稿新語敍，胡適陸賈新語考（註十六）。皆逐項駁斥。其中以余嘉錫四庫提要辨證，最爲詳密。綜計諸人之說：一、漢書司馬遷傳並沒有說遷作史時曾援引新語。二、漢志著陸賈二十三篇，而論衡所引「陸賈曰」，並未說是引自新語，則其所引者不見於新語，本不足怪。三、漢書儒林傳「漢興，高祖過魯，申公以弟子從師(浮丘伯)入見於魯南宮。申公卒以詩春秋授，而瑕丘江公盡能傳之」。「瑕丘江公受穀梁春秋及詩於魯申公」。可見瑕丘江公自申公受穀梁春秋，而申公實出於浮丘伯；陸賈與浮丘伯的年輩略同，其傳習穀梁，更不足異。無所謂時代尤相牴牾的問題。穀梁在傳承中有所遺失，新語所引「穀梁傳曰」之語，不見於今穀梁傳，不足爲異。余嘉錫更引新語辨惑篇述夾谷之會，至德篇言魯莊公「以三時與築作之役」；明誡篇「聖人察物，無所遺失」等，證明皆出於穀梁，與公羊傳無涉。我現在更引至德第八下面的一段話，以證明陸賈言春秋之義，確本於穀梁。

「昔晉厲齊莊楚靈宋襄，秉大國之權，杖衆民之威，軍師橫出，陵轢諸侯，外驕敵國，內克（刻）百姓。隣國之讐結於外，臣下之怨積於內，而欲建金石之功（統）終傳（兩字皆誤，當作「繼一」）不絕之世，豈不難哉。故宋襄死於泓水（水字衍文）之戰，三君弒於臣子（子字衍文）（註十七）之手，皆輕用師而尚武力，以至於斯。故春秋重而書之，嗟嘆而傷之」。

按魯禧公二十二年宋楚泓之戰，公羊傳稱讚宋襄公爲「有君而無臣，以爲雖文王之戰，亦不能過此也」。左傳則僅述子魚責襄公的「君未知戰」，未用「君子曰」加以譴責。僅穀梁傳述襄公「衆敗而身傷焉，七月而死」。接着加以評論說「倍則攻，敵則戰，少則守。人之所以爲人者，言也。人而不能言，何以爲人。言之所以爲言者信也，言而不信，何以爲言？信之所以爲信者道也，信而不道，何以爲道？（道似當作信）道之貴者時，其行勢也」。由襄公之不識時勢，而上推及「何以爲人」。這可謂嗟嘆而傷之。陸賈所說的春秋之義，其出於穀梁更無可疑。這和書中將「五經」六藝並稱，或者「經藝」並稱，述春秋之事則引左氏，述春秋之義，則引穀梁，及兩引孝經等，在經學史上都有很大的啓發性。

新語十二篇，本爲陸賈適應劉邦的文化水準所編的教材。陸賈爲了引起劉邦的興趣，而他又是能作賦的人（註十九），所以便出之以韻語，而於用韻過於牽强的地方，便改爲不用韻的散文，這是可以推想得到的。但最困難的問題是，因此書今日可以看到的版本，字句訛奪太多，把原來有韻的，訛奪沒有韻。例如無爲第四，現行本「事逾煩，天下逾亂。法逾滋，而奸逾熾」，意義可通，而無韻。但羣書治要本這四句是「事逾煩，下逾亂。法逾衆，姦逾縱」；是上兩句以煩亂爲韻，下兩句以衆縱爲韻甚明。則原書用韻之情形，必較現行本爲更多。並且若按羣書治要所摘錄之新語各條以與現行諸本相校，則現行諸本之文義不明不通或缺失者，羣書治要本皆明白可通，且未曾缺失。唐晏以明刻子彙本、范氏天一閣本與漢魏叢書本相校，被胡適稱爲善本。實則天一閣本，四部叢刊之弘治本及漢魏叢書本，皆出一源，幾無可資校正；唐晏惟由子彙本校補數字，而又未加注明。胡適謂第五篇「邑土單於彊」，漢魏叢書本「改彊爲疆；於第六篇改刪許多字，又添上許多字，更失本來面目了」。按辨惑第五以魯定公不能用孔子，以致「權歸於三家，邑土單於疆」。單同殫，邑土單於疆者，定公（公室）所有之邑土，盡（單）疆域之所有，皆彼三家分掉；是此字當作「疆」，不應作彊（强），漢魏叢書本不誤。而愼微第六自「齊夫用人若彼」至「不操其柄者」二百二十八字，應爲辨惑第五邑土單於疆」句下之文，弘治本及漢魏叢書本皆誤入於愼微第六之中，此爲唐校的一大貢獻。但愼微第六，我將弘治本及漢魏叢書本詳校一過，無一字之不同，不知胡氏何以致誤？胡氏謂「其（新語）思想近於荀卿，韓非」，尤爲不可解。

三、五經六藝的眞實意義

新語是通俗教育的性質。它成立的眞正根據，是陸賈所身歷的現實政治興亡的經驗教訓；此與書生閉戶著書，自抒由書本而來的心得，或解決書本上的問題者大不相同。他在本書中所提出的結論，是面對着秦漢興亡，親自觀察反省所得出的結論。換言之，他是以政治上的具體利害爲出發點，而不是以道理上的應當不應當爲出發點。

因爲他是啓蒙一個在文化上毫無基礎常識的皇帝，所以他在道基第一中首先從「傳曰，天生萬物，以地養之，聖人成之；功德參合，而道術生焉」，說到「張日月，列星辰」等等，以描述「天地相承，氣感相應」的天地生物養物的情形。接着便說「於是先聖乃仰觀天文，俯察地理；圖畫乾坤，以定人道，民始開悟，知有父子之親，君臣之義，夫婦之別，長幼之序。於是百官立，王道乃生」。以見王道出於人道，人道又由仰觀俯察所領悟的天道而來。這樣便把天、地、人的功用與關連，簡單描畫出來了。他從天地人的關連說起，是為了能給劉邦一個粗淺而完整的宇宙觀。再接着便進入歷史的敍述。由神農「教民食五穀」，而黃帝的「上棟下宇，以避風雨」，后稷的「闢土殖穀，以用養民，種桑麻，致絲枲，以蔽形體」；更由禹平治水土，「然後人民得去高險，處平土」；而奚仲制車船「以代人力。鑠金鏤木，分苞燒殖，以備器械」。這是人類為求生存在物質條件上的進化歷程。在物質條件進化歷程中及物質條件具備後，因人民「好利惡難，避勞就逸，於是皐陶乃立獄制罪，懸賞設罰，異是非，明好惡，檢奸邪，消誅亂」。這是敍述政治的所以成立。再說「民知畏法，而無禮義，於是中聖乃設辟雍庠序之教，以正上下之儀，明父子之禮，君臣之義，使強不凌弱，衆不暴寡；弃貪鄙之心，與清潔之行。」這是說明政治中為什麼除刑罰外，更需要教育。他更接着說，「禮義不行，綱紀不立，後世衰廢，於是後聖乃定五經，明六藝，承天統地，窮本察微，原情立本，以緒人倫……以匡衰亂」。可見五經六藝，乃在政衰教亂後，要由此以維繫人倫於不墜。從神農敍到後聖，使劉邦能把握到整個歷史演進的歷程，給他一個粗淺而完整的歷史觀。在此進演歷程中，先解決基本物質生活，再進而有維持生活秩序的統治工具——刑罰，再進而有辟雍庠序的敎化。把辟雍庠序的敎化，視爲歷史進化的最重大里程碑；因爲人的價値由此而得逐步發現、實現；人與人的正常倫理關係，由此而始得建立、穩定。歷史進到這一步，才敞開了人類不斷前進的道路與保證。陸賈更說明後聖——孔子的「定五經，明六藝」，是爲了挽救人類的運命。司馬遷作史記，不僅吸收了陸賈所著的楚漢春秋的材料；他在十二諸侯年表序中，以孔子「次春秋」，乃繼幽厲敗壞之後，「制義法，王道備，人事浹」，其觀點或卽本於新語。陸賈在道基篇中說「故聖人防亂以經藝」。經藝何以能防亂?因爲經義的內容是「治情性，顯仁義」；治情性，使每個人能從「好利惡難，避勞就逸」，由此所形成人與人相摶相食的混亂中擺脫出來，以顯現人生眞價的仁義。稍加疏解的說，人必須在羣體生活中始能生存、進步。羣體生活，中國卽稱之爲人倫。陸賈所說的人道，很明顯地指的卽是人倫。維繫人倫的原則，中國便稱爲倫理。政治必須立基於人倫、倫理之上，以現代語言說，政治必以合理的社會組織爲基礎。而人倫、倫理必建立於仁義之上。仁的淺顯解釋，是相互間的同情、愛護。義的淺顯解釋，是告訴人以什麼是應當負責去作的，什麼是應當自制而不去作的共同行爲標準。有時把「禮義」連爲一詞，禮是把義在生活中加以具體化的行爲形式。打天下，是以智勇去打倒敵人，征服人民。這是人與人以智勇互搏的非常時期的變態生活，是決不能持久的。敵人打倒了，人民被征服了，統治者與被統治者之間，應由壓制的關係，改變為在合理基礎上彼此可以互相承認，可以互相信賴的關係；即是說，要有五倫中的君臣（加上民）之義，政權才能安定下來。而君臣之義，不是孤立突出可以成立的，必須在包括整個社會的其他四倫中運轉。也即是說，政治與社會是不可分的。在沒有同情、愛護之心的政治、社會裏面；在沒有自制與負責的共同標準的政治社會裏面；在人與人相接，沒有一種合理的行為形式的政治社會裏面，必定成為人與人相搏相噬的政治與社會；人類的危機，孰大於此。陸賈說馬上可以得天下，不可以治天下，要求以詩書，即是以仁義，作方向的轉換，這是他發心立言的眞正根據。所以他在道基第一中說：

「齊桓公尙德以覇，秦二世尙刑而亡。故虐行則怨積，德布則功興。百姓以德附，骨肉以仁親。夫婦以義合，朋友以義信。君臣以義序，百官以義承。曾閔以仁成大孝，伯姬以義建至貞。守國者以仁堅固，佐君者以義不傾。君以仁治，臣以義平。鄉黨以仁恂恂，朝廷以義便便。……陽氣以仁生，陰節以義降。鹿鳴以仁求其羣，關雎以義名其雄。春秋以仁義貶絕，詩以仁義存亡。乾坤以仁和合，八卦以義相承。書以仁叙九族，君臣以義制忠。禮以仁盡節，樂以禮升降。仁者道之紀，義者聖之學。學之者明，失之者昏，背之者亡……。」

詩書，五經六藝，都是活的而不是死的。他雖然把人道王道與天道扣上關係，這只是順當時一般學術風氣而言。實際因五經六藝以言道，都是淺顯易行之道。所以他說「故設道者易見曉，所以通凡人之心，而達不能之行。道者人之所行也。夫人道履之而行，則無不能，故謂之道」（愼微第六）。沒有一點形上的或神密的意味；這是他理智清明，極爲難得的地方。也只有這種淺顯易行之道，才可發生切於身，切於今的意義。他在術事第二開首便說「善言古者合之於今，能述遠者考之於近。故說事者上陳五帝之功，而思之於身。下列桀紂之敗，而戒之於己」，「道近不必出於久遠，取其至要而有成」。「故制事者因其則，服藥者因其良。書不必起仲尼之門，藥不必出扁鵲之方。善可以爲法，因世而權行」。對統治者而言，五經六藝，是經驗的積累，智慧的擴充。而時有古今，政治、社會、人生的形態及所因應的問題有變化，但成敗興亡的最後決定，必以是否在仁義的軌跡上運行爲斷，則是無間於古今遠近的。所以對於五經六藝之教，是要「思之於身」「達之於心」而斷之於事。決非在章句詁訓上落脚。此一治學的方向，爾後一直貫通於西漢經學大流之中。至五經博士出現後，博士們爲了能專利固位，憑空製造出古今文的糾紛，並以繁辭瑣義自掩其固陋，而此一大方向，乃受到擾亂，經學遂成爲統治者裝飾之具。

在輔政第三中，除强調「是以聖人居高處上，則以仁義爲巢」外，並强調「乘危履傾，則以聖賢爲杖」。他的眞正意思是說仁義之政，必賴聖賢之臣而始能實現。並且所用者是否係聖賢之臣，爲人君是否居仁由義的見證。這是由政治的大原則，大方向，而落實到知人用人的問題上面。辨惑第五，是說聖賢之人，是「正其行而不苟合於世」，常爲衆邪所不容。人君要用人得當，須能明辨是非。要能明辨是非，須能不爲衆邪所誤。所以鄭重的說「或不能明辨是非者，衆邪誤之也」。對知人用人的重要性，書中反復叮嚀，這是政治中最實際的問題。他在最後一篇的思務第十二，以下面一段作結：

「自人君至於庶人，未有不法聖道（五經六藝之道）而能賢者也。易曰，豐其屋，蔀其家，闚其戶，闃其無人。無人者非無人也，言無聖賢以治之也。故仁人在位而仁人來，義士在朝而義士至。是以墨子之門多勇士，仲尼之門多道德。文王之朝多賢良，秦王之庭多不詳（祥）。故善者必有所主而至，惡者必有所因而來。夫善惡不空作，禍福不濫生；唯心之所向，志之所行而已」。（註二十）

上面是陸賈憑五經六藝在政治上所提出的大原則，也可以說是他的積極性的主張。他想以此大原則統一當時的政教，鞏固大一統的帝國。所以他在懷慮第九說「故聖人執一政以繩百姓，持一槩以等萬民，所以同一治而明一統也」。但他是一個常識家，而不是一個專門學者；他的積極性的主張，不是和一般思想家樣，由自己的思想所導出，出自自己思想的要求；而主要是從秦何以會亡得這樣快的事實，

四、秦亡的教訓及儒道結合等問題

反省出來的。秦亡的事實，是他親聞親見的事實。他所說的秦何以亡的原因，是得自親聞親見所歸納出的原因；而不是光有一套仁義的理想框套，再把秦亡的事實，納入在自己理想框套中去，加以剪裁，判斷出來的結論。所以他陳義不高不深，而特含有眞實意義，能給劉邦以感動的原因在此。像劉邦這種才氣卓越的人，不是空言腐論所能掀動的。他所說的秦亡的原因：

（一）「秦二世尙刑而亡」。（道基第一）

（二）「秦以刑罰爲巢，故有覆巢破卵之患。以趙高李斯爲杖，故有傾仆跌傷之過。」（輔政第三）

（三）「秦始王設刑法，爲車裂之誅，築長城以備胡越。蒙恬討亂於外，李斯治法於內。事逾煩，下逾亂；法逾衆，姦逾縱。秦非不欲治也，然失之者，擧措太衆，而用刑太極故也。」（註二十一）（無爲第四）

（四）「秦始王驕奢靡麗，好作高臺榭，廣宮室，則天下豪富莫不倣之……以亂制度。」（同上）

（五）「秦二世之時，趙高駕鹿而從行。王曰，丞相何以駕鹿？高曰，馬也。於是乃問羣臣，臣半言鹿，半言馬。當此時，秦王不敢相信其直目，而從邪臣之言。」（註二十二）（辨惑第五）

由上面所錄五項來看，秦行的「唯刑主義」，再加之以驕奢繁役，使百姓不能生活下去，卒以此亡國，這是陸賈親聞親見的結論。西漢像樣點的儒生，無不反秦反法，一方面是站在人民要求生存的立場，一方面也是站在統治者政治上的利害立場。因爲「唯刑主義」，君臣民的關係，還原爲簡單的相壓與被壓的關係。臣民因完全處於被動地位而剝奪其人格，因而汩沒了他們的仁義之心，唯有憑原始求生欲望的才智以趨利避害，沒有眞正的人倫關係，亦卽是沒有有機體的社會結構，僅憑刑的一條線把臣民穿貫起來，以懸掛在大一統專制的皇權手上，此線一斷卽土崩瓦解。而其勢非斷不可，劉邦便是在這種情形下崛起的，所以不以陸賈之言爲迂濶之論。

秦之亡，與外戚無關，但陸賈已看出由劉邦「好美姬」（註二十三）的性格，及皇權結構的自身必釀成外戚之禍。所以在愼微第六說「夫建功於天下者，必先備於閨門之內」。西漢雖僥倖未亡於呂雉之手，但卒亡於王氏，而外戚的禍害，卒與兩千年的皇權專制相終始，陸賈的智慧，眞可謂照耀千古。因當時方士神仙的風氣很盛，而秦始皇爲了求不死之藥，也成爲消耗國力原因之一，所以陸賈在此書中再三破除此種迷信。並強調「安危之效，吉兇之符，一出於身。存亡之道，成敗之事，一起於行。……夫持天地之政，操四海之綱，屈伸不可以失法，動作不可以離度。謬誤出口，則亂及萬里之外。何況刑無罪於獄，而誅無罪於市哉。故世衰道失，非天之所爲也，乃國君者有以取之」。所以他雖也提到災異，認爲「治道失於下，則天文變於上」（註二十四），但他說到災異的分量很輕，不似由董仲舒起，以災異爲言政的主要手段。並且在懷慮第九說「世人不學詩書，行仁義□聖人之道，極經藝之深，乃論不驗之語，學不然之事，圖天地之形，說災變之異，弃先王之法，異聖人之意，惑學者之心，移衆人之志，指天畫地，是非世事；動人以邪變，驚人以奇怪，聽之者若神，觀之者如異，然猶不可以濟於厄而度其身，或觸罪□□法，不免於辜戮」。這種理智淸明的情形，與後來宣，元，成時代的學風，也成爲一顯明的對照。

因爲陸賈所把握的是活的五經六藝，而其目的是在解決現實上的問題，所以他把儒家的仁義與道家無爲之教，結合在一起，開兩漢儒道並行互用的學風。在無爲第四，一開始便說「夫道莫大於無爲」，這是來自老子。接着說「行莫大於謹敬」，這合於論語仲弓所說的「居敬而行簡」。承秦代嚴刑峻罰之後，加之以五年的逐鹿戰爭，老子無爲之教，自然符應於社會生養休息的要求。下面至德第八的一段話，正是把儒道兩家思想在政治上作非常合理的融合。

「夫欲建國彊威，辟地服遠者，必得之於民。欲建功興譽，垂名烈，流榮華者，必取之於身……天地之性，萬物之類，懷德者衆歸之，恃刑者民畏之。歸之則附其側，畏之則去其域。故設刑者不厭輕，爲德者不厭重。行罰不患薄，布賞不患厚。所以親近而致遠也。夫刑重者則心煩，事衆者則身勞。心煩者則刑罰縱橫而無所立，身勞者則百端迴邪而無所就。是以君子之爲治也，混然無事，寂然無聲，官府若無吏，亭落若無民。閭里不訟於巷，老幼不愁於庭。近者無所議，遠者無所聽。郵驛無夜行之卒，鄉閭無夜召之征。犬不夜吠，鷄不夜鳴。老者甘味於堂下（下疑當作上），壯者耕耘於田。在朝者忠於君，在家者孝於親。於是賞善罰惡而潤澤之，興辟雍庠序而教誨之，然後賢愚異議，廉鄙異科，長幼異節，上下有差，強弱相扶，小大相懷，尊卑相承，雁行相隨，不言而誠，不怒而行。豈恃堅甲利兵，深牢刻法，朝夕切切而後行哉。」（註二十五）

在上面所描述的至德之治中，反映出當時人民社會的要求，而其中所含的思想，儒道兩家，皆可發現其互相接合之點。這比蓋公向曹參所進言的黃老之教（註二十六），圓融而實際得多了。這裏我順便指出，漢初黃老法家的結合，乃是先有繼承秦代的唯刑主義，再參上若干黃老的清淨無爲，以適應當時社會的要求，這只能算是現實政治上的一種結合，而不是眞正來自思想上的結合。西漢政治思想的大勢，由陸賈賈誼淮南子中的劉安及其賓客，董仲舒的春秋繁露，鹽鐵論中的賢良文學，以及揚雄，都是儒道兩家思想的結合。當然其中有份量輕重的不同。尤其是以道家的態度立身處世，以儒家的用心言政治言社會，更是由陸賈開其端的兩漢知識分子的特色。

五、陸賈啓蒙的影響

由秦政所完成的大一統帝國，以法家的「唯刑主義」爲運轉的工具。從始皇諸刻石的內容看，雖強調「作制明法」（泰山刻石）「端平法度」（瑯邪臺刻石）；但其目的仍在要求有一個和平、生產、而合於人倫要求的社會。因此，也不能不強調「以明人事，合同父子。聖智仁義，顯白道理」（瑯邪臺刻石）「端直敦忠，事業有常」（同上）。這卽說明在法令刑罰的後面，必須有更根本的要求。這種要求不能全靠法令刑罰的禁制，而須人民有向善之心。這便有賴於辟雍庠序之教；此在當時諸子百家中，只能選擇到以孔子爲中心所形成的教材。陸賈是面對着皇帝首先提出此一問題，爲漢代逐漸實現的由政府學辦學校教育的先聲，其意義自爲深遠。而站在統治者的立場，要「端平法度」（瑯琊臺刻石）以爲「萬物之紀，」（仝上）亦必以「聖智仁義」爲前提。此「聖智仁義」前提的建立，事實上統治者的自身也必有賴於詩書之教。尤其是西漢知識分子的尊經，是要對大一統的帝國，提供一種政治社會的共同軌轍，使皇權專制能在此種共同軌轍上運行；漢代經學的眞實意義，有如近代的憲法；這一點將另作詳細討論。而其端，實自陸賈發之。蕭何次法令，只是把秦代的法令，重新加以肯定。一經肯定後，便難加以改變。惠帝四年（前一九一年）除挾書律，與陸賈的啓蒙，不能說沒有關係。

就劉邦個人而論，我相信也發生了若干直接影響。史公所說的「號其書曰新語」，這是劉邦爲他所取的名稱。因爲陸賈的話，爲劉邦開啓了一個新天地，所以他特別感到很新鮮。由此可知他當時是有眞實的感受。漢志諸子略儒家錄有高祖十三篇，班固注謂「高祖與大臣述古語及詔策也」。因爲劉邦的大臣多鄙野無文，他受陸賈的影響，覺得前言往行之可貴，便向他的大臣講些他認爲有意義的故事，左右加以紀錄，因此成篇，這是很合情理的。詔策之語，未必皆合儒家，但劉向父子，旣未以之直承六藝略中尙書之後，轉而列入儒家，其中亦多少含有儒家的意味。此十三篇雖亡，但其緒餘猶可考見。漢書高紀下，五年五月罷兵賜復詔：「民前或相聚保山澤，不書名數。天下已定，令各歸其縣，復故爵田宅。吏以文法敎訓辯告，勿笞辱。民以飢餓自賣爲人奴婢者，皆免爲庶人」。漢書刑法志，七年疑獄詔，規定疑獄處理的程序，以免「有罪者久而不論，無罪者久繫不決」之弊。漢書高紀下十一年二月求賢詔「蓋聞王者莫高於周文，伯者莫高於齊桓，皆待賢人而成名」。此皆與陸賈的尙寬，愼刑，求賢之意相合。尤其是求賢詔中所標擧的周文齊桓，其爲受陸賈新語的影響，更爲明顯。古文苑卷第十錄有漢高祖手勑太子五條中有謂「吾遭亂世，當秦禁學，自喜謂讀書無益。洎踐祚以來，時方省書，乃使人知作者之意。追思昔所行，多不是」。則他不僅肯自己讀書，且讀書而能切身反省，這也分明得力於陸賈之敎。又「堯舜不以天下與子而與他人，此非爲不惜天下，但子不中立耳……」，這反映出戰國末期盛行的天下爲公的思想。又勉太子「每上疏，宜自書，勿使人也」；又敎太子見「蕭曹張陳諸公侯」「皆拜」；這皆流露出勗學知禮之意。漢書高紀下十二年「十一月，行自淮南，過魯，以太牢祀孔子」，此爲帝王祀孔子之始。若非因陸賈而眞有所感發，對孔子存有眞誠的敬意，他不會作這種前無所承的虛應故事的。

陸賈新語在劉邦的全部政治意識與政治行爲中所能發生眞實的影響，當然比重是很輕的。在二千年大一統的皇權專制政治史中，儒家眞正的作用，更是如此。但在此種皇權專制的黑暗中，能浮出若干人生存在的價值觀念，能在人倫生活裏面由仁義發生若干相濡以沫的作用，能在層層壓制之下，能代替人民發出疾苦的呼聲，這對於我們民族生命的延續，文化的維持，依然有很重大的意義。在這種地方，我們應給陸賈以相應的評價。

附註

註一：請參閱拙著中國人性論史先秦篇第二章周初宗教中人文精神的躍動。

註二：呂氏春秋孟冬紀安死篇「以耳目所聞見，齊荆燕嘗亡矣。宋中山已亡矣。趙魏韓已亡矣。其皆故國矣。」此乃呂氏死後此書尚有人加以修補之顯證。而在大獄之後，修補之人，必須得到秦政的同意，乃有此可能。禮記中的許多篇章，亦可能出於秦統一天下之後。

註三：史記儒林列傳「陳涉之王也，而魯諸儒持孔氏之禮器往歸陳王，」即其一例。

註四：史記高祖本紀「高祖爲亭長時，常告歸之田，呂后與兩子居田中耨。」則其爲自耕農家庭可知。

註五：史記高祖本紀。

註六：留侯世家：「良數以太公兵法說沛公，沛公善之，常用其策。良爲他人言皆不省。良曰，沛公殆天授，故遂從之。」由此可見其感受力之强。

註七：史記高祖本紀：「爲泗水亭長，廷中吏無所不狎侮。」「沛中豪桀吏聞令有重客，皆往賀。蕭何爲主吏，主進，令諸大夫曰，進不滿千錢，坐之堂下。高祖爲亭長，素易諸吏，乃詒爲謁曰，賀萬錢。實不持一錢……蕭何曰，劉季固多大言，少成事。高祖因狎侮諸客，竟坐上坐，無所詘。」又「高祖大朝諸侯羣臣，置酒未央前殿，高祖奉巵起爲太上皇壽曰，始大人常以臣無賴不能治產業，不如仲力……」此皆可見劉邦之性格。

註八：史記蕭相國世家。

註九：史記自序及漢書高祖紀。

註一〇：以上皆見於史記樊酈滕灌列傳。

註一一：以上皆見於史記張丞相列傳。

註一二：史記傅靳蒯成列傳。

註一三：史記張丞相列傳。

註一四：新語用龍溪精舍叢書唐晏校本。然唐晏校未參用羣書治要，實爲可異。而唐氏經學固陋，其說多無可取。其序述新語流傳，竟不知黃東發王應麟皆見此書，而謬謂「殆亡於靖康之亂」，「亡於南，存於北」，尤可謂儉於見聞。

註一五：黃東發生於宋寧宗嘉定六年，（一二一三）王應麟生於宋寧宗嘉定十六年（一二二三）。

註一六：此文編入胡適文存第三卷五八九——五九一頁。

註一七：以上皆據四部叢刊羣書治要校改。

註一八：道基第一「於是後聖乃定五經、明六藝」。「故聖人防亂以經藝」。述事第二「校脩五經之本末」。懷慮第九「極經藝之深」。「表定六藝云」。按以「經」字尊重其語言文字的，當始於道家墨家；故荀子解蔽篇引有「故道經曰」。而據馬王堆第三墓帛書，老子在漢初已稱德經道經。墨子一書，則有經上經下。儒家六經之名，最早見於莊子天運篇。天運篇當成於戰國末期。禮記經解篇無六經之名，有六經之實。將六經稱為六藝，除新語外，當首先見於史記孔子世家伯夷列傳等。五經一名，除新語外，當首先見於史記樂書。六經、六藝、五經、文獻上皆單舉而未嘗並列。僅新語五經六藝兩名並列。且為兩名之最早出現。以意推之，以禮樂為主，則稱六藝。去樂而以詩書為主，則稱五經。由此可知樂原無文字，本可不稱經。所謂樂經亡失之說，乃因經藝兩名既互相混淆，而五經一名，由五經博士之出現，遂成定稱。漢儒泥於混淆後六經之名，乃為此想像之辭。

註一九：漢志詩賦略有陸賈賦三篇。

註二〇：此段諸書本皆訛脫不可讀；此據羣書治要本。

註二一：此段據羣書治要本。

註二二：此段從羣書治要本。

註二三：史記項羽本紀范增語。

註二四：以上皆見明誡第十一。並皆據羣書治要本。

註二五：此段參校羣書治要本。

註二六：見史記曹相國世家。

補記：陸賈反對秦的唯刑主義，不重視刑法，但並不是不重視「法度」。所以懷慮十九說，「故事不本於法度，道不本於天地，可言而不可行也。」仁義須通過法度而實現。論語堯曰章「謹權量，愼法度」。西漢思想家，常承先秦儒家，將禮與法或法度並稱。

一九七五、十二、二十五日

賈誼思想的再發現

漢書賈誼傳中所錄的治安策，在西漢政治思想史上，有顯赫的地位。惟歷來言賈生者，因新書之難讀，或懷疑其非眞而加以唾棄。或雖認爲眞，並曾作若干文字上的校勘工作，但亦少深入探究其內容，於是亦僅據治安策以言賈生的政治思想。治安策，是爲了解決當時的現實政治問題而發的。在對應現實政治問題的後面，賈生更有種偉大的政治理想，及奇特的政制構造，由鞏固皇權專制，而解消皇權專制，則幾乎無人提到。至於賈生融貫儒道兩家思想，以組成一奇瑋的哲學系統，則埋沒了二千餘年；因而對賈生在思想上的創發性，及秦漢之際的思想特性，亦同被埋沒。本文除由時代背景以把握治安策的意義外，更由新書之再批判，（內容出于賈生，但編定者則係賈生後人。）對賈生政治的根源思想及其哲學思想，亦加以闡述，使這一顆彗星的光芒，仍能照射出來，以補思想史上的大缺憾。我在標題上用「再發現」三字，或非誇誕之辭。（一九七五・三・八）。

一、時代背景及賈誼傳

劉邦在五年（紀前二〇二年）擊滅項羽，卽皇帝位。到十二年（前一九五年）四月死時，異姓諸侯王除無足輕重的長沙王吳芮外，皆已被誅滅，代之以同姓的諸侯王，作爲控制大一統天下的基幹。惠帝在位七年（前一九四－一八八年），實由呂后專政。惠帝死，呂后正式專政八年（前一八七－一八〇年），經過劉氏呂氏的鬥爭，卒由八年七月呂后之死，周勃陳平劉章合力誅呂祿呂產及諸呂，迎立代王恆卽帝位，是爲文帝。重新奠定了劉氏政權的基礎。

從劉邦五年，到文帝卽位，凡二十三年。雖朝廷擾攘不安；但他們執行了「與民休息」的一貫政策，社會經濟，出戰爭破壞中恢復得很快。惠帝四年春舉孝弟力田，建立了漢代社會政策的大方向。同年除挾書禁，也爲文化敞開了自由活動的大門。在此種背景下，承先秦諸子的學術遺風，以最大地熱情，與廣博的學識，欲爲此大一統的皇權專制政治，提出長治久安之策的，當首推賈誼。（註一）

史記將賈誼與屈原同傳，主要是側重在「自屈原沈汨羅後百有餘年，漢有賈生，爲長沙王太傅，過湘水，投書以弔屈原；」所以在列傳中特載其弔屈原賦及服賦。蓋不僅如馮班所說的史公是「傷其遇，並重詞賦」；並且漢賦歷景帝及武帝初期而極盛，卒以楚詞系統的賦爲主流；而楚詞系統的漢賦，實由賈誼開其端，啓其鑰，在文學史上的意義特爲重大。史公的著眼點，或側重在賈生乃處於漢代文學的創闢的重要地位。班固本史記之列傳以寫賈誼傳，既錄其兩賦，更大量選錄了與當時政治有關的言論，此卽一般所稱的治安策，而賈誼在漢代政治思想上的意味，由此更爲顯著。漢書四十八賈誼傳：

「賈誼，洛陽人也。年十八，以能誦詩書屬文，稱於郡中。河南守吳公聞其秀才，召置門下，甚幸愛。文帝初立，聞河南守吳公治平爲天下第一，故與李斯同邑，而嘗學事焉，徵以爲廷尉。廷尉乃言誼年少，頗通諸家之書，文帝召以爲博士。是時誼年二十餘，最爲少。每詔令議下，諸老先生未能言，誼爲之對，人人各如其意所出，諸生於是以爲能。文帝說（悅）之，超遷歲中至太中大夫。誼以爲漢興二十餘年，天下和洽，宜改正朔，易服色，法（正）制度，定官名，興禮樂。迺草具其議法。色上黃，數用五，爲官名。悉更秦之法（註二）。帝謙讓未皇（暇）也。然諸法令所更定，及列侯就國，其說皆誼發之。於是天子議以誼公卿之位，絳灌東陽侯馮敬之屬盡害之，迺毀誼曰，雒陽之人，年少初學，專欲擅權，紛亂諸事。於是天子後亦疏之，不用其議，以誼爲長沙王太傅。誼既以適（謫）去，意不自得。及度湘水，爲賦以弔屈原。」

「上因感鬼神而問鬼神之本，誼具道所以然之故。至夜半，文帝前席。既罷曰，吾久不見賈生，自以爲過之。今不及也。迺拜誼爲梁懷王太傅。懷王，上少子，愛而好書，故令誼傅之，數問以得失。是時匈奴彊，侵邊。天下初定，制度疏濶，諸侯王僭儗，地過古制。淮南濟北王，皆爲逆誅。誼數上疏陳政事，多所欲匡建。其大略曰：…」

「梁王勝墜馬死，誼自傷爲傅無狀，常哭泣，後歲餘亦死。賈生之死，年三十三矣…孝武初立，舉賈生之孫二人至郡守。賈嘉最好學，世其家。」

「贊曰，劉向稱賈誼言三代與秦治亂之意，其論甚美，通達國體。雖古之伊管，未能遠過也。使時見用，歷化必盛。爲庸臣所限，深可悼痛。追觀孝文玄默躬行，以移風俗。誼之所陳，略施行矣。及欲改定制度，以漢爲土德，色尙黃，數用五；及欲試屬國，施五餌三表，以係單于，其術固以疏矣。誼以夭年早終，雖不至公卿，未爲不遇也。凡所著述五十八篇，掇其切於世事者著於傳云。」

按賈誼兩傅藩王，而意義不同。梁懷王爲文帝愛子，且係褒封大國，賈誼傅之，有實質之意義，且與朝廷之聲氣未斷。異姓之長沙王吳氏，得國僅二萬五千戶，尙不及三萬戶之列侯；其存在，乃崇德報功之點綴性質，在政治上不關痛癢；因而太傅亦屬虛名。故誼由太中大夫遷爲長沙王太傅，是事實上的貶謫。並非僅如周壽昌所謂「以其去天子側而官王國」，故稱之爲「適（謫）去」。

二、新書的問題

這裡對他所著的五十八篇，即是今日我們可以看到的「新書」（註三），提出來略加討論。這是研究賈生思想的基本工作。

新書缺問孝及禮容語上二篇，實存五十六篇。因文字訛奪，簡牘錯亂的情形，與陸賈的新語相似，很少人能耐心與本傳中文字對勘細讀，遂引起許多不負責任的懷疑、臆說。如：

崇文總目卷三：「賈子十九卷，漢賈誼撰。本七十二篇，劉向删定爲五十八篇。隋唐皆九卷，今別本或爲十卷。」按漢書本傳只言五十八篇，漢藝文志亦只列「賈誼五十八篇」；所謂「本七十二篇」之說，毫無根據。而隋唐志皆作十卷，更無所謂「皆九卷」之事。不知崇文總目何以訛誤至此。

陳振孫書錄解題卷九「賈子十一卷，漢長沙王太傅洛陽賈誼撰…今書首載過秦論，末爲弔湘賦，餘皆錄漢書語。且節略誼本傳於第十一卷中。其非漢書所有者輒淺駁，不足觀，決非誼本書也」。

姚姬傳惜抱軒文集五辨賈誼新書謂「賈生書不傳久矣。世所有云新書者，妄人僞爲者耳。班氏所載賈生之文，條理通貫，其辭甚偉。及爲僞作者，分晰不復成文，而以陋辭連側其間，是誠由妄人之謬，非傳寫之誤也…」

盧文弨抱經堂文集卷十書校本賈誼新書後「新書非賈生所自爲也。乃習於賈生者萃其言以成此書耳。猶夫管子晏子，非管晏之所自爲。然其規模節目之間，要非無所本而能憑空撰造者。篇中有懷王問於賈君之語，誼豈以賈君自稱也哉…脩政語稱引黃帝顓頊嚳堯舜之辭，非後人所能僞撰。容經道德說等篇，辭義典雅，魏晉人決不能爲。…其去賈生之世，不大相遼絕可知也…」

四庫提要卷九十一：新書十卷「然今本僅五十六篇。又問孝一篇，有錄無書，實五十五篇（按實五十六篇），又陳振孫書錄解題稱首載過秦論，末爲弔湘賦……今本末無弔湘賦，亦無附錄之十一卷，且並非南宋時本矣（按盧校所據之建本潭本皆南宋本，且與今本同）。其書多取誼本傳所載之文，割裂其章段，顚倒其次序，而加以標題，殊瞀亂無條理……其書不全眞，亦不全僞……」

陳振孫姚姬傳以溢出於漢書本傳者皆僞。盧文弨在校勘上用了很大的工夫，但以其書比之於管子晏子，「非賈生所自爲」。四庫提要，貌爲調停之論，實與陳振孫之意見無大出入。上引諸人所提出的問題，我以爲余嘉錫在其所著四庫提要辨證卷十新書十卷項下，已作了適當的解答。余氏首在版本上駁正「提要未見宋本，又不考之玉海，執陳振孫一家之言，以今本爲非宋人所見，誤矣。」次引「師古曰，誼上疏言可爲長嘆息者六，今此只三而止，蓋史家直取其切要者耳」，認爲「凡載於漢書者，乃從五十八篇之中擷其精華」；力破提要謂「新書爲取本傳所載，割裂其章段，顚倒其次序」之說。並「試取漢書與新書對照，其間斧鑿之痕，有顯然可見者」，列擧例證頗詳。同時責「盧文弨以校勘名家。然其校此書……凡遇其所不解，輒詆爲不成文理，任意刪削」。引俞樾新書平議譏其「是讀漢書，非治賈子」爲「深中其（盧）病」。又據劉申叔左盦集卷七賈子新書斠補序，證明「今本卽唐人所見，特傳寫有脫誤，其證甚多。」更以「古人之書，書於竹簡，貫以韋若絲，則爲篇。書於縑帛，可以卷舒，則爲卷。簡太多，則韋絲易絕。卷太大，則不便卷舒，故古書篇卷無太長者，而篇尤短於卷。其常所誦讀，則又斷篇而爲章，以便精熟易記。故漢人五經諸子，皆有章句之學。…賈誼之書，何爲獨不可分爲若干篇乎。」上面的說法，皆可以成立。惟謂過秦三篇，「亦賈生所上之書，且爲以後諸篇之綱領」，則未必如此。余說近六千字，可知其用力之勤。現以余氏之說爲基礎，再補充若干意見。

現在的新書五十八篇的內容，全出於賈誼。不僅劉中叔賈子新書斠補序中，列舉北堂書鈔藝文類聚初學記羣書治要意林稽瑞白帖御覽所引新書，以校今本，除小有異同外，所得佚文不過三條，劉氏以爲此三條即今本諸篇中脫文；而白帖以上，皆唐時書，今本即唐人所見。且我發現新語卷五傅職的內容，爲大戴記保傅篇的一部分，不見於漢書本傳。但梁劉昭注司馬彪續漢書中之百官志，在「太傅上公一人」條下引自「賈生曰，天子不踰於先聖之德」起，至「此少保之責也」止，皆見於傅職篇，僅文字稍有裁省。由此可以證知大戴記係取自新書，而非新書取自大戴記。更可證明漢書本傳未載，而爲新書所有者之出於賈生。尤其是新書中未見於本傳中的部份，其思想之領域，廣濶而富有創造性，絕未受有董仲舒及五經博士成立以後，思想向陰陽五行的格套演進的影響。此不僅書中所引青史、黃帝顓頊帝嚳帝堯帝舜大禹湯粥子尚父（太公）王子旦（周公）諸文，皆非後人所得而僞。其所言禮及容經，皆爲佚禮之餘。且傅職篇言教太子之內容，舉有春秋、禮、詩、樂，語（註四）故志、任術、訓典等八項，非五經博士成立以後的教學規模。本傳中雖謂賈誼主張「色尚黃，數用五」，受有呂氏春秋之影響；但戰國中期以後，五行之說，愈演愈盛，經過董仲舒，而影響到文化社會的各方面，建立了不可動搖的地位。新書中，僅偶言及陰陽，而未嘗言及五行。且卷八六術篇由「德有六理」而特出「六」的特殊意義，認爲「藝之所以六者，法六法而體六行故也。故曰，六則備矣。六者非獨爲六藝本也，他事亦皆以六爲度。聲音之道，以六爲度」「人之戚屬，以六爲法」。「度數之道，以六爲法」。「事之以六爲度者不可勝數也」。在數上除三、九、五外，特重視六，這只能說是賈生前無所承，後無所繼的特殊思想，非漢中期以後所能出現的，所以也沉埋兩千多年而無人道及。尤其是自第六卷起，思想的深度，不僅超出於本傳所選用之文字，且在政治及哲學上，自成一奇瑋的系統，在兩漢思想中，實佔一特殊之地位。

新書的內容，應分爲三部分。一部份是他主動寫的，有如過秦三篇（註五）。一部分是向文帝上書言事的；如漢書本傳中所選錄者是。而自卷六起，則多係爲梁王太傅時敎告問答之辭。章太炎春秋左傳讀敍錄謂「賈生引用左氏內外傳極多，而其中道術篇六術篇道德說篇，正是訓故之學，有得於正名爲政之學者也」。實際，這只是對梁王所用的教材，許多地方不能不作訓故性的解釋，與正名爲政之學無關。所以自第六卷以下，多以「諸侯」「世子」爲對象。

新書的內容，雖全出於賈誼；但他三十三歲便死了；將其編成五十八篇，並冠以新書的書名，並非出於賈氏自己，可能是出自「至孝昭時列爲九卿」（註六）的他的孫賈嘉或者是出自他的曾孫賈捐之手。

崇文總目謂「本七十二篇，劉向删定爲五十八篇」；七十二篇既無據，則劉向删定之說亦無據。史公著書，最重述作。凡他知其人有述作，而勒爲一書的，在傳記中無不加以紀錄。史記賈生列傳中，已說「賈生數上疏，言諸侯或連數郡，非古之制，可稍削之，文帝不聽；」但未提及著書五十八篇。漢書陳勝傳贊「昔賈生之過秦曰」，是已有「過秦」之名。但史記秦始皇本紀贊「善乎賈生推言之也」；陳涉世家贊「吾聞賈生之稱曰」；可知當史公著書時，尚無「過秦」之名，亦可知此時尚未編定爲一書。其書旣由他的後人所編定，則「篇中有懷王（梁懷王）問於賈君之語」（先醒篇），盧文弨不必懷疑其「誼豈以賈君自稱也哉。」（註七）至漢書藝文志僅稱「賈誼五十八篇」而未出新書之名，不足證明新書一名在劉氏校書時尚未成立。因漢志中只稱篇數而不稱書名的其例不少。

漢書本傳删取新書的痕跡，除余嘉錫氏所擧外，尚隨處可見。試擧一例如下：

新書數寧	漢書
進言者皆曰，天下已安矣，臣獨曰未安。或者曰，天下已治矣，臣獨曰未治，恐逆意觸死罪。雖然，誠不安，誠不治，故不敢顧	進言者皆曰，天下已安已治矣，臣獨以爲未也。曰安且治者，非愚則諛，

身，敢不昧死以聞。夫曰天下安且治者，非至愚無知，固諛者耳。皆非事實，知治亂之體者也…陛下何不一令以數日之間，令臣得熟數之於前，因陳治安之策，陛下試擇焉，何甚傷哉。

皆非事實，知治亂之體者也。…陛下何不壹令臣得熟數之於前，試詳擇焉。

新書多出的文字，很明顯地不是後人所能加上去的。姚姬傳不知奏議之文，首須盡其委曲，而斥「其文辭卑陋」。盧文弨對新書上段文字謂「篇中多爲後人取漢書之文而敷衍之，至多冗長…至如『陛下何不一令臣得熟數之於前』句內，又嵌『令以數日之間』六字，於『令臣』之上；又『陛下試擇焉』下，又贅『何甚傷哉』四字，皆不成文理，去之。」盧氏全未理會班固「其大略曰」的「大略」的意義；又後人何不在文義上敷衍，却在文字的格式語氣上敷衍？賈誼所陳的有「可爲痛惜（哭）者一，可爲流涕者二，可爲長太息者六」；還有教養太子等問題；所陳者非一事，所指者非一端，若無「數日之間」，豈能如後世得紙筆之便，一次上萬言書嗎？「以數日之間」，正切合當時進言的事實；而盧氏謂爲不成文理，何以固陋至此。

我的看法，新書卷五以前，錯簡特爲嚴重；凡漢書本傳已錄其大略者，應依本傳的次序，將新書重新編定；其因訛奪而語意不通者一仍其舊，則或者可以恢復新書一部份的大概面貌。至卷六以後，有的殘缺不全，無可勘對，乃無可奈何之事。盧氏於語意全不可通者便謂係後人加入，豈有後人加入而會有語意全不可通之事？

三、賈誼的思想領域

關於賈生的思想領域，也應當先在此處略加考查。

史公自序言漢初思想大勢謂「自曹參薦蓋公言黃老，而賈生晁錯明申商，公孫弘以儒顯」。漢書晁錯傳謂「錯學申商刑名於軹張恢先所」，而藝文志亦列晁錯三十一篇於法家，則晁錯的明申商，是沒有問題的。賈生五十八篇，漢志分明列入儒家，所以梁玉繩以史公將賈生與晁錯並稱爲「似未當」。推史公之意，殆就兩人皆主張削弱諸侯王的共同點言之。蓋削弱諸侯王以加强中央集權與國家的統一，儒法各家大體相同；但儒家有「親親」的觀念，不似賈晁兩人主張的激烈。賈晁兩人對此問題的態度，同出於法家精神，可無疑義。治安策（註八）「屠牛坦一朝解十二牛，而芒刃不頓者，所排擊剝割，皆衆理解也。至於髖髀之所，非斤則斧。夫仁義恩厚，人主之芒刃也。權勢法制，人主之斤斧也。今諸侯王，皆衆髖髀也。釋斤斧之用而欲嬰以芒刄，臣以爲不缺則折」。這分明是出自法家精神。儒家不輕言「權勢」，姚姬傳在賈生明申商論（惜抱軒文集卷一）中謂「斤斧以取譬耳，豈刑戮謂哉，此不足爲生病」，此乃姚氏自己對上下文義的誤解。治安策又謂「若夫慶賞以勸善，刑罰以懲惡，先王執此之政，堅如金石。行此之令，信如四時。據此之公而無私，如天地耳，豈顧不用哉」。慶刑賞罰，此法家之所謂二柄（註九），卽亦法的骨幹，賈誼加以完全的肯定，並吸取其用法的公而無私的精髓。但賈誼在此處認爲「法者禁於已然之後」，又以「刑罰積而民怨背」，得不到政治社會的諧和團結，所以他便由法而通到「禁於將然之前」的禮，以期「絕惡於未萌，而起教於微眇，使民日遷善遠罪而不自知」。這便由法家通向儒家。不過在賈氏所强調的禮中，也含有濃厚的法家意味。而在探求人生根源的地方，亦卽在與文帝所談的「鬼神之本義」的地方，則通向老子；在境遇挫折，自加排解的地方，則通向莊子（註十）。在提倡節儉，重視禮而事實上並不大重視樂的地方，則吸收了墨子思想。新書中引用了不少孟子荀子的語句，而在教化上重「漸」重「積」，在言禮時，把禮應用到經濟生活方面，則受荀子的影響爲更大。在主張「色上黃，數用五」，受了呂氏春秋的影響。其他髮子，粥子等不一而足，正如史記賈生列傳中吳公所說「頗通諸子百家之書」。而作爲他的諸子百家的綰帶的，當是管子。因管子一書，本由滙集折衷儒道法三家思想以爲其骨幹，更廣羅戰國時期許多角度不同的思想，以形成一部「政治叢書」的性質。通過史記文帝本紀以了解文帝思想的背景，其由管子以紹帶儒法道三家者頗爲明顯；或即係受賈生的影響。但賈生所吸收的諸子百家，非僅供繁徵博引以供加强自己論點之資。最難得的是由斟酌取捨而融會貫通，以形成他的政治思想、哲學思想上的獨特體系，這在後面將詳加疏導。

儒家典籍，在賈生思想中，當然佔最重要的地位。漢書儒林傳「漢興，北平侯張蒼，及梁太傅賈誼，京兆尹張敞，太中大夫劉公子，皆修春秋左氏傳，誼爲左氏傳訓詁」。是他對左氏傳曾下過一番工夫。但經典釋文序錄謂「左丘明作傳以授曾申，申傳衞人吳起……卿（虞卿）傳同郡荀卿名況，況傳武威張蒼，蒼傳洛陽賈誼……」這種說法，則大有問題。儒林傳未言張蒼與賈誼，有傳受關係。而釋文則憑空加上傳受關係。蓋五經博士成立以後，爲便於統制及專利，特重師承家法；一若不經傳受，即無入學之方。不知在此以前，以上推戰國之末，學者只要能通閱文字，便可自由修業，學無常師，沒有師承家法的拘束。後人常以五經博士出現以後的師承家法的情形，加在以前的經學傳承上去，每經都安放一條直線單傳的系統，一若每代只有一人傳習，這都是出於傅會而非常不合理的。左氏未得立博士，故漢書儒林傳的敘述，尚反映出一點自由修業，無所謂師傳的情形。到了陸德明寫經典釋文時，便按照其他經傳的情形，也爲它加上一個直線單傳的系統。殊不知左氏在戰國末期，已成爲很通行的典籍，韓非子中亦已引用（註十一）。賈生之習左氏，不必傳自張蒼，且亦無緣傳自張蒼。張蒼於高帝六年封爲北平侯，遷爲計相。蕭何爲相國，蒼以列侯居相府；後改爲淮南王相。據漢書百官公卿表，呂后八年，遷張蒼爲御史大夫，文帝四年爲丞相。賈誼籍洛陽，生於高帝七年；十八歲河南郡守吳公召置門下，時爲高后五年。文帝元年召河南郡守爲廷尉，因吳公薦，召爲博士，這年超遷太中大夫，時誼年二十二歲，也是他開始由洛陽到長安之年；以何因緣，而得張蒼傳授左氏（註十二）。且張蒼「推五德之運，以爲漢當水德之時，尙黑如故」（註十三）。「魯人公孫臣上書，陳終始傳五德事，言方今土德時…當改正朔服色制度。天子下其事，與丞相（張蒼）議。丞相推以爲今水德始明，正十月，上黑色。以爲其（公孫臣）言非是，請罷之」（註十四）。按賈誼有關此一問題的看法，與公孫臣相同，與張蒼相異；若賈誼爲張蒼弟子，何得有此歧異。若賈生習左氏，乃傳自張蒼，則他該通六藝及諸子百家，又傳自何人？賈生年少時卽具有廣博知識，一方面是來自他個人的稟賦與努力；也得力於他出生地的洛陽。自周公營建洛邑以來，幾近千年，乃文物中心之地，這在了解時局及追求知識上，當然有很大的方便。研究漢代經學史，應首先打破五經博士出現以後所僞造的傳承歷史。當然，這並非說一切習六藝的人皆無所傳承；但我藉此指出，幷非必有師承家法不可。尤以先秦時代之直線單傳系統，十九出於附會、僞造。

新書引左氏（註十五），他的深通左氏自不待論。但左氏外，更深於禮及詩與易。他雖統稱六藝，如六術篇「是以先王爲天下設教，因人所有，以之爲訓，道人之情，以之爲眞。是故內法六法，外體六行，以與書詩易春秋禮樂六者之術，以爲大義，謂之六藝」。但他與陸賈一樣，沒有引用到「書」，而他對「書」的內容，只從字義上加以陳述；如道德說篇「是故著之竹帛謂之書，書者此之著也。」我推測，秦政焚書，以對書的影響最大。漢初伏生以其殘篇「教於齊魯之間」（註十六），晁錯尚未奉詔受讀，所以賈生僅知有其名而未嘗讀其書，此亦經學史上有趣的問題。

新書中引用詩與易，皆妥貼而不泛。禮篇釋詩的騶虞，釋易之「亢龍」「潛龍」，皆可存古義。史記日者列傳，「宋忠爲中大夫，賈誼爲博士，同日俱出洗沐，相從論議誦易先王聖人之道術」；此亦可證誼對易特別有興趣。無蓄篇引了「王制曰，國無九年之蓄，謂之不足…」的一段，這是最早徵引王制的。盧植謂「漢文帝令博士諸生作此篇」（註十七）。博士諸生雜採有關傳記以成此篇，將以作統治的法式，賈生或曾參與其事，其徵引以加强自己的意見，並不足異。至大戴記禮察篇之出於賈生，已有治安策可以證明。保傅篇乃採用新書中之保傅胎教，容經等而成，有劉昭注可以證明。且賈生本爲太子而立教，而大戴記將太子改爲天子，在文意上實多舛戾。但由此可知賈生所發生影響之大。

四、賈誼由秦所得的歷史教訓附賈山

賈誼對經傳諸子百家的熱烈追求，首先是要爲出現不過二十多年的大一統的專制政治型態，迫切地找出一條長治久安的道路。他的這一思考，是從秦政建立了此種政治型態後，何以便二世而亡的這一切近的歷史教訓開其端。並且這也是他對諸子百家在思想上選擇的標準。因此，他對秦的批評，是了解他的政治主張，把握他的政治思想的起點。過秦下：「是以君子爲國，觀之上古，驗之當世，參之人事，察盛衰之理，審權勢之宜，去就有序，變化因時，故曠日長久而社稷安矣」。治安策說「夏爲天子，十有餘世，而殷受之。殷爲天子，二十餘世，而周受之。周爲天子，三十餘世，而秦受之。秦爲天子，二世而亡。人性不甚相遠也。何三代之君，有道之長；而秦無道之暴也」。「秦世之所以亟絕者，其轍跡可見也。然而不避，是後車又將覆也」。這已說得很淸楚。

但賈生過秦（言秦之過），並非對秦採取抹煞的態度。第一，他承認法家對秦統一天下的功效。過秦上「秦孝公據殽函之固，擁雍州之地。君臣固守，以窺周室…商君佐之，內立法度，務耕織，脩守戰之備，外連橫而鬥諸侯，於是秦人拱手而取西河之外。」第二，他承認秦統一天下，是時代的要求，有重大的意義。過秦中「秦滅周祀，幷海內，兼諸侯，南面稱帝，以四嚮養。天下之士，斐然嚮風，若是者何也？曰，近古之無王者久矣。…是以諸侯力政，强凌弱，衆暴寡，兵革不休，士民罷弊。今秦南面而王天下，是上有天子也。卽元元之民，冀得安其性命，莫不虛心而仰上。當此之時，專威定功，安定之本，在於此矣。」第三，他認秦政死後，秦無必亡之理。過秦中「嚮使二世有庸主之行，而任忠賢，臣主一心，而憂海內之患…輕賦少事，以佐百姓之急，約法省刑以持其後…卽四海之內，歡然皆自安樂其處，惟恐有變；雖有狡猾之民，無離上之心，則不軌之臣無以飾其智，而暴亂之姦弭矣」。過秦下且認爲「借使子嬰有庸主之材，而僅得中佐，山東雖亂，三秦之地，可全而有；宗廟之祀，宜未絕也」。在賈生上面的文字中，實際含有承認在歷史中的正當地位的意義。按鄒衍五德運轉的安排，五行之德，以相尅而遞嬗。周以火德王，水克火，秦代周，所以秦是水德。土克水，漢代秦，所以漢應是土德。賈生主張「色尚黃，數用五」，卽認爲漢應是土德。在認漢是土德的後面，承認了秦是水德，擔當了五德運轉中的一德，是歷史的正統。張蒼主張漢是水德，這是以漢直承周的火德。不承認秦在歷史上分擔了正統的一個階段。因爲賈生雖過秦而未嘗抹殺秦，所以引起了東漢明帝的批評（註十八）。在這一態度後面，對秦政政治上的設施，也當承認其若干價值。

現在進一步看他對秦的政治，作了些什麼批評，並認爲可作漢的鑒戒的是些什麼。過秦上結尾的「仁義不施，而攻守之勢異也」的兩句話，可說是他所作的總的批評。但這兩句話的意思，在過秦中才把它說淸楚。過秦中有下面一段話：

「秦王懷貪鄙之心，行自奮之志，不信功臣，不親士民；廢王道，立私權，禁文書而酷刑法，先詐力而後仁義，以暴虐爲天下始。夫幷兼者高詐力，安定者貴順權，此言取與守不同術也。秦離戰國而王天下，其道不易，其政不改，是其所以取之守之者異（「異」上疑有「無」字）也。孤獨而有之，故其亡可立而待。」

他認為秦亡之速，是因為他以攻天下取天下之術，為守天下，治天下之具。此與陸賈的看法是完全相同的。更具體地說：

(一)「商君遺禮義，棄仁恩，幷心於進取。行之二年，秦俗日壞。故秦人家富子壯則出分，家貧子壯則出贅。借父耰鉏，慮有德色。母取箕箒，立而誶語。抱哺其子，與公併倨。婦姑不相悅，則反脣而相稽。其慈子嗜利（註十九），不同禽獸者無幾耳。然幷心而赴時，猶曰蹶六國，兼天下。功成求得矣，終不知反廉愧之節，仁義之厚；信幷兼之法，遂進取之業。天下大敗，衆掩寡，智欺愚，勇威怯，壯陵衰，其亂至矣」。（治安策）

(二)「秦滅四維（禮義廉恥）而不張，故君臣乖亂，六親殃戮，姦人並起，萬民離叛。凡十三歲，社稷為虛」。（同上）

(三)「夫三代之所以長久者，以其輔翼太子有此具（按指新書保傅篇而言）也。及秦而不然。其俗非貴辭讓也，所上者告訐也。固非貴禮義也，所上者刑罰也。使趙高傅胡亥而教之獄，所習者非斬劓人，則夷人之三族也。故胡亥今日即位而明日射人。忠諫者謂之誹謗，深計者謂之妖言；其視殺人

若艾若菅然。豈惟胡亥之性惡哉，彼其所以道之者非其理故也」。（同上）

㈣「湯武置天下於仁義禮樂而德澤洽……累子孫數十世，此天下所共聞也。秦王置天下於法令刑罰，德澤無一有，而怨毒盈於世，下憎惡之如仇讎。禍既及身，子孫誅絕，此天下之所共見也」。（同上）

㈤「二世……重之以無道，壞宗廟與民更始，作阿房宮，繁刑嚴誅，吏治深刻，賞罰不當，賦歛無度，天下多事，吏不能紀。百姓困窮，而主弗收恤。然後姦僞並起，而上下相遁。蒙罪者衆，刑僇相望於道，而天下苦之。自君卿以下，至於衆庶，人懷自危之心，親處危苦之實，咸不安其位，故易動也。」（過秦中）

㈥「當此時也，世非無深慮知化之士也。然所以不敢盡忠拂過者，秦俗多忌諱之禁。忠言未卒於口，而身爲戮沒矣。故使天下之士，傾耳而聽，重足而立，拑口而不言……故秦之盛也，繁法嚴刑而天下震。及其衰也，百姓怨望而海內畔矣。」（過秦下）

從陸賈起，認爲穩固的政權，必立基於人與人能互信互助的合理的社會。而合理的社會，不是靠刑罰的威壓，要靠仁義之政及禮義的教養。㈠所說的是商鞅的法治，收到了一時富强之功，但破壞了人與人的內在關連，因而破壞了合理的社會構造。㈡是切就人倫關係而言，與㈠的根本意義相同。㈢言胡亥的失德，主要因爲始皇敎之不以其道。史記秦始皇本紀「趙高故嘗敎胡亥書及獄律令法事，胡亥私幸之。」

與此相應。李斯列傳趙高向胡亥建議「嚴法而刻刑，令有罪者相坐誅，至收族，滅大臣而遠骨肉，貧者富之，賤者貴之，盡除去先帝之故臣，更置陛下之所親信者近之……陛下則高枕肆志寵樂矣，計莫出於此。二世然高之言，乃更爲法律。於是羣臣諸公子有罪，輒下高，令鞠治之」。「法令誅罰日益刻深，羣臣人人自危，欲畔者衆。又作阿房之宮，治直馳道，賦歛益重，戍傜無已。於是楚戍卒陳勝吳廣等乃作亂……兵至鴻門而却。李斯數欲請間諫，二世不許。而二世責問李斯曰，吾有私議而有所聞於韓子也……李斯恐懼，重爵祿，不知所出，乃阿二世，意欲求容，以書對曰……」書的內容是根據申韓之說，「特嚴督責之術，使羣臣百姓救過不給，何變之敢圖。」李斯總結的說「雖申韓復生，不能加也。書奏，二世悅。於是行督責益嚴……刑者相半於道，而死人日成積於市」。這都與㈢㈣㈤所說的情形相應。史記秦始皇本紀載趙高使其壻咸陽令閻樂，將吏卒千餘人攻二世齋居的望夷宮，「郎中令與樂俱入，射上幄坐幃。二世怒，召左右，左右皆惶擾不鬬。旁有宦者一人，侍不敢去。二世入內，謂曰，公何不蚤告我？乃至於此！宦者曰，臣不敢言，故得全。使臣蚤言，皆已誅，安得至今」。推此可以例當時一般的情況，與㈥所說的情況相合。而併秦始皇本紀及李斯列傳以觀，則趙高之以法家亡秦，乃歷史中的鐵案。申商韓的本意並不如此，而其反文化、反教養，使人僅成爲相壓相伺的狡智動物的結果必至於此。

這裏順便提到年齡可能長於賈誼，但向文帝進言，則約略與賈誼相先後的賈山。因爲西漢較好的知識份子，莫不反秦反法；而陸賈、賈誼、賈山三人，皆出於歷史成敗興亡的經驗教訓，非出於學術思想的是非得失，所以說得非常眞實懇到。賈山因爲「訟淮南王無大罪，宜急令反國」，與文帝的用心不合，所以並未如賈誼樣得到文帝的重視。本傳只記他「嘗給事潁陰侯爲騎」，更無其他名位。班氏父子，僅以他的至言（註二〇）而爲他立傳，由此可知他們對此文的重視，也由此可知良史的用心。漢書五十賈山傳：

「賈山，潁川人也。祖父祛，故魏王時博士弟子也。山受學祛，涉獵書記，不能爲醇儒。嘗給事潁陰侯爲騎，孝文時言治亂之道，借秦爲喻，名曰至言。」

至言中最主要的用心，在希望天子能養士以自聞其過失。亦卽是「開道而求諫，和顏色而受之」，「得士而敬之」，「用之有禮義」，以使至高無上，威嚴過於雷霆的皇帝，能了解人民的疾苦，「用民之力，不過三日；什一而藉，君有餘財，民有餘力」。他的這種意見，主要是來自秦二世而亡的經驗教訓。他對秦所以亡的原因，認爲是「賦斂重數，百姓任罷。赭衣半道，羣盜滿山」。「勞罷者不得休息，飢寒者不得衣食，亡罪而死刑者無所告訴。人與之爲怨，家與之爲仇」。「秦皇帝計其功德，度其後嗣，世世無窮。然身死纔數月耳，天下四面而攻之，宗廟滅絕矣。秦皇帝居滅絕之中，而不自知者何也，天下莫敢告也。其所以莫敢告者何也，亡養老之義，無輔弼之臣，亡進諫之士；縱恣行誅，退誹謗之人，殺直諫之士；是以道諛偷合苟容。比其德，則賢於堯舜；課其功，則賢於湯武。天下已潰而莫之告也」。「天下已潰而莫之告」，是法家之治的必然結果。

五、賈誼政治思想中的現實性與理想性

(1) 現實政治問題

賈誼對當時政治的積極主張，是針對「是時匈奴彊，侵邊。天下初定，制度疏濶，諸侯王僭儗，地過古制，淮南濟北王皆爲逆誅」（本傳），而「陳治安之策」（本傳）的。當時對匈奴委曲求全的態度，雖然使賈生感到「可爲流涕」；但他揣情度勢，並未曾主張對外用兵，而是要以「耀蟬之術振之」。所謂「耀蟬之術」，是童子以火光照蟬，使蟬因受到火光的炫耀而不能飛動，以便加以捕獲。其具體內容即是新書卷四匈奴篇中所述的「三表」「五餌」。概括的說，即是要以物質聲色的誘惑以弱化匈奴，分化匈奴。班固認爲「其術固已疏矣」，未加採錄。本傳採錄的重點，是放在如何解決「制度疏濶，諸侯王僭儗」的問題，這在當時的確是內政上的一個嚴重問題。賈生所提出的對策，可用「莫若衆建諸侯而少其力」一句話加以包括。因爲高祖所封的同姓諸侯王的疆域太大，其制度規模，與朝廷相去

無幾，隨時有分裂叛變之虞。懲秦不分封子弟，以致陷于孤立無援之失，賈生並沒有主張根本廢除這種過時的封建制度，而只是主張將一國改爲數國，且在制度上加以各種限制，以擴大中央的集權，鞏固天下的統一。賈生所以 下子受到文帝的重視，其根本原因在此。此一政策，經晁錯、主父偃的繼續主張，歷文、景、武三世而卒得實現。爾後的諸侯王，只等於一種剝削的大地主，與列侯無異。到晉武帝復行分封諸侯王制度，卒有八王之亂。所以賈生的這種主張，雖然不算澈底，但實有政治上的現實意義。

在賈生心目中的政治形態，是定於一尊的大一統的皇權專制的政治形態。皇帝是政治結構的頂尖，又是政治的中心。爲了使皇帝有絕對統治的能力，賈生便提出政治的「階級」（註二一）觀念，以鞏固並神化皇帝的地位。階級篇說「天子如堂，羣臣如陛，衆庶如地。此其辟也。故陛九級，上廉遠地，則堂高。陛無級，廉近地，則堂卑。高者難攀，卑者易陵，理勢然也。故古者聖王，制爲等列。內有公卿大夫士，外有公侯伯子男。然後有官師小吏，延及庶人，等級分明，而天子加焉，故其尊不可度也……君之寵臣雖或有過，刑僇不加其身，尊君之勢也……今日王侯三公之貴，皆天子所改容而禮之者也……令與衆庶徒隸同黥劓髡刖笞罵弃市之法，然則堂下不無陛乎？」漢初殺戮大臣，令其先受五種殘酷刑法，可謂慘絕人寰。賈生不從刑法的本身立論，而援封建時代「禮不及庶人，刑不至君子（大夫）」以主張刑法的階級性，則其建議的出發點，在尊君而不在刑法自身的得失，是可以想見的。

(2) 理想的政制

但賈誼的尊君，畢竟與法家大大的不同。法家的君主，是孤頭特出，除了法以外，不受任何人的制約的。而法的最高創制權，使用權，都操在皇帝手上，簡帛上的黑字，又怎能要求有強大統治權的皇帝來加以信守呢？賈生心目中以皇帝爲中心的政治結構，却是爲皇帝分擔權力，並給皇帝以政治規範，政治制約的政治結構；在此種結構中，皇帝的地位雖很尊，但權力的行使，是出之於集體的意志與能力，而不是出于皇帝的孤獨意志。新書官人篇，這是把戰國時期如何能合理行使政權的各種想法，加以組織而作集約的系統的表現。官人篇說「王者官人有六等，一曰師，二曰友，三曰大臣，四曰左右，五曰侍御，六曰厮役」。此六等，不是爵位上的等級，而是隨才能品格而來的所能盡的責任上的等級。「知足以爲源泉，行足以爲表儀」的人「謂之師」。「知足以爲礲礪，行足以爲輔助，仁足以訪議，明於進賢，敢於退不肖」「謂之友」。「知足以謀國事，行足以爲民率，仁足以合上下之歡。國有法，則退而守之……職之所在，君不得以阿私託者大臣也」。「脩身正行，不怍於鄉曲。道語談說，不怵（怍）於朝廷，知能不困於事業，……能擧君之失過，不難以死持之者，左右也。不貪於財，不淫於色，事君不敢有二心……雖不能正諫，以其死持之，憔悴有憂色者……侍御也。柔色傴僂，唯諛之行，唯言之聽，以睚眦之間（註二二）事君者厮役也」。師與友，雖沒有直接統治權，但因師的人格上的地位在人君之上，所以說「取師之禮，黜位而朝之」。友則與人君處於平等的地位，所以「取友之禮，以身先焉。」統治權在皇帝一人手上，而行使統治權的意志，則出於師友，這實際是人君與師友的共同統治，甚至可以說人君是處於虛位，以持政治之統；而實際代人君來統治的，是品德才能在人君之上的師或友。在以前的儒生及賈誼，認爲這才是理想的統治方式。所以說「故與師爲國者帝，與友爲國者王。」「取大臣之禮，皮幣先焉」，「與大臣爲國者霸」。「取左右之禮，使使者先焉」，「與左右爲國者彊」。「取侍御之禮，以令至焉」，「與侍御爲國者若存若亡」。「取厮役之禮，以令召矣」。「與厮役爲國者亡可立待也。」由此可知人君地位之尊，是大一統的政體的要求。而人君在政治結構之內，以自卑而尊臣的程度，爲其政治隆污的標誌。大臣雖不及師友能代人君統治，但除才能品格外，並守其職所應遵循的法，人君不得以私意干犯，這便是人君的意志，只能通過法表現出來，所以是法治而不是人君的人治。左右並能舉君的過失，侍御也要以人主之過失爲憂，決不逢君之惡。則人君的過失，也受到消極的限定。因此，賈生爲了鞏固天下的統一，而把皇帝推尊得至高無上，但在他的官制中，却從道德、政治原則、才能、法制等方面，把政權安放在集體地有機體中去運行，決不許人君以個人的意志隨意加以干犯。在賈生心目中，當時人君與人臣的關係，實際只不過是主人與厮役的關係。在這種地方，便表現出他在現實政治中的突破性。

在輔佐篇中，他更從職位及職掌上把這大一統的政權，使其合理地具體化。輔佐篇文字既有殘缺，又有訛誤，今日只能通其大意。他把朝廷的政治結構，分爲上、中、下三層。而把「大相」安置於三層之上。大相是「上承大義而啓治道。總百官之要，以調天下之宜。正身行，廣敎化，脩禮樂以美風俗，兼領而和一之，以合治安。故天下失宜，國家不治，則大相之任（責）也」。大相下面的三層結構是：由「大拂」「上執正聽」（註二三），他的責任是「秉義立誠，以翼上志。直議正辭，以持上行。批天下之患，匡諸侯之過。令或鬱而不通，臣或盭而不義，大拂之任也」。由「大輔」「中執政要」，他的責任是「聞善則以獻，知善則以獻。明號令，正法則，頒度量，論賢良，次官職，以時順脩（註二四），使百官敬率其業。故經業不衷，賢不肖失序，大輔之任也」。「道行」、「調訊」、「典方」、「奉常」、「桃師」等「下執事職」，分管各種重要職務；其共同之點，是這些主官，皆具備與其職務相稱的道德水準，使其職務在合理的目的上運行。同時，在其職務直接間接與人君有關時，皆負有匡正的責任。「大相」實際是代人君負統治之責。大相以次的上、中、下三層的各官職，皆對其官職所應遵守的原則負責，皆應使人君承受這些原則，而不准越出於這些原則之外。這樣一來，賈誼雖視皇帝爲至高無上，只是爲了鞏固天下的統一，與加强政治的秩序及效能。而以皇帝爲代表的政治結構，却是集天下賢德之人的共同統治，皇帝反垂拱無爲，實際是一種「虛君」的制度。這便把皇權專制，在實質上加以解消了。

另一値得注意的是，賈誼所提出的官名，除了「大相」與漢代所承襲秦制中的相國約略相似，奉常則完全相同外，其他官名則完全不同。以意推之，他整理了先秦諸子百家中理想性的官制，或提出自己對官制的要求，構建一種新的政治構造，所以他所用的官名與時制完全不同，以表示與當時的政治構造，是完全不同的性格和內容。因漢所承的秦制，大部分是用來表現並維護皇帝的絕對身份，而非出自客觀政治治理上的需要（註二五）。賈誼爲了突出自己的政治理想，所以把當時的官制摒棄而不用，其中實含有對當時政治結構加以貶斥的意味。孟子告子下「入則無法家拂士，出則無敵國外患者，國恆亡」；此處的「拂十」，當爲「大拂」之所本。王莽政制中有四輔，又係本於賈誼的大輔。此外則未能詳考。

(3)在人民上立基，發揮人民在知人用人上的積極功能

賈誼心目中的理想官制，是以道德爲基礎，這便須落實在人的問題上。知人用人，當然是人君最重要的責任。但賈誼雖重視人君知人用人的能力，可是覺得人君主觀的能力是不大可靠的，便凸出人民在知人用人上的積極功用，以樹立知人用人的客觀標準。這是非常突出的觀點。其所以能提出這種突出的觀點，則是由繼承儒家對人民的信賴，政治的一切是爲了人民的大統，直接由孟子「國人用之」，「國

人殺之」的觀念，所發展出來的。大政上篇：

「聞之於政也，民無不爲本也。國以爲本，君以爲本，吏以爲本。故國以民爲安危，君以民爲威侮，吏以民爲貴賤，此之謂民無不爲本也。聞之於政也，民無不爲命也。國以爲命，君以爲命，吏以爲命。故國以民爲存亡，君以民爲盲明，吏以民爲賢不肖。此之謂民無不爲命也。聞之於政也，民無不爲功也。故國以爲功，君以爲功，吏以爲功。國以民爲興壞，君以民爲弱强，吏以民爲能不能。此之謂民無不爲功也。聞之於政也，民無不爲力也。故國以爲力，君以爲力，吏以爲力。故夫戰之勝也，民欲勝也。攻之得也，民欲得也。守之存也，民欲存也。故吏率民而守，而民不欲存，則莫能以存矣。故率民而攻，民不欲得，則莫能以得矣。故率民而戰，民不欲勝，則莫能以勝矣。……故夫菑與福也，非降在天也，必在士民也。嗚呼，戒之戒之。夫士民之志，不可不要也。嗚呼，戒之戒之。……天有常福，必與有德。天有常菑，必與奪民時。故夫民者，至賤而不可簡也。至愚而不可欺也。故自古至於今，與民爲仇者，有遲有速，而民必勝之。故紂自謂天王也，桀自謂天子也。已滅之後，民以相罵也。以此觀之，則位不足以爲尊，而號不足以爲榮矣。故君子之貴也，士民貴之，故謂之貴也。故君子之富也，士民樂之，故謂之富也。……夫民者，萬世之本也。不可欺。凡居於上位者，簡士苦民者是謂愚。敬士安民者是謂智。夫愚智者士民命之也。故夫民者。

大族也。民不可不畏也。故夫民者多力而不可敵也。嗚呼戒之哉。與民爲敵者，民必勝之。君能爲善，則吏必能爲善矣。吏能爲善，則民必能爲善矣。故民之不善也，吏之罪也。吏之不善也，君之過也。嗚呼，戒之戒之。故夫士民者，率之以道，然後士民道也。率之以義，然後士民義也。率之以忠，然後士民忠也。率之以信，然後士民信也。」

因爲賈誼是以民爲本，以民爲命，以民爲功，以民爲力，一切過失，都由君與吏負責，決不能諉之於民。他的政治思想，完全立基於人民之上；而直接治理人民的是「吏」；因此，人君用人，是從吏開始。朝廷的卿相，都是從吏中選擇出來的。而吏的賢否，是由人民對他的愛戴與否來決定，並使人民參與對吏的選擧。大政下篇：

「夫士者弗敬則弗至，民者弗愛則弗附。故欲求士必附，惟恭與敬，忠與信，古今無易矣。……故有不能求士之君，而無不可得之士。有不能治民之吏，而無不可治之民。故君明而吏賢矣。吏賢而民治矣。故見其民而知其吏，見其吏而知其君矣。故君功見於選吏，吏功見於治民。……王者有易政而無易國。有易吏而無易民。……故民之治亂在於吏，國之安危在於政。是以明君之於政也，愼之於吏也。選之然後國興也。故君能爲善，則吏必能爲善矣。吏能爲善，則民必能爲善矣。……夫民者賢不肖之材。賢不肖皆具焉。故賢人得焉，不肖者休焉，技能輸焉，忠信飾焉。故民者積愚也。故夫民者雖愚也明。上選吏焉，必使民與焉。故士民譽之，則明上察之，見歸而擧之。故士民苦之，明上察之，見非而去之。故王者取吏不妄，必使民唱，然後和之。故夫民者，吏之程也。察吏於民，然後隨之。夫民至卑也，使之取吏焉，必取其愛焉。故十人愛之有歸，則十人之吏也。百人愛之有歸，則百人之吏也。千人愛之有歸，則千人之吏也。萬人愛之有歸，則萬人之吏也。故萬人之吏也，撰卿相焉。」

以人民是否愛戴來判斷吏的賢否，究係判斷於已用之後，由效果來決定。在未用之前，賈誼則以家庭社會的倫理爲選擇的標準。因爲家庭社會的倫理，是道德的實踐；而事君治民，則是此種實踐的擴充。大政下篇：

「事君之道，不過於事父。故不肖者之事父也，不可以事君。事長之道，不過於事兄，故不肖者之事兄也，不可以事長。使下之道，不過於使弟，故不肖者之使弟也，不可以使下。交接之道，不過於爲身，故不肖者之爲身也，不可以接友。慈民之道，不過於愛其子，故不肖者之愛其子，不可以慈民。居官之道，不過於居家。故不肖者之於家也，不可以居官。夫道者行之於父，則行之於君矣。行之於兄，則行之於長矣。行之於弟，則行之於下矣。行之於身，則行之於友矣。行之於子，則行之於民矣。行之於家，則行之於官矣。故士則未仕而能以試矣。」

賈誼的官制、選吏上的理想，在政治現實中自然不會實現。但在上述的理想中，也未嘗不能看出西漢鄉舉里選的矇矓面影。

六、政治思想中，禮的思想的突出

(1) 禮的時代意義

賈誼的政治理想，表現在他所創意的政治結構之中。爲實現此種政治結構，並作合理的運行，更須要建立上下共同遵循的軌範，以形成共同的精神紐帶。這即是他所突出的儒家所說的禮。而居於決定地位的還是人君，賈生便首先要求人君以禮範圍自己，更根據禮來推動整個政治機構。但賈誼想到，已經做了皇帝的人君，很難達到他所要求的理想狀態，他便把希望寄托在太子的教養上；並且從懷胎的時候便教養起。而教養的內容當然是禮。合理的政治，須建立在健全的社會制度之上，所以移風易俗，使社會進入到合理的狀態，也正是政治的最高目的。移風易俗的手段依然是禮。政治的最基本要求，在解決人民的物質生活。這在賈誼，認爲首須在消費上應有合理的限制，以達到節約的目的。而限制的依據還是禮。在賈誼心目中，禮是人的行爲規範，是政治結構中、社會結構中的精神紐帶，及組織原理。而在經濟中則又爲對一般人民生活的保證，及對特殊利益者的一種限制。儒家禮的內容，到荀子已經有了很大的發展（註二六）；賈誼所突出的禮的思想，又是受荀子的禮的思想，而繼續向前發展的。面對着大一統的帝國，而要賦予以運行的軌跡，使其能鞏固、治安；並且要在皇權專制政治之下，建立人與人的合理關係，使每個人能過着有秩序而又有諧和的生活，以賈誼爲代表的西漢儒生，便只有集結整理儒家由戰國中期以來的禮的思想，以作爲法治的根據，及教化的手段與目標。眞正的法治，只有在禮的政治、社會的精神紐帶中，才可運行而不匱。大小戴記的成立，淮南門客特長於言法言禮，司馬遷著史記而特立禮書樂書，都是在此一背景之下，約百年之間，儒生所追求的合理的政治社會的大方向。經武帝而把秦所立官制中合理的部分，逐漸加以變質，一人專制，已經殭化爲集體封建壓迫剝削的工具，與儒生所追求的方向，日離日遠，已無理想旋囘的餘地，於是禮的思想，只成爲皇權專制下的裝飾儀節及典籍上的問題，已無復西漢初年在現實要求中生長出來的生命。

禮篇可以說是賈誼的禮的思想的總論。玆節錄於下：

「昔周文王使太公望傅太子發，太子發嗜鮑魚而太公弗與，曰，禮，鮑魚不登於俎。豈有非禮而可以養太子哉。尋常之室無奥剽（恐當作𠠩）之位，則父子不別。六尺之輿，無左右之義，則君臣不明。尋常之室，六尺之輿，處無禮卽上下踳逆，父子悖亂，而況其大者乎。道德仁義，非禮不成。教訓正俗，非禮不備。分爭辨訟，非禮不決。君臣上下，父子兄弟，非禮不定。宦學事師，非禮不親。班朝治軍，蒞官行法，非禮威嚴不行。禱祠祭祀，供給鬼神，非禮不誠不莊。是以君子恭敬撙節退讓以明禮。禮者所以固國家，定社稷，使君無失其民者也。主主，臣臣，禮之正也。威德在君，禮之分也。尊卑小大，强弱有位，禮之數也。禮，天子愛天下。諸侯愛境內。大夫愛官屬。士庶各愛其家。失愛不仁，過愛不義。禮者所以守尊卑之經，强弱之稱者也。……君仁臣忠，父慈子孝，兄愛弟敬，夫和妻柔，姑慈婦聽，禮之至也。君仁則不厲，臣忠則不二，父慈則教，子孝則協，兄愛則友，弟敬則順，夫和則義，妻柔則正，姑慈則從，婦聽則婉，禮之質也。……禮者所以節義而沒不還（註二七）。故饗飲之禮，先爵於卑賤而后貴者。始差殺，膳下浹，而樂人始奏。觴不下徧，君不嘗；差殺不下浹，上不舉樂。故禮者所以恤下也……。國無九年之蓄，謂之不足。無六年之蓄，謂之急。無三年之蓄，國非其國也。民三年耕，必餘一年之食。九年而餘三年之食。三十歲相通而餘十年之積。雖有凶旱水溢，民無饑饉。然後天子備味而食，日舉以樂。諸侯食珍，不失鍾鼓之縣，可使樂也。樂也者上下同之。故禮，國有饑人，人主不飧。國有凍人，人主不裘。報囚之日，人主不舉樂。歲凶穀不登，臺扉不塗，榭徹千侯，馬不食穀，馳道不除，食減膳，饗祭有闕，故禮者自行之義，養民之道也。受計之禮，主所親拜者二，聞生民之數則拜之。聞登穀則拜之。詩曰，君子樂胥，受天之祜。胥者相也，祜、大福也。夫憂民之憂者民必憂其憂，樂民之樂者民亦樂其樂。與士民若此者，受天之福矣。禮、聖王之於禽獸也，見其生，不忍見其死；聞其聲，不忍嘗其肉。隱、弗忍也，故遠庖厨，仁之至也。不合圍，不掩羣，不射宿，不涸澤，豺不祭獸，不田獵，獺不祭魚，不設網罟，鷹隼不鷙，睢而不逮。……取之有時，用之有節，則物莫不多。……聖主所在，魚鼈禽獸，猶得其所，況於人民乎？故仁人行其禮，則天下安而萬理得矣。」

在上面的文字中，可以了解，所謂禮，是對各種地位的人，承認其適當的存在，而不可對之加以凌越侵犯；要求對他人盡其所應盡的義務，而不可片面的自私。由此以建立相對的倫理關係，亦即是建立人與人的合理關係。在政治上言，禮乃範圍在上者合理運用其權力，以實現其愛民之心。此即所謂「禮者自行之義，養民之道也」。而由「仁義道德，非禮不成」，到「是以君子恭敬撙節退讓以明禮」的一段，與禮記曲禮上中的一段全同，由兩方此段上下相關的文字看，是曲禮取之於賈生的。

(2)　禮在生活上的實現——容

不僅規定行爲的合理內容；合理的內容，必表現爲合理的生活形式。尤其是至高無上的皇帝，一舉一動，更應合乎此種合理的生活形式。此容經篇的所以成立。容經一開始是：

「志有四興。朝廷之志，淵然清以嚴。祭祀之志，愉然思以和。軍旅之志，怫然慍然精以厲。喪紀之志，漻然愁然憂以湫。四志形中，四色發外，維如。（註二八）志、色之經也。容有四起。朝廷之容師師然，翼翼然，整以敬。祭祀之容遂遂然，粥粥然，敬以婉。軍旅之容湢然肅然固以猛。喪紀之容，怮然慊然若不還。容經也。視有四則，朝廷之視端沵（流）平衡。祭祀之視，視如有將。軍旅之視，固植虎張。喪紀之視，下沵垂綱，視經也。言有四術。言敬以固，朝廷之言也。文言有序，祭祀之言也。屛風折聲，軍旅之言也。言若不足，喪紀之言也。言經也。」

容是容貌，是全身姿態的整體表現。色是表現在面部的神情，是容的一部份，但是最與內心相應的一部分。賈誼認爲色由志而來，由志而決定（「志，色之經也」）；欲正其容，應先正其志；這是由內向外的自然流露。但因正其容，也可以反射於內在之志，使志亦可因之而正；這是由外向內的强制作用；禮的最大意義，卽在於這種强制作用。這也是禮在生活上的落實。在賈誼的教育思想中，首先便是這些禮的實踐。賈誼在上引的容經、視經、言經之後，接着提出了「立容」、「行容」、「趨容」、「跘（盤）旋之容」、「跪容」、「拜容」、「伏容」、「坐車之容」、「立車之容」、「武容」、「兵車之容」。在「立容」中又分「經立」「卑立」；在「坐容」中又分「經坐」「共（恭）坐」「肅坐」。在規定了這些生活規範後，接着說「古者年九歲入就小學，蹍（踐履）小節焉，業小道焉。束髮就大學，蹍大節焉，業大道焉。是以邪放非辟，無因入之焉」。可以說，賈誼的教育思想，是通過禮以達到人格教育的目的。

尤其是居於政治領導地位的人君，更應把他溶解在禮的規範之中，使其由生理地生命的存在，進而為理性化的生命的存在。由禮所陶鑄的這種崇高人格，會發生精神力量，給賈誼的政治理想的實現以保證。所以容經篇特別强調下面的一些話：

「古者聖王居有法則，動有文章，位執戒輔，鳴玉以行。鳴玉者佩玉也。……故詩曰，和鸞雝雝，萬福攸同，言動以紀度，則萬福之所聚也。故曰，明君在位可畏。施舍可愛。進退可度。周旋可則。容貌可觀。作事可法。德行可象。聲氣可樂。動作有文。言語有章。以承其上，以接其等，以臨其下，以畜其民。故為之上者敬而信之。等者親而重之。下者畏而愛之。民者肅而樂之。是以上下和協而士民順一，故能綜攝其國，以藩衞天子而行義足法。夫有威而可畏謂之威，有儀而可象謂之文。」

上面的材料，我推測，是在當梁王太傅時所整理出來，以作教材之用的。所以他所說的人君，是指諸侯的意味特重。

(3) 對太子的教育

賈誼更注意到皇位繼承人的問題，這是皇權專制中最無法解決的問題。開創之主，一面或出身低級社會，或有機會與社會接觸。另一面，總經過了某種形式、性質的鬪爭，受到若干鍛鍊，因而具備有若干才智或較爲堅實的性格。繼承之主，則生於深宮之中，長於婦寺之手，環境使其驕奢淫佚，昏惰無知，無法讓他們爲人民着想。皇權專制中的黑暗殘酷，多是在這種情形下出現的。賈誼爲漢室想到這一點，因而提出對太子的教育問題，這正是他卓越的地方。治安策中說「天下之命，懸於太子。太子之善，在於早諭教與選左右。夫心未濫而先諭教，則化易成也。關於道術智誼之指，則教之力也。若其服習積貫，則左右而已……太子正而天下定矣。」他由此而把他的教育理想與制度陳敍了出來。

他對太子的教育，可分爲四個階段。因受荀子教育思想的深刻影響，特注重環境與生活習慣在教育上的重大意義。他說：「古之王者，太子廼生，固舉以禮，使士負之；有司齊肅端冕，見之南郊，見於天也。過闕則下，過廟則趨，孝子之道也。故自爲赤子，而教固已行矣。」這是教育的第一個階段。接着他以「太公爲太保，周公爲太傅，召公爲太師」，三人教導成王爲例，把三公三少的官職，說成都是教導太子的官職；而「少保少傅少師，是與太子燕者也」，即是與太子共起居生活的。更「選天下之端士，孝悌博聞，有道術者，以衞翼之，使與太子居處出入。故太子廼生而見正事，聞正言，行正道，左右前後皆正人也。夫習與正人居之，不能毋正，猶生長於齊，不能不齊言也」。這是教育的第二階段。以上兩個階段，皆在未正式入學以前，由環境薰習之力的教育。「及太子少長知妃色，則入於學」；此處賈誼之所謂學，乃指東學西學南學北學太學等五學而言，這是綜合性的，又帶有理想性的學制；其中以太學的地位爲最高。「帝入太學，承師問道，退習而考於太傅……」，是他以三公等仍在太學中負責。這是教育的第三階段。「及太子既冠成人，免於保傅之嚴，則有記過之史，徹膳之宰，……大夫進謀，士傳民語」等由官吏而來的教育，這是教育的第四階段。教育的內容，應包括禮篇容經篇所說的嚴格規範，更扼要的是通過「三代之禮」，以達到「明有孝」「明有度」「明有仁」的目的。賈誼並進一步追到太子未生之前的胎教。新書胎教篇引有「青史氏之記曰」，從「王后有身」起，王后便一直生活在適當的禮法之中，以便塑造胎兒的良好性格。妊婦的生活，對胎兒的生理，應當有影響；但對性格的形成，是否有影響？似乎是值得研究的問題。

(4)禮的社會意義

現在談到賈誼政治思想中對風俗的問題。所謂風俗，指的是社會的動態。也可以說，社會由風俗而見，所以風俗即是社會。政治必植基於社會之上，有安定鞏固的社會，才有安定鞏固的政治。而安定鞏固的社會，乃由人與人的合理關係而來。賈誼指出秦代刑法之治，告訐之風，把人與人互信互助的社會關係變成爲「衆掩寡，智欺愚，勇威怯，壯凌衰」的互相窺伺壓詐的社會關係，這當然可以說是「其亂至矣」。政權的基礎，建立在這種混亂而沒有團結力，也因而沒有眞正地向心力的社會之上，賈誼認爲這是秦二世而亡的重大原因之一。可是「曩之爲秦者，今轉而爲漢矣。然其遺風餘俗，猶尙未改。今世以侈靡相競，而上無制度，棄禮義，捐廉恥日甚，可謂月異而歲不同矣。逐利不（否）耳，慮非顧行也。今其甚者殺父兄矣。盜者掇寢戶之簾，搴兩廟大器，白晝大都之中，剽走而奪之金。矯僞者出幾十萬石粟，賦六百餘萬錢，乘傳而行郡國，此其亡行義之尤至者也」。在賈誼心目中，這種風俗所反映出的社會，是危殆不安的社會。從賈誼上面的陳述中，漢初風俗的敗壞，不僅是來自秦的「遺風餘俗」，也反映出曹參所遵守的蓋公清淨無爲，使社會得以生息休養之教，有其成功的一面，也有其因縱弛而來的增加風俗敗壞的一面。賈誼認爲風俗敗壞，是政治的根本問題，須作一番「移風易俗」的努力。但移風易俗，便不能僅靠刑法，而有賴於以禮爲教。因爲「禮者禁於將然之前，而法者禁於已然之後。是故法之所用易見，而禮之所爲生難知也。若夫慶賞以勸善，刑罰以懲惡，先王執此之政，堅於金石，行此之令，信於四時；據此之公無私，如天地耳，豈顧不用哉。然而「禮云禮云者，貴絕惡於未萌，而起教於微眇，使民日遷善遠辠而不自知也」。「移風易俗，使天下回心而向道，類非俗吏之所能爲也。俗吏之所務，在於刀筆筐篋，而不知大禮……夫立君臣，等上下，使父子有禮，六親有紀，此非天之所爲，人之所設也。夫人之所設，不爲不立，不植則僵，不修則壞。管子曰，禮義廉恥，是謂四維。四維不張，國乃滅亡。是管子愚人也則可，管子而稍知治體，則是豈可不爲寒心哉」。賈誼要把禮與法結合在一起，而管子一書，實即禮與法結合在一起的橋梁。若借用「體用」的觀念，賈誼的政治思想，是以禮爲教爲體，以法爲用；以禮建立人與人的合理關係，以法去掉實現禮的障礙，並發揮以禮爲政、以禮爲教的效能。禮須通過教育；對太子的禮教而言，賈誼提出了「五學」的構想；至武帝而有太學之設。對社會的禮教而言，便成爲推動社會教育的要求，在景帝時，已有郡學的出現（註二九）。由賈誼所代表的理想，也未嘗不發生若干實際上的影響。

(5)禮與經濟問題

荀子把禮應用在經濟方面，賈誼也繼承了禮的這一方面的意義。荀子禮論：

「禮起於何也？人生而有欲。欲不得，則不能無求。求而無度量分界，則不能不爭。爭則亂，亂則窮。先王惡其亂也，故制禮義以分之，以養人之欲，給人之求，使欲必不窮乎物，物必不屈於欲，兩者相持而長，是禮之所起也。故禮者養也……君子既得其養，又好其別。曷謂別；曰貴賤有等，長幼有差，貧富輕重，皆有稱者也。」

荀子把政治上的階級制度，推用到經濟的分配上面，以求事與能相稱，養與事相稱的「皆有稱」的標準。賈誼所處的時代，使他考慮到荀子所提出的原則。史記平準書：

「漢興，接秦之弊，丈夫從軍旅，老弱轉糧饟，作業劇而財匱。自天子不能具鈞駟，而將相或乘牛車，齊氏無藏蓋……而不軌逐利之民，蓄積餘業以稽市物，物踊騰，糶米至石萬錢，馬一匹則百金。天下既平，高祖乃令賈人不得衣絲乘車，重租稅以困辱之。孝惠高后時，為天下初定，復弛商賈之律。然市井之子孫，亦不得仕宦為吏。」

文帝於西紀前一七九年即位時，天下瘡夷漸復，但由惠、呂對商人的讓步，可知在長期戰爭中，以屯積居奇的方法，獲得大量財富的商人階級，有了更進一步的發展。地主階級，也蓄積了財富。賈誼所要求的政治社會的構造，是以天子為頂點的「別貴賤，明尊卑」的構造。因為賈誼認為只有這種構造，才能使政治社會安定鞏固。但是「人之情不異，面目狀貌同類；貴賤之別，非人人天根著於形容也。所持以別貴賤明尊卑者，等級勢力，衣服號令也……天理（性）則同，人事無別，然則所謂臣主者，非有相臨之具，尊卑之經也……君臣同倫，異等同服，則上惡能不眩於其下」（等齊篇）。別貴賤明尊卑之禮，本是由封建中的身份制度所定出來的。身分在出生時即被決定。當身分制度為人所承認時，禮只是把大家所承認的事實，用形式表達出來，此時禮的意義，只是附麗於身分制度而存在。及經春秋戰國長期的歷史演進，不僅平民可以為將相，劉邦且以平民而為天子，由出生而來的身分制度及對此制度的觀念，已掃然無存；在賈誼心目中，此時的尊卑貴賤的等級秩序，更要靠人為的禮來加以製造，來加以維持；此時禮的意義，或且較典型的封建時代，更為重要。由衣服所表現的等級，賈誼認為更有普遍而特別的意義。服疑篇：

「衣服疑者是謂爭先。厚澤疑者是謂爭賞。權力疑者是謂爭彊。等級無限，是謂爭尊。……是以等級分明，則下不得疑。權力絕尤，則臣無冀志。……制服之道，取至適至和以子民，至美至神進之帝。奇服文章，以等上下而差貴賤。是以高下異，則名號異，則權力異，則事勢異，則旗章異，則符瑞異，則禮寵異，則秩祿異，則冠履異，則衣帶異，則環佩異，則車馬異，則妻妾異，則澤厚異，則宮室異，則床席異，則器皿異，則飲食異，則祭祀異，則死喪異。故高則此品周高。下則此品周下。……貴賤有級，服位有等。等級既設，各處其檢，人循其度。擅退則讓（責），上循（僭）則誅。建法以習之，設官以牧之。是以天下見其服而知貴賤，望其章而知其勢。使人定其心，各著其目，故衆多而天下不眩，傳遠而天下識祗。卑尊已著，上下已分，則人倫法矣。」

但實際的情形則是：

「今民賣僮者，爲之繡衣絲履，偏諸緣，內之閑中。是古天子后服，所以廟而不宴者也，而庶人得衣婢妾。白縠之衣，薄紈之裏，緁以偏諸，美者黼繡，是古天子之服。今富人大估，嘉會召客者以被牆。古者以奉一帝一后而節適。今庶人屋壁得爲帝服，倡優下賤，得爲后飾……此臣所謂舛也」。

富人大估，以經濟的力量，把賈誼所希望的等級秩序衝毀了，他認爲這是政治危機之一，所以要以禮來加以分別、限制。

上述的奢靡的情形，對經濟也發生直接影響。治安策在上述的一段話的後面，接着說：

「夫百人作之，不能衣一人，欲天下無寒，胡可得也。一人耕之，十人聚而食之，欲天下亡飢，不可得也。飢寒切於民之肌膚，欲其亡爲姦邪，不可得也。國已屈矣，盜賊直須時耳。然而獻計者曰，毋動爲大耳。夫俗至大不敬也，至亡等也，至冒上也，進計者猶曰毋爲；可爲長太息者此也。」

賈誼欲與禮敎，概括了上述的各種內容。但僅憑禮制以壓制經濟生活中的自然傾向，是沒有多大意義，也沒有太大效果的。

但賈誼在經濟方面，有積極性的主張，依然是與禮關連在一起的。瑰瑋篇說：

「天下有瑰政於此，予民而民愈貧，衣民而民愈寒，使民樂而民愈苦，使民知而民愈不知避縣網，甚可瑰也。今有瑋術於此，奪民而民益富，不衣民而民益煖，苦民而民益樂，使民愈愚而民愈知不罹縣網。陛下無意少聽其數與。」

以下歷述「以末予民，民大貧；以本予民，民大富」。「以文繡衣而民愈寒，以布帛褫民，民必煖而有餘布帛之饒矣」。「今敺民而歸之農，皆著於本，則天下各食於力；末技游食之民，轉而緣南畝，則民安性勸業，而無縣愆之心，無苟得之志，行恭儉積，而人樂其所矣」。「今去淫侈之俗，行節儉之術，使車輿有度，衣服器械各有制數。制度已定，故君臣絕尤，而上下分明矣……故淫侈不得生，知巧詐謀無爲起，奸邪盜賊自爲止，則民離罪遠矣。知巧計不起，所謂愚。故曰使民愚而民愈知，不罹縣網。」

賈誼對於貨幣的意見，這裡應順便提到。漢書食貨志下「漢興，以爲秦錢重難用，更令民鑄莢錢。」「孝文五年，爲錢益多而輕，乃更鑄四銖錢，其文爲半兩。除盜鑄令，使民放鑄。賈誼諫曰……」。綜合賈誼的意見有三。一、民自鑄錢，必「殺雜爲巧」以圖利，「雖黥罪日報，其勢不止」，這是「縣法以誘民，使入陷井」。二、郡縣錢的輕重不同，勢必「市肆異用，錢文大亂」，卽是引起幣制的混亂。三、「今農事棄捐，而採銅者日蕃」，影響到農業生產。他提出的「博禍可除，而七福可致」的對策，主要是「上收銅勿令布」，「上挾銅積以御輕重」；並盡量發揮銅的運用，「以作兵器，以假貴臣，多少有制」；「以臨萬貨，以調盈虛，以收奇羨」。並「制吾棄材以與匈奴，爭逐其民」。如此，則可收「黥罪不積」，「僞錢不蕃」，「采銅鑄作者反於耕田」，「貨物必平」，「用別貴賤」，「官富實而末民困」，「則敵必懷矣」等效果。最重要的，他提出了當時「法錢不立」的「法錢」的觀念，爲統一幣制的張本。他的此一意見，未爲文帝所接受；直到武帝元鼎二年（註三〇）「於是悉禁郡國毋鑄錢，專令上林三官鑄。錢既多，而令天下非三官錢不得行。諸郡國前所鑄錢皆銷廢之，輸入其銅三官，而民之鑄錢益少，計其費，不能相當」。三官錢等於賈誼所說的「法錢」；而天下將銅輸入於三官，也幾於賈誼銅由朝廷專有之意。漢初數十年幣制的擾攘，至此始得到解決，不能不服賈誼的卓見。

七、賈誼的哲學思想

(1) 道與術

新書中有三篇很特殊的文字，對儒道兩家思想加以結合，甚至是將儒道法三家思想加以結合，以形成由形上到形下的哲學系統，表現出賈誼在思想上的創意，這似乎是前無所承，而後無所繼的。這即是卷八的道術、六術、道德說三篇，值得特別提出來，以補漢初思想史上的一段空白。陶鴻慶讀新書札記在道術篇下謂「下文紀賈君語，皆稱對曰，當是作傅時與王問答之詞，當與先醒篇相次，或此篇之首有脫文也」。按與梁懷王相問答者非僅此一篇；而新書中，除過秦及治安策，及食貨志中所摘錄者外，雖無問答語氣，亦係爲太傅時之教材，這在前面已經提過。因爲三篇文字中的思想，是後無所承，所以文字的訛奪，更難得到正確的校正。以下只能略述其大意。

道術篇是就人君以道應接事物的效用而言的。「曰，數聞道之名矣，未知其事也。請問道者何謂也」？「聞道之名」，是指聞道的抽象概念，及其形上的性格。「未知其實」，是指未知道落實在人生政治上之實。此處之所謂道，當然指的是道家所說的道。道術連詞，始見於莊子天下篇。說文二下行部「

術，邑中道也」。又辵部，「道，所行道也」；是兩字的本義相同，引伸之義也可以相同，所以天下篇之所謂道術，是一種複詞。但賈誼「對曰，道者所從接物也。其本者謂之虛，其末者謂之術。虛者言其精微也，平素而無設儲也。術也者，所從制物也，動靜之數也。凡此皆道也」。是賈誼將道分解爲虛與術，而以虛爲本，以術爲末。虛乃道在人心中的本來面貌，術乃道在人生中所發生的具體作用。若使用後來的體用兩詞，則就道體現於人心而言，虛是體而術是用。道以虛爲體，心以虛爲體，這當然是道家思想。但站在道家的立場，是用消解在體之中，亦卽消解在虛之中，而不要求有什麼用，有什麼術。法家則以虛爲術之所藏的深淵，爲運用術的樞紐。而所謂術，指的是以賞罰爲骨幹，由申不害所發展出來的法術之術。賈誼接受了道家之所謂道，所謂虛；接受了法家以虛爲人君運用統治之術的樞紐；但在術的具體化中，却在儒家思想上落脚。但其中也包含了若干法家思想。道術篇：

「曰，請問虛之接物何如？對曰，鏡儀（正）而居，無執不臧（藏），美惡畢至，各得其當。衡虛無私，平靜而處；輕重畢懸，各得其所。明主者南面而正，淸虛而靜，令名自宣，命物自定；如鑑之應，如衡之稱。有亹（勉）和之，有端隨之，物鞠其極，而以當施之，此虛之接物也。曰，請問術之接物何如？對曰，人主仁而境內和矣，故其士民莫弗親也。人主義而境內理矣，故其士民莫弗順也。人主有禮而境內肅矣，故其士民莫弗敬也。人主有信而境內貞矣，故其士民莫弗信也。人主公而境內服矣，故其士民莫弗戴也。人主法而境內軌矣，故其士民莫弗輔也。舉賢則民化善。使能則官職治。英俊在位，則主尊。羽翼勝任則民顯。操德而固則威立。教順而必則令行。周聽則不蔽，稽驗則不惶。明好惡則民心化。密事端則人主神。術者接物之隊（隧，通道也）。凡權重者必謹於事，令行者必謹於言，則過敗鮮矣。此術之接物之道者也。其爲原無屈，其應變無極，故聖人尊之。」

按以鏡喻虛靜之心的作用，始於莊子（註三二）。韓非子主道篇「故虛靜以待令（「令」衍文），令名自命也，令事自定也。虛則知實之情，靜則知動者正。有言者自爲名，有事者自爲形。形名參同，君乃無事焉，歸之其情」。賈誼言虛之接事一段，融合道法兩家思想，並由此可知法家如何能援道家以爲其法術之根據。至談到術的接物，則仁、義、禮、信，舉賢使能，是儒家思想；「稽驗」「密事端」，是法家思想。「公」「法」是儒法的共同要求；「操德而固」，「教順而必」，是儒法的混合。賈誼這種將儒道法三家思想加以統一的構造，是反映西漢初年思想的大勢，及當時政治社會的要求，不能以「內在的關連，」或純邏輯推理的角度去加以批評。儒家思想的根據，由孟子的「仁義禮智根於心」（盡心）所奠定；所以儒家之以仁義禮知的四端言心，仁義等由四端所流出、所擴充，不應以虛靜言心。由此可知賈誼的思想，是立基於道家，而非立基於儒家。但荀子以「心知」言儒家「禮義之統」；而心的所以能知，由其本性的「虛一而靜」（註三二），這已是道家思想的轉用。宋儒朱元晦以「虛靈不昧」言心，明儒王陽明曾謂「無善無惡心之體」，也實係以虛爲心之體。由此可知，道家所體悟出的虛靜之心，可以通向藝術、道德、認識等等，成爲四通八達之地，而法家除了太信任嚴刑峻罰，以致流於反人生反文化的黑暗面外，他們所把握到的提高政治效率等手段，也正可補儒家的不足。並且在「公」「法」的觀點上，兩家間未始不可以架上一道橋梁。則賈誼把三家思想，以取長去短的方式，構造成一個統一體，這不僅表現了他的野心，也在把握整個時代的動脈中表現出他天才的創意。其中並沒有實質上的矛盾。

道術篇接着說「夫道之詳，不可勝述也。曰，請問品善之體何如？對曰……」，這是說道的詳備地作用，不僅表現在上述的由仁義一直到「密事端」等十六端，而實包含了人間世的一切價值。他借此一問，更將慈、孝、忠、惠、友、悌、恭、敬、貞、信、端、平、清、廉、公、正、度、恕、慈（註三三）、潔、德、行、退、讓、仁、義、和、調、寬、裕、熅、良、軌、道、儉、節、慎、戒、知、慧、禮、儀、順、比、僩（通嫺）、辯、察、威、嚴、任、節、勇、敢、誠、必等五十五品列出，而各加以扼要的解釋，並總結之以「凡此品也，善之體（實體）也，所謂道也」。他把道家的道，從虛靜落實於一切人生價值之上。而在「術之接物」的一段中所陳述的價值，皆是就政治上着眼的。此段所陳述的價值，則首重在建立人與人的合理關係，如父慈子孝等五倫的關係，即亦是要建立一種合理的社會。其次則是人生的修養，要求每一個人合乎這裡所提出的標準。個人的修養，與合理地社會，本是不能分開的。此外，五十五個品目，是長期發展出來的觀念，賈生在此處加以綜合，納入於道的觀念之內，使其成爲一種完善的系統。其所作解釋，也可視爲先秦的訓詁。

(2) 從道的創生到六藝

六術篇與道德說篇，是賈誼融合儒道法三家思想，將老子的「道生之，德畜之」的創生歷程，再加入韓非子解老篇所提出的理的觀念，再接上儒家天命之謂性的基本思想，一直落實到六藝之上，以組成由道家之道到儒家的六藝的大系統，使道的創生歷程，得到更大的充實；使道的形上性格，很堅確地落實於現實世界的人生價值之上。這更表現了賈生思想的創造性。六術篇說得簡單，似乎只陳述一種概略的格架，所以先略加疏導。

「德有六理。何謂六理，道德性神明命，此六者德之理也。六理無不生也。已生而六理存乎所生之內。是以陰陽天地人，盡以六理爲內度。內度成業，故謂之六法。六法藏內，變汳（流）而外遂。外遂六術，故謂之六行。是以陰陽各有六月之節，而天地有六合之事，人有仁義禮智聖之行，行和則樂，與樂則六，此之謂六行。陰陽天地之動也，不失六行，故能合六法。人謹脩六行，則亦可以合六法矣。然而人雖有六行，微細難識，唯先王能審之。凡人弗能自至，是故必待先王六教，乃知所從事。是以先王爲天下設教，因人所有，以之爲訓。道（導）人之情，以之爲眞。是故內法六法，外體六行，以與（興）書詩易春秋禮樂六者之術，以爲大義，謂之六藝。令人緣之以自脩，脩成則得六行矣。六行不（不字疑衍）正，反合六法。藝之所以六者，法六法而體六行故也。故曰六則備矣。」

賈誼之所謂道德，皆指老子創造天地萬物之道德而言。老子五十一章「道生之，德畜之」，道生萬物，由其變動不居而有所凝聚（畜）。道的本身卽凝聚於萬物之內而爲萬物所得。「德者得也」（註三四），故卽稱之爲德，德與道是同質的。莊子外篇的天運篇「順之以天理」，是理的觀念，首由道家提出。韓非子解老篇「道者萬物之所然也，萬物之所稽也。理者成物之文也。道者萬物之所以成也」；「凡理者，方圓，短長，麤靡，堅脆之分也。故理定而後可得道也。故定理有存亡，有死生，有盛衰」。「短長大小方圓堅脆輕重白黑之謂理，理定而物易割也」。韓非之所謂理，乃「物之有形者」的文理、條理。賈誼之所謂理，乃指德的內涵而言，與韓非所說的，在層次上及內容上皆不相同。但他把理的觀念，導入於道家的道德觀念之中，可能受有韓非的影響。

道是未分化而周流不息之「一」。道創生萬物，便分化凝聚而爲「德」。賈誼之所謂理，據道德說篇，乃條理之理，對道之「混成」狀態而言（註三五）。「德有六理」，是說德的自身，含有「道、德、性、神、明、命」等六理。六理是德自身的條理。統體言之稱爲德，條理言之則稱爲理。此處之理與德，是等同的。道凝聚分化而爲德，德中仍有道。德可條理爲六理，六理中仍有德。否則失掉了它的本性。所以六理中仍有道德在裡面。六理的內容，在道德說篇中有詳細說明，此處從略。「六理無不生也」，即是六理會創生一切。已生而六理即存乎所生之內，這等於朱元晦所說的「蓋合而言之，萬物統體一太極也（皆由太極所創生）。分而言之，則萬物各具一太極也」（註三六）。這是中國儒道兩家的最基本的觀點；這樣便賦予了每一被生的人與物以完全自足的價値，此即「是以陰陽天地人，盡以六理爲內度」的意思。說文三下又部「度，法制也」，此處度與法同義；特以別於下文的「六法」，故稱爲度。「內度」，是指存於生命之內的法度。即下文的所謂「六法內藏」。此句實際是對六理在陰陽天地人中的作用而言。度與理的性質、層次，完全是相同的。莊子有時把道與天等同起來。老子則道是「先天地生」，天地亦係道所創生。賈誼此處以陰陽天地，也爲德所創生，而不以人爲陰陽天地所創生，蓋本於老子。而把人與陰陽天地並列，則人與陰陽天地是同質的，是平等的。「內度成業，故謂之六法」，「成業」，是指內度可以成爲事業；因其可成爲事業，而非僅潛存於生命內之理，所以又稱之爲六法。此處之所謂「六法」，依然是六理的另一名稱。在賈誼，以法的觀念，可與事業連結起來，易爲人所了解，所以此處又以六法解釋六理。「六法藏內，變流而外遂。外遂六術，故謂之六行」。廣韵「遂，達也，進也，成也」；「外遂」，乃外達而有成之意。外遂則爲六術，此六術皆表現於人的行爲，「故謂之六行」。六行也是對術的解釋。六術六行，是六理六法向行爲上的落實，亦卽是由內在之德，向客觀世界的落實。陰陽的六行，表現爲六月之節，天地則表現爲六合之事，而人六行的內容是「仁義禮智聖」，再加上「樂」。此時以仁義禮智信爲五常的觀念，似乎尚未形成。五常的觀念形成、流行後，而賈誼所提出的六行之說，遂被埋沒。「人謹修六行，則亦可以合六法矣」，卽是合於道德創生時所賦與於人的價值。由「然而人雖有六行，細微難識，唯先王能審之，」到「藝之所以六者，法六法而體六行故也」一段，是說明「書詩易春秋禮樂」六藝之所以成立及其意義。這樣，賈誼便把道家形上學的格架，裝入了儒家的內容，以組成新的哲學系統。其中最有意義的是先王「因人之所有，以之爲訓。道（導）人之情，以爲之眞」。這與中庸「天命之謂性，率性之謂道，修道之謂敎」的基本意義是相同的。賈誼時代，五行說已流行。但還是停留在具體（五種實用材料）與抽象（五種基本元素）之間；未爲賈誼所接受。但數字的神密意味，可能在春秋時代已經開始了；賈誼不把此一意味的數字安放在「五」上，而安放在「六」上。所以他便說「六則備矣」。後面接着擧出許多以六冠稱的事物，作「六則備矣」的證明。對六的數字特加以重視，因五行說的五，大爲流行，也未爲後人所繼承。

賈誼的這一從形上到形下的儒道融合的哲學系統，試簡表於下：

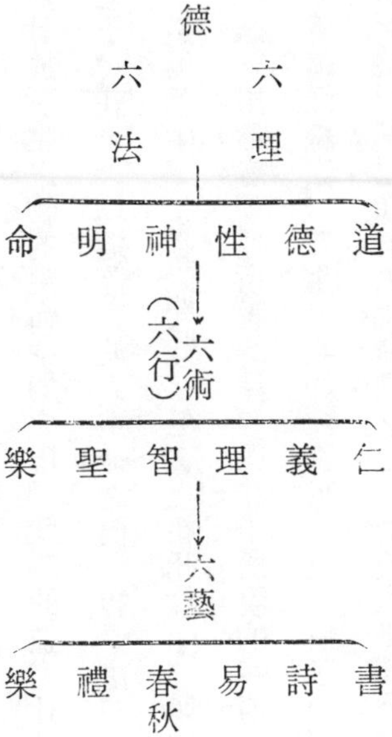

德
六理
六法

道　德　性　神　明　命

↓

六術（六行）

仁　義　理　智　聖　樂

↓

六藝

書　詩　易　春秋　禮　樂

(3) 道德說篇疏釋

道德說篇（註三七）對六術篇的思想架構，有較詳細的說明。開始說：

「德有六理。何謂六理？曰，道、德、性、神、明、命，此六者德之理也。諸生者，皆生於（劉校：「生於」二字疑衍）德之所生。而能象人德者獨玉也。寫德體六理，盡見於玉也。各有狀，是故以玉效德之六理。」

六理本難為狀，因而也難以形容。但賈生由玉可以象德，而認為德之理有狀；即可加以形容。下面是他對六德的狀所作的形容、陳述。

道：「澤者鑑也，謂之道」。「鑑生空竅而通之以道」，「道者無形，平和而神。道物（劉校：「物」衍文）有載物者，畢以順理和（劉校：「和」衍文）適行。故物有清而澤。澤者鑑也，鑑以（因）道之（而）神。模貫物形，通達空竅，奉一出入爲先。故謂之鑑。鑑者所以能見也。見者目也。道德於物精微而爲目。是故物之始形也，先分而爲目。目成也，形乃從。是以人及有因之在氣，莫精於目。目淸而潤澤若濡，無毳穢雜焉，故能見也。由此觀之，目足以明道德之潤澤矣，故曰澤者鑑也。生空竅通之以道。」

按道爲德之本，則德之六理，實卽道之六理。但賈生之意，道既凝而爲德以生物，德自身可條理爲六理，道與德在六理中仍有其最直接的表現。此最直接的表現，是較「爲德之本」的道，較「爲生之本」的德，落實於所生之物的生命中的表現。此時的道，比較凝定而具體，而有其狀（各有狀）。道的本性是虛，老子、莊子，以道落實於人生命之內，也是虛；由虛生明，莊子卽以鏡作喩；此在前面已經疏釋過的。道術篇中，也是如此。但賈生在此篇中，要把落實於人生命中之虛，說得較爲具體，於是以「澤」「鑑」來形容。他所說的澤，與莊子所說的「淸」同義。淸、鑑，都是形容「惟道集虛」（註三八）的虛。順着這條線索，賈生所說的便都可大概了解了。但儒家到了孟子，道家到了莊子，把由天命之性，道賦之德，都呈顯於人生命內之心；而賈生則認爲是呈顯於人之目，並以爲在人的形成過程中，是

先有目而後有其他的形，這可能是由莊子以鏡爲喻而直接想到「見」，由「見」以言「知」的原故，這也是前無所承而後無所繼的特見

德：「腒如竊膏之理，謂之德。」「德生理，通之以德之畢離狀」。「德者離無而之有，故潤；則腒然濁而始形矣，故六理發焉。六理所以爲變而生也。所生有理，然則（劉校：「然則」與「然後」同義）物得潤以生，故謂潤德。德者變及物理之所出也。未（俞校：「未」當作「夫」）變者道之頌（容）也。道冰（凝）而爲德，神載於德，德者道之澤也。道雖神，必載於德，而頌（容）乃有所因以發動變化而爲變。變及諸生之理，皆道之化也。各有條理以載於德。德受道之化而發之各不同狀。德潤，故曰如膏謂之德。德生理，通之以六德之畢離狀」。

此段言由道而德的創生歷程，至有意義。道是無；道是變（變化）。道的體段不是無，則不能生萬有。道的功用不是變，則萬有何以能生？德「離無而之有」，但並非成形之有；實際，道在變化中凝定而爲德，這只是通往有（之有），對道之無而言，則德是有；對道之變化無形而言，則德是凝定而有形；但對現象界之萬物而言，則德仍是無，仍是無形。因此，德是將形而未形，在有形與無形之間，虛與實之間的存在；賈生使用「腒如竊膏」，用「潤」，用「腒然濁」來形容此種存在的狀態。說文十一上肉部「腒，北方謂鳥腊曰腒」。說文句讀「膳夫內則注，皆曰乾雉」。大約乾雉之肉很精細，此處用作形容詞。爾

雅釋鳥「桑扈竊脂」，此處之「竊膏」即「竊脂」。廣雅釋言「竊，淺也」。周禮大司徒「其植物宜膏物」，司農注「謂楊柳之屬，理致，且白如膏。」則所謂竊膏者，乃指淺白色之膏而言。莊子人間世「虛室生白」，德是在虛與實之間，故以淺白色之膏形容之。廣雅釋詁一「潤，濕也」。釋詁二「潤，漬也」。老莊以「清」形容道。說文十一上「清，朖也，澂水之貌」。段注「朖者明也。澂而後明，故云澂水之貌」。潤與濁，較「清」爲有形質，德較道向下落實一步，所以賈生便以「潤」，以「濁」形容德。同時，他在「德潤，故曰如膏謂之德」的語言中，也把「恩德」的意味含在裏面。易傳「天地之大德曰生」，此德本有「作用」與「恩德」二義。這種形容本沒有太大意義。但由此亦可了解，中國思維方法的特性，本有將抽象的東西，化爲具象具體的東西去加以把握的傾向。德對道而言是「始形」，無形即無條理可言，始形乃有條理，所以說「腒然濁而始形矣，故六理發焉。」道以變化創生天地萬物，但必通過凝聚之德，在德的凝聚點上變化，這種變化始是創生的變化。否則變化於空虛曠蕩之中，「不載於德」，與創生一無關涉。所以說德之六理，是「所以爲變而生也」。德之理，即成爲被創生的諸物之理，此卽所謂「所生有理」。然道與德只是一事，道與德之分，乃生化歷程中之分；極其究，德之理，卽是道之理，所以說「諸生之理，皆道之化也」。道化而爲德，亦卽「由無之有」，有卽有條理，所以說「各有條理以載於德。德受道之化而發之各不同狀」。因各不同狀，故可分爲六理。六理是德之條理，故六理卽是六德。但此篇兩處有「通之以六德之畢離狀」，終不可解。盧文弨謂「舊本華訛畢」，並引周禮形方氏「無有華離之地」爲證，義亦不可通。故不如仍依舊本以俟考究。或依「理離狀也」之文，而可釋爲理乃分化（離）之狀。所謂「畢離狀」者，指六理皆分化之狀。創生則必分化於六理之中。而六理又必分化於萬物之中。

性：「湛而潤厚而膠，謂之性」，「性生氣而通之以曉」。「性者，道德造物，物有形，而道德之神，專而爲一氣，明其潤益厚矣。濁而膠相連在物之中爲物（性），莫（性）生氣，（氣）皆集焉（註三九），故謂之性。性，神氣之所會也。性立，則神氣曉曉然發而通行於外矣。與外物之感相應。故曰潤厚而膠謂之性。性生氣，通之以曉」。

德較道爲凝集，故賈生以「潤」以「竊膏」形容之。性較德更爲凝集，凝聚到「專而爲一氣」，故賈生以「潤厚而膠」形容之。潤厚而膠者，潤加厚，如膠之狀態；「濁而膠」的意義亦與此同。「性生氣」的語法，有如「德生理」的語法；德生理，實際德卽是理。性生氣，實際性卽是氣，而非由性來生氣。性何以是氣，因爲「道德之神，專而爲一氣」，專與摶通，卽是摶集而爲一氣，以進入於「物之中」。因爲不是如此，道德生物，道德的自身，却浮遊於物形之外，而不能具體化於物形之中，以爲物形作主。氣是無形而有質的，可以與形相連在一起。但此氣是道德之神（精微）所摶集，氣中有神，所以說

「性，神氣之所會」。無氣則神無所附麗；無神，則氣只是冥冥之質，沒有理性。神與氣會而爲性；性立（顯），則精神氣質，得以清朗條暢（曉曉然），由潛伏狀態中發動，以通達於客觀世界，與客觀之世界相應，以成就人生的一切。在賈生這一思想中，已組入了氣的觀念，但他不以爲氣生形，把形與氣連在一起；而是把氣與性連在一起，氣與形，有一距離，這在與西漢後來言氣，以氣貫通上下成爲無所不包的系統，是有很大的區別的。或者賈生所說的氣，指的是精氣或精。這便更容易了解了。因爲認氣中有所謂精氣或簡稱爲精，是生命中所凝聚的道，而由心所乘載，這是戰國末期一直到西漢的兩百多年間所流行的思想。

神：「康若濼流謂之神」。「神生變而通之以化」。「神者道德神氣發於性也。康若樂流，不可物效也，變化無所不爲。物理及諸變之起，皆神之所化也，故曰若樂流，謂之神。神（依陶校）生變，通之以化」。

此言由性所發出的精神狀態。諸本「康若濼流」，惟建本作「康若樂流。」按濼乃齊魯間水名，於此無義，當從建本作樂，卽音樂之樂。詩賓之初筵「酌彼康爵」箋「虛也」。爾雅釋詁「康、安也；康、靜也」。「康若樂流」，是說精神的活動，旣虛且靜，有如音樂的流動，而不可以實物驗。性是道德凝於人形體之內，而爲神與氣之所會，此在孟子莊子，則稱之爲心。神卽是莊子所說的「精神」；「精」

指的是心，「神」指的是心的作用。賈生則以神爲性的作用。人之理，物之理，由精神而表現，由精神而判定。精神的活動，是自由變化的；所以說「物理及諸變之起，皆神之所化也」。

明：「光輝謂之明」。「明生識而通之以知」。「明者神氣在內則無光而爲知。明則有輝於外矣。外內通一，則爲得失事理是非，皆職於知。故曰光輝謂之明。明生識，通之以知」。

此段是說明德有可以使認識、判斷等得以成立的「明」的作用。實際，這依然應通過賈生所說的性的作用，而爲上述「神」的作用中的一種。但賈生把它（明）與神並列地提出，這可能是因爲他特別重視目（見前），重視知的關係。德有明的作用，當本於莊子。莊子德充符「鑑明則塵垢不止」；應帝王「至人之用心若鏡」，天道「水靜猶明，而況精神」。都以心具有「明」的基本作用。賈生說「神氣在內，則無光而爲知」，應當說，神氣本有明的本性，但未與外物相接時，則明的本性，潛伏而不顯。明由神氣與外物相接而見；由明以成知識；所以說「外內通一，則爲得失事理是非，皆職於知」。賈生將識與知分而爲二，似乎以識爲識見，爲有意義的判斷；而以知爲認知；由明的認知作用而產生識見，所以說「明生識，通之以知」。

命：「礐（石聲）乎堅哉謂之命」。「命生形而通之以定」。「命者物皆得道德之施以生，則澤潤性氣以明，及形體之位分數度，各有極量指奏（節奏）矣。此皆所受其（於）道德，非以嗜欲取捨然也。其受此具也，礐然有定矣，不可得辭也，故曰命。命者不得毋生。生則有形，形而道德性形（衍文）神明命，因載於物形。故礐堅謂之命；命生形，通之以定」。

賈生是順着由道的無形而一步一步的向下落實凝定，以言創生的歷程的。在此一歷程中，道之「澤」，德之「膏」，性之「膠」、神之「樂流」、明之「光輝」，他們的狀都是不太確定的；不太確定的東西，賈生認爲不能直接生形，只有「性氣神明，及形體之分位數度，各有極量指奏」，而不能由人的好惡（嗜欲）加以取捨的命，這是最確定而不可移易的性格，才可以生物之形。這是「命生形，而通之以定」的意義。物有形，而道德創生某物之功用，始告完成；而德之六理，即全具備於物形，而人遂爲理性動物。

上面德的六理，皆爲創生所必需之條件與性格。賈生又認爲德「有德有道有仁有義有忠有密」的六美。德有此六美，便與人的行爲、價値，有不可分的關係。人成形以後，具備了德的六理，也便具備了德的六美，以成就人的行爲。德何以有六美？「物（人）所道（由）始謂之道，所得以生謂之德。德之有也，以道爲本，故曰道者德之本也。德生物，又養物，……行仁也。仁行出於德，故曰仁者德之出也。德生理，理立而有宜適之謂義。義者理也，故曰義者德之理也。……德之過物也忠厚，故曰忠者德之厚也。德之忠厚也，信固而不易，此德之常也。故曰信者德之固（疑當作常）也。德生於道而有理，守理則合於道，與道理密而弗離也，故能畜物養物，物莫不仰恃德，此德之高，故曰密者德之高也。道而勿失；則有道矣。得而守之，則有德矣。行有（疑當作而）無休，則行成矣」。這裏値得注意的是：此篇所說德的六美，實等於六術篇的六行；惟六術篇以仁義禮智聖及樂（音洛）爲六行，而此處則以道德仁義忠密爲六義，且導入密的觀念；由此可以推測，這一體系，尚在賈生構造之中，並未完全成爲定案。

六術篇以六藝爲對六行的闡述教道，本篇也是一樣。本篇對六藝與德有六美的關係，有更詳細的說明：

「六理六美，德之所以生陰陽天地人與萬物也。固爲生者法也，故曰道。此之謂道德，此之謂德行，此之謂行；所謂行此者德也。是故著此竹帛謂之書，書者此之著者也。詩者此之志者也。易者此之占者也。春秋者此之記者也。禮者此之體者也。樂者此之樂者也」。「書者著德之理於竹帛，而陳之令人觀焉，以著所從事，故曰書者此之著者也。詩者志德之理而明其指，令人 緣之以自成也。故曰詩者此之志者也。易者案人之循（原作精，此從俞校）德之理與弗（否），循而占其吉，故曰易者此之占者也。春秋者，守往事之合德之理之（疑衍文）與不，合而紀其成敗以爲來事法，故曰，春秋者此之紀者也。禮者體德理而爲之節文，成人事，故曰禮者此之體者也。樂者，詩書易春秋禮五者之道脩，則合於德矣。合則讙然大樂矣，故曰樂者此之樂者也」。他更對六藝成立之原因說「德之理盡施於人。其在人也，內而難見，是以先王擧德之頌（容）而爲辭語以明其理，陳之天下，令人觀焉，垂之後世，辯議以審察之以轉相告。是故弟子隨師而問受，博學以達其知，而明其辭以立其誠。故曰博學辯議，爲此辭者也」。

禮記聘義有「子曰，昔君子比德於玉焉」一段話，賈生在此篇中也夾入「以玉效德之六理」的說法，無重大意義，從略。

假定賈生的系統，不將道德列爲德的六理，也不將道德列爲德的六美；而德之理，德之美，不必拘於六的觀點，不一定要湊足六的數字，只順着老子形上學的格架，轉換爲儒家的內容，以立足於六藝之上，則其系統將更爲明白顯著。其所以特別重視六的觀念，而必配足六的數字，可能是因爲立足於六藝之上，由六藝之六而向上推，向下衍的。但不論如何，他把道家的道與德的形上格架，加以詳密化，一步一步的向下落實；在落實的過程中，將道家的虛、靜、明，將儒家的仁、義、禮、智，都融到裏面去，以完成天地人與萬物的創造，以建立六藝與形上的密切關連；由此而所呈現出的宇宙、人生、學問的莊嚴形相，實不愧爲一位大思想家，大哲學家，在哲學上的偉大成就。

附註

註一：汪中述學內篇卷三賈誼新書序附年表，以誼生於高祖七年（前二〇〇年），卒於文帝十二年（前一六八年），以合本傳死時「年三十三矣」之數。王耕心賈子年譜同。

註二：漢書此句作「悉更奏之」。王念孫以「奏秦相似而誤，又脫法字耳」，故改從史記。

註三：用龍谿精舍校刋盧文弨校本，再參考俞樾諸子平議，陶鴻慶讀子札記有關新語之部份，及劉申叔賈子新書斠補。間亦參以鄙見。

註四：此「語」疑係指國語而言。新書中引有國語。

註五：漢書三十一陳勝傳贊「昔賈生之過秦也」注，應劭曰「賈生書有過秦二篇，言秦之過，此第一篇也」。按應劭僅稱二篇，諸本亦只作上下篇。惟宋潭州本作上中下三篇，與史記秦始皇本紀贊索隱謂「賈誼過秦論，以孝公以下爲上篇。秦兼並諸侯三十餘郡爲下篇，則「秦滅周祀，並海內」爲中篇；與三篇之數合。應劭所謂二篇者，二當爲三之誤。汪中述學內篇卷三賈誼新書序謂「過秦三篇，本書題下無論字。……，吳志闞稜傳始目爲論；左思昭明太子，並沿其文誤也」。

註六：史記賈誼列傳末有此語，雖爲後人所加，要必有所本。

註七：盧文弨抱經堂文集卷十書校本賈誼新書後。

註八：此後徵引，凡本傳治安策中所有者，皆本治安策。其凡未注明出處的，皆用的是治安策。若治安策的文字意義不全，或爲本傳所未錄者，則用新書。此處所引者，在新書爲制不定篇，語氣較治安策爲完足。而治安策於義亦爲無損。

註　九：韓非子二柄第七，專論此事。

註一〇：賈誼的服賦，很明顯地吸收了莊子的思想。

註一一：學生書局中國書目季刊第八卷第二期有鄭良樹君，論左傳君子曰，非後人所附益一文中謂韓非子難四篇引有左桓公十七年鄭昭公將以高渠稱爲卿一段中的「君子謂」及公子達的話。晏子春秋內篇雜下第二十一，則引有左昭公三年景公欲更晏子之宅一段中的「君子曰」。其言甚確。亦可見左傳在戰國中期後已流行。

註一二：以上請參閱史記張丞相列傳，及漢書百官公卿表。

註一三：史記張丞相列傳。

註一四：史記文帝本紀。

註一五：審微篇晉文公請隧，及衞叔于奚請曲縣繁纓。春秋篇衞懿公喜鶴。及禮容語下篇魯叔孫昭聘於宋。雖其中文字偶有異同，蓋一出於篇簡繁重，僅憑記憶而引；一則在引用時帶有一種解說性質。此皆漢人引書常例。

註一六：見史記儒林列傳。

註一七：禮記注疏王制第五下引。

註一八：可參閱史記秦始皇本紀後的附錄，及班固典引。

註一九：漢書本傳治安策，此段係取自新書時變篇。時變篇作「其慈子耆利而輕簡父母也」；本傳刪去「而輕簡父母也」六字，語意不完。

註二〇：王先謙以「至之爲言極也」釋至言，本不算錯。但至言中謂「言切直，則不用而身危。不切直，則不可以明道」。故所謂至言者，卽切直之言。

註二一：新書卷二有階級篇。

註二二：此處指窺伺人君之喜怒而言。

註二三：漢魏叢書本四部叢刊明正德長沙刊本皆作「上執政職」，與「中執政職」重複，此依盧校。

註二四：原作「以時巡循」。此從俞校。

註二五：請參閱拙著周秦漢政治社會結構之研究中漢代一人專制政治下的官制演變。

註二六：請參閱拙文荀子政治思想的解析一文，收入學術與政治之間甲集。

註二七：俞校：「還乃遝字之誤。小爾雅廣詁，沒，無也。方言曰，遝，及也。沒不遝者，無不及。故下所言皆逮下之事」。

註二八：陶校：「愚按，盧校云，下有缺文……今按，如疑妃字之誤。妃讀爲配。廣雅釋詁，配，當也。色與志合，而內外相當，故曰『維配』」。

註二九：漢書循吏傳文翁「景帝末爲蜀郡守」；「修起學官於成都市中」。學官卽學館；此爲郡縣立學之最早紀錄。

註三〇：漢書補注王先謙謂「此禁令當在元鼎四年」。此從通鑑。

註三一：莊子應帝王「盡其所受乎天，而無見得，亦虛而已。至人之心若鏡，不將不迎，應而不藏，故能勝物而不傷」。天道「聖人之心靜乎！天地之鑒也，萬物之鏡也」。

註三二：見荀子解蔽篇。

註三三：前一慈字指父對子而言，此一慈字係就「惻隱憐人」而言。前者爲儒家之所謂慈，後者乃老子之所謂慈。

註三四：老子三十八章王弼注。

註三五：老子二十五章「有物混成，先天地生」。

註三六：朱子太極圖說解。

註三七：此篇漢魏叢書本文字錯落不可讀，此以四部叢刋明正德長沙本爲底本。

註三八：莊子人間世。

註三九：此句疑當作「濁而相連在物之中爲性（原誤作物），性（原誤作莫）生氣。氣（原漏氣字）皆集焉，故謂之性」。

淮南子與劉安的時代（註一）

一、問題的起點

呂不韋在秦將統一天下之際，集其門下賓客，綜合檢別當時流行的各家思想，彌綸成一特殊系統，以撰集呂氏春秋，將作爲秦統治大一統天下的寶典，這實表現了思想史上最大的野心。雖其自身終飲鴆以死，而秦之所以統治天下者，實與呂氏春秋的思想，背道而馳；但其所及於漢代影響之大，我既已寫成呂氏春秋及其對漢代學術與政治的影響專文，加以闡述。其受呂不韋野心的暗示，規撫呂氏春秋的規模。以同一方式，抱同一目的，把漢初思想，作另一次大結集的，則爲劉安及其賓客所集體著作的淮南子，這也可算得思想史上的偉蹟（註二）。淮南子中，全取呂氏春秋的十二紀紀首，略加損益，以成爲第五篇的時則訓（註三）。覽冥訓則敷衍呂氏春秋精諭召類諸篇之旨。而呂氏春秋應同篇「黃帝曰，芒芒昧昧，因天之威，與元同氣」的幾句重要話，即見於泰族訓。其他剌取呂氏春秋的材料以成文者，其分量僅次於老子、莊子。但要略歷序「太公之謀」以迄「商鞅之法」等著作，却未一言及呂氏春秋，這可能是出於當時「反秦」空氣的避忌。這與漢儒引呂氏春秋者多不著呂氏春秋之名，是同一情形。

從要略叙述「太公之謀」以下各家思想發生的原因和目的看，劉安及其賓客們認爲他們都是出於政治現實的要求，解決政治現實的問題。至於他說到自己所著的「劉氏之書」，則是：

「觀天地之象，通古今之事。權事而立制，度形（形勢）而施宜。原道之心，合三王之風，以儲與扈治。玄眇之中，精搖（注：楚人謂精進爲精搖）靡（注：靡，小也）覽。棄其畛挈（界），斟其淑靜；以統天下，理萬物；應變化，通殊類；非循一跡之路，守一隅之旨，拘繫牽連之物，而不與世推移也（按上文「非」字，直貫到此句）。故置之尋常而不塞，布之天下而不窕」（頁三七六至三七七）

按氾論訓「百家殊業，皆以爲治。」（頁二一三）這與要略所述各家思想發生的原因及目的相合。上引的一段話，正說明他們的二十篇，較之他人的著作，在內容上更爲博大精深，所以用在政治上的效果，較其他各家，更可肆應無窮，永恒不變。但這段叙述，抽象籠統，不似敍述其他各家，都扣緊住現實問題，因之使人有難以捉摸之感。然則在這段話的後面，有沒有更具體的時代背景？要略中另一段話是「誠通乎二十篇之論，睹凡得要，以通九野，徑十門，外天地，捭山川，其於逍遙一世之閒，宰匠萬物之形，亦優游矣。若然者，挾日月而不烑，潤萬物而不耗……可以游矣。」（頁三七四）這段話與前引的一段話，並不完全相同；前一段話說的是理想的政治，而這一段話却說的是理想的人生。若說前一段話說得抽象籠統，則這一段話說得有些誇誕、詭譎。在這種誇誕詭譎的語言後面，他們有沒有眞實的要求？爲了解答上述的兩個問題，便不能不先從產生此一部大書的時代背景作一番探索。

二、時代背景

(1) 政治背景

談到他們的政治背景，首先要了解劉安的家世及其置境。據漢書四十四淮南衡山濟北王傳，劉安的父親淮南厲王劉長，是高祖八年（西紀前一九九年）自將擊韓王信，由趙經過，趙王張敖獻美人得幸，因而懷妊所生的。九年（前一九八年）因趙相貫高等於前一年欲謀害高祖未成被發覺，把趙王一起逮捕，繫之於河內獄，美人也在內，大概劉長卽在監獄內出世。美人的弟弟趙兼托因辟陽侯審食其轉告高祖，高祖不理，美人恚恨自殺，高祖乃囑呂后收養下來，當時劉長還在襁褓之中，他算是高祖最小的兒子。高祖十一年（前一九六年）擊滅黥布，便封劉長爲淮南王，時只有兩歲左右。

文帝卽位時（前一七九年），劉長年十九歲。此時高祖剩下的兒子只有文帝與劉長兄弟兩人，所以劉長自以爲與文帝最親，常稱文帝爲「大兄」。但他「有材力，力扛鼎」，而又驕恣任性，便引起了文帝的猜忌。在六年（前一七四年）誣以謀反，廢徙蜀，在道中絕食而死，劉長此時應當是二十五歲。劉長死後，文帝心裏有點抱愧，問爰盎應當怎樣辦？爰盎曰，「獨斬丞相御史以謝天下乃可。」爰盎當著文帝面前敢講這種話，而文帝不以爲侮，可知當時大家知道這是一個寃獄。由上面簡單的叙述，可以了解劉安在帝室中，是兩世（高祖、文帝）含寃的一系。劉安弟兄們長大了，當然也會知道得清楚。

據本傳，劉長有子四人，劉安居長；八年（前一七二年）皆封侯，劉安此時年約八歲（註四）。由此推算，他當生於文帝元年。十六年（前一六四年）封劉安爲淮南王，劉安此時約十六歲。景帝三年（前一五四年），吳、楚七國反，四年（前一五三年）七國皆破滅，劉安時年二十七歲。漢書本傳說「吳、楚七國反，吳使者至淮南，淮南王欲發兵應之。」若果有此事，便沒有安然度過景帝時代的可能；這是後來武帝陷害他的方法之一。武帝卽位，劉安入朝獻所作淮南內篇（卽現稱之淮南子），並奉命爲離騷傳，時田蚡爲太尉，當在建元元、二年之間（前一四〇至一三九），劉安此時年約爲四十至四十一歲。漢書本傳謂「淮南王安爲人好書，鼓琴，不喜弋獵狗馬馳騁。亦欲以自行陰德，拊循百姓，流名譽，招致賓客方術之士數千人。作爲內書二十一篇（註五），外書甚衆。又有中篇八卷，言神仙黃白之術，亦二十餘萬言。時武帝方好文藝，以安屬爲諸父，博辯善爲文辭，甚尊重之。……初安入朝，獻所作內篇，新出，上愛重之。」這段話，正是寫在七國平定以後，及武帝卽位，劉安入朝的中間，由此可知劉安招致賓客，大事著作，正在他二十七歲到四十歲之間的這段年齡裏面。治淮南子頗有成績的日本學者金谷治氏，在其淮南子之研究的第二節中，認爲「把『內篇新出』，馬上與今日的二十篇的成立連結在一起，不太適切。今本應看作一直到淮南王之卒年（前一二二年），逐次書寫，最後由要略所統一的，要妥當些。」（註六）這樣一來，不僅使「獻所作內篇」的明確語句，失掉了著落。且不了解劉安此書的目的，是爲統治天下的「劉氏」而作，故自稱爲「劉氏之書」（要略）。他是希望皇帝能採用施行的；所以當武帝初卽位，而內篇又新出，便趕在武帝卽位後的第一次朝見時獻上。一經獻上，便成定篇。

又本傳「招致賓客方術之士數千人」一語，是把賓客與方術之士加以分別的。漢書四十五伍被傳，「是時淮南王安好學術，折節下士，招致英雋以百數，被爲冠首；」這以百數的英雋，應當是屬於淮南王傳所說的「賓客」裏面。這以百數的英雋，雖然未必每個人都能著書，但著內書二十一篇的，應當是屬於賓客中的若干人，或卽如高誘淮南注解叙中所說的「遂與蘇飛、李尙、左吳、田由、雷被、毛被、伍被、晉昌等八人，及諸儒大山、小山之徒」所作。蘇飛等屬於道家，故下句特標「諸儒」以相分別。我所要說明的是：方術之士，沒有參與這內二十一篇的著作。可能在內二十一篇完成後，亦卽是在他們一整套的政治理想表達完成後，才由方術之士，繼續寫外書、中篇。漢書卷三十六劉向傳「上（宣帝）復興神仙方術之事，而淮南有枕中鴻寶苑秘書，書言神仙使鬼物爲金之術，及鄒衍重道延命方，世人莫見；而更生（劉向）父德，武帝時治淮南獄，得其書；更生幼而讀誦，以爲奇，獻之。」這正是出自方術之士，或卽是劉安傳所說的「中篇八卷」。而史記龜策列傳中的萬畢石朱方，隋書經籍志中的淮南萬畢術、淮南變化術各一卷，應卽劉安傳所說的「外書甚衆」之遺。正因爲這類著作，乃內二十一篇完成以後，由方術之士所纂著，所以才到淮南獄事起後，爲參與治獄的劉德所得，一直到宣帝時由劉向獻之宣帝。

建元六年（前一三五年）閩越復反，武帝遣兩將誅閩越，劉安上書諫。「上（武帝）嘉淮南之意，美將卒之功，乃令嚴助諭意風指於南越。」武帝又使嚴助諭意於劉安，說明他自己的遠見與盛烈；「於是王（劉安）謝曰，雖湯伐桀，文王伐崇，誠不過此。臣安妄以愚意狂言，陛下不忍加誅，使使者臨詔臣安以所不聞，臣不勝幸。」（註七）劉安此時年四十六歲。按劉安之諫，殆欲藉此向武帝表示忠悃之忱；武帝使嚴助諭意，蓋欲使劉安了解自己的偉大以相壓服。由本傳看，武帝此時已加深對劉安的刻忌。

元朔二年（前一二七年）春，武帝從主父偃言，詔諸侯得分國邑封子弟爲列侯，以削弱諸侯王。賜淮南王几杖不朝以安其心。劉安此時五十四歲。

元朔五年（前一二四年），劉安的太子劉遷，因與雷被比劍有隙，雷被赴長安「上書自明」，以致「逮淮南太子」，「削二縣」；這是朝廷對劉安進一步的構陷。我的推測，雷被可能事先是由朝廷授意的。劉安此時五十七歲。

元朔五年，公孫宏爲丞相。元朔六年（前一二七年），嚴正上書謂淮南王孫建，爲太子遷所疾害，「今建在，徵問，具知淮南王陰事。」公孫宏揣摩武帝意旨，「深探其獄；」至次年元狩元年（前一二二年），卒以劉安「有詐僞心，以亂天下，營惑百姓……當伏法。」於是劉安自殺，時年五十九歲。「列侯、二千石、豪桀數千人，皆以罪輕重受誅。」（註八）漢書五行志下則說「坐死者數萬人。」

漢初的政治形勢，是劉邦以大封異姓諸侯王，而戰勝項羽，取得天下。在卽帝位的同一年內，卽開始剪除異姓諸侯王而代之以同姓諸侯王，以安定天下。從文帝起，開始了對同姓諸侯王的防閑，賈誼、鼂錯諸人，都先後提出實行削除諸侯王以便達到中央集權的目的；且不惜出之以製造寃獄的手段。到了景帝，更進一步實行此一政策，因而有七國之變。其親弟梁孝王亦幾乎不免。劉安與景帝爲堂兄帝；且因劉安是兩世含寃，早爲朝廷所側目。（註九）景帝削平七國後，豈能一日忘劉安兄弟？而劉安的惴惴疑懼，自亦爲情理之常。同時，漢初士人承戰國餘習，遨遊於諸侯王間，下焉者博衣食，上焉者顯材能，尤爲朝廷所深惡。隨對諸侯王的疑忌壓迫傾覆，勢必影響摧殘到這一批游士的自身。尤以淮南賓客之盛，更成爲朝廷欲得而甘心的大目標。（註一〇）因此可以了解，淮南王劉安及其賓客，乃在此種危機深迫的感覺中而同著此書。這便提供了在淮南子的浮誇瑰瑋的語言中，了解他們另一眞正用心所在的線索。

司馬遷將劉安應武帝之命所敍離騷傳採入屈原列傳中，後人被班固離騷序僅引「國風好色而不淫，小雅怨誹而不亂，若離騷者，可謂兼之。蟬蛻濁穢之中，浮游塵埃之外，皭然泥而不滓；推此志，雖與日月爭光可也」數語，遂以爲史公所採於劉安者僅此五十字，實則離騷序所引，乃經過了班氏的刪節；經友人劉殿爵教授指出，屈原列傳中實由稱「屈平」與稱「屈原」兩種材料所構成，其說甚諦我以爲史公以「屈原者名平」一語，綰合兩種材料，此後一直至「王之不明，豈是福哉」止皆用「屈平」之名，乃史公採自劉安，而略加補綴的。

如我上面的看法可以成立，則劉安的離騷傳，是借屈原之寃，以明自己之志。其敍述中所流露出的「信而見疑，忠而被謗」的煩寃悲憤之情，不僅是表白屈原，亦實際是表明他自己。這正是把他處境的困惑，及心理的危機感，向一位新卽位的青年皇帝的投訴。這一投訴，也收到相當效果，使他的王位，安定了十餘年之久。他的這種迫切心情，不能不以某種形式反映在淮南子的書裏面去。

淮南子俶眞訓極力鋪陳「神無所掩，心無所載；通洞條達，恬漠無事；無所凝滯，虛寂以待。勢力不能有也，辯者不能說也，聲色不能淫也，美者不能濫也，智者不能動也，勇者不能恐也」的眞人之道（頁三〇）。能通於眞人之道，則「神經於驪山太行而不能難，入於四海九江而不能濡」；（頁三一）卽是可以達到莊子的逍遙遊的境界。但最後的一段文章，突然與前面所誇張的恰恰相反：

「非有其世，孰能濟焉？有其人，不遇其時，身猶不能脫，又況無道乎？……夫憂患之來攖人心也，非直蜂蠆之螫毒……而欲靜漠虛無，奈之何哉？……人神易濁而難淸，猶盆水之類也，況一世而撓滑之，曷得須臾平乎？古者至德之世，賈便其肆，農樂其業，大夫安其職，而處士脩其道，……何則？世之主有欲利天下之心，是以人得自樂其間……逮至夏桀、殷紂，燔生人，辜諫者……當此之時，豈獨無聖人哉？然而不能通其道者，不遇其世。夫鳥飛千仞之上，獸走叢薄之中，禍猶及之，又況編戶齊民乎？由此觀之，體道者不專在於我，亦有繫於世矣。……故世治則愚者不能獨亂；世亂則智者不能獨治。身蹈於濁世之中，而責道之不行也，是猶兩絆騏驥，而求其致千里也……今繒繳機而在上，罡罟張而在下，雖欲翺翔，其勢焉得？故詩云，『采采卷耳，不盈傾筐；嗟我懷人，寘彼周行。』以言慕遠世也。」（頁三一至三三）

上面的話，等於把此篇前面所發揮的莊生之指，斥之爲夢想。「今繒繳機而在上，罡罟張而在下，」把他們所受的由朝廷而來的壓迫，所感的由形勢而來的危機，完全透露出來了。他們所以作這種「罵題」的透露，一方面是出於難以抑制的內心苦悶，一方面也可能是鼓勵劉安不能不抱有政治野心。人間訓通篇强調死生禍福得失成敗之無常，而深嘆「夫人僞之相欺也，非直禽獸之詐計也」；（頁三一九）他們認爲只有勘破了人與人的關係連禽獸之不如，才可「有以傾側偃仰世俗之間，而無傷乎殘賊螫毒者也。」（要略頁三七二）這種對人生的迷惘惴慄窺伺的情形，也正是隨危機感而來的無可奈何的反映，也說明虛無主義形成的眞正根源。

上面的兩大危機感，一是出自劉安的自身，一是來自他的賓客們的感受。首先應把握這兩點來了解淮南子一書的具體的、時代的意義。

(2) 學術背景

西漢初年，道家思想，在朝廷與社會，有極大的勢力。淮南子一書，高誘說「其旨近老子」，這可以說是受了當時一般思想趨向的影響。但淮南子中的道家思想，與當時流行的道家思想，有一個很大的界域。漢初所承繼的戰國中期以後的道家思想，乃屬於「黃老」並稱的這一系。這一系假托黃帝以著書的風氣之盛，只要看漢書藝文志中，以黃帝冠書名的，有二十種之多（註一一），卽可一目了然。從二十種書名以窺其內容，可稱爲方技之士的大合奏。將僞托的黃帝，附會到老子上面去，而黃老並稱，卽是把權謀術數乃至許多方技迷信，摻進道家思想中去，這是原始道家思想的變形。但自戰國末期以至西漢初年，這是道家中最有勢力的一系。所以史記外戚世家「帝及太子諸竇，不得不讀黃帝、老子。」老子韓非列傳：「申子之學，本於黃老。」「韓非者，……喜刑名法術之學，而其歸本於黃老。」孟子荀卿列傳：「愼到、趙人；田駢、接子、齊人，環淵、楚人，皆學黃老道德之術。」樂毅列傳：「樂臣（巨）公，善脩黃帝、老子之言。」田叔列傳「叔喜劍，學黃老術於樂巨公所。」日者列傳「夫司馬季主者，游學長安；通易經、術黃帝、老子。」但淮南子中，不僅未將黃帝與老子，並稱對擧；且除在泰族訓一引呂氏春秋所引的「黃帝曰」以外，全書中援黃帝以伸張政治理想的，僅一、二見。在本書中，由黃帝所代表的政治理想，還不及伏羲所代表的分量。覽冥訓在「昔者黃帝治天下，而力牧太山稽佐之」一段，已極力敷陳其治道之隆。但接著說「然猶未及虙戲之效也」，卽其明證。大概門客中精通易學的人，佔有相當的勢力；而他們又是以八卦及六十四卦，皆出於伏羲的。由他們之不重視黃帝，這卽說明從事淮南子這一集體著作中的道家，他們所抱的道家思想，與「黃老」這一系的道家思想，實係分門別戶，另成一派。

江瑔讀子卮言謂，「以老莊並稱，實起於魏、晉以後」，固係不確。蔣錫昌老子校詁後附老莊並稱之始考引漢書王貢兩龔鮑傳，「蜀有嚴君平……依老子、嚴周（師古注，卽莊周）之指，著書十餘萬言」之語，以此「爲漢代老莊並稱之始」，亦係錯誤。不僅淮南子要略「考驗乎老莊之要」，爲老莊並稱之始；且在書中引用莊子一書之多（註一二），及發揮莊子思想之宏，古今未見其比。至傳劉安有莊子略要及莊子后解兩書（註一三），今雖不可得見，亦不難由此可知劉安及其賓客在思想上與莊子契合之深，成爲淮南子在西漢思想中的突出地位。

另一値得注意的學術背景，是淮南子成書的時代，儒家思想，在朝廷還沒有得勢；但從史記儒林列傳看，作爲焚書以後的反彈作用，在社會上已經有强大的勢力。同時，這是五經博士尚未成立，由五經博士而來的家法、專經等觀念，尚未出現的時代。也是陰陽五行，對儒家的摻雜不深的時代。這是一個對學術的評斷，一委之於各人的自由，而沒有受到朝廷的直接間接影響的時代。因此，淮南子一書，不僅採摭鴻博，爲後來其他漢代著作所未有（註一四），由此可約略窺知當時學術流行的概略狀況。且儒家思想，在淮南子一書中所佔地位，深入的看，並不次於道家。除大量引用了詩、易之外，禮、樂、春秋、皆爲其徵引所及；且多發揮六經的微言大義。春秋傳遍及公羊、穀梁，更大量援引左氏。所以楊樹達在淮南子證聞中說「淮南書在漢初，已屬稱引左氏所記事，知劉歆僞撰之說爲誣辭矣。」又泰族訓：「關雎興於鳥，而君子美之，爲其雌雄之不乖也。鹿鳴興於獸，君子大之，取其見食而相呼也。」乃確取自毛傳（註一五），由此可確證後漢書儒林列傳謂「馬融作毛詩傳」之謬。所以若用心考校，亦未始不可由淮南子以窺五經博士未立以前，宏通精要的西漢經學的本來面貌。可以這樣的說，形成淮南子思想的另一骨幹的儒家思想，經學思想，乃未受五經博士制度拘束，未受陰陽五行摻雜的儒家思想，經學思想。

淮南子的另一特色，是他們在文字表現上所用的非常繁縟的形式，使讀者望而生畏，甚至是生厭。大概他們自己也感到此一問題，所以在要略中曾鄭重提出加以解釋。

「懼爲（衍文）人之惛惛然弗能知也，故多爲之譬，博爲之說。」（頁三六九）

「其言有小有巨，有微有粗。指奏卷異，各有爲語。今專言道，則無不在焉。然而能得本知末者，其唯聖人也。今學者無聖人之才，而不爲詳說，則終身顛頓乎混溟之中，而不知覺寤乎昭明之術矣。」（頁三七四）

「夫通論至深，故多爲之辭，以抒其情。萬物至衆，故博爲之說，以通其意。辭雖壇卷（曲折）連漫，絞紛遠緩，所以洮汰（註：潤也）滌蕩至意，使之無凝竭底滯，捲握而不散也。」（同上）

上面都是就他們所處理的特殊對象——道與事——在表現上所要達到的目的，以說明他們所用的表現的形式；我以爲這只說明了問題的一方面。另一方面，我以爲是受了當時辭賦盛行的影響；他們不知不覺地，把作辭賦的手法用到著書上面。

漢高起豐沛，特貴楚聲。而自賈誼以來，屈原的遭遇及離騷的文體，給漢初文人以莫大感召，釀成新興的漢賦的文學風潮，傾動朝野。淮南賓客從事著作之時，也是漢賦尚未遭到朝廷政治干擾而滋衍鼎盛之時，自劉安起，及其他許多賓客，也都沉浸在此一風潮之中，有了不少作品。漢書藝文志詩賦略在以屈原賦爲首的這一類中，有淮南王賦八十二篇，淮南王羣臣賦四十四篇。漢書補注引王應麟曰：「淮南王安招致賓客，客有八公之徒，分造詞賦，以類相從，或稱大山，或稱小山，如詩之有大、小雅。」由此可見淮南賓客中作賦風氣之盛。「賦之爲言鋪也」，即是以盡量鋪陳的文體，發抒作者的感情，或表現作者的才智。淮南子中，不僅許多地方用了韻；並且全書的表現方式，也有似於劉彥和說漢賦是「極聲貌以窮文」；而劉彥和「遂使繁華損枝，膏腴害骨」的對賦的流弊的批評（註一五），也未嘗不可用在淮南子身上。甚至他們所用的奇字異文，也只有子虛賦這類的大賦中才可與其比擬。但我們不可因此忘記了淮南子中，也有許多圓渾深厚的散文。

以上簡單陳述了淮南子的時代背景——政治、學術的背景，以約略刋定它在思想史的位置。

三、思想的分野

(1) 在研究方法上新角度的提出

淮南子各篇的要旨及全書的結構，在要略中有反復的說明。通過這一說明，可以了解這是一部有計劃、有系統的著作：

「夫作爲書論者，所以紀綱道德，經緯人事，上考之天，下揆之地，中通諸理……故言道而不言事，則無以與世浮沉；言事而不言道，則無以與化游息。」（頁三六九）

上面幾句話，是全書的總綱領。將天地人並列，或以天地人爲三才（註一七），而要由人去參贊貫通，這是戰國中期以來，相當流行的思想。而「形而上者謂之道，形而下者謂之器」，亦易繫傳所明言。所以用另一語言來表達他們著書的總綱領，是要貫通天地人，是要融澈形上形下。他們認爲只有這樣，才可作爲劉氏統治大一統天下的寶典。篇中除分別陳述了各篇的要旨以外，並說：

「故言道（原道訓）而不明終始（俶眞訓），則不知所仿依。言終始而不明天地（天文訓、地形訓）四時（時則訓），則不知所避諱。言天地四時而不引譬援類（覽冥訓），則不知精微。言至精而不原人之神氣（精神訓），則不知養生之機。原人情而不知大聖之德（本經訓），則不知五行之差。言帝道而不言君事（主術訓），則不知小大之衰（差等）。言君事而不爲稱喩（繆稱訓），則不知動靜之宜。言稱喩而不言俗變，（齊俗訓），則不知合同大旨。已言俗變而不言往事（道應訓），則不知道德之應。知道德而不知世曲（氾論訓），則無以耦萬方。知氾論而不知詮言（詮言訓），則無以從容。通書文而不知兵指（兵略訓），則無以應卒已。知大略而不知譬喩（說山訓、說林訓），則無以明事。知公（疑應作天）道而不知人間（人間訓），則無以應禍福。知人間而不知脩務（脩務訓），則無以使學者勸力。欲强省其辭，覽總其要，弗曲行區入，則不足以窮道德之意（泰族訓）。」（頁三三七）

從上面這一段話中，可以了解他們認爲二十篇的本文，是缺一不可的。至於他們何以要本末精粗，說得這樣完備呢？他們說：

「夫五音之數，不過宮商角徵羽。然而五弦之琴，不可鼓也，必有細大駕和，而後可以成曲。今畫龍首，觀者不知其何獸也。具其形，則不疑矣。今謂之道則多，謂之物則少。謂之術則博，謂之事則淺。推之以論（由道至事，以論推衍推明之），則無可言者（則沒有偏於多、少、博淺之可批評）。」（頁三七四）

他們雖在要略中說明了各篇的要領及各篇相互間之關連，以表明全書的系統結構，但因書中儒、道兩家思想的平流競進，甚至有的是矛盾對立，不可能構成一個像要略所說的嚴密系統。而且寫要略的人，是偏於道家思想方面的人，他實在消納不下儒家思想。所以有的說得籠統，有的說得牽强，有的則他們並沒有認眞說出。因此，研究此書的人，若專倚賴要略作探索的導引，依然會墮入迷魂陣中，不易確切地把握到什麼。所以我想換一個角度，從全書中思想分野的角度，來探索全書的結構，乃至接觸這一羣思想家的若干生態，看出他們有血有肉的思想活動。那怕只能收到百分之一、二的效果。

全書据摭廣博，然道家思想，究居於優勢。而老莊同爲道家，有的是互相發揮，有的是自分畛域。道家之外，則儒家思想，有的則起而與道家抗衡，有的則儒道又想互相融合。有的以道家而想融合儒家及其他諸家。有的則以儒家爲主而想融合道家及其他諸家。故由思想分野以言淮南子的結構，則似可在錯綜複雜中清理出一條線索。

儒道的抵抗，很容易看清楚。但老莊是同中有異。要區分老莊的同中有異，則相當的困難。因爲莊子本是從老子發展下來的，所以他們有共同的主題，有共同的結論；有的是莊子解釋老子的。於是一篇之中，常感到老莊是混而難分。並且淮南子中的道家們，可能認爲老莊本是一體。所以道應訓只有一處引用莊子，其餘皆引用老子；但要略還是籠統的說：「考驗乎老莊之術」（頁三七一）。

但爲了擺淸思想的線索，應當把握各篇中的主線、重點，以推斷當時著手寫某篇的賓客，到底是偏向於老子或偏向於莊子。可用的方法是：

第一、將引用老莊兩書的語言來比較其分量。但老子只有五千餘言，而莊子則有十餘萬言。所以這一方法，並不容易接觸到思想的內容。

第二、從理想性人物的名稱著眼。老子一書的理想性人物的名稱只稱「聖人」。莊子則除繼續使用「聖人」一詞外，在逍遙遊特創用「至人」、「神人」兩詞（註一八）；大宗師又特創用「眞人」一詞（註一九）。淮南子原道訓稱聖人者六，稱至人者一；所以這一篇在闡述道的功用創造，及政治上的貴柔貴後等地方，主要是發揮老子之義；此外則多出自莊子。（註二〇）俶眞訓則九稱聖人，五稱眞人，一稱至人。但有的地方，卻把眞人的地位，安放在聖人之上。如「聖人之所以駭天下者，眞人未嘗過焉。賢人之所以矯世俗者，聖人未嘗觀焉。」（頁二七）而篇名卽標爲俶眞訓，可知本篇除言道之創造情形，係出於老子外（註二一），其餘多出於莊子。古人用名詞不太嚴格，其中有的聖人與眞人可以互換。精神訓兩稱眞人，兩稱至人，而未嘗一稱聖人，則這篇主要的思想是出自莊子，且多衍大宗師之義。本經訓內容係由道家歸結於儒家。其道家思想的部分，言聖人、眞人、至人者各一，與其他因素配合，實亦以莊子思想爲主。至齊俗訓實係莊子齊物論的多方面的發揮，更另有深意。

第三、凡是描寫道的體段、功用、及創造歷程的，多係老子思想的推演。凡强調精神、心性等的修養、功效等的，多係莊子思想的發揮。因精神一詞，乃最先出現於莊子；而老子的道德，至莊子始在人的心上落實、生根。老子無性字，莊子內七篇似亦無性字；莊子外篇乃出現很多性字。心性是內而形骸是外；凡內外對擧，重內而輕外，亦皆出於莊子。

第四、凡以政治問題爲主的道家思想多出於老子；以人生問題爲主的道家思想多出自莊子。莊子亦承老子無爲之旨以言政治；但老子以無爲言政治，比較平實。而莊子則比較浪漫而帶神秘性，這在淮南子中可將兩者作很清楚的比較。老子之道，亦落實在人生問題之上。但老子對人生問題，多僅從消極方面落脚，這以「後」、「柔」、「弱」、「畏」等觀念作代表。莊子則轉而從積極方面去追求，以達到精神的大自由、大解放——亦卽是所謂「逍遙遊」、「天游」。淮南子追到人生問題時，完全承受了莊子的這一人生態度。

第五、「常」是老子的基本觀念之一，「化」是莊子的基本觀念之一。天下篇「芴漠無形，變化無常。死與生與，天地竝與……古之道術，有在於是者，莊周聞其風而說之」，正說明了莊子思想的特性。大宗師「化則無常也」，可說是對老子「常」的思想的超剋。例如老子說「後其身而身先」，是以「後」爲比較近於「常」。但大宗師說「不知就先，不知就後」，此卽對老子在先後中作選擇的超剋。淮南子中屬於道家思想範圍的，凡著重變化的，皆出於莊子。如要略「叚眞者窮逐終始之化，嬴垺有無之精，離別萬物之變……觀至德之統，知變化之紀」云云，卽其顯證。其他各篇中，凡言及「變」、「變化」、「終始」、「生死」等，亦皆出自莊子。終始、生死，是具體的變化現象。

由上面老莊思想分野的分析，可知淮南子中，莊子思想，確較老子思想，更佔到優勢。其原因或可舉出三點。

莊子一書，從另一方面講，實係一部偉大而浪漫的文學作品。天下篇說，「以卮言爲曼衍，以重言爲眞，以寓言爲廣。……其書雖瓌瑋，而連犿（宛轉貌）無傷也。其辭雖參差，而諔詭可觀」，正說明了這一點。此一文學作品，對劉安時代流行的作賦的表現方式，實含有啓發、潤澤、充實的作用。劉安及其賓客，多是對賦有偏好，甚至也是作賦的能手，便自自然然的陶醉在莊子這一偉大文學作品之中，用上了他許多奇詭的辭彙，並力追莊子表現的想像能力。

第二，我在兩漢知識分子對專制政治的壓力感一文（註二三）中已指出，西漢距戰國不遠，漢初知識份子，一旦進入到大一統的專制政體以後，感到與戰國的遊士們兩相比較，他們的活動，受到了莫大的限制，於是嚮往自由的心情，也特爲迫切。何況淮南賓客，因處境之危，被壓迫之感愈甚，因而在精神上要求解放的希望，較當時一般知識分子更甚。在典籍中，代表這種精神解放而獲得精神自由的思想，只有莊子。這便使他們覺得莊子是他們的代言人，而發生了特爲親切的感覺。游、天游、逍遙遊，都是莊子對精神解放、精神自由的形容；所以在淮南子中，出現了不少來自莊子的相同觀念。例如：

「執道之柄，而游於無窮之地。」（原道訓頁三）

「循道者與天游者也。」（同上頁七）

「逍遙於廣澤之中，而仿洋於山峽之旁。」（同上頁一六）

「古之眞人，立於天地之本，中至優游。」（同上頁二一）

「是故聖人，內脩道術，而不外飾仁義；不知耳目之宜，而游於精神之和。若然者，下揆三泉，上尋九天，橫廓六合，揲貫萬物，此聖人之游也。」（同上頁二六）

「心有所至，而神喟然在之。反之於虛，則消鑠滅息，此聖人之游也。」（俶眞訓頁三三〇）

「浮游逍遙，道鬼神，登九天，朝帝於靈門。」（覽冥訓頁九五）

「所謂眞人者，性合於道也……體本抱神，以游於天地之樊。芒然仿佯于塵垢之外，而消搖於無事之業。」（精神訓頁一〇三）

「以死生爲一化，以萬物爲一方（註：類也），同精於太清之本，而游於忽區之勞。」（同上頁一〇四）

「終始若環，莫得其倫……是眞人之所游也。」（註二三）（同上頁一〇五）

「若夫至人，量腹而食，度形而衣，容身而游……處大廓之宇，游無極之野。」（同上頁一一一）

「古之人，同氣於天地，與一世而優游。」（本經訓頁一一五）

「道德定於天下而民純樸，則目不營於色，耳不淫於聲，坐俳而歌謠，被髮而浮游。」（同上頁一一六）

「夫隨一隅之迹，而不知因天地以游，惑莫大焉。」（說林訓頁二八九）

以上所略舉的皆發揮莊子逍遙遊之義，以寄托其在壓迫與危機感下對精神自由的祈嚮。要略：「故言道而不言事，則無以與世浮沉。言事而不言道，則無以與化游息。」（頁三六九）此兩句話，乃對全書宗旨，作總括性的陳述。「浮沉」、「游息」，皆莊子一書的態度。當然他沒有把儒家總括到裏面去。

第三，他們的政治願望，不敢從正面表達出來，於是除盡量發揮「無爲」的思想外，更誇大莊子齊物論中的一部份思想，而强調各地禮俗不同，但皆有同等的價値，不必勞心用力去加以統一，藉以表達他們地方分權的願望。西漢建國，自叔孫通制朝儀，賈誼倡治安之策以來，其意皆在定一尊，明一統，完成中央的集權政治。集權之最大障礙在分封的諸侯王。漢書四十八賈誼傳：「天下初定，制度疏濶，諸侯王僭儗，地過古制。誼數上疏陳政事，多所欲匡建。」賈誼等重言禮制的主要用心之一，即在以禮制裁抑當時諸侯王，以達到澈底統一與集權的目的。自此以後，遂成爲中央政府（朝廷）的一貫政策。劉安在這種以裁抑諸侯王，集中權力爲目的的禮制思想壓迫之下，發出了隱微而强烈的反抗。齊俗訓說：

「夫禮者所以別尊卑，異貴賤。義者所以合君臣父子兄弟夫婦朋友之際也。今世之爲禮者，恭敬而忮。爲義者布施而德。君臣以相非，骨肉以生怨，則失禮義之本也，故搆而多責。」（頁一六九）

上面的話，分明對自賈誼以來，皆緣禮以離間君臣骨肉，實卽離間朝廷與諸侯王的關係，所提出的抗議。又說「世之明事者多離道德之本，曰禮義足以治天下，此未可與言術也。」表面上他們是站在道家的立場，重道德而輕禮義；實際他們所反對的是由朝廷所制定的，以達到澈底統一與集權的禮義。

他們又對於當時朝廷所倡導的作爲天下統一標準的禮，提出各地之俗以相抵抗。他們說：

「故行齊於俗，可隨也。事周於能，易爲也。」（頁一七〇）

「乃至天地之所覆載，日月之所照誋，使各便其性，安其居，處其宜，爲其能；各用之於所適，施之於所宜，即萬物一齊（平等）而無由相過。……物無貴賤，因其所貴而貴之，物莫不貴也。因其所賤而賤之，物莫不賤也。」（頁一七一）

「故胡人彈骨，越人契臂，所由各異，其於信一也。三苗髽首，羌人括領，中國冠笄，越人劗鬋，其於服一也。帝顓頊之法，婦人不辟男子於路者，拂於四達之衢。今之國都，男女切踦，肩摩於道，其於俗一也。故四夷之禮不同，皆尊其主而愛其親，敬其兄，獫狁之俗相反，皆慈其子而嚴其上。……豈必鄒魯之禮之謂禮乎。」（頁一七四至一七五）

「禮樂相詭，服制相反；然而皆不失親疏之恩，上下之倫。今握一君之法籍，以非傳代之俗，譬猶膠柱而調瑟也。」（頁一七六）

齊俗訓表面看，只是從多方面發揮齊物論的「因是」（註二四）的意義，實則是要由承認各地方之俗的價値平等，而無須由朝廷所制之禮來加以統一，以保持諸侯王在所封之國內，有自由活動之可能，亦即有獨立存在之可能。這實即對當時要以禮制來削弱諸侯王的反抗。這種性質的反抗，在全書的各篇中，都有流露。

(3) 儒道思想的分野

當劉安及其賓客們，馳騁於觀念的世界時，自然進入到老莊的分野。當他們面對着現實世界時，便不知不覺地進入到儒家的分野。例如本經訓强調「太清之始也」及「至人之始也」的浪漫型的政治形態，認爲「道德之不足爲」，「仁義之不足行」，「禮義之不足脩」。但現實上是怎樣呢？他們說：

「今至人生亂世之中，含德懷道，抱無窮之智，鉗口寢說，遂不言而死者衆矣。然天下莫知貴其不言也。」（頁一一九）

停留在觀念世界中，他們覺得自己是「至人」，是「眞人」，神通非常廣大。但一進入到現實世界，立即發現自己只是孤芳自賞，自我陶醉；觀念中的「體太一」、「牢籠天地」、「含吐陰陽」，在現實上不過是個可憐蟲。要有一條路可走，便依然歸結到：

「故兵者所以討暴，非所以爲暴也。樂者所以致和，非所以爲淫也。喪者所以盡哀，非所以爲僞也。故事親有道矣，而愛爲務。朝廷有容矣，而敬爲上。處喪有禮矣，而哀爲主。用兵有術矣，而義爲本。本立而道行，本傷而道廢。」（頁一二四至一二五）

上面的話，豈不是在政治的現實上，依然落到儒家思想之上嗎？這不僅本經訓一篇是如此。這對於中國思想史在歷史中的意義，應當有最大的啓發性。

但劉安的賓客中，應分爲兩大類。第一類是高誘序中所說的「蘇飛、李尙、左吳、田由、雷被、毛被、伍被、晉昌等八人」，是以道家思想爲主，而又挾有縱橫家之術，這是淮南子中老莊思想分野的人物。此外則屬於儒家分野，有如高序所說的「諸儒大山、小山之徒」。這裏順便談談大山、小山的問題。按高序語氣，大山、小山，分明係諸儒中的兩個人名，「山」或其姓（晉有山濤）而名則遺漏。王逸注楚辭，在招隱士下謂「招隱士者，淮南小山之所作也」，此亦應係人名。乃中謂「自八公之徒，著作篇章，分造辭賦，以類相從，故或稱小山，或稱大山，其義猶詩有大雅、小雅也」。這樣一來，變成爲辭賦分類的名稱，於是「小山之所作也」，等於是說「小雅之作所作也」，復成何意義。文選注引王逸上面的話以爲「序曰」，而將此數語删去，極可見其用心之密。乃自朱子楚辭集注以下，皆信「猶詩有大雅小雅」之謬說，可謂習而不察。

就淮南子一書略加考查，其中遍及六經三傳，尤以引詩在二十九次以上爲最多。氾論訓「王道缺而詩作」，殆用三家之說（註二五），與前引以興說關雎、鹿鳴之屬於毛詩系統者不同。其次是引易在十次以上，又引孔子說易者一，自說易者一。劉向別錄：「所校讎中易傳淮南九師道訓，除 重複定著二十篇。淮南王聘善爲易者九人，從之採獲，故中書著曰淮南九師言。」今漢書藝文志，錄有淮南道訓二篇，其餘早已亡佚，淮南子中所用者乃其一鱗半爪。偏引三傳，而長於說春秋大義。如主術訓「春秋二百四十二年，亡國五十二，弒君三十六；采善，仇讎，以成王道，論亦博矣。然而圍於匡，顏色不變，弦歌不輟，臨死亡之地，犯患難之危，據義行理而志不懾，分亦明矣。然爲魯司寇，聽獄必爲斷。爲作春秋，不道鬼神，不敢專己。」（頁一五〇）。又如氾論訓：「周室廢，禮義壞，而春秋作。詩、春秋，學之美者也。」（頁二一三）由此可知諸儒中有人對春秋研究之深。兩引尚書大傳，可知今文尚書承自伏生。而說林訓「君子之居民上，若以腐索御奔馬」，疑出自孔安國以今文校讀孔氏壁中古文，多出二十四篇中的五子之歌（註二六）。書中指名稱引孔子者多於老子、莊子，稱引論語者亦不一而足。脩務訓論學多出於荀子。子思、孟子，爲荀子所排斥（註二七）。但書中儒家思想，實屬於中庸、子思子、易傳及孟子的系統。由此一簡單陳述，不難想見在劉安賓客中，實有一儒學的强大陣容，特當時爲老莊學者的氣勢所壓，而後又因淮南寃獄，姓名亦因之泯滅不彰。但儒家陣營，對老莊思想抗爭之跡，則是歷歷可數的。

上述的抗爭，首先表現在對仁義禮樂的態度上面。老子三十八章「故失道而後德，失德而後仁，失仁而後義，失義而後禮。夫禮者忠信之薄而亂之首」的一段話，爲莊子及其以後的道家所反復承述傳播。淮南子中凡屬於老莊思想分野的，言及仁義禮樂，其論點皆不出此一範圍。如俶眞訓：「是故道散而爲德，德溢而爲仁義。仁義立而道德廢矣。」（頁二六）本經訓：「是故仁義禮樂者，可以救敗，而非通治之至也。」「是故知神明，然後知道德之不足爲也。知道德，然後知仁義之不足行也。知仁義，然後知禮樂之不足脩也。」（頁一一六）全書中這一類的話很多，都是站在老莊思想的分野來說的。他們由此與儒家挈長較短，認爲儒家不能從根本上解決人生、政治上的問題。精神訓：「今夫儒者，不本其所以欲，而禁其所欲；不原其所以樂，而閉其所樂；是猶決江河之源，而障之以手也。」（頁一一〇）「故儒者非能使人弗欲，而能止之。非能使人勿樂，而能禁之。夫使天下畏刑而不敢盜，豈若能使無有盜心哉？」（頁一一二）「達至道」的至人，才能從根本上解決此一問題。但泰族訓特强調以禮化民成俗的重大意義。（見後）而淮南子中特色之一，爲善於言禮。這便都是屬於儒家思想的分野。道家之所以貶下禮樂，認爲這不是出於人性之本然。所以齊俗訓說：「衣服禮俗者，非人之性也。」（頁一七二）道家不僅以禮樂爲在人性之外，亦以仁義爲在人性之外。所以俶眞訓說：「孔、墨弟子，皆以仁義之術教導於世；然而不免於僞身，猶不能行也，又況所教乎？是何則？其道外也。夫以末求返於本，許由不能行也，又況齊民乎？誠達於性命之情，而仁義固附矣。」（頁三〇）這是以性命爲本，以仁義爲末，分性命與仁義爲二物，所以孔、墨仁義之教，是「以末求返於本」，爲齊民所不能接受。此意在莊子發揮得特多。但主術訓謂「凡人之性，莫貴於仁，莫急於智。」（頁一五一）泰族訓謂：「人之性有仁義之資。」（頁三五一）這分明是儒家性善思想的傳承。主術訓謂：「國之所以存者，仁義是也。人之所以生者，行善是也。」（頁一五二）氾論訓謂：「故仁以爲經，義以爲紀，此萬世不更者也。」（頁二一四）這分明是屬於儒家思想的分野。

儒道兩家思想的分野，又表現在對「學」的態度與內容上面。老子「絕學無憂。」（二十章）「爲學日益，爲道日損。」（四十八章）（註二八）莊子以後，屬於道家思想分野的，皆演老子上述幾句話的意旨。淮南子中的道家，亦不例外。俶眞訓：「是故聖人之學也，欲以返性於初，而游心於虛也。達人之學也，欲以通性於遼廓，而覺於寂寞也。若夫俗世之學也則不然，擢（許註：擢，引也）德攓（註：縮也）性，內愁五臟，外勞耳目，乃始招蟯振繾物之毫芒（按此句乃就追求外物之知識而言），搖消掉捎（按當爲招搖，炫惑之意）仁義禮樂，暴（按當爲表暴之意）行越（按當爲誇耀之意）智於天下，此我所羞而不爲也。」（頁二九）此處將學分爲三等，前兩等屬於道家之學，第三等之學，實卽指儒家之所謂學而言。而儒家之所謂學，道家認爲乃起於衰微之世。在上引的一段話前面，另有一段謂「周室衰而王道廢，儒墨乃始列道而議，分徒而訟（註：爭是非也）。於是博學以疑（疑讀曰擬，王引之說）聖，華誣以脅衆。弦歌鼓舞，緣飾詩書，以買名譽於天下……是故百姓曼衍於淫荒之陂，而失其大宗之本。」（頁二八）精神訓：「藏詩書，而脩文學，不知至論文旨，則拊盆叩瓴之徒也。」（頁一〇八）「衰世湊（註：趨也）學，不知原心反本，直雕琢其性，矯拂其情，以與世交。故目雖欲之，禁之以度。

心雖樂之，節之以禮。……鉗陰陽之和，而迫性命之情，故終身爲悲人。」（頁一一〇）更舉出例證來說：「夫顏回、季路、子夏、冉伯牛，孔子之通學也。然顏淵夭死，季路菹於衞，子夏失明，冉伯牛爲厲。此皆迫性拂情，而不得其和也。」（頁一一〇）書中這類的觀點，還見於本經訓等篇，不待遍舉。

但淮南子中，對學的問題，有與上完全相反的態度。說山訓：「通於學者若車軸，轉轂之中，不運於己，與之致千里，終而復始，轉無窮之源。不通於學者若迷惑，告之以東西南北，所居聆聆（註：猶了了），背而不得，不知凡要。」（頁二八〇）此以「善假於物」（註二九）說明學的重要。脩務訓一篇，乃站在儒家立場全面對道家思想加以反擊，而在學的問題上，多發揮荀子勸學之旨，（註三〇）對道家反學的態度，提出正面的批評。脩務訓：「世俗衰廢，而非學者多。（他們所以非學，因爲認爲）人性各有脩短……此自然者不可損益。吾以爲不然。……故其（馬）形之爲馬，馬不可化；其可駕御，教之所爲也。馬聾虫也（注：無知也），而可以通志氣，猶待教而成，又況人乎？」（頁三三五）道家以爲儒家提倡學，但學而不行，且會流於邪僻。脩務篇的作者辯解說：「且子有弑父者，然而天下莫疏其子，何也？愛父者衆也。儒有邪僻者，而先王之道不廢，何也？其行之者多也。今有以爲學者之有過而非學者，則是以一飽（疑當作噎）之故，絕穀不食……惑也。」（頁三三六）作者似將人性分爲三品，上者不必學，下者不能學，學乃爲絕對多數的中品的人而設。所以說，「夫上不及堯舜，下不及商均……此教訓之所論也。」(同上)脩務訓的作者認爲道家的非學，乃因其立論走向兩個極端。「所謂言者，齊於衆而同於俗（以大多數人爲準）。今不稱九天之頂，則言黃泉之底，是兩末之端議，何可以公（平）論乎？」這是對道家的極深刻而恰當的批評。道家的聖人、至人、眞人，都不是歷史上的人物；而在聖人、至人、眞人下的人民，則都是蒙昧的原始性的人民；他們不僅在論學時是從實際上游離了上去。道家主張人只要順性的自然，即可得到完滿的人生；脩務訓的作者則指出，「欲棄學而循性，是謂猶釋船而欲歷（註：履也）水也。）（頁三三七）作者認爲有的禽獸，「爪牙雖利，筋骨雖強，不免制於人者，知不能相通，才力不能相一也。各有其自然之勢，無稟受於外，故力竭功沮。」（頁三三八）歷史上偶然出現了蒼頡造書，容成造曆，胡曹爲衣，后稷耕稼，儀狄造酒，奚仲造車等不世出的特殊人物。但「周室以後，無六子之賢，而皆脩其業；當世之人，無一人之才（無其中某一人之才），而知其六賢之道者何？教順（訓）施（延）續，而知能流通。由此觀之，學不可已，明矣。」（頁三三九）老莊崇順自然，脩務訓中則強調「名可彊（勉強）立」，「功可彊成」，「自強而成功」（頁三四〇），正是針鋒相對的爭論。儒者重視學，所以儒家之所謂道，乃在經驗上建立根基，與道家離開經驗的空論，成一顯明的對照。所以脩務訓的作者說：「通於物者不可驚以怪。喻於道者不可動以奇。察於辭者不可燿以名。審於形者不可遯以狀（註：遯：欺也，狀：貌也）。世俗之人，多尊古而賤今，故爲道者必托之於神農、黃帝而後能入說。亂世闇主，高遠其所從來，因而貴之……此見是非之分不明。」（頁三四二）而他們的所謂學，乃是「有符於中，則貴是，而同今古。」（頁三四三）學的方針是「貴是」，貴於求得知識；而不在於學所讀的詩書的本身。詩書不過是一種工具。所以說「誦詩書者，期於通道略（註：達）物（注：事），而不期於洪範商頌。（頁三四三至三四四）。這便與後來的經生之業大異其趣。

脩務訓下面的一段話，我覺得有很大的意義：

「且夫精神，滑淖纖微，倏忽變化，與物推移，在所設施。（按此數語乃言精神之自身，是微眇變化，不易把握，須憑藉其他事物而始能作有意義的展現。）君子有能精搖摩監（按此乃振奮之意），砥礪其才，自試神明（楊校：當依說苑建本篇作「自誠其神明」，按乃把精神的功用，完全實現出來），覽物之博，通物之壅，觀始卒之端，見無外之境（許註：「所觀以遠」。按「以」當作「者」），以逍遙仿佯於塵埃（按：世俗之意，許註以窈冥爲註，失之）之外，卓然獨立，卓然離世，此聖人之所以遊心若此。而不能閒居靜思（楊校：據說苑建本篇，此句上，當有「然晚世之人」五字），鼓琴讀書，追觀上古及賢大夫，學問講辯，日以自娛，蘇（楊校：當作疏）援（楊校：當作遠）世事，分白黑利害，籌策得失，以觀禍福……（上「不能」二字，直貫至此。），如

此者（指分白黑利害等）人才之所能也；然而莫能至焉者，偷慢懈惰，多不暇日（於學）之故。」（頁三三九至三四〇）

按道家以學問知識，擾亂精神，使精神得不到自由解放。脩務訓的作者針對此點，認爲僅守住精神的自身，只陷於迷離惝恍，並非眞得到解放。欲得到眞的自由解放，還須憑藉知識以通事物終始遠近之情。這便把精神訓的論點，完全推翻了，而接近於古希臘愛智的意味。（註三二）

儒道思想最大的分野，則係表現在政治問題上面。淮南子中，凡屬於道家思想分野的，自原道訓起，無不强調老子的無爲而治。寫脩務訓的儒者，則從正面加以反駁。

「或曰，無爲者，寂然無聲，漠然不動，引之不來，推之不往。如此者乃得道之像（法）。吾以爲不然。嘗試問之矣。若夫神農、堯、舜、禹、湯，可謂聖人乎？有論者必不能廢。以五聖觀之，則莫得無爲明矣。」（頁三三一）

以下歷述五聖如何爲人民求生存而勤勞的事迹，而結之以「此五聖者，天下之盛主，勞形盡慮，爲民興利除害而不懈。」（頁三三二）因認爲歷史中的聖人，都是勤勞有爲的，於是儒、道兩家所謂聖人的形像性格，也完全不同。

「故聖人不以人滑天，不以欲亂情。不謀而當，不言而信，不慮而得，不爲而成。精通於靈府，與

造化者爲人。」（原道訓頁七）

「是故聖人內脩其本，而不外飾其末。保其精神，偃其智故，漠然無爲而無不爲也。」（同上頁八）

「是故聖人守清道而抱雌節，因循應變，常後而不先。柔弱以靜，舒安以定。」（同上頁十）

上面是道家心目中的聖人。因爲他們有個基本認定是「萬物固以（已）自然，聖人又何事焉」（頁六），所以只是體道修德以「自得」，以求「全其身」。（註三二）「自得則天下亦得我矣」（頁十五），所謂「得我」，是指天下的人也能自得其我。所以接着說「吾與天下相得，則常相有己。」因聖人的自得，天下之人亦自得，聖人與天下之人，互能全其身（「相有己」），還有什麼政治問題呢？

但脩務訓中的聖人，則與上面完全不同。

「夫聖人者，不恥身之賤，而愧道之不行。不憂命之短，而憂百姓之窮……（述禹、湯的情形）聖人憂民如此其明也；而稱以無爲，豈不悖哉？（頁三三二）」

「孔子無黔突，墨子無煖席。是以聖人不高山（不以山爲高而不越），不廣河（不以河爲廣而不渡），蒙恥辱以干世主，非以貪祿慕位，欲事（從事於）起天下之利（此句依楊校），而除萬民之害。蓋聞傳書曰，神農憔悴，堯瘦癯，舜黴黑，禹胼胝。由此觀之，則聖人之憂勞百姓甚矣。故自

天子以下至於庶人。四胑（肢）不動，思慮不用，事治求澹（瞻）者，未之聞也。」（同上頁三三三）

上面對道家聖人無爲的說法，可謂反駁得有聲有色。但道家可以反問：儒家並不是不講無爲，論語「子曰，無爲而治者，其舜也歟」（衞靈公），即其明證。所以脩務訓的作者，便對名同而實不同的儒家之所謂無爲，與道家之所謂無爲，加以檢別。他說：

「若吾所謂無爲者，私志不得入公道，嗜欲不得枉正術，循理而擧事，因資（憑藉條件）而立權。自然之勢，而曲故（許注：巧詐）不得容者。事成而身弗伐，功立而名弗有。非謂其感而不應，攻而不動者。」（頁三三三）

由上面所述的兩個思想分野的互相抗拒的情形，正可反映出當時學術界的大勢。書中除儒、道兩家思想外，劉安及其賓客，更採用了法家之長，且將其融入於儒、道兩家思想之中，而去其嚴刑重罰之短，在書中也佔相當重要地位，這在後面另有敍述。書中常將孔、墨並稱或儒、墨並稱，而其反對三年之喪，及提倡節儉薄葬，或係受墨家思想的影響，但和稱引其他各家說法一樣，在書中不是體系性的存在，所以便都從略。

四、道家的天、人、性、命

自子貢說出「夫子之文章，可得而聞（按：了解之意）也。夫子之言性與天道，不可得而聞也」（註三三）以後，這是原始宗敎的權威墜落以後，在學術中所出現的重大問題。並且這也是儒、道、墨三家，後來又加上陰陽家的共同問題。學術中的重大問題，只要一經提出，後來的人便會不斷努力提出解答。自中庸、易傳以迄呂氏春秋，都對此一問題提出過解答。西漢學術的大方向，從某一方面說，可以看作是天人性命之學，此當另有論列。而淮南子一書，可以說是站在道家思想的立場來解答天人性命的問題。但應先加說明的是，這裏「天人性命」的標題，只是爲了語言的方便。所謂天，是把道也包括在裏面的。並且由老子所提出之道，乃位置在天的上面，所以下面先由老子的道談起。

(1) 對道的描述

天生蒸民，天生萬物，這是中國古老的傳統觀念。「道，所行道也。」（註三四）引伸爲合理的行爲，合理的行爲原則，亦卽所謂「順理而不失之謂道」（註三五）。**道的原義，**固然是經驗的。引伸之道，由行爲而見，所以是抽象的，同時也是經驗的。但把道賦與以超經驗的性格，以「無」表達其特徵，並推置在天的上位，將傳統的天生萬物的功用，改歸到道的名下，這的確是老子的創意，爲老子以前所未有。老子一書，除「天地不仁，以萬物爲芻狗」（五章），略含有傳統的創生意味外，其餘不僅天地並稱時，只是一種至高至大的客體存在；卽使四十七章的「不闚牖，見天道」，七十三章的「天之道，不爭而善勝」，七十七章的「天之道，其猶張弓與」，「天之道，損有餘而補不足」，八十一章的「天之道，利而不害」，雖都表現了善的傾向，可爲人所取法，但依然與人有很大的距離，而爲一客體的存在。幷且決沒有創生的意味。「王乃天，天乃道」（十六章），「人法地，地法天，天法道，道法自然」（二十五章），分明是道在天的上位，同爲道所創生。

老子創造了道的觀念以代替傳統的天，並賦與以「無」的特性。但「無」不僅易被一般人誤會爲「沒有」，且亦不易爲一般人所把握；於是在老子一書中，有幾個地方，描寫了道的體段，如四章、十四章、二十一章、二十五章、三十四章皆是。茲引十四、二十一、二十五三章如下：

「視之不見名曰夷，聽之不聞名曰希，搏（摶）之不得名曰微。此三者不可致詰（此乃超經驗的「無」，故不可致詰），故混而爲一（按「混」對「分」而言。凡經驗界中的有，皆是分，皆是多。這是無，所以它是混而不可分的一。）其上不皦，其下不昧（按上下就空間之變動言，不受空間變動之影響）；繩繩（此就時間之繼續言）不可名（無終無始，故不可名）。復歸於無物（創生萬物，而其自身復歸於無物，無物卽是無）。是謂無狀之狀，無物（象）之象，是謂惚恍（此三句言「無」幷不是沒有）。迎之不見其首，隨之不見其後（此二句說明道乃一無限的存在）……」（十四章）

「……道之爲物，惟恍惟惚（似有似無之貌，故卽稱之爲無）。惚兮恍兮，其中有物。恍兮惚兮，其中有精，其精甚眞，其中有信（此力言道是一個超越的存在。自經驗界言之，故稱之爲無。但它是一種存在，所以『無』決非等於沒有）……。」（二十一章）

「有物混成（非由他物分化而成，故曰混成），先天地生。寂兮寥兮（是無），獨立（道是第一因，所以是獨立）而不改（因爲是第一因，不受其他因的影響，故不改，不改卽是常），周行而不殆（他是無限的，所以他的運行無所不到，且決無險阻），可以爲天下母（天下萬物皆爲其所生，故可爲天下母）……」（二十五章）

老子對道的體段的描寫，略可分爲三點。一，道是無，但不是沒有。二，道是無限的存在。三，道是在因果系列之上的獨立而永恒的存在。

莊子雖然繼承了老子的道的觀念，但就內七篇看，他似乎把老子的道與天的分量，倒轉了過來。逍遙遊便沒有出現一個道字。齊物論「道惡乎隱而有眞僞」，「道惡乎往而不存」，「道通爲一」，及大宗師「人相忘乎道術」這類的說法，是形上形下，混同在一起的說法。減輕了老子之道的超越的性格。甚至隱沒了老子之道的「常」的性格。內七篇中，以大宗師下面的一段話，是直承老子對道的體段的描述：

「夫道，有情（註三十六）有信，無爲無形。可傳而不可受，可得而不可見。自本自根（不以他物爲本爲根，而是自本自根），未有天地。自古以固存。神鬼神帝（鬼帝由道而神），生天生地。在太極之先而不爲高，在六極之下而不爲深（此二句言其在空間上的無限）。先天地生而不爲久，長於上古而不爲老（此二句言在時間上的無限）………」

上面一段話，可以說是由上引老子幾章的話加以精簡而成。淮南子對道的描述，則是：

「夫道者覆天載地，廓（注：張也）四方，柝（注：開也）八極。高不可際（注：至也），深不可測。包裹天地，稟（注：給也）授無形（註：萬物之未形者皆生於道）。原流泉浡（注：湧也），沖而徐盈。混混滑滑，濁而徐淸。故植之而塞於天地，横之而瀰於四海，施之無窮而無所朝夕。舒之幎（注：覆也）於六合，卷之不盈於一握。約而能張，幽而能明；弱而能强，柔而能剛。横四維而含陰陽。紘（注。綱也）四維而章三光。甚淖而滒，甚纖而微。山以之高，淵以之深。獸以之走，鳥以之飛。日月以之明，星歷以之行。麟以之游，鳳以之翔。」（原道訓頁一）

上面是原道訓開首的一段話，作者用力描述了老子之所謂道的體段與功用。但與老、莊的描述相比較，不難發現，老莊在描述中有嚴格的推理作用。例如老子既認爲道是先天地生，則道之出現，只能是「混成」；莊子對此混成作進一步的解釋，便說出「自本自根」四個字。又如「獨立而不改」，因爲是獨立的，才能不改。並且他們對道的描述，皆爲道所不可少的屬性。例如假定在周行中會遇到危殆，則必有爲道所不能及之處，道的存在與功用便不是無限的。原道訓的作者，則只能作羅列式的鋪陳，繁縟而重複；多一句少一句，對道的屬性無所損益，無關痛癢。在這種地方，他們實際是以作賦的文學手法，代替了哲學的思維；這是老子思想中形而上學的墮退。

再者，我們應汼意的是，老莊對道的描述，是動態的描述；而原道訓的作者，則可以說是近於靜態的描述。因爲在老莊心目中，道與創生是不可分的。原道訓的作者，當然在這一點上繼承了老莊的思想。但如後所述，他們在創生過程中，介入了而且加重了氣的因素和作用。道並不是氣，於是道的創生作用，不知不覺地減輕，而道自身也不知不覺地由動態轉爲近於靜態的存在。

(2) 道的功用——創生

老子對道的創生的描述，有下列各章：

「谷神（喻道）不死，是謂玄牝（喻道的創生作用）。玄牝之門，是謂天地根（天地由玄牝之門而出，所以是天地之根）。緜緜（創生力是永恆繼續的）若存（即若有若無；形容創生力是非常柔弱的）。用之不勤（若發揮創生作用而有勤勞之時，則創生作用將會停止，所以用之不勤）。」（六章）

「反者道之動（道動而創生萬有，而其自身復反於無，所以它才能永恆存在）；弱者道之用（道創生萬物時的作用若不是非常柔弱，則萬物不會感到是自然而生）。天下萬物生於有（萬物皆以形相嬗，如人皆生自父母）；有生於無（無卽是道。有之所以成爲有，則是由道所生）。」（四十章）

「道生之，德畜之，物形之，勢成之……」（五十一章）

萬物皆直接自道而生；而道的創生作用，亦無時而停息。莊子喜談死生問題，對道的創生作用，只在大宗師中創用「造化」「造物」兩個名詞（註三十七），很少作直接有力的描述。淮南子在這一方倒描述了不少。假眞訓：

「有始者，有未始有『有始者』，有未始有夫『未始有有始者』。有有者，有無者，有未始有『有無者』；有未始有夫『未始有有無者』。（以上本莊子齊物論而文字稍有出入。）所謂有始者，繁憤未發，萌兆牙櫱，未有形埒垠堮；無無蝡蝡，將欲生興，而未成物類。有未始有有始者，天氣始下，地氣始上，陰陽錯合，相與優游競暢于宇宙之間，被德含和，繽紛蘢蓯，欲與物接而未能兆朕。有未始有夫未始有有始者，天含和而未降，地懷氣而未揚。虛無寂寞，蕭條霄霏，無有仿佛，氣遂而大通冥冥者也。有有者，言萬物摻落，根莖枝葉，青蔥苓蘢，萑（蓷）蔰（扈）炫煌（注：采色貌也），蠉飛蝡動，蚑行噲息，可切（注：摩也）循（注：順也）把握而有數量。有無者，視之不見其形，聽之不聞其聲，捫之不可得也，望之不可極也。儲與扈冶（注：褒大意也），浩浩瀚瀚，不可隱儀揆度，而通光耀者。有未始有有無者，包裹天地，陶冶萬物，大通混冥；深閎廣大，不可爲外；析豪剖芒，不可爲內；無環堵之宇，而生有無之根。有未始有夫未始有有無者，天地未剖，陰陽未判，四時未分，萬物未生，汪（楊校：通俗文云，水亭曰汪）然平靜，寂然清澄，莫見其形。」（頁一九至二〇）

按俶眞訓開始所引莊子齊物論的幾句話，在莊子的本意，不過力言時間與空間，無可執著，以見人不僅不應囿於是非之見，即無是無非，亦不應變成一種主張而加以堅持。其所列時間空間上之層次，本無具體之內容。且自「未有始」及「無」以上，本屬於純抽象的形上概念，亦不應有具體的內容。但淮南賓客中的道家們，不慣於純抽象的思考，必將由老子所建立的形上概念，在具體事物上作想像性的描述，使其成爲非抽象非具體的奇特狀態；在這種地方，可以看出他們的笨拙。例如時間上的有始者，與空間上的有有者，在莊子本是同一層次。但因以具體物塡充形上的觀念，本是作不通的，於是他們把「有始者」說成是「將欲生與而未成物類」；把「有有者」說成是「可切循把握而有數量」。在創生過程中，把「有」看成較「始」是前進了一大步；這是只靠想像的安排，而不憑思維的推理所容易犯的錯誤。從存在的立場去看形上學，可以說，只是觀念的遊戲。但若從思維法則的立場去看形上學，則西方形上學，或擔當了為科學開路的工作。漢人不長於抽象思維，這是思想上的一種墮退。

前引俶眞訓的一段話，只算他們描述了創生歷程中各階段的現象。天文訓下面的話，才算是他們從正面談到了創生的問題：

「天墜（地）未形，馮馮翼翼，洞洞灟灟（注：馮翼洞灟，無形之貌），故曰太昭（註三十八）。道始於虛霩（按太昭即是虛霩）。虛霩生宇宙，宇宙生氣，氣生涯垠。淸陽者薄靡而爲天，重濁者凝滯而爲地。淸妙之合專易，重濁之凝竭難，故天先成而地後定。天地之襲（注：合也）精（注：氣也）爲陰陽。陰陽之專精爲四時。四時之散精爲萬物。積陽之熱氣生火，火氣之精者爲日。積陰之寒氣爲水，水氣之精者爲月。日月之淫爲精者爲星辰。天受日月星辰，地受水潦塵埃。」（頁三五）

按老子以道爲創生的原力動，本是一種創說。創生的歷程，他只說「道生一，一生二，二生三，三生萬物」及「道生之，德畜之，物形之，勢成之。」道、德、一、二、三，都是抽象的，不易爲一般人所把握。但創生問題提出後，戰國時期，便出現各種說法；大約屬於道家系統的，則追溯到天地以前；而屬儒家系統的，皆以天地爲創生的起點。自戰國中期，陰陽之說盛行後，便出現以氣說明創生的歷程。天文訓的作者，因屬於道家系統，所以在氣以前，想像有個宇宙，宇宙以前，想像有個虛霩、太昭，而把道安放在虛霩、太昭的位置，而說「道始於虛霩」，即是把道與虛霩等同了起來，此一創生的格架是：

（道）

虛霩→宇宙→氣→天地→陰陽→四時→萬物

老子的道，生天生地，也同時生萬物，萬物都禀受道之一體以爲自己之德。所以老子的道雖然是無，但畢竟與人以親切的感覺。但天文訓中的道與萬物，中間隔了五個階段，此時的道，只是虛霩，說不上「其中有精」，「其中有信」，很難賦予人以德，與人是非常疏遠的。天文訓的創生說是把人列進「萬物」之中，沒有顯出人的特殊地位。精神訓下面的一段話，則是想要顯出人的特殊地位而想像出來的：

「古未有天地之時，惟像無形（註三十九）。窈窈冥冥，芒芠漠閔，澒濛鴻洞，莫知其門。有二神混生，經天營地……於是乃別爲陰陽，離爲八極；剛柔相成，萬物乃形。煩（注：亂也）氣爲蟲，精氣爲人。是故精神天之有也，而骨骸者地之有也。」（頁九九）

按「有二神混生」，高注以「陰陽之神」釋之；在此處的分位，應當指的是道；道是無對之一，「有二神混生」的意思，是已有陰陽二氣，但尚未剖判，或者可稱爲元氣。而「煩氣爲蟲，精氣爲人」的這一想像，却給後來從創生論上人與物之分以很大影響。

總之，老莊以道言創生，是出自思維的推理，是純抽象的形而上學的性格。其自身含有嚴格的合理性。但中國一般人的心態，不安心於純思維的抽象思考，常喜歡把具體物夾雜到裏面去（註四十）；尤其是在論創生時，把氣夾雜到裏面去；僅就氣而言，氣也是抽象的；但氣對道而言，則氣是具體的；氣在四時中表現，則更是具體的；以具體的東西談形而上的問題，便只有出之於想像，便不能不夾雜，不能不矛盾。不過有一點應特加注意的是，鄒衍的五行新說出現以後，主要受影響的是儒家而不是道家。所以劉安及其賓客們，雖錄入呂氏春秋的十二紀紀首以爲時則訓，但全書言五行的，除「節四時而調五行」一語，恐係出自五行新說以外，精神訓之言「五遁」，其所指者皆五種實用材料（見頁一二一）。泰族訓所說的五行，仍根據左傳的「水火金木土穀」（頁三五三）。在淮南子一書中談到創生過程時，尚未將五行加在裏面，此猶表現其出自道家的特色。同時原道訓，「夫無形者物之大祖也……其子爲光，其孫爲水，皆生於無形乎？」（頁一〇至一一）這是說由道（無形）生光，由光生水。此一想像的創生過程，與前所述者並不相同，但值得特別提出。總之由淮南子所提出的創生的格套，直至宋周敦頤由易傳加入五行的太極圖出，乃始將漢人的這種夾雜、矛盾的情形加以解決，這在思想史上是長期衍變中很大的進步；乃明末以來，許多人說太極圖是出於道士，抑何固陋可笑。

(3) 天與人

老子强調道；但莊子强調天。荀子解蔽篇說莊子「蔽於天而不知人」；但站在莊子的立場，是爲了人而始强調天的。在天與人的觀念上，劉安及其賓客們，一方面完全接受了莊子的觀念，另一方面也補入了當時流行的觀念。精神訓下面的話，因有的與董仲舒的春秋繁露的話極相近似，而兩方著書的年代約略相同，在思想與政治的觀點上又並不同，所以我推測這是當時流行的說法，而爲莊子時代所沒有的。

「故頭之圓也象天，足之方也象地。天有四時五行，九解（注：一說，八方中央，故曰九解），三百六十日（此從王念孫校）。人亦有四支五臟九竅三百六十節（此從王校）。天有風雨寒暑，人亦有取與喜怒。故膽爲雲，肺爲氣，肝爲風，腎爲雨，脾爲雷，以與天地相參也，而心爲之主。」（精神訓，頁一〇〇）

因爲人的身體構造，是與天地相參，所以便可說「天地宇宙，一人之身也」（卷八，頁一一五）；可以說「遭急迫難，精通於天」（卷六，頁八九）；可以說「人主之情，上通於天」（卷三，三六）。即是人可以與天相通的。不僅人可與天相通，並且天的作用，須通過人而實現；例如說「天地之和合，陰陽之陶化萬物，皆乘人氣者也」（卷八，一一五）。這實際是由以天爲中心的天人關係，轉到以人爲中心的天人關係；這是比較突出的思想。這都可以說是當時流行的思想。但淮南賓客中的道家們，在天人關係上，更發揮了莊子的思想。莊子逍遙遊所出現的七個天字，都指的是自然性的天，無特殊意義。齊物論的「天籟」、「而照之於天」、「天鈞」、「天府」、「天倪」，都有特殊意義，但未明顯的與人相對舉。養生主「天與？其人與？」開始將人與天對舉，而秦失責老聃「是遁天倍情」，已說明人應順天之自然而生。人間世出現三個「與天爲徒」，說明了人生涉世所應採取的態度。德充符的「吾以夫子爲天地」的天，乃「天無不覆」的一般所謂之天。」眇乎小哉，所以屬人也；謷乎大哉，獨成其天」；這是以屬於人的「形」是眇乎小，而「獨成其天」的「全德」之人爲謷乎其大。至此而天人對舉的意義，說得比較顯明。大宗師一開始便說「知天之所爲，知人之所爲者，至矣。」接著便指出一般的所謂知，並不能把天與人分別得清楚，必有待於眞人「而後有眞知」。眞人之所以有眞知，「是知之能登假（至）於道者也若此」；而眞人之實，是「不以心（按指心知之心）捐道，不以人助天。」萬事萬物，千變萬化，皆由道出，而道自身不變。不以心捐道，則心與道合，即是「遊於物之所不得遯（道乃物之所不得遯）而皆存（而視萬物爲平等的存在）。」道是一（無分別），心也是一。「故其好之也一（其有所好，是出於心之一）；其弗好之也一。其一也一（在變化中不自失其一，固然是一），其不一也一（因應變化之不一，依然是出於一）。其一（自守其一），與天爲徒（此時人與天合而與天爲徒）；其不一（其因應變化）與人爲徒（乃順隨世俗，不特出於衆人之上）。天與人不相勝也（內存於己者是天，外應於物者是人，天人得到自然的諧和，故曰不相勝），是之謂眞人。」天與人得到自然的諧和，此時的意境是「魚相忘乎江湖，人相忘乎道術。」「與天爲徒」，又稱爲「入於寥天一」，人的精神，乃進入於寥廓之天，進入於寥廓之一。莊子之所謂天，大概有兩層意義。一層是指生來便是如此的自然。此即駢拇、馬蹄諸篇之所謂性。此時的與天爲徒，即是全性。另一層指的即是「爲天下母」的道。此時的與天爲徒，即是體道；此一層的天，稍有客體的意味，而體道有由主體以合客體的意味。「入於寥天一」的「入」字，便是表現這種意味。性是道的分化，全性即是保全分化於我主體內的道。主體內的道，與客體的道，在本質上，是一而非二，所以全性即是體道。理想中的太古之民，固然是全性，但此種無自覺的全性，並不即等於體道。由全性而體道，必須通過一段自覺的工夫；所以大宗師便由南伯子葵和女偊的問答以說明「見獨」的工夫。莊子中的天人關係，大概是如此。

淮南子原道訓下面的話，是順著莊子所說的天人關係而加以敷衍的：

「故達於道者，不以人易天。」（原道訓頁四）

「是故達於道者反於清淨，究於物者終於無爲。以恬養性，以漠處神，故入於天門。所謂天者，純粹樸素，質直皓白，未始有與雜糅者也。所謂人者，偶𥈭（互視）智故，曲巧僞詐，所以俛仰於世人，而與俗交者也。故牛歧蹏而戴角，馬被髦而全足者天也。絡馬之口、穿牛之鼻者人也。循天者，與道遊者也。隨人者與俗交者也……曲士不可與語至道，拘於俗，束於教也。故聖人不以人

滑天，不以欲亂情。」。（同上頁六至七）

上面的「入於天門」，係屬於莊子的第二層次之天；自「所謂天者」以下，則偏於莊子第一層次之天；所以高注「不以人易天」謂「天，性也……一說曰，天，身也」。「一說曰」，可能係引許愼之說。而注「不以人滑天」謂「天，身也。不以人事滑亂其身也。」高氏之注，一方面大概是由原道訓中特別强調貴身之義所引起的誤解。同時也可能係由此處所言之天，偏屬於第一層次而來之誤解。

由上所述，當時一般的天人關係，及出自莊子的天人關係，在性格上大有出入；但淮南子一書中，經常是混雜在一起而不自覺。

(4) 身與天下

老子及莊子內篇所强調之德，乃由道所分化而來。由此可以引伸出兩種意義。一種意義是人能把握到自己的德，則自己生命的本身，卽圓滿自足，而無待於外，由此而引伸出貴身的思想。同時德乃天下之人所同具，由此而引伸出由全德貴身，卽可以兼善天下的思想。老子「故貴以（此）身爲天下，若可寄天下。愛以（此）身爲天下，若可托天下。」（十三章）莊子逍遙中藐姑射山的神人是「孰弊弊焉以天下爲事」；「孰肯以物爲事」；但依然「使物不疵癘而年穀熟」，「將旁礴（廣被之意）萬物以爲一世蘄乎亂」，這說的都是只貴自己的身，全自己的德，並不去治天下，却收到天下大治的效果。在宥篇「故貴以身於爲天下，夫可以托天下。愛以身於爲天下，則可以寄天下。故君子苟能無解其五藏（不分解爲仁義禮智信），無擢其聰明。尸居而龍見，淵默而雷聲，神動而天隨。從容無爲，而萬物炊累焉（萬物自然成熟），吾又何暇治天下哉？」更是上述思想最明顯的表現。儒家以修身爲治國平天下之本，這是合理的。老莊由貴身而清淨無爲，即可使天下隆於三代，這便帶有一廂情願的神秘思想。這種神秘思想，爲淮南子中的道家所繼承：

「天下之要，不在於彼而在於我，不在於人而在於我身；身得則萬物備矣……夫天下亦吾有也；吾亦天下之有也。天下之與我，豈有間哉？夫有天下者，豈必攝權持勢，操殺生之柄，而以行其號令邪？吾所謂有天下者，非謂此也。自得而已。自得，則天下亦得我矣。吾與天下相得，則常相有已，又焉有不得容其間者乎？所謂自得者，全其身者也。全其身，則與道爲一矣。」（原道訓頁一五）

「故所理者遠（天下），則所在者邇（身）；所治者大（天下），則所守者小（身）。」（主術訓頁一二七）

以上是說明身與天下，本爲一體；所以能自得，則天下亦因我之自得而亦各得其得。

「夫天地運而相通，萬物總而爲一（道）。能知一（道），則無一（物）之不知也。不能知一（

道）」，則無一（物）之能知也。」（精神訓頁一〇一至一〇二）

上面是說萬物皆出自道，道是萬物的總根源；所以能知道（一），則無一物之不知。而「全身」即是知道，即能知萬物。因萬物都共一個總根源，所以又可以互相感通。只要「塊然保眞，抱德推誠；天下從之，如響之應聲，景之像形；其所脩者本（身）也。」（註四十一）下面一段話，似乎對全身的內容說得更具體：

「故心不憂樂，德之和也。通而不變，靜之至也。嗜欲不載，虛之至也。無所好憎，平之至也。不與物散，粹之至也。能此五者，則通於神明。（註四十二）通於神明者，得其內者也。是故以中制外，百事不廢。中能得之，則外能收（據王校當作牧）之……大道坦坦，去身不遠。求之近者，往而復反；感則能應，迫則能動（此二句依王校）……能存之此，其德不虧。萬物紛糅，與之轉化；以聽天下，若背風而馳（註：疾而易也）。」（原道訓頁一二）

在上述的觀點中，還有另一個大前提是「萬物固以自然，聖人又何事焉」（註四十三）；統治者能全其身，全其德，不以自己的嗜欲擾亂人民的自然，則不言治天下而天下可以自治。但在政治上，身與天下的關係，以詮言訓下面的話較爲平實。可是這段話，已經是儒道思想的混合。其中「未聞枉己而能正人者也」，蓋出自孟子的「枉己者未有能直人者也」（滕文公下）。

「詹何曰，未嘗聞身治而國亂者也；未嘗聞身亂而國治者也。矩不正，不可以爲方；規不正，不可以爲圓。身者事之規矩也；未聞枉己而能正人者也。原天命，治心術，理好憎，適情性，則治道通矣。原天命，則不惑禍福；治心術，則不妄喜怒；理好憎，則不貪無用；適情性，則欲不過節……凡此四者，弗求於外，弗假於人，反己而得矣……安民之本，在於足用；足用之本，在於勿奪時；勿奪時之本，在於省事；省事之本，在於節欲；節欲之本，在於反性；反性之本，在於去載；去載則虛；虛則平；平者道之素也，虛者道之舍也……故廣成子曰；愼守而內，周閉而外，多知爲敗；毋視毋聽，抱神以靜，形將自正。不得之己而能知彼者，未之有也。」（詮言訓頁二三至二三七）

儒家的「自天子以至於庶人，壹是皆以修身爲本」（大學），不僅修身內容，與道家不同；且儒家由本到齊家治國平天下之末，必須有擴充的工夫。但淮南子中的道家，認爲只要自得，便一切問題都解決了。他們所以說得這樣輕鬆，一面是作爲無爲而治的張本；一面實際是伸張莊子「外天下」「外物」（註四十四）的說法；亦即是要略所說的爲了「賤物（按：天下富貴貧賤等皆是物）而貴身」，「外物而反情」（頁三六九）。所以要爲原道訓清理出一條有關的理路，則除首段描寫道的情態與功能，及次段體道以行無爲之治外，其餘的部份，大體是：治天下在於能自得；自得在於自得其心；自得其心則形神志氣，各居其宜；形神志氣之中，又以神爲主；養神以和其氣，平其形；養神、和氣、平形，是自得的內容；能自得，卽可以偶萬物之化，應百事之變。不言治天下而天下治。所以下面對自得的內容，略作進一步的考查。

(5) 性與命

淮南子中所用的性字，少數與「生」同義；所謂性，卽指的是生命。如精神訓「是故五色亂目，使目不明；五聲譁耳，使耳不聰；五味亂口，使口爽傷；趣舍滑心，使行飛揚；此四者，天下之所養性也，然皆人累也。」（頁一〇二）又「養性之具不加厚，而增之以任重之憂。」（頁一〇六）這裏的性字皆等於生字。但絕大多數的性字，同於老子及莊子內七篇中之所謂德，莊子外篇之所謂性。卽是分得道之一體以爲每一生命中之德，以爲每一生命中之性；此處的性字，同於今日之所謂本質。德是分得道之一體，故德可直通於道，德卽冥合於道，最後歸則卽是道。莊子外篇多用性字以代替內篇的德字，以意推之，大概因爲此德乃具存於人的生命之中，成爲每一生命所固有的本質，用早已出現的性字更爲適當。因此可以了解，只稱爲「德」，是沒有具體生命的限制；稱爲性，這便指明它（性）是被乘載於人的具體生命之中，憑具體生命以實現，但同時也就受到具體生命的牽連或限制。不過性之自身是可以直通於道，冥合於道，而與道爲一體，這是與德相同的。

淮南子受莊子的影響，更多用「性命」一詞；將性與命連爲「性命」一詞，始見於莊子外篇駢拇「彼正正者不失其性命之情」。淮南子中，也和莊子一樣，將性與命對擧時則有分別。如俶眞訓「古之聖人，其和愉寧靜，性也；其志得道行，命也。是故性遭命而後能行，命得性而後能明。」（頁三三）繆稱訓「性者所受於天也；命者所遭於時也。」（頁一六二）前一說法的命，雖有命運之意，但依然是理性的；不過較具存於生命之中的性的理性，更爲抽象，所以才說「命得性而後能明」。這兩句話說得很精。後一說法，則偏重在「命運」的意味上，命的理性不顯，這是當時流俗的觀點，此一觀點實佔有很大的優勢。但站在學術立場上。應採用前一觀點。淮南子中將性與命連稱爲「性命」時，性命即指的是作爲所受於天而爲人所固有的性；這是理性的存在。

性與道的關係，僅從形式上說，亦即是僅從格架上說，儒道兩家完全是一致的，即是都認定性由道出，等於道派在生命中的代表。因此，性善說是儒家的正統，也是道家的正統；儘管道家中沒有人像孟子那樣，正式擧出「性善」的大旗。儒道兩家在性論上的不同，在於對道的內容的認定不同。儒家以仁義爲道，淮南子中的儒家思想佔有相當重要的地位，尤其是子思這一系統。所以主術訓中說，「凡人之性，莫貴於仁，莫急於智。」（頁一五一）這實際是禀承中庸的觀點。儒家重視學，重視教，所以泰族訓說「入學庠序，以修人倫；此皆人之所有於性，而聖人之所匠成也。故無其性，不可教訓；有其性，無其養，不能遵道。……人之性有仁義之資，非聖人爲之法度而教導之，則不可使嚮方……」（頁三五一）上面這段話，是把孟子的性善及荀子的勸學，加以折衷的。而脩務訓「且夫身正性善……不待學問而合於道者，堯、舜、文王也。沈湎耽荒，不可教以道，不可喻以德，嚴父弗能正，賢師不能化者，丹朱、商均也。……夫上不及堯舜，下不及商均……此教訓之所諭也。」這裏實際已將性分爲上、中、下三品，教乃以中品爲對象，這與董仲舒的性論非常接近，可知此乃當時儒家性論的通說。但這不是淮南子中性的主體，淮南子中性論的主體是道家。

道家的道是「無」。「無」落實一步則爲虛靜；因而由道所賦與於人之性，也是虛是靜。原道訓「人生而靜，天之性也」（頁四），這是引樂記的話；而樂記的這一段話，可能是受了道家的影響。孔子說「仁者靜」（論語雍也），所以僅就靜的這點來說，儒道未嘗不可以相通；樂記指點出音樂的最高境界是靜，所以便不妨援道家的思想以靜言性。此處又被淮南子的道家把樂記的這段話援引過來。俶眞訓「水之性眞清，而土汩之；人性安靜，而嗜欲亂之……夫唯易且靜，形(見)物之性也。」(頁二九)又「古之聖人，其和愉寧靜，性也」（頁三三）；人間訓：「清靜恬愉，人之性也」（頁三〇五）；都是這種意思。但正如原道訓所引的樂記上的話，「人生而靜，天之性也；感而後動，性之害也。物至而神應，知之動也。知與物接，而好憎生焉。好憎成形，而知誘於外，不能反己，而天理滅矣」（頁四）；性不能不與外物（聲色富貴等）相接；與物相接而不能不有好憎，好憎卽擾亂了性的虛靜，因而迷失了性，卽是迷失了道。這裏「而天理滅矣」的幾句話，是樂記的作者順著儒家的理路來說的。原道訓下面的幾句話，更切合於淮南子中的道家的理路：「夫性命者與形俱出其宗（注：本也。按卽道）。形備而性命成；性命成而好憎生焉。」（頁一六）按此處「與形俱出其宗」的「其」字，應作「於宗」解（註四十五）。性命與形俱出於道（註四十六）。形體完備而性命成於形體之中。當形體未成時，只可謂道而不可謂性。因性命乃成於形體之中，卽不能不受形體之影響或限制，而有由個體之私所發生的好憎。好憎與靜相反；順著好憎發展下去，便與性日離日遠，亦卽與道日離日遠。人想超越禍福、權勢、死生等一切變化，獲得精神的自由，並由自得以使天下之人皆相得，卽不能不由體道而與道爲一體。而體道之實，卽是把由好憎而流放於外的性，恢復它（性）內在於生命之初的原有地位。所以「反諸性」是體道的眞實內容。原道訓：「……稱至德高行，雖不肖者知慕之。說之者衆，而用之者鮮……所以然者何也，不能返諸性也。」（頁一四）俶眞訓「是故聖人之學也，欲以返性於初，而游心於虛也。達人之學也，欲以通性於遼廓，而覺於寂寞也。」（頁二九）齊俗訓「夫縱欲而失性，動未嘗正也。以治身則危，以治國則亂，以入軍則破。是故不聞道者無以反性。」（頁一七三）又「故聖人體道反性，不化（返於性卽合於道，道是常而性亦是常，所以不遷流變化）以待化（萬事萬物，隨時皆在變化之中），則幾於免矣。」（頁一八一）俶眞訓：「外從其風，內守其性。」（頁二三）性是內，是中，而物是外；原道訓：「通於神明者，得其內者也」（頁一二）；「得其內」，即是反其性。淮南子一書，許多地方，強調內（中）外之分，重視內而輕視外，主張「以中制外」（頁一二），「以內樂外」（頁一四），都是指反其性或心而言。人的最高境界是「眞人」；精神訓說「所謂眞人者，性合於道也。」（頁一〇三）性合於道，即是反其性；因此，凡書中所描寫的眞人的情態、功用、神通，皆可以說是反其性的效驗。反其性的工夫，書中說得很多，可用俶眞訓下面的一段話作代表：

「靜漠恬澹，所以養性也。和愉虛無，所以養德也。外不滑（亂）內，則性得其宜。性不動（擾）和，則德安其位。養生（按據上文當作「性」）以經世，抱德以終年，可謂能體道矣。」（頁三一）

五、精、神、精神、心

現在更進一步對淮南子中的道家們所說的心，及其相關的精、神、精神等問題，略加爬梳、清理。

性在人的形體之內，較之「民受天地之中以生，所謂命也」的命（註四十八），較之老子「道生之，德畜之」的德，固然是向下落實了一步。但此生命本質之性，在生命內究指的是什麼？仍屬抽象的性格。儒家至孟子，道家至莊子，乃始確切指出，性由心而見，德由心而見。心是生命的一部份，是人可以確切把握到的。把生命中的心指點出來，於是對生命中之理性，乃可由人在一念之間加以把握；此乃中國文化發展的大方向。自此以後，凡談到自身的問題，必把關鍵落在人的心上。荀子主張性惡，但必認定心能知道，否則他的思想便無立足之地。但陰陽五行之說所給儒家的影響，遠超過給與道家的影響。於是兩漢儒生，對人性問題，多繞到陰陽五行上去求解釋；反不如淮南子中的道家，直承莊子，將道落實於性，將性落實於心，實下開宋明理學心學的格局。詮言訓謂「能原其心者，必不虧其性；能全其性者，必不惑於道」（頁二四二）；此與孟子的「盡其心者，知其性者也；知其性，則知天矣」（孟子盡心章）的理路是相同的。所不同的是除了道或天的內容有別外，孟子及宋儒的話，多係由工夫體驗而出，所以說得比較深切著明；而淮南子中的道家，則多由語言聞見的演繹而出，所以說來有時比較支蔓夾雜。當然其中也可能是通過一種「追體驗」的工夫。尤其是使人看來，他們把性與心，擺在一個平面上，成爲平列的關係。但他們實際還是由性落實到心，重點是放在心上面。

(1) 精

爲了要把淮南子中的心的問題弄清楚，首先須把精、神、精神三個連帶的觀念弄清楚。精和神，都是老子中所分別提出的觀念。老子的「其中有精」，只是說明道的存在的情況；神則除一般意義外，用作道的功能的形容；莊子內七篇也大體是如此。到了外篇天道「水靜猶明，而況精神」；刻意「精神四達並流，無所不及」，而始得將精字神字合爲精神一詞，所指者實係人的心，及心的作用。內篇德充符，「今子外乎子之神，勞乎子之精，倚樹而吟……天選子之形，子以堅白鳴」；這裏的神與精，也是就人的心而言。心是道在人生命中的屯駐地，也可說心即是道，所以莊子既將道落實於人之心上，故有時即以老子對道所稱的精與神轉而稱人的心。他的後學，即將精與神連爲「精神」一詞以作心的名稱。

在戰國末期，陰陽五行之說盛行；而陰陽五行都是氣，於是形成了「氣的宇宙觀」。由氣的宇宙觀而又形成「氣的人生觀」。老莊所用的精字，此時也漸與之發生關連；精可以說是一種特殊純一的氣，流貫於天地及人的形體之中，並成爲天與人、及人與人、人與物、互相感通的橋樑。此一意味，在呂氏春秋中表現得很明顯（註四十八），也被淮南子中的道家繼承了下來。精神訓說，「煩氣爲蟲，精氣爲人。」（頁九九）此分明把氣分爲煩氣與精氣。又「是故血氣者人之華也，而五藏者人之精也」（頁一八），此亦可指氣之精者而言。本經訓謂，「天愛其精……天之精，日月星辰雷電風雨也。」（頁三○）此當亦指氣之精者而言。高誘在精神訓下注謂，「精者人之氣，神者人之守也」；蓋以人既爲天之精氣所生，所以人之氣即是精，而可以說「精者人之氣。」其實，就淮南子而言，人之氣並不都是精。並且本經訓謂，「精泄於目，則其視明；在於耳，則其聽聰；留於口，則其言當；集於心，則其慮通。」

（頁一二二）這裏值得注意的是，目耳口心皆由氣而成；而精則在目耳口心之氣的上一層次；所以精與心爲二物。「同精於太淸之本，而游於忽區之旁。有精而不使，有神而不行；契大渾之樸，而立至淸之中。」（頁一〇四）又「若此人者，抱素守精，蟬蛻蛇解，游於太淸。」（頁一〇七）所謂太淸、大渾之樸，卽是創造萬物之道。人之精可以冥合於道，這便不應以氣之精作解釋。因爲不能說「氣之精者卽是道」。道是遠在氣的上層的。這精應當是與道爲同質的東西。可以說與老子所用的精字含義極爲接近。

下面所用的精字，則由感應方面加以描述。覽冥訓：「夫瞽師庶女，位賤尙（典）葈，權輕飛羽。然而專精厲意，委務積神，上通九天，激厲至精。」（頁八九）又：「夫全性保眞，不虧其身；遭急迫難，精通於天，若乃未始出其宗者，何爲而不成？」（同上）主術訓：「刑罰不足以移風，殺戮不足以禁姦，惟神化爲貴。至精爲神。夫疾呼不過聞百步；志之所在，踰以千里……故至精之像，弗招而自來，不麾而自往；窈窈冥冥，不知爲之者誰。」（頁一二九）又：「故至精之所動，若春氣之生，秋氣之殺也。雖馳傳騖置，不若此其亟。故君人者，其猶射者乎？於此毫末，於彼尋（八尺）常（丈六尺）矣。故愼所以感之也。夫榮啓期一彈，而孔子三日樂，感於和。鄒忌一揮，而威王終夕悲，感於憂。……縣法設賞而不能移風易俗者，其誠心弗施也，……至精入人深矣……孔子學鼓琴於師襄，而諭文王之志，見微以知明矣……湯之時，七年旱，以身禱於桑林之際，而四海之雲湊，千里之雨至。抱質效誠，感動天地。」（頁一三〇）說山訓：「老母行歌而動申喜，精之至也。」（頁二七一）上面這些精字，實指的心志完全集中於一點，而無半絲半毫雜念夾雜在裏面的精神狀態，亦卽中庸易傳之所謂誠；大抵道家喜用精字，儒家喜用誠字。泰族訓「故精誠感於內，形氣動於天」（頁三四七），而泰族訓中，常把精誠兩詞互用。大概可以這樣說，精字作名詞用，則係通於內外的某種神秘性的存在；切就人身而作形容詞用，則係一種精神狀態。此種精神狀態，乃由神秘性的存在而來；而此神秘性的存在，若擺脫「氣」的糾纏，實卽是老子「其中有精」的精，卽是道。落實於人的身上，卽是德、是性、是心。覽冥訓「昔雍門子以哭見於孟嘗君，已而陳詞通意；撫心發聲，孟嘗君爲之增欷歍唈，流涕狼戾而不可止。精神形於內，而外諭哀於人心，此不傳之道。」（頁九〇）下面又引了些故事，以說明「物類之相應，玄妙深微。」（同上）是此處精神一詞，卽等於全篇及上引一段中所用的精字；因而精可以說卽是精神。俶眞訓：「何況懷瓌瑋之道，忘肝膽，遺耳目，獨浮游無方之外……而和以天地者乎？若然者，偃其聰明，而抱其太素，以利害爲塵垢，以死生爲晝夜……則至德，天地之精也。」（頁二二）至德是天地之精，則至德亦卽是精之在人者。而前面所描述的至德，卽是「反性」「原心」的精神狀態。所以至德卽是性，卽是心；就心的純粹專一而言，卽是精。我們可以暫時得到這樣的結論：老子、莊子內七篇之所謂精，指的是道。莊子外篇中，有時則以精說明心的存在狀態。戰國中期以後之所謂精，是貫通於天人物我之間的氣之精。淮南子中的道家們，接受了戰國中期以後的氣之精的觀念，但又不知不覺的落實於莊子所謂精神這一觀念之上。如後所述，精神實際指的是人的心及心的作用，則淮南子中的所謂精，有的說的是精氣之精；而在人身上落實下來，則指的是純一無二的心，及心的感通作用。原道訓「精通於靈府」（頁七）亦卽是俶眞訓所說的「是故聖人托其神於靈府」（頁二五）；亦卽是說心通於靈府。覽冥訓中所强調的「精通於天」（頁八九），實卽等於說心通於天。此詞涵義在淮南子一書中的游移，乃來自他們只出之於傳承、想像，而缺乏體驗之功的原故。

⑵ 神、精神

現在對「神」的觀念試加以考查。淮南子中所用的神字，作形容詞用時，是指微妙不測的作用。例如精神訓：「精神盛而氣不散則理，理則均；均則通；通則神；神則以視無不見也，以聽無不聞也。」（頁一〇〇）又「魂魄處其宅，而精神守其根，死生無變於己，故曰至神」（頁一〇三）皆是。但作名詞用時，所謂神卽指的是人的精神。原道訓「神失守也」注：「精神失其所守」（頁一七）；又「形閉中距，則神無由入矣」注：「神，精神也」（頁一八）；這都是對的。我更要進一步指出，淮南子所說的神，實際指的卽是人的心。詮言訓「故神制，則行從；形勝則神窮。」（頁二四九）原道訓：「夫心者五藏之主也。所以制使四支，流行血氣，馳騁於是非之境，而出入於百事之門戶者也。」（頁一四）原道訓所說的心的作用，與詮言訓所說的「神制則形從」，全無二致。但淮南子的作者，只承認心與神有密切關係，並未明說神卽是心；並且神似乎可離心而獨在；這便值得研究了。假眞訓，「雖有炎火洪水彌靡於天，神無虧缺於胸臆之中矣」（頁二九），這是說明神乃存在於人的胸臆之中。又謂「心有所至，而神喟然在之」（頁三〇），這表明了神隨心的活動而活動。這都可以說明神卽心之作用。但精神訓「故心者形之主也；神者心之寶也。」（頁一〇三）這說明神與心有密切關係，但不能說神卽是心。精神訓，「且人有戒（注：戒或作革，改也）形而無損於心」註：「心喻神，神不損傷也」（頁一〇五）；高誘在二者之間用一喻字，這說明他也意識到二者並不是等同的關係。又說「夫癩者趨（楊校：趨當讀志趣或趨向之趣）不變，狂者形不虧……神將有所遠徙，孰暇知其所爲？故形有摩（注：滅、猶死也）而神未嘗化（注：化猶死也）者，以不化應化，千變萬袗（同紾：相纏結之意）而未始有極。化者復歸於無形也；不化者與天地俱生也。夫木之死也，青青去之也；夫使木生者豈木也？猶充形者之非形也。故生生者未嘗死也，其所生則死矣。化物者未嘗化也，其所化則化矣。」（頁一〇五）

上面這段話分明說神可離形而獨存；心乃形的一部分，無形卽無心，如何可說神卽是心呢？如前所說，老莊以精說明道的存在，以神說明道的作用；道分化其一體以爲人的德，人的性，則精與神進入於人的生命之中，而爲人的精，人的神；精與神乃人與天地萬物所共有，人卽憑此而與天地萬物相感通。人死，此精此神，復回歸到道的本位，此卽所謂「終則反本未生之時，而與化（造化）爲一體」（頁一〇九）所以莊子養生主在收尾時强調「指窮於爲（其）薪；火傳也，不知其盡也」；此處卽以火喻神。但精在人生命之中，必由心的存在而始存在；神必由心的作用而始有其作用；精與神，必由人之心而見。若去掉上面神秘的意味，卽可說他們之所謂精與神，實卽是指人的心而言。但心的自身旣是形之一體，且與其他形體相連，便生而有好憎，「夫喜怒者道之邪也；憂悲者德之失也。好憎者心之過也，嗜欲者性之累也。」（原道訓頁一二）於是心的作用，並非卽是神的作用。必通過一種工夫，「執玄德於心，而化馳若神」（同上頁七），此時心的作用，才是神的作用。淮南子中的道家，有時要把神與心，保持一點距離，乃是以神表現未爲好憎嗜欲所雜的心的作用。亦卽是「心齋」的心的作用。人間訓「發一端，散無竟；周八極，總一筦，謂之心。」（頁三〇五）這裏所形容的心，當然可以稱之爲神。由孟子下來的明道、象山、陽明這一系統，是認爲本心呈現，卽是道，卽是天，心與道與天不二。淮南子中的道家，在工夫與觀念上還沒有這樣澄澈下來，而只感到神與心密切相連，沒有心或心爲欲所汨沒，神卽離開人的生命而他去，亦卽是在生命中沒有神。但在他們以形、神、氣，說明人的完整生命時，神卽是精神，卽是人的心，而到處出現的「養神」，卽等於孟子之所謂「養心」；這是決無可疑的。並且原道訓說「徹於心術之論（判斷），則嗜欲好憎外矣」（頁一五），這是說，貫徹於心的自身的判斷，卽可從嗜欲好惡中解脫出來，這便完全說明了心的自身是與道爲一體。覽冥訓「精神形於內，而外諭哀於人心。」（頁九〇）精神訓「孔竅者精神之戶牖也」（頁一〇一）；「精神內守形骸而不外越。」（同上）這都說明精神是在人生命之內，實卽是人之心。但稱精神和稱神一樣，偏指向心的作用、心的活動。精神與神，在淮南子中許多地方是可以互用的，並且可以說神是精神的簡稱。把淮南子中切就人自身所說的精、神、精神三個名詞，弄淸楚了卽是莊子「心齋」之心，也卽是孟子所說的「本心」（當然心的內涵不同），淮南子中這一方面錯綜複雜的敘述，便容易加以淸理了。

(3)心及形、神、氣的生命的統一

淮南子中的道家們，非常强調了心的主宰性；雖然將心與形對擧，但明確地可以看出心是形體中的一部份，不過是較爲突出的一部份。原道訓；「夫心者五藏之主也；所以制使四支，流行血氣，馳騁於是非之境，而出入於百事之門戶者也。是故不得於心，而有經（治理）天下之氣，是猶無耳而欲調鐘鼓，無目而欲喜文章也，亦必不勝其任矣。」（頁一四至一五）精神訓：「故頭之圓也象天，足之方也象地……以與天地相參也；而心爲之主。是故耳目者日月也，血氣者風雨也……日月失其行，薄蝕無光；風雨非其時，毀折生災……夫天地之道，至紘以大，尙猶節其章光，愛其神明；人之耳目，曷能久熏（孫詒讓：熏當作勤）勞而不息乎？精神何能久馳騁而不旣（注：旣，盡也）乎？」（頁一

〇〇）按此處之精神，直承「而心爲之主」，當然指的是心的作用。心旣爲形之主，心對形能發揮統率的作用，則生命自然進入理想的狀態。所以精神訓接着說：「五藏能屬於心而無乖，則敎志勝而行不僻矣。敎志勝而行不僻，則精神盛而氣不散矣。精神盛而氣不散則理；理則均（註四十九）；均則通；通則神。」（頁一〇〇）這是自莊子以下，重視心者的通義。

但孟子爲顯示心的地位，特稱心爲「大體」，而貶稱耳目等官能爲「小體」。不過他在養氣章中，强調了「持其志，勿暴其氣」，亦即是重視了生理綜合作用的氣。莊子則爲了顯示「德」，實際即是爲了顯示心，將德與形對擧，强調虧於形者並不等於虧於德，甚且有助於「全德」之人；此觀於德充符一篇卽可明瞭。淮南子中在某一程度上，繼承了此一思想，所以在精神訓中不給「養形之人」（見頁一〇五）以評價，一面爲否定當時流行的神仙家的意義，同時也是莊子思想的必然歸趨。但作爲淮南子中的道家們的特色，是把人的生命，分成爲形、神、氣三部分，認爲有相互的影響，實際是承認了形與心有平等的價值；這可能是受了呂氏春秋重生貴生的影響，而加以折衷的。他們所說的形，指的五官百體；所謂神，卽是精神，卽是心的作用，也卽是心。所謂氣，他們有時稱爲「志氣」、「氣志」、「血氣」，而以「血氣」最爲恰當；切就人身而言，志氣、氣志是指氣在活動時，總有志在其中指使，故二者並稱，實則以氣爲主。而「氣」是「血氣」的簡稱，係由呼吸之氣，引伸而爲生命中所發出的綜合性的力量，或者可稱爲生命力，或者同於俗語中的所謂「有勁」、「沒有勁」的「勁」。心雖爲形之主，但形、神、氣應各得其位，這才可稱爲「全其身」。「全其身則與道爲一矣。」（原道訓頁一五）無形中便否定了莊子以「形虧」爲「德全」之符驗的極端思想。試略引有關的材料如下：

㈠「是故得道者，窮而不懾，達而不榮……不以貴爲安，不以賤爲危。形神氣志，各居其宜，以隨天地所爲。夫形者生之舍也，氣者生之充也；神者生之制也。一失位，則三（註五十）者傷矣。是故聖人使人各處其位，守其職，而不得相干也。故夫形者（按「者」字疑衍）非其所安也（按「也」字疑衍）而處之，則廢。氣不當其所充而用之則泄。神非其所宜而行之則昧。此三者不可不愼守也。……今人之所以眭然能視，䚄然能聽，形體能抗，而百節可屈伸，察能分白黑，視美醜，而知能別同異，明是非者何也？氣爲之充而神爲之使也……今夫狂者之不能（俞校：當作「能不」）避水火之難，而越溝瀆之險者，豈無形神氣志哉？然而用之異也。失其所守之位，而離其外內之舍……形神相失也。」（原道訓頁一七至一八）

㈡「故以神爲主者，形從而利；以形爲制者，神從而害。」（同上頁一八）

㈢「夫精神氣志者，靜而日充者以壯，躁而日耗者以老（俞校：兩句中之兩者字皆衍文）。是故聖人將養其神，和弱其氣，平夷其形，而與道浮沉俯仰。」（同上頁一八）

㈣「是故形傷于寒暑燥溼之虐者，形苑（註：枯病也）而神壯（傷）（註五一）。神傷乎喜怒思慮之患者，神盡而形有餘……是故傷死者其鬼嬈；時旣（註：盡也）者其神漠；是皆不得形神俱沒也」。（俶眞訓頁二一）

㈤「是故血氣者人之英也；而五藏者人之精也。夫血氣能專於五藏而不外越，則胷腹充而嗜欲省矣。胷腹充而嗜欲省，則耳目淸，聽視達矣。耳目淸，聽視達，謂之明。五藏能屬於心而無乖，則敎志勝而行不僻矣……（見前引）通則神，神則以視無不見，以聽無不聞也，以爲無不成也。是故憂患不能入也，而邪氣不能襲。」（精神訓頁一〇〇）

㈥夫孔竅者精神之戶牖也。而氣志者，五藏之使候也。耳目淫於聲色之樂，則五藏搖動而不定矣。五藏搖動而不定，則血氣滔蕩而不休矣。血氣滔蕩而不休，則精神馳騁於外而不守矣。精神馳騁於外而不守，則禍福之至如邱山，無由識之矣。使耳目精明玄達而無誘慕，氣志虛靜恬愉而省嗜欲，五藏定寧充盈而不泄，精神內守形骸而不外越，則望於往世之前，而視於來事之後，猶未足爲也，豈直禍福之間哉？……故曰嗜欲者使人之氣越，而好憎者使人之心勞。弗疾去，則志氣日耗。」（同上頁一〇一）

㈦「故心者，形之主也；而神者，心之寶也。形勞而不休則蹶，精用而不已則竭。是故聖人貴而尊之，不敢越也……魂魄（氣）守其宅（按指形），而精神守其根（按指精神所自來的道），死生無變於己，故曰至神。」（同上頁一〇三）

㈧「故至人之治也，心與神處，形與性調；靜而體德，動而理通……。」（本經訓頁一一七）

按上引資料中的㈠，是說明形、神、氣三大因素在整個生命中有各自的功能，及其相互的影響，而要求三者「各居其位」，以免因某一因素失其位而傷及其他二因素；而失位的因素，固已先受到了損傷。位大別爲「外」與「內」，形之位在外，神之位在內，氣貫通於二者之間。若神外馳，氣外泄，則神與氣失其應處之位，形亦因之失去其功能。㈡的神主而形從，這是功能上的得其位，亦卽內外各得其位，故「利」。形制而神從，是功能上失其位，亦卽內外失其位，故「害」。㈢是爲使三者能各居其位所須要的工夫。㈣是特從壞的方面說明形神的相互影響。㈤是從好的方面說明形、神、氣三者間的相互影響。而在相互影響中，特強調心的主宰性。㈥則特別強調由外（耳目）對內的一層一層的影響。㈦的「魂魄守其宅」，是氣不外泄。「精神守其根」，是精神與道相冥。這是「各居其位」的極致，也是各居其位的目的。㈧的「心與神處」，是說明心不受好憎等的干擾而能發揮其本來的作用。「形與性調」，是說明因神主而形從，以達到形神合一；神卽是性，形神合一，則卽形卽性，而成爲「全身」、「自得」之人，故能無爲而治。

淮南子中的道家，特別强調精神的意義，除了在政治上作爲無爲而治的一種根據外，切就人生而言，在消極方面是爲了避禍。這只要看他們在字句之間，不斷提到禍福的問題，便可明白人間訓一篇，反復於禍福利害的無常，即反映他們對此問題所感的迫切。把精神及氣志安頓於形骸之內，而不使其外馳，這是最消極的不向外追求的人生態度；自然可以少攖世網。實際上，這是一種逃避的人生觀。在積極方面，是想由此而求得精神的自由解放。在現實上，他們也和莊子一樣，知道沒有得到自由解放的可能，於是他們只好把莊子所說的精神意境，重新而且加强地展現一次。這是一種虛幻的人生觀。而他們既不甘心像莊子樣，「洩尾乎泥中」，却想沾溉由皇帝分下來的一份權勢；又生當大一統的一人專制之下，朝廷的猜嫌壓迫，一天一天的加嚴，終於像他們所預感的，出現了一個集體的大悲劇。我們可以從這種地方，看出在他們繁複而誇張的語言中，所透出的歷史的眞實意義。還有，他們認爲心，心的作用的神、精神，可以通過一種工夫，與形而上的道相融結；但他們把心、神，與形、氣，緊密地關連在一起，便可了解他們所說的心，不是形而上的性質。神只是心的作用。突破他們語言上的形而上的氣氛，神也不是形而上的存在。

六、道家政治理想實現的可能性及思想上的融會貫通

淮南子一書，是以精神的解放，與政治的理想，兩相配合，形成全書的兩大骨幹。氾論訓謂「百家殊業而皆務於治」（頁二一三）；他們援百家以述作，當然也是「務於治」。漢書藝文志說道家是「君人南面之術」，正說明西漢道家的特性，所以政治更是他們的主要問題。道家們的政治理想，當然是無爲而治。但淮南子中道家們的無爲而治，與西漢初年由蓋公所進言於曹參者並不相同；史記曹相國世家所記曹參的作爲，及蓋公的「治道貴淸靜而民自定」，只是在原有政治體制之下，少管事，不擾民，而未曾涉及政治的基本問題；黃老之術，所以能在政治中形成一時風氣的原因在此。但淮南子中所說的無爲而治，乃是澈底於老莊思想，涉及整個政治基本問題的無爲而治。這大概有兩點原因。第一個原因，只有澈底的無爲而治，則淮南王國始可免於朝廷的猜嫌控制，有眞正存在的可能與意義。第二，關涉到他們對當時政治的基本了解。由這種了解，激起對現實政治的基本否定。書中有許多說到上古的政治如何的好，後世的政治如何的壞；上古與後世的對比，多成爲他們表達思想的格套，沒有特定的意義。但有的却是反映他們對當時政治的了解的。如：

㈠「夫峭法刻削者，非霸王之業也。箠策煩用者，非致遠之術也。」（原道訓頁五）

㈡「至夏桀之時，主闇晦而不明，道瀾漫而不脩，棄捐五帝之恩刑，推蹶三王之法籍……仁君處位而不安，人夫隱道而不言；羣臣準上意而懷當，疏骨肉而自容。邪人參耦比周而陰謀，居君臣

父子之間，而競載驕主而像（注：猶隨也）其意，亂人以成其事，是故君臣乖而不親，骨肉疏而不附。」（覽冥訓頁九六）

㈢「晚世之時，七國異族，諸侯制法，各殊習俗，縱橫間之，擧兵而相角。……所謂兼國有地者，伏尸數十萬，破車以千百數……故世至於枕人頭，食人肉，葅人肝，飲人血，甘之于（如）芻豢。故自三代以後者，天下未嘗得安其情也。」（同上頁九七）

㈣「今若夫申韓商鞅之爲治也，捽拔其根，蕪棄其本……鑿五刑，爲刻削；乃棄道德之本，而爭於錐刀之末；斬艾百姓，殫盡太半，而忻忻然常自以爲治。」（同上頁九八）

㈤「末世之政，田漁重稅，關市急徵，澤梁異禁；網罟無所布，耒耜無以設，民力竭於徭役，財用殫於會賦。居者無食，行者無糧；老者不養，死者不葬；贅妻鬻子，以給上求，猶弗能澹(贍)。愚夫蠢婦，皆有流連（逃亡之意）之心，悽愴之志。」（本經訓頁一一三）

㈥「衰世則不然。一日而有天下之富，處人主之勢，則竭百姓之力，以奉耳目之欲，志專在於宮室……珍怪，是故貧民糟糠不接於口，……百姓黎民，顦顇於天下，是故使天下不安其性。」（主術訓頁一三八至一三九）

㈦「夫民之爲生也，一人蹠耒而耕，不過十畝。中田之穫，卒歲之收，不過畝四石。妻子老弱，

仰而食之。時有涔旱災害之患，有（又）以給上之徵賦車馬兵革之費。由此觀之，則人之生憫矣。」（同上頁一四六）

⑧今亂國則不然。言與行相悖，情與貌相反。禮飾以煩，樂優以淫，崇死以害生，久喪以招行。是以風俗濁於世，而誹譽萌於朝。」（齊俗訓頁一七六）

⑨「亂世則不然。爲行者相揭以高，爲禮者相矜以僞。車輿極於雕琢，器用逐於刻鏤。」（同上頁一八五）

⑩「骨肉相愛，讒賊間之，而父子相危。」（說林訓頁二九〇）

漢代實際是繼承了秦代法家的以刑法立國；所以兩漢的思想家，無不反秦，無不反法家。上面的㈠㈣所指者在此。㈥指明了當時政權的性格，完全是建立於享受與剝削基礎之上。漢至景帝，朝廷已趨於奢靡虛僞；而平民在田賦之外，有口算（人頭稅）過更及地方官吏各種剝削，奢靡與窮困並行；這是上面㈤㈦㈧所針對的問題。而朝廷對諸侯王的猜嫌構陷，更使劉安及其賓客有切膚之痛。這是由上面的㈡㈩所痛切指摘的。㈡罵的是夏桀，但稱引到「三王」，其爲指桑罵槐，至爲明顯。㈢所說的是戰國，當然也包涵了秦漢之際的中原逐鹿的情形。「故自三代以後者，天下未嘗得安其情也」的話，當然是在當時政治情勢之上落脚。由此可以了解，漢初黃老之士，對現實政治是採取妥協的態度，較儒生更爲妥協。此觀於轅固生與黃生在景帝前的爭論（註五二），即可見其一端。而劉安賓客中的老莊之徒，對現實政治，是採取澈底批判，甚至是否定的態度；則他們澈底於無爲的政治思想，不能與當時的黃老同科，是有一定的背景的。

其次：自老子提出無爲而無不爲的政治理想後，在現實上如何而始有其實現的可能，自莊子及其後學，提出「不得已」三字以作轉語（註五三）起，許多人提出了各種各樣的說法，其中最重要的是愼到的「因」、「因循」的觀念。劉安及其賓客中的道家們，在强調無爲而治的理想中，綜合了老子以後的這類的說法，並在主術訓中組成一個系統；在此一系統中，因逼於實現的可能性問題，而層層向下落實，遂不能不走向對各種思想加以融合貫通的路。尤其是全書中皆反申韓，而此篇特取法家之「法」而轉換其精神，以與論語堯曰篇「謹權量，審法度」之法相通，最爲難得。主術訓在淮南子一書中，實係由道家們精心刻意所撰述的鉅製。要略對此篇反輕輕帶過，我以爲因爲所講的是皇帝統治天下之術，他們爲了避嫌疑而不便加以特別宣揚。下面即以主術訓爲骨幹，略述他們的政治思想。由莊子系統下來的過份浪漫浮誇之言，一概略過。

(1)　政權的基本性格問題

首先主要說明的是：「家天下」雖爲統治者的共同心理，劉邦直以天下爲私人產業。但西漢的思想家們，無不秉承先秦儒、道、墨三家「天下爲公」的共同理想，以作爲政治的最高準繩。劉安的賓客們，在這一點上，是完全相同的。但因劉安是漢家統治的一支，便把話說得曲折些。如：

㈠「堯之有天下也，非貪萬民之富，而安人主之位也；以爲百姓力征，强凌弱，衆暴寡；於是堯乃身服節儉之行，而明相愛之仁，以和輯之。是故茅茨不剪，采椽不斲，大路不畫，越席不緣，太羹不和，粢食不毇（注：細也）。巡狩行教，勤勞天下，周流五嶽，豈其奉養不足樂哉？舉天下而（俞校：此四字當删）以爲社稷，非有利焉。年衰志憫（注：憂也），舉天下而傳之舜，猶却行而脫也。」（主術訓頁一三八）

㈡「夫（人主）至於攘天下，害百姓，肆一人之邪，而長海內之禍，此大倫之所不取也。所爲立君者，以禁暴討亂也。今乘萬國之力，而反爲殘賊，是爲虎傅翼，曷爲弗除。」（兵略訓頁二五二）

㈢「且古之立帝王者，非以奉養其欲也。聖人踐位者，非以逸樂其身也。爲天下强掩弱，衆暴寡，詐欺愚，勇侵怯，懷智而不以相教，積財而不以相分，故立天子以齊一之（按齊一乃平均平等之意）……所以衣寒食飢，養老弱而息勞倦也。」（脩務訓頁三三二）

他們沒有直接說出天下爲公，却轉一個彎說，天子只不過是爲天下辛勤服務，而決不是以天下爲私人享受的工具，所以很容易讓出去。上面㈠㈢的意思是如此。在這話的後面，依然是主張天下爲公的。至於㈡的意思，與㈠㈡的意思是一貫的，而與孟子論湯武的放伐，是完全相同的。這是法家與當時的黃老所不敢想到的問題。由此可以了解，他們心目中的政權的基本性格，只不過是爲了解決人民生存問題的工具。政權的基本性格問題不加以解決，則任何政治理想，皆飄浮而不能生根。所以我首先把他們對政權基本性格的規定，標舉出來。

⑵ 貴後與神化

主術訓一開始說：「人主之術，處無爲之事，而行不言之教，清靜而不動，一度而不搖，因循而任下，責成而不勞。」（頁一二七）這幾句是全篇的綱領。

關於無爲而無不爲的問題，原道訓有下面的一段話：

「是故聖人內脩其本，而不外飾其末。保其精神，偃 其智故，漠然無爲而無不爲也；澹然無治也（也字疑衍）而無不治也。所謂無爲者，不先物爲也。所謂無不爲者，因物之所爲。所謂無治者，不易自然也。所謂無不治者，因物之相然也。」（頁八）

上面的話，實際只是兩個意思。一是「不先物爲」；一是「不易自然」。後面接著發揮「柔」與「弱」的意義，及「貴後」的意義。他們說「柔弱者道之要也」（頁一一）；實際柔與弱，是消解主觀意志的主動性、積極性，這是「不先物爲」的前提條件。而他們的所以貴後，是認爲：「先唱者窮之路也；後動者達之原也」；「先者難爲知，而後者易爲改也」；「先者隤陷，則後者以謀；先者敗績，則後者違之。由此觀之，先者則後者之弓矢質的也。」（以上皆見頁九）又說：「所謂後者，非謂其底滯而不發，凝結而不流；貴其周於數而合於時也。」（同上）這種以心理上的窺伺，利害上的比較，解釋無爲而無不爲的可能性，雖在老子中可見其端緒，但無疑的，這是由戰國的策士所發展出來的。不先物爲，而爲於物自爲之後，固然是爲。周於數而合於時的爲，則更是爲。所以由「貴後」來解釋無爲，這已經對無爲下了轉語。何以下此轉語？因爲必如此而無爲之治始有實現的可能性。

主術訓在綱領之後，强調「刑罰不足以移風，殺戮不足以禁奸，唯神化爲貴」（頁一二九）的「神化」。何謂神化？「至精爲神」（同上）；由至精的感通作用，而得到無教化之跡而有不知其然的化育的效果。「故至精之所動，若春氣之生，秋氣之殺也。」（頁一三〇）至精由何而來？是來自「塊然保眞，抱德推誠；天下從之，如響之應聲，景（影）之像形，其所脩者本也。」（頁一二九）「脩本」，亦卽俶眞訓所强調的「自得」。他們認爲「古聖王至精形於內，而好憎忘於外，出言以副情，發號以明旨；陳之以禮樂，風之以歌謠；業貫萬世而不壅，橫扃四方而不窮；禽獸昆蟲，與之陶化；又況於執法施令乎？」（頁一三〇）已如前述，由至精而能感通，這是戰國末期所流行的觀念；由至精而神化，神化則不須有所施為，此乃提供無為而無不為的新的根據、條件，也是一種新的解釋。但「出言」「發號」，「禮樂」「歌謠」，這實已把儒家思想融合到裏面去了。因為必如此而始能加强「神化」的可能性，亦卽加强無為而無不為的可能性。

(3) 無為與法治

上面神化的說法，在現實上太渺茫了。於是主術訓的作者接著只好以「法」來說明無為而無不為的可能性。從史記老子申韓列傳看，法家言法，而「本於道德（指老子）之意」，當始於愼到；韓非則本之以言「主道」（註五四）。漢承秦代法家的精神、制度，而緣飾以黃老之言；在實際政治上，好像出現道、法兩家互相結托之局。主術訓中之言法，似乎是這種背景的反映。但法家言法，對臣民的威嚇性，大於法的客觀性。主術訓則完全消去其威嚇性，僅注重法的客觀性；以客觀性代替統治者的主觀意志，因而使無為而無不為的政治理想，在現實上有其實現的可能。且與儒家思想連上了一條通道。主術訓有下面一段話：

「衡之於左右，無私輕重，故可以為平。繩之於內外，無私曲直，故可以為正；人主之於用法，勿私好憎，故可以為命（註五五）……奸不能狂，讒不能亂；德（恩德）無所立，怨無所藏；是任術而釋（註五六）人心者也，故為治者不與焉。」（頁一三二）

按「平」、「正」，是法自身所要求的標準，這是客觀的。用法的態度，也必須是客觀的，然後能保持法的平與正。在另一處更明白的說：「是故明主之治，國有誅者而主無怒焉。朝有賞者而君無與焉。誅者不怨君，罪之所當也。賞者不德上，功之所致也。民知誅賞之來，皆在身也，故務功脩業，不受贛於君，是故朝廷蕪而無跡，田野闢而無草。故太上，下知有之。」（頁一三三），所謂「下知有之」（註五七），也是無爲。又說：

「今夫權衡規矩，一定而不易。……常一而不邪，方（廣）行而不流；一日刑（定）之，萬世傳之；而以無爲爲之。」（頁一三一）

此數語是說因法是客觀的，所以在時間上也是可以久用而不息的。任法，便可以無爲；而無爲，又是保證法的客觀性、安定性的必須條件。

主術訓的作者，不僅發展了法家之法的客觀性的方面，並且在法的起源與運用上，提出了驚人的見解。他們說：

「古之制有司也，所以禁民，使不得自恣也。其立君也，所以剬有司，使無專行也。法籍禮義者，所以禁君，使無擅斷也。人莫得自恣，則道勝；道勝而理達矣，故反於無爲。無爲者非謂其凝滯而不動也，以其言莫從己出也。……法生於義，義生於衆適，衆適合於人心；此治之要也……法者非天墮，非地生，發於人間，反以自正……所立於下者，不廢於上；所禁於民者，不行於身。所謂亡國，非無君也，無法也。變（亂）法者，非無法也，有法者而不用（不用於自身），與無法等。是故人主之立法，先自爲檢式儀表，故令行於天下。孔子曰，『其身正，不令而行；其身不正，雖令不從。』故禁勝於身，則令行於民矣。」（頁一四一）

上面這段話，含有四個重要意義。第一，以法乃起於衆人共同的利益，共同的要求（「衆適」），這是過去的法家所未曾說出的最根本問題。第二，認爲法首在於「禁君」，即是首在於限制控制人君的行動，不使人君高出於法之外；這一點，戰國法家尊君太過，他們只要求人君不干擾法，決不敢正面提出法首在限制人君。上述兩點，皆富有現代法治的意義。按照這兩點意義來說，他們的政治結構，應當是這樣的：

人民的共同利益↓法↓人君↓有司↓人民

第三，他們把法與禮義結合起來，即是法與道德意識結合起來，由道德的主體性主動性，調和了法的强制性被動性。這種立根於文化上的法的觀念，更爲衞晉法家所未有；這裏便可看出道、法、儒，在此處得到了自然的融合；所以引孔子的話，非常恰當。第四，很明顯地把老子的無爲的思想，暗中作了某稱程度的轉換，即是以「法治」爲無爲；「以其言莫從己出」而係從法出爲無爲。此乃由田駢愼到所發展出來的，恐爲老子所未能印可。何以有此一轉換？因爲必如此而無爲乃有實現之可能性。

(4)　因與用衆

淮南子一書，發展了愼到的「因」的思想。今日所能看到的愼子，有因循篇。因循篇說，「天道因則大，化則細（原注：化使從我）。因也者，因人之情也。人莫不自爲也；化而使之爲我，則莫可得而用矣……故用人之自爲，不用人之爲我，則莫不可得而用矣；此之謂因。」這幾句話在現代仍有他重大的意義。論語孔子答子張問政：「因民之所利而利之，斯不亦惠而不費乎？」（子張）可見「因」的觀念，在政治上，是儒道法三家所同。淮南子自原道訓起，在政治問題上，幾乎都是以「因」的觀念爲骨幹。而泰族訓「故因則大，化則細矣」（頁三五〇），分明出於愼子。原道訓「是故天下之事，不可爲也，因其自然而推之」（頁三），這是概括性的說法。而主術訓則將因的觀念，與韓非「人主以一國目視，故視莫明焉；以一國耳聽，故聽莫聰焉」（註五八）的話，結合起來，而發展出「用衆」的觀念：

「而君人者，不下廟堂之上，而知四海之外者，因物以識物，因人以知人也。故積力之所擧，則無不勝也。衆智之所爲，則無不成也……故千人之羣無絕糧，萬人之聚無廢功。」（頁一三二）

「夫人主之聽治也，清明而不闇，虛心而弱志，是故羣臣輻湊竝進，無愚智賢不肖，莫不盡其能。於是乃始陳其禮，建以爲基。是乘衆勢以爲車，御衆智以爲馬，雖幽野險塗，則無由惑矣。」（頁一三三）「夫乘衆人之智，則無不任也；用衆人之力，則無不勝也。千鈞之重，烏獲不能擧也。衆人相一，則百人有餘力矣。是故任一人之力者則烏獲不足恃；乘衆人之制者，則天下不足有也。」（頁一三四）。能因衆人的智力而用之，則人君可以無爲而治。這也是對無爲而無不爲的實現的可能性所提出的辦法。但應注意到，由用衆而達到無爲，則無爲已由老莊的純消極的內容，轉換而爲積極的內容。

(5) 勢與君臣關係

爲了再加强無爲而治的可能性，主術訓的作者，在君臣關係上，接受了法家的「權勢」的觀念。勢是一種特殊有利的形勢；由這種特殊有利的形勢之自身，即可以發生力量，故勢與力，可連爲一詞而稱爲「勢力」。這本是兵家在爭地形之利上所使用的名詞；愼到則援引之以言政治。愼子威德篇：「堯爲匹夫，不能使其鄰家。至南面而王，則令行禁止。由此觀之，賢不足以服不肖，而勢位足以屈賢矣。」此一思想，爲爾後法家所繼承，且因此而特別强調尊君思想，意欲由此而加强人君之勢，即是加强人君對法的推行力量。主術訓之所以再三强調此一觀念，也是爲了說明無爲而治的可能性。因爲「得勢之利者，所持甚小，其存甚大；所守甚約，所制甚廣」（頁一四四）；而人君由權力所形成的勢，自然可以發生力量，所以人君是可以無爲的。

君臣關係，是政治結構的骨幹。主術訓的作者，在君臣關係上，兼容了儒法兩家思想。並且提出君臣異道，以作無爲而治的補充，即以加强實現無爲而無不爲的可能性。

「權勢者人主之車輿；爵祿者人臣之轡銜也。是故人主處權勢之要，而持爵祿之柄；審緩急之度，而適取予之節，是以天下盡力而不倦。夫臣主之相與也，非有父子之厚，骨肉之親也，而竭力殊死，不辭其軀者，何也？勢有使之然也……是故臣不得其所欲於君者，君亦不能得其所求於臣也。君臣之施者，相報之勢也。……是故君不能賞無功之臣，臣亦不能死無德之君，君德不下流於民，而欲用之，如鞭蹏馬矣。」（頁一三七至一三八）

在上面這段話中，君以勢挾持他的臣效力，這是出自法家思想。他們之所以接受這一思想，還是爲了加强前面所說的「勢」的作用；從全篇全書看，他們並不是眞正接受法家君臣互相窺伺、互相刼持的思想。而上面一段話中所流露出的君臣民之間，乃係雙方「相對」的關係，而非片面「絕對」的關係，這是出自儒家思想。

主術訓的作者，更强調了君臣異道。他們說：

「主道圓者，運轉而無端，化育如神，虛無因循，常後而不先也。臣道方者（註五九），論是而處

當，爲事先倡，守職明分以立成功也。是故君臣異道則治，同道則亂，各得其宜，處其當，則上下有以相使也。」（頁一三四）

「君人者，釋所守而與臣下爭，則有司以無爲持位，守職者以從君取容；是以人臣藏智而弗用，反以事轉任其上矣。……君人者，不任能而好自爲之，則智日困而自負其責也。」（頁一四三）

君臣異道，人君無爲而人臣有爲；並且人君若有爲，反而使人臣無爲。人君無爲而後能使人臣有爲；一人無爲，而能使衆人有爲，無爲而無不爲的實現問題，當然可得到解決了。

(6) 用人與知人

但我們應注意到，若如上所述，君臣異道，君無爲而臣有爲，實際不知不覺的已由老莊所說的無爲擺脫出來了。老莊的無爲，是把整個政治機能消解到最低限度，以讓「民自富」、「自正」；君無爲，臣同樣的無爲。而人民的自富自正，也是最低限度的自富自正，所以必要求人民無知無欲。這裏所說的君臣異道，是由君的無爲以促成人臣的有爲，則此君實「大有爲」之君。這便接上了儒家的道路。老子「不尚賢，使民不爭」（三章）。法家不尚賢，以使其一切決定於法。儒家則非常重視知人善任；而主術訓的作者，既然要求人臣有爲，便亦不能不重視知人善任。他們說：

「是故人主之一擧，不可不愼也。所任者得其人，則國家治，上下和，羣臣親，百姓附。所任非

人，則國家危，上下乖，羣臣怨，百姓亂……故人主誠正，則直士任事，而姦人伏匿矣。」（頁一三五）

以上是說任人的重要性。

「是故有大略者不可責以捷巧；有小智者不可任以大功。人有其才，物有其形。有任一而太重，或任百而尙輕。是故審毫釐之計者，必遺天下之大數；不失小物之選者，惑於大數之舉。」（頁一三九）

「使言之而是，雖在褐夫芻蕘，猶不可棄也。使言之而非也，雖在卿相人君，揄策於廟堂之上，未必可用。是非之所在，不可以貴賤尊卑論也……闇主則不然。所愛習親近者，雖邪枉不正，不能見也。疏遠卑賤者，竭力盡忠，不能知也。有言者窮之以辭，有諫者誅之以罪；如此而欲照海內，存萬方，是猶塞耳而聽淸濁，掩目而視靑黃也；其離聰明則亦遠矣。」（頁一四〇）

以上言知人之方；知人與知言是不可分的。

「故古之爲車也，漆者不畫，鑿者不斲；工無二伎，士不兼官。各守其職，不得相姦（注：亂也）。人得其宜，物得其安。是以器械不苦，而職事不嫚。夫責少者易償，職寡者易守，任輕者易權。上操約省之分，下效易爲之功，是以君臣彌久而不相厭。」（頁一三二）

「是故聖人之處事也，豈能拂道理之數，詭自然之性；以曲爲直，以屈爲伸哉？未嘗不因其資而用之也。……聾者可令噍（嚼）筋（筋），而不可使有聞也。瘖者可使守圉，而不可使通語（依王校）也。形有所不周，而能有所不容也。是故有一形者處一位；有一能者服一事……毋小大修短，各得其宜；則天下一齊（平等），無以相過也。聖人兼而用之，故無棄才。」（頁一三五）

「言事者必究於法，而爲行者必治於官。上操其名，以責其實；臣守其業，以效其功。言不得過其實，行不得踰其法；羣臣輻湊，莫敢專君。事不在法律中，而可以便國佐治，必參五（伍）行之。陰考以觀其歸，並用周聽以察其化。不偏一曲，不黨一事，是以中立而徧，運照海內。羣臣公正，莫敢爲邪。百官述職，務致其公跡也。」（頁一三六）

以上論用人及考校的方法，考校方法是接受法家的，但與儒家不相乖迕。

(7) 君道——儒道法三家的融合

不論守法用人，在封建及專制時代，皆決定於人君自身的條件。故中國過去言政治，最後必歸於君道。而主術訓中所言的君道，實融合道家而歸於儒家，或融合儒、道、法以爲言。

㈠「無爲者道之宗。故得道之宗，應物無窮。任人之才，難以至治。」（頁一三一）

㈡「清靜無爲，則天與之時。廉儉守節，則地生之財。處愚稱德，則聖人爲之謀，是故下者萬物歸

之，虛者天下遺之。」（頁一三三）

㊂「人主貴正而尚忠。忠正在上位，執正營事……則讒佞奸邪而欲犯主者，譬猶雀之見鸇，而鼠之遇狸也，必無餘命矣……故人主誠正，則直士任事，而姦人伏慝矣。人主不正，則邪人得志，忠者隱蔽矣。」（頁一三五）

㊃「人主之居也，如日月之明也，天下之所同側目而視，側耳而聽，延頸舉踵而望也。是故非澹薄無以明德，非寧靜無以致遠，非寬大無以兼覆，非慈厚無以懷衆；非平正無以制斷。」（頁一三九）

㊄「喜怒形於心者，欲見於外，則守職者離正而阿上，有司枉法而從風。賞不當功，誅不應罪，上下離心，而君臣相怨也……是故人君者，無爲而有守也；有爲（依王校當作立）而無好也。有爲則讒生，有好則諛起。」（頁一四三）

㊅「精神勞則越，耳目淫則竭。故有道之主，滅想去意，清虛以待。不伐（依王校當作代）之言，不奪之事；循名責實，官使自司（註六十）；任而弗詔，責而勿敎。」（頁一四四）

㊆「人主租斂於民也，必先計歲收，量民積聚，知饑（依王校當作饒）饉有餘不足之數，然後取車輿衣食供養其欲……故古之君人者，其慘怛於民也，國有饑者食不重味，民有寒者而（疑衍）冬

不被裘。歲登民豐，乃始縣鐘鼓，陳干戚，君臣上下，同心而樂之，國無哀人。」（頁一四五——六）

⑧「食者民之本也。民者國之本也。國者君之本也。是故人君上因天時，下盡地財，中用人力。是以羣生遂長，五穀蕃殖。教民養育六畜，以時種樹，務脩田疇，滋植桑麻，肥墝高下，各因其宜；邱陵阪險，不生五穀者，以樹竹木……先王之所以應時脩備，富國利民，實曠來遠者，其道備矣。非能目見而足行之也，欲利之也。欲利之也不忘於心，則官自備矣。」（頁一四七——八）

⑨「凡人之論，心欲小而志欲大，智欲圓而行欲方，能欲多而事欲鮮；……故心小者禁於微也，志大者無不懷也。……古者天子聽朝，公卿正諫，博士誦詩，瞽箴師誦，庶人傳語，史書其過，宰徹其膳。猶以爲未足也，故堯置敢諫之鼓，舜立誹謗之木，湯有司直之人，武王立戒愼之鞀（羣書治要鞀作銘）。過若毫釐而既已備之也。……由此觀之，則聖人之心小矣。」（頁一四八——九）

上面所說的人君的條件，與原道訓、俶眞訓、本經訓、精神訓中所說的聖人、至人、眞人，遠爲平實而具體。且一篇之中，大體上說，由道家而法家，由法家而儒家；在融和上各取其長；在發展上，不知不覺的以儒家爲歸結；站在他們的立場，這不是隨意拼湊，而是在追求無爲而無不爲的實現的可能性中，便由道家接上法家。但他們厭恨法家的嚴酷及「爲統治而統治」的政治動機，所以盡挾法家之長，以歸結於儒家。在「爲人民而政治」的這一點上，儒道兩家相同；所以在政治的基本態度上，兩家並無衝突。同時，政治上一切問題的解決，最後不能不追到權力發源地的統治者的心，這在兩家也並無異致。但道家要求政治理想的實現，便不得不一步一步的落實下來，由用衆任官納諫等以至以人民生活爲主的經濟政策，都提出了。政治問題具體而合理的解決，並不排斥老莊的虛靜之心；但這並非僅由虛靜之心所能擔負。於是主術訓便不得不由以虛靜爲主體之心，轉進到以仁智或仁義爲主體之心；若不能把握他們用心之所在，及其發展的綱維，恐怕會抹煞此篇的系統性，及他們所下的一番苦心了。主術訓在上引的最後一段以後，盛推孔子「智過於萇宏，勇服於孟賁」，但「專行教道，以成素王」的能多而事鮮。且闡明孔子作春秋「不道鬼神，不敢專己」（頁一五〇）的智多而守約。自此以下，宏揚仁智及仁義的人文精神，以作全篇的歸結。

「徧知萬物而不知人道，不可謂智。徧愛羣生而不愛人類，不可謂仁。仁者愛其類也，智者不可惑也。仁者雖在斷割（按以義斷制之意）之中，其所（楊校所字疑衍）不忍之色可見也。智者雖煩難之事，其不闇之効可見也。內恕反情，心之所欲（楊校疑作「心所不欲」，按楊校是）其不加諸人。由近知遠，由己知人，此仁智之所合而行也。小有教而大有存也。小有誅而大有寧也。唯惻隱推而行之，此智者之所獨斷也。故仁知有時（依王校增有時二字）錯，有時合。合者爲正，錯者爲

權，其義一也。」（頁一五〇）

「凡人之性，莫貴於仁，莫急於智。仁以爲質，智以行之。兩者爲本，而加之以勇力辯慧捷疾劬錄巧敏遲（王校當作犀）利聰明省察，盡衆益也。身材未脩（按此句疑當在「而加之以衆美」句之上），伎藝曲備，而無仁智以爲表幹，而加之以衆美，則益其損。」（頁一五一）

「國之所以存者仁義是也。人之所以生者，行善是也。國無義，雖大必亡。人無善志，雖勇必傷。」（頁一五二）

「士處卑隱欲上達，必先反諸己。上達有道，名譽不起，而（則）不能上達矣。取譽有道，不信於友，不能得譽。信於友有道，事親不說，不信於友。說親有道，脩身不誠，不能事親矣。誠身有道，心不專一，不能專誠（王校專誠應作誠身）。道在易而求之難，驗在近而求之遠，故弗得也。」（頁一五二）

按論語、中庸，以「仁智」並稱；至孟子而「仁義」、「禮義」並稱。最後所引的全篇結語，蓋合取之於孟子（註六一）。由此可知主術訓作者的儒家思想，應出自子思、孟子的系統。

七、由儒家所作的全書的總結——泰族訓的研究

因爲泰族訓在全書中的特殊地位，所以應略加研究。劉文典淮南鴻烈集解以「此篇敍目，無『因以題篇』字，乃許愼注本」，大概是不錯的。許愼的敍目謂「泰言古今之道，萬物之指，族於一理，明其所謂也，故曰泰族。」集解引「曾國藩云，族，聚也。羣道衆妙之所聚萃也。泰族者，聚而又聚者也。」曾氏除於泰字另作解釋外，實與許氏無大分別。按書泰誓疏，「泰者大之極也」；堯典「方命圮族」傳，「族，類也。」故「泰族」應釋爲最大的一類。淮南子每篇爲一類，共二十類。泰族訓乃二十類中之一。但其他各篇，各以其主要內容標類；而所謂「泰族」，乃說明此乃二十類中最大的一類；若以今語表達，這是全書的總結。所以要略說：

「泰族者，橫八極，致高崇；上明三光，下和水土，經古今之道，治倫理之序，總萬方之指，而歸之一本；以經緯治道，紀綱王事。乃原心術，理性情，以館清平之靈，澄徹神明之精，以與天和相嬰薄；所以覽五帝三王，懷天氣，抱天心；執中含和，德形於內，以君凝天地，發起陰陽；序四時，正流方，綏之斯寧，推之斯行，乃以陶冶萬物，遊化羣生；唱而和，動而隨；四海之內，一心同歸。故景星見，祥風至，黃龍下，鳳巢列樹，麟止郊野。德不內形，而行其法籍，專用制度，神祇弗應，福祥不歸，四海不賓，兆民弗化。故德形於內，治之大本。此鴻烈之泰族也。」（頁三七二—三）

由上面這段誇張的敍述中，可以了解此篇地位的重要，及內容的豐富。許注：「凡二十篇，總謂之鴻烈」；是鴻烈乃全書之名。「此鴻烈之泰族也」，應釋爲「這是全書的總結」。要略後面的幾句話，也正是指泰族訓而言。

「欲强省其辭，覽總其要，弗曲行區入，則不足以窮道德之意。」（頁三七三）

把前面十九篇的要旨，總結於此一篇之內，故謂「省其辭」，「總其要」。欲達此目的，故須「曲行」，曲行於各篇之中，區（分別）入於各篇之內，以採撮其精要；這正是作總結的方法。若不如此，卽是若沒有此一總結，則顯得有些枝蔓、分歧，「不足以窮道德之意。」這也分明說泰族卽是全書的總結。

但寫這一總結的人，却落在一位或一位以上的了不起的儒生手上，使全書中的老莊思想，在儒道兩家的邊際思想上脫胎換骨，都總結到儒家思想方面；而所謂「窮道德之意」的道德，不是以虛無虛靜爲體的道德，却成爲以仁義爲體的道德。於是在全書內容的結構上，顯得是以老莊思想開其端，且似乎是全書思想的主流，却以儒家思想竟其尾；無形中表示，道家思想，應歸結於儒家思想之上。而本篇中的儒家思想，却是以易傳爲中心的大綜合；這是由立五經博士而來的派系化以前的儒家思想，及經董仲舒神秘化以前的儒家思想，特別值得研究的原因在此。

(1)邊際思想轉換之一——法天

我之所謂邊際思想，是指兩家對某一問題，既互相毗連，而又各有分界的思想。泰族訓的作者，與脩務訓的作者不同；脩務訓的作者站在儒家的立場，乾脆對道家思想加以反擊。泰族訓的作者是在作總結，便不應把道家公然抹煞，只好在兩家的邊際思想上弄手脚。「體道」、「法天」，是儒道兩家的第一個邊際思想；泰族訓首先便提出：「天設日月、列星辰，調陰陽，張四時，……其生物也，莫見其所養而物長；其殺物也，莫見其所喪而物亡，此之謂神明。」（頁三四七）但道家之所謂道，所謂天，皆係形而上的性格；道與天的生萬物，皆只說到「無爲而無不爲」的純抽象觀念爲止。孔子則只以「四時行焉，百物生焉」（論語陽貨）言天道，即是他只從人可以經驗得到的地方言天道，不在形而上的境域中去摸索。泰族訓一開首的幾句話，也正是從人可以經驗得到的現象上把握天道，而天生殺萬物，不見生殺萬物之形，他不用「無爲而無不爲」的抽象語言去解釋，只以「陰陽之氣相動也」（頁三四七），及「天地四時，非生萬物也。神明接，陰陽和而萬物生之」（頁三五〇）；與「寒暑燥濕，以類相從；聲響疾除，以音相應也」（頁三四七）等作解釋；這分明是出自易乾文言「同聲相應，同類相求；水流濕，火就燥……則各從其類也」的思想。所以他便引易中孚九二「鳴鶴在陰，其子和之」（頁三四七）的話作印證。而泰族訓的作者的「大生小，多生少，天之道也」；「故化生於外，非生於內也」（皆見頁三四九）的說法，這分明是和道家有生於無，由無生有的說法，作很顯明的對照。所以他們心目中的法天之人，是「故大人者，與天地合德，日月合明，鬼神合靈，與四時合信」（頁三四八）；這正是乾文言「夫大人者，與天地合其德，與日月合其明；與四時合其序，與鬼神合其吉凶」的借用。

(2) 邊際思想轉換之二——神化

由「體道」「法天」而在政治上發生「神化」的效果，這是偏向於道家而爲易傳所含有的思想，所以這也是儒道兩家的邊際思想。易繫辭上：「子曰，君子居其室，出其言善，則千里之外應之，況其邇者乎？居其室，出其言不善，則千里之外違之，況其邇者乎？……言行，君子之所以動天地也，可不愼乎？」又「默而成之，不言而信，存乎德行」；禮表記「子言之，歸乎？君子隱而顯，不矜而莊，不厲而威，不言而信。」這都可以解釋爲「神化」的思想。所以泰族訓自「天設日月」開始，一直到「故攄道以被民，而民弗從者，誠心弗施也」（頁三五〇）爲止的一大段，可以說都是以「神化」爲中心所展開的議論。道家神化的第一根據是體道之人，不擾亂物性，讓物（實際是人民）可以各順其自然而天下治。但泰族訓的作者說：「故聖人懷天氣，抱天心；執中含和，不下廟堂而衍（流衍於）四海，變習易俗，民化而遷善，若性諸己，能以神化也。」（頁三四八）這幾句話中，應特別注意「變習易俗」四字，這是泰族訓中的中心論點之一，而爲齊俗訓及所有老莊思想中所不應有的思想。

神化的第二根據，是由體道的工夫而「致精」，致個人之精，以與天下萬物之精相通相感；這更是儒道兩家的邊際思想。泰族訓的作者，在這些地方，正面接受了道家的若干觀點。他們說「今夫道者（按指有道之人），藏精於內，棲神於心，靜漠恬淡，訟（注：容也）繆（注：靜也）胸中，邪氣無所留滯……百脈九竅，莫不順比，其所居神者得其位也。」（頁三四九）這是俶眞訓精神訓中所反復的思想。但我們應當承認，「藏精於內，棲神於心」，實同於孟子的所謂「存其心，養其性」（盡心章）；也即是理學家所說的「心要在腔子裏。」由道家所提出的靜漠恬淡，乃存其心中蕩滌「邪氣」後所應有的境界。此一境界之自身，可以使人得到精神解放的感覺；也可以通向藝術，使人由對自然的直觀、統覺而得到美的感覺；也可以通向道德，使內蘊的良知良能，得以當下呈現。可以說「靜漠恬淡之心」，乃價值上四通八達之地；程子「每見人靜坐，便嘆其善學」，決非偶然。道家乃安頓於靜漠恬淡心境自身之上，有點近於宋儒所說的「玩弄光景」。但泰族訓的作者，則直接轉到「誠」的觀念上去。他們說「故聖人養心莫善於誠；至誠而能動化矣。」（頁三四九）又說，「聖主在上，廓然無形，寂然無聲，官府若無事，朝廷若無人，……四海之內，莫不仰上之德，象（法）主之指；夷狄之國，重譯而至；非戶辯而家說之也，推其誠心，施之天下而已矣。」（同上）誠是中庸、易傳，及孟子所强調的觀念。在人格的修養上說，這是由論語上的「主忠信」（學而）而來，「盡己之謂忠；如實之謂信」（論語「爲人謀而不忠乎」（朱注）。一切言行，皆以忠信爲主，這便是誠。所以論語集注在「主忠信」下引「程子曰，人道惟在忠信。不誠則無物……若無忠信，豈復有物乎？」在政治上說，是由論語上的「爲政以德」（爲政）而來。「爲政以德，譬如北辰，居其所而衆星拱之」，即是另一處所說的「其身正，不令而行；其身不正，雖令不從。」（子路）所以德教便是身教，統治者以自己有德的生活行爲，作人民的榜樣，由此所發生的教化作用，這卽是德教。一個統治者，在人民面前，由起心動念，到語言行爲，無半絲半毫虛僞；「施諸己而不願，亦勿施於人」；「推己及人」，「視人如己」；這便是德教、身教；做到極點，便是誠。朱熹注謂「爲政以德，則天下歸之。」又引「程子曰，爲政以德，然後無爲。」由此可知上面所引的「聖主在上」的一段話，與道家所說的「無爲」正同，但其線索却是來自論語中庸易傳的儒家思想。所以他們接著引用了太王居邠，狄人攻之；秦穆公爲野人食駿馬肉，及密子治亶父，孔子爲魯司寇，道不拾遺的四個故事，加以結論說「夫矢之所以射遠貫牢者，弩力也。其所以中的剖微者正（依王校，當作人）心也。賞善罰暴者，政令也。所以能行者精誠也。故弩雖强，不能獨中；令雖明，不能獨行。必自（劉文典校當作有）精氣（按由上下文考之，「氣」當作「誠」）所以與之施道。故攄道（治道）以被民，而民弗從，誠心弗施也。」（頁三五〇）在這段話中，並沒有否定「政令」，並沒有否定「攄道以治民」；這便很明顯地在此一邊際思想中，依然轉回到儒家。

(3) 邊際思想轉換之三——以「因」說明禮的起源

「因」的觀念，前面已經說過，這是愼到們爲了說明無爲而無不爲的實現的可能性所提出的觀念。爾後儒晉法家承繼了愼到的法與勢的觀念，但丟掉了因的觀念；却成爲爾後道家思想中的重要觀念。孔子曾說「因民之所利而利之」（見前），孔子的話，遠在愼到們之前，甚至可說愼到們是發展了孔子的這一思想。由此應當承認「因」也是儒道兩家的邊際思想。但道家說：「所謂無不爲者，因物之所爲。所謂無治者，不易自然也；所謂無不治者，因物之相然也。」（原道訓頁八）但泰族訓的作者，在這一邊際思想上，便作了有意義的轉換。他們說，「夫物有以自然，而後人事有治也。」（頁三五〇）上一句與道家完全相同，而下一句則爲道家所不許。這兩句的意思是說，正因爲物有其自然，政治才可因物之自然以爲治。具體的說，他們由此一基本觀念，發展出以「因」來說明禮的起源及禮的意義。淮南子的道家們，把道與法結合在一起；儒家不否定法的意義；但他們認爲法必待禮而後行（見後）。而他們對於禮的起源，善用了「因」的觀念。他們說：

「埏埴而爲器，窬木而爲舟，鑠鐵而爲刃，鑄金而爲鐘，因其可也。駕馬服牛，令鷄司夜，令狗守門，因其然也。民有好色之性，故有大婚之禮。有飲食之性，故有大饗之誼。有善樂之性，故有鐘鼓筦弦之音。有悲哀之性，故有衰絰哭踊之節。故先王之制法（按乃禮字之誤）也，因民之所好而爲之禮文者也。因其好色而制婚姻之禮，故男女有別。因其喜音而正雅頌之聲，故風俗不流。因其寧家室，樂妻子，敎之以順，故父子有親。因其喜朋友而敎之以悌，故長幼有序……入學庠序，以脩人倫。此皆人之所有於性，而聖人之所匠成也。故無其性，不可敎訓。有其性而無其養，不能遵道……故因其性，則天下聽從；拂其性，則法縣而不用。」（頁三五〇至三五一）

按上面這段話有兩點値得注意。第一，「因人之性」，乃儒道兩家所同；但道家不能承認「聖人之所匠成」的「匠成」，故他們反對或輕視禮的意義。第二，禮本是起於周初的封建制度。但禮的自身，原有兩重意義，一是維持封建中的階級性，一是融和封建中的階級性。沒有後一重意義，便不成其爲禮。孔子强調「人而不仁，如禮何；人而不仁，如樂何」（論語八佾）；把仁融入到禮中去，使仁成爲判斷禮的價値的決定因素，這是發展融和原有封建階級性的一面。因民之性以制禮作樂的思想，大概在戰國中期以後才發展出來的。此一思想的重要性，在於把禮起原於適應封建政治要求的歷史根據完全淘汰，而認定適應人性的傾向、要求，才是禮的起源，才是禮的意義，這便使禮從原來的封建統治的束縛中完全突破了出來，使其成爲集體社會中所共同需要的行爲規範。今人一聽到禮的名詞，便指說這是維持封建制度的東西；這是因爲沒有了解禮在封建制度中的兩重意義；更不知道禮在發展中完全擺脫了封建制度以後的意義。任何社會，必須有維持集體生活的秩序；秩序必給各個人的自由以某種程度的限制，此卽構成禮的兩大因素的「節文」中的「節」，節即是節制。這是消極的一面。但禮不僅是節，而且是「文」，文是以文飾表現某行爲的意義，卽是給某行爲以支持、鼓勵，這是積極的一面。「節文」的制定，皆因人性所固有的傾向；禮的實現，卽是人性的展開；此時的秩序與自由，皆出於人性所固有，自然沒有對立的感覺。由此也可以了解「性善」思想的重大意義。但人性表現在生活的要求形態上，必定受時間空間的影響。禮一旦成爲「法籍」後，是固定的條文。而人性表現在生活的要求、形態上，因時間空間的影響而必定有所改變。異時異俗的禮的固定條文，便與人性發生矛盾。迂儒不承認此一矛盾，而依然要執異時異俗的禮以繩尺天下，於是本係因應人性以制定的東西，變成了反抗人性的東西，使社會生活，失掉了應有的調節而陷於空虛、混亂。淮南子一書中，長於言法，尤長於言禮（包括樂）。他們反對迂儒所言的禮。反對虛僞的禮，反對爲統治階級特權階級所特享的禮，而特著重隨時隨俗，因人性的傾向，要求所制的上下、內外如一的禮。他們在齊俗訓中强調了禮樂不能離乎俗的意義；他們在氾論訓中，强調了禮樂的適時改制的意義。氾論訓說：「先王之制，不宜則廢之。末世之事，善則著之。是故禮樂未始有常也。故聖人制禮樂，而不制於禮樂……故聖人法與時變，禮與俗化。」（頁二一二）全書隨處言及禮樂，而以氾論訓、泰族訓中所言者尤爲精要。

(4) 邊際思想轉換之四——由無爲到簡、大

道家强調無爲，泰族訓中則特發揮簡、大的意義，這是較之無爲落實一層的意義。這也是由道家轉向儒家的一條通路。孔子已稱道「簡」（註六二），易傳更發揮了簡易的意義（註六三）。但泰族訓的作者，則更配上一個「大」的觀念，以防對簡的誤解。並且能大始能簡。泰族訓：

「治大者道不可以小，地廣者制不可以狹；位高者事不可以煩；民衆者教不可以苛。夫事碎、難治也；法煩、難行也；求多、難澹也。寸而度之，至丈必差；銖而稱之，至石必過……故大較、易爲智，曲辯、難爲慧……故功不厭約，事不厭省，求不厭寡……孔子曰，小辯破言，小利破義，小藝破道，小見不達；必簡。」（頁三四五—三五五）

上面的「約」、「省」、「寡」，都是簡的分解的說法。

(5) 由老莊的道轉向儒家的經

泰族訓全篇數引易、詩，以爲論證；並對六經作過全面性的評價：

「故易之失也掛，書之失也敷，樂之失也淫，詩之失也辟（邪），禮之失也責，春秋之失也刺」（頁三五二）

又：

「六藝異科而皆同道。溫惠柔良者，詩之風也。淳龐敦厚者，書之教也。淸明條達者，易之義也。

恭儉尊（撙）讓者，禮之爲也。寬裕簡易者，樂之化也。刺幾辯義者，春秋之靡（漸靡之靡）也。故易之失鬼，樂之失淫，詩之失愚，書之失拘，禮之失忮，春秋之失訾，六者聖人兼用而財（裁）制之。」（頁三五三）

上面一段話，蓋出於禮記的經解，而文字互有異同。最值得注意的是，道家把他們所建立的形而上的道，推尊得至高無上；而泰族訓的作者，則把六經推尊得至高無上，實際是要以儒家的六經，代替道家之道的地位，這便把全書道家的地位，完全轉到儒家手上了。

「夫觀六藝之廣崇，窮道德之淵深，達乎無上，至乎無下，運乎無極，翔乎無形；廣於四海，崇於泰山，富於江河；曠然而通，昭然而明；天地之間，無所繫戾；其（六藝）所以監觀，豈不大哉。」（頁三六三）

按全篇未言及老莊之所謂道德；而上面一段話，主要是在說明學問可以開通心智的效驗；所以「窮道德之淵深」一句的道德，乃指六藝中的道德而言。泰族訓中的話多說得平實；尤以對六經的評價，說得更平實；何以這段話卻仿莊子學派的口氣，說得很誇張呢？已如前所說，爲了要把道家之道的地位轉到六經身上。

(6) 禮與移風易俗

現在再把泰族訓全篇的結構作概略的說明，藉以明瞭這批儒家思想的系統。

由開首的「天設日月」（頁三四七）起，至「誠心弗施也」（頁三五〇）止，說明天道生育萬物是神化；聖人法天，也是神化；而神化是出於聖人的精誠。這是政治的主觀條件，也是政治的基點。此係合中庸的「至誠而不動者，未之有也」，及大學的「壹是皆以脩身爲本」以爲言。

由「天地四時，生萬物也」（頁三五〇）起，至「此治之綱紀也」（頁三五二）止，說明因民之性以制禮，實爲政治的綱紀。因爲父子君臣夫婦長幼朋友的合理關係，皆由禮而始能成立。這種家庭、政治、社會的基本關係建立起來了，「乃裂地而封之，分冊而治之，築城而居之，割宅而異之，分財而衣食之，立大學而教誨之，夙興夜寐而勞力之」（頁三五一—二），此即他們所說的「此治之綱紀也」。

由「夫物未有張而不弛，成而不毀者也」（頁三五二）起，至「無道以行之，法雖衆，足以亂矣」（頁三五六）止，包含幾種意思。（一）認爲政治上無不弊的設施，因而主張「事窮而更爲，法弊而改制」，「以調天地之氣，順萬物之宜。」（頁三五二—三）這是主張因時而制禮。（二）認爲「天不一時，地不一利，人不一事，是以緒業不得不多端，趨行不得不殊方」（頁三五二）；不可「守一隅而遺萬方，取一物而棄其餘。」（頁三五四）這是反映漢代大一統的帝國，應當包容萬方殊俗以制禮，反對當時以朝廷爲基準的「道一風同」的想法。(三)强調大與簡，而不可任煩苛之法。這實際還是說明禮的意義與運用的要點。

他們爲什麼這樣重視禮?因爲他們認爲人民只能在善良的風俗中過着諧和合理的生活；而政治的根基，必植基於善良風俗之中。所以政治的基本任務及最高目的，乃在於能移風易俗。詩大序「美敎化，移風俗；」禮記樂記，「移風易俗，莫善於樂，」管子法法，「變易風俗」，荀子王制，「美風俗；」新語道基，「正風俗，通文雅，」新書輔佐，「文脩禮樂以正風俗。」這是戰國中期以後發展出來的政治共同理想；泰族訓的作者特別强調了這一政治理想。從「治身，太上養神，其次養形。治國，太上養化，其次正法」(頁三五六)起，到「察其黨與，而賢不肖可知也」(三五九頁)止，是說明風俗爲政治的根本，而善良風俗的形成，有待於禮義之化，及任用得人以立之儀表。這裏，應先將「風俗」一詞，略加解釋。

漢書地理志：「凡民稟五常之性，而有剛柔緩急音聲不同，繫水土之風氣，故謂之風。好惡取捨，動靜無常，隨君上之情欲，故謂之俗。」周禮夏官合方氏注：「風俗所高尚」疏，「風謂政教所施……俗謂民所承襲。」二者皆將風與俗對擧；地理志以風爲來自地理的影響，俗爲來自政治的影響。周禮疏則以風爲來自政治的影響，俗爲來自傳承的影響。地理與政治，對風俗的形成皆有影響，固不待論；但以此來解釋風俗，有點近於牽附而非其本義。莊子則陽「丘里者，合十姓百名而以爲風俗也；合異以爲同，合同以爲異。」這幾句話，說明風俗是由十姓百名而成，即是在集體生活中所形成的。「合異以爲同」，是說在集體生活中，有一個共同傾向。「合同以爲異」，是說在共同傾向中又分爲各人的具體生活情態。這便對風俗描寫得相當地眞切。說文八上，「俗，習也」。習是行爲的反復；由反復而成爲慣性，即是成爲不知不覺而自然會如此的生活行爲。禮記、曲禮「入國而問俗」注，「俗謂常所行與所惡也」；「常所行」，即是習慣性的行爲，與說文之義相合。換言之，所謂俗，是在集體生活中所養成，所承認的一種共同傾向，及在此共同傾向下的習慣性的生活、行爲。故一稱爲習俗。只要是人的行爲，必定有一種意識的，或不意識的價值判斷。習俗一經形成後，便成爲價值判斷的標準；合於習俗，即合於此集體生活的價值標準，而得相安相助。否則必與此集體中的多數份子發生磨擦而被排斥。由此可知習俗對集體生活中的組成份子，會發生一種制約的力量。這種力量在未遇到反撥時，是看不見，摸不着的，有如風。古人便常把可以感受，或發生無形的影響力的東西，稱之爲風；風與俗連在一起，應作這樣的去理解。人生活在善良的集體生活慣性中，便不必矜心著意，自然隨著善良的集體生活慣性而活動，一切行爲便都成爲善良的，而不感到有絲毫的强制壓力；這樣一來，每一個人都成爲有意義的生存，社會當然成爲健全而和諧的社會。泰族訓說到這種情形是「民交讓，爭處卑；委利，爭取寡；力事，爭就勞；日化上遷善而不知其所以然，此治之上也。」（頁三五六）若風俗壞，則社會混亂，政治也必崩潰。泰族訓繼續說：

「誠決其善志，防其邪心，啓其善道，塞其姦路，與同出一道（在上者與人民同出於禮義），而風俗可美也。……所以貴聖人者，非貴隨罪而鑒（判）刑也，貴其知亂之所由起也。若不脩其風俗，而縱之淫辟，乃隨之以刑，繩之以法，法雖殘賊，天下弗能禁也。禹以夏王，桀以夏亡，……非法度不存也，紀綱不張，風俗壞也……故法雖在，必待聖而後治。」（頁二五六—七）

「民無廉恥，不可治也。非脩禮義，廉恥不立。民不知禮義，法弗能正也，非崇善廢醜，不向禮義。無法，不可以治也。不知禮義，不可以行法，……親賢而進之，賤不肖而退之，……民孰不從？古者法設而不犯，刑錯而不用，非可刑而不刑也。百工維時，庶績咸熙，禮義脩而任賢得也……由本（用得其人）流末（由用人所樹立之善良標準，流佈於社會），以重（朝廷）制輕（社會），上倡而民和，上動而下隨，……背貪鄙而向義理；其於化民也，若風之搖草木，無之（往）而不靡（順）。今使愚教知，使不肖臨賢，雖嚴刑罰，民不從也。」（三五七—八）

上面的話，可分兩點來稍加疏釋。第一點是風俗的好壞，以有無廉恥之心爲斷。禮義即所以培養、保持社會廉恥之心。廉恥之心，固爲人性所固有，但食色之性，亦爲人性所固有；順著食色之性而不加節文，則人性的這一面，必淹沒了廉恥之心的另一面。禮的節文，是一方面滿足食色的要求，另一方面又節制文飾食色的要求，使人以踰節不文爲恥。禮與法不同之點有二：其一，法是强制性的，禮是漬漸性的。其二，法施用於特出的行爲，禮則彌綸於全面的生活。法的作用是消極的。禮的作用是積極的。禮記經解說禮的作用很精到：「故禮之教化也微（無强制性，無迫促感），其止邪於未形，使人日從善遠罪而不自知也。」泰族訓的作者並不是抹煞法的意義。但認爲法用在無廉恥的社會，有如我們今日的社會，是沒有效用的。

第二點是泰族訓認爲禮義乃具體實現於人的生活行爲之上。所以禮義的標準，必通過人而始顯。古代政治對社會的影響力，遠較現代自由社會爲大。在上者的用人，有兩重作用：一重意義是爲推行政令；一重意義是對社會指示趨向，樹立標準。後一重意義更爲重大。在上者所用得人，便是向社會指示了禮義的方向，樹立了禮義的標準，也就鼓勵保證了禮義對社會的教化作用，使風俗向好的方向發展。否則發生相反的作用。子夏爲孔子「舉直錯諸枉，能使枉者直」的話舉證說，「富哉言乎！舜有天下，選於衆，舉皐陶，不仁者遠矣。湯有天下，選於衆，舉伊尹，不仁者遠矣。」「不仁者遠」，即是移風易俗。

(7) 君子小人之辨

泰族訓由「夫聖人之屈者以求伸也」（頁三五九）起，到「言以信義爲準繩也」（頁三六〇）止，乃言君子小人之辨。要能用人，必先能知人；此段乃言知人之方法。尤以針對當時士大夫冒濫無恥的情形，這種君子小人之辨，更爲重要。他們說：

「當今之世，醜必托善以自爲解；邪必蒙正以自爲辟（避）。遊不論國，仕不擇官，行不辟汙，曰，伊尹之道也。分別爭財，親戚兄弟搆怨，骨肉相賊，曰，周公之義也……此使君子小人，紛然淆亂，莫知其是非者也。」（頁三五九）

他們所提出的方法，歸納爲兩點：一是聖人有時而行權，但權必歸於正。小人可以作僞，但作僞只能限於一時。於是他們提出「觀行者於其終也」（頁三五九）的方法，即是觀察一個人的最後歸趨。另一是人因環境、個性等的不同，行爲亦隨之千差萬別；但在千差萬別中，畢竟須歸向一個大的價值標準；歸向不歸向此大的價值標準，乃判斷君子小人的準繩。他們認爲知能不是判斷君子小人的價值標準，他們所提出的價值標準是善，是仁義。他們說「不歸善者不爲君子」（頁三五九），而「善行歸乎仁義。」（頁三六〇）並舉出田子方、段干木、李克，是「異行而歸於善者（按當漏一也字）。」（頁三六〇）舉出張儀、蘇秦，是「異行而歸於醜者也。」（同上）他們說：

「雖有知能，必以仁義爲之本……聖人一以仁義爲之準繩。中之者謂之君子，弗中者謂之小人。君子雖死亡，其名不滅。小人雖得勢，其罪不除。」（頁三六〇）主術訓，「徧徧愛羣生而不愛人類，不可謂仁」（頁一五〇），這是以愛人類爲仁。繆稱訓，「仁者積恩之見證也。義者比（附）於人心，而合於衆適者也。」（頁一五三）齊俗訓，「義者循理而行其宜也。」（頁一七六）由他們對仁義所下的定義，可知仁義不是空泛的名詞。

(8) 以「自得」爲本

泰族訓由「欲成覇王之業者，必得勝者也」（頁三六〇）起，到「行可奪之道，而非簒弑之行，無益於持天下矣」（頁三六〇）止，說明欲成覇王之業，「必得人心」；並强調失人心，即不應有天下之義。而「能得人心者，必自得者也。」（頁三六〇）因爲「心者身之本也；身者國之本也。未有得己而失人者也；未有失己而得人者也。」（同上）這是總結了前面所引的道家以「自得」爲「得天下」的主張，却把儒家融合在一起。道家自得的思想，在格套上，也可與大學由誠意，正心，而脩身、齊家、治國、平天下相通。但在心的把握上有所不同。「直行性命之情，而制度可以爲萬民儀」（頁三六一）；上一句可通儒道兩家，下一句則爲儒家所獨有。而他們在這一段中，强調了「故桀紂不爲王，湯武不爲放」（頁三六一）；又說「行可奪之道，而非簒弑之行，無益於持天下矣」（頁三六二）、這都是當時黃老的學者們所不敢言的。同時，在大一統專制政權之下，政治問題，進到最後，必定落在人君身上，因爲這是一切權力的根源。所以他們談「自得」，實際是談君道。

(9) 學問的重視及學問的方向

由「凡人之所以生者衣與食也」(頁三六二)起，至「可謂知略矣」(頁三六四)止，是通政治社會以爲言，強調學問的重要，及學問的大方向。禮義有待於學問之教，人才有待於學問之養，人文、世運，有待於學問的扶持推進。重視學問與不重視學問，是儒道兩家的大分水嶺；而法家則乾脆反對學問。由儒家所寫的脩務訓，大力提倡學問；泰族訓的作者當然也特別重視學問。他們說：

「凡人之所以生者，衣與食也。今囚之冥室之中，雖養之以芻豢，衣之以錦繡，不能樂也。以目之無見，而耳之無聞。穿隙穴，見零雨，則快然嘆之。況開戶發牖，從冥冥見昭昭乎？……夫言者所以通己於人也；聞者所以通人於己也。瘖者不言，聾者不聞。既瘖且聾，人道不通。故有瘖聾之病者，雖破家求醫，不顧其費。豈獨形骸有瘖聾哉，心志亦有之。夫指之拘也，莫不事申也；心之塞也，莫之務通也，不明於類也。」(頁三六二—三)

上面這段話，表明了他們對學問的迫切感。又說：

「人之所知者淺，而物變無窮。曩不知而今知之，非知益多也，學問之所加也。……人莫不知學之有益於己也；然而不能者，嬉戲害人也。人皆多以無用害有用，故智不博而日不足。……以弋獵博

奕之日誦詩讀書，聞識必博矣。故不學之與學也，猶瘖聾之比於人也。」（頁三六三至三六四）

至於學問的大方向，他們說：

「凡學者能明於天人之分，通於治亂之本；澄心淸意以存之，見其終始，可謂知略矣。」（頁三六四）

他們所說的學問的方向，規模宏大；而「澄心淸意以存之，見其終始」二語，意義深遠。這裏所顯出的大山、小山乃至九家易的儒生面目，較董仲舒爲純爲實，無陰陽五行之龐雜。較之儒林傳中的人物爲通而不滯，大而不拘。乾、嘉以來的所謂漢學家，何足以窺見於萬一？可悟因淮南的寃獄而一起埋沒了，這是學術史上的大損失。

⑽ 對當時政治的批評

泰族訓由「天之所爲，禽獸草木。人之所爲，禮節制度」（頁三六四）起，至最後的「故仁莫大於愛人，知莫大於知人。二者不立，雖察慧捷巧，劬祿（盧文弨校，祿當作錄）疾力，不免於亂也」（頁三六八）止，因漢代以法爲治的本質，至景帝而益顯，所以特別强調「治之所以爲本者仁義也；所以爲末者法度也」（頁三六四）而要求先本而後末。這是對於當時政治實況的嚴厲批評。他們說：

「故仁義者治之本也。今不知事脩其本，而務治其末（法），是釋其根而灌其枝也。且法之生也，以輔仁義。今重法而棄義，是貴其冠履而忘其頭足也。故仁義爲厚基者也；不益其厚而張其廣者毀，不廣其基而增其高者覆。嬴政（秦始皇）不增其德而累其高，故滅。智伯不行仁義而務廣地，故亡其國。」（頁三六四）

這一段中還批評了當時音樂之不本於雅頌，乃作爲本末倒置的一事例。批評了商鞅之立法，可謂「天下之善者也」，然卒以亡秦，是因爲「察於刀筆之跡，而不知治亂之本。」（頁三六六）禮有時而「費」而「煩」，但所以「防淫」，是小失而大得。商鞅之法，便於舉姦，然而傷和睦之心，小利而大害。故事有「利於小而害於大，得於此而亡於彼者」，愚者常「惑於小利而忘其大害。」（以上皆頁三六七）故政治必以仁義、仁知爲本。這都是針對當時的政治實態以立論的。

八、結　論

淮南子一書，是當時思想的一大集結；但不可誤信司馬談論六家要旨，說道家是「因陰陽之大順，采儒墨之善，撮名法之要；與時遷移，應物變化，立俗施事，無所不宜」的話，以爲此一大集結，乃來自道家思想的本身。司馬談上面的一段話，勉强可應用到主術訓上面；而主術訓的展開，實逐漸不得不離開了道家的思想立場。司馬談的話，不僅不能應用在脩務訓、泰族訓上面，且不能應用到書中許多很明顯地以儒家立場發言的上面。淮南子一書對當時思想的大集結，乃來自劉安賓客中的包羅宏富，而又皆有平等發言的機會。當然其中是以儒道兩家爲主。我的推測，要略的全書敍目，是由一位道家執筆；要略中主要表現了道家的想法，是以道家的立場去貫通全書的；對於儒家的立場，多含混帶過去。因此，從要略不能把握到全書的精神、脉胳。由儒家寫了泰族訓的全書總結，再由道家寫要略的全書敍目，推想，這是劉安當時調和於二者之間的妥協的辦法。所以，淮南子中所大集結的當時思想，乃是來自當時抱有不同思想的賓客，在平等自由中，平流競進，集體著作的結果。決非是出自道家一家的思想性格或企圖。他們意識地要作這一大集結。不僅說山訓、說林訓，把當時流行的格言嘉話一起收錄，是「箴言集」的性格，或可稱爲「寸金集」的性格。所以在這些篇章裏，不必追尋他的整然不亂的系統。甚至繆稱訓、氾論訓、詮言訓、人間訓，都帶有箴言集的性格，反映了當時廣泛的文化水平，及社會性的人生觀念，價值觀念。通過這部書，可以了解在五經博士未成立以前的漢初思想的比較完整的面目。惜我不能推擴我對此書的研究面，提出本書每一方面的寶藏來加以討論，這有待於繼續有人肯作這一工作。尤其是其中的兵略訓，除了極少部分的神秘思想外，實總結了古代的軍事思想，一直到現在還有他的精深意義，而未爲人所注意。我希望能以此篇爲基礎，將來能寫一篇「中國古代軍事思想發展史」的文章。

我所以說上面的話，在表明我這篇文章對淮南子的研究，只能算是開其端，尚未竟其尾。不過我毫不掩飾地說，我對此書，斷續地花費了不少時間，作了三次的資料整理。但一直到我拿起筆來寫這篇文章時，我還是抱着一副厭惡的心理。當我在寫的過程中，漸漸發現了那一批以大悲劇收場的賓客們活動的面影，不知不覺地以感激之情，代替了原來的厭惡心理，而在結束這篇文章時，不免感到有一番悵惘。深入到古人的世界以讀通一部書，眞是太困難了。

附註

註　一：此書若依劉安本人的意思，便應稱鴻烈，應稱劉氏之書（俱見要略），或淮南鴻烈（見高誘注序）。依本傳，應稱「內篇」；依漢書藝文志，應稱爲淮南內二十一篇，或簡稱淮南內篇。隋書經籍志稱爲淮南子，蓋隨諸子之例，遂成此書通名，今用之。又世界書局印行莊逵吉校本的淮南子注，全書通計頁數，徵引本文時卽以此書爲底本。校注參考諸家之說，則除楊樹達的淮南子證聞外，皆出於劉文典的淮南鴻烈集解。又本書許注高注的糾葛，請參閱余嘉錫四庫提要辨證卷十四淮南子二十一卷條下。本文中僅稱「注」者，皆指高注。

註　二：劉安與呂不韋不同之點，在於呂不韋有識量，但不一定有典籍上的知識；而劉安自身則有很高的文學修養。所以呂不韋只是提出寫呂氏春秋的要求，而不必一定參加了實際的著書工作。劉安可能本人也參加了一部份實際工作。

註　三：蘇魏公（頌）文集卷六十六校淮南子題序謂高誘注淮南，「每篇之下，皆曰訓。」其意以訓乃注之別稱。劉文典淮南鴻烈集解原道訓下引姚範云：「疑訓字高誘自名其注解，非淮南篇名所有，卽誘序中所云『深思先師之訓』也。要略無訓字。」按高誘淮南注序，「比方其事，爲之注解。」又呂氏春秋注序自稱「作淮南孝經解」，是高氏自定名爲淮南注解（蘇頌引作「高題卷首，皆謂之鴻烈解經」，多一「經」字，此緣不通句讀而誤），斷無在每篇下另加一「訓」字之理，古今注書家皆無此例。且自詮言訓以下，皆係許愼注，除要略外，何以亦皆有訓字？而四部叢刊所印影鈔北宋本，各卷下皆有「太尉祭酒臣許愼記上」，雖係訛誤，要可知此本與許注關係之密切，亦皆有訓字。而高誘注呂氏春秋，乃在注淮南之後，注呂氏春秋序，中亦有「故復依先師舊訓」之語，何以呂氏春秋各篇，皆未加訓字？故各篇訓字，乃淮南所固有。意者書成進於天子，希望卽眞能成爲「劉氏之書」，故加一訓字，與訓詁之詁同義。要略乃全書序目，故無訓字。

註　四：本傳謂「王（厲王劉長）有子四人，年皆七，八歲。」蓋非一母所生，故年齒相差甚少；而劉安居長，故假定爲八歲。

註　五：連同要略言之，則爲二十一篇。要略係全書序目，性質與前二十篇不同；故不連同要略言之，則爲二十篇。

註　六：見日本學術振興會出版的金谷治著秦漢思想史頁四五九。在此文以前，金谷治氏刋行有老莊的世界單行本。

註　七：以上皆見漢書六十四嚴助傳。

註　八：淮南寃獄，具見於拙著周秦漢政治社會結構之硏究中漢代專制政治下的封建問題一文。

註　九：漢書四十八賈誼傳，文帝封淮南厲王長之四子爲列侯時，賈誼援白公爲父報仇事以諫，言之激切，此事當爲朝廷及劉安所習知。

註一〇：拙文漢代專制政治下的封建問題一文，對此言之較詳，可以參閱。

註一一：漢書藝文志：道家有黃帝四經四篇，黃帝銘六篇，黃帝君臣十篇，雜黃帝五十八篇；陰陽家有黃帝泰素二十篇；小說家有黃帝說四十篇；陰陽有黃帝十六篇；天文有黃帝雜子氣三十三篇；曆譜有黃帝五家曆三十三卷；五行有黃帝陰陽二十五卷，黃帝諸子論陰陽二十五卷；雜占有黃帝長柳占夢十一卷；醫經有黃帝內經十八卷；經方有泰始黃帝扁鵲俞拊方二十三卷，神農黃帝食禁七卷；房中有黃帝三王養陽方二十卷；神仙有黃帝雜子步引十二卷，黃帝歧伯按摩十卷，黃帝雜子芝菌十八卷，黃帝雜子十九家方二十一卷。以上凡以黃帝爲書名者，計二十種。

註一二：將楊樹達淮南子證聞一書及王叔岷淮南子與莊子一文所舉出之稱引莊子材料，加以綜合，則現行莊子三十三篇，被淮南子反復稱引者達二十八篇之多。計逍遙遊、齊物論、人間世、德充符、大宗師、應帝王、駢拇、馬蹄、胠篋、在宥、天地、天道、天運、刻意、繕性、秋水、至樂、達生、山水、田子方、知北遊、庚桑楚、徐無鬼、則陽、外物、讓王、盜跖、列禦寇。據周駿富淮南子與莊子之關係一文，可補入寓言、天下篇。其所未及者，僅內篇之養生主、雜篇之說劍、漁父三篇而已。但精神訓「以不同形相嬗」的思想，可能來自養生主的「薪盡火傳」的思想，則淮南未及者僅說劍、漁父兩篇。

註一三：文選謝靈運行旅詩註，許詢雜詩注，齊竟陵王行狀注，皆數引淮南王莊子略要。張景陽七命注，引有淮南王莊子后解。

註一四：淮南子除大量引用了老子、莊子，呂氏春秋外，尚引用了論語、墨子、子思子、公孫尼子、孟子、荀子、商君書、列子、尸子、管子、愼子、孫子、韓非子、晏子春秋、戰國策，禮記中引有檀弓、王制、樂記、中庸、經解，及尚書大傳、楚辭天問等。

註一五：毛詩正義關雎毛傳，「興也。關關和聲也。雎鳩……鳥摯而有別。」鹿鳴毛傳，「興也……鹿得苹呦呦然鳴而相呼。」

註一六：俱見文心雕龍詮賦篇。

註一七：易繫辭下兩稱「兼三才而兩之」；所謂三才，即指天道、地道、人道。

註一八：逍遙遊「故曰至人無己，神人無功，聖人無名。」

註一九：大宗師「且有眞人，而後有眞知」以下，共用眞人一詞者凡八。

註二〇：楊樹達淮南子證聞謂「此篇全衍老子之旨」，未確。

註二一：開始「有始者」一段，雖出自莊子齊物論；然齊物論此段，實衍老子「有生於無」之義。

註二二：此已收入拙著周秦漢政治社會結構之研究中。

註二三：原文作「是故作眞人之所游」，此依俞樾校。

註二四：「因是」是因物之所自以爲是者，亦隨而承認其爲是。此乃齊物論的重要論點之一。

註二五：史記十二諸侯年表序，「周道缺，詩人本之衽席，關雎作。仁義陵遲，鹿鳴刺焉。」困學紀聞三，「疑是三家之說。」

註二六：僞古文五子之歌雖僞，但其中「予臨兆民，懍乎若朽索之御六馬」，此語或採自古文五子之歌的剩語。

註二七：見荀子非十二子篇。

註二八：衆人因學而過其性。聖人以不學爲學，恢復衆人因學所過之性。

註二九：篇中不僅引荀子勸學篇「木直中繩，揉以爲輪，其曲中規」等語。且以「服習積貫之所致，」「淹浸漬漸靡使然也」，說明學的功用，皆本於荀子。「淹浸漬」皆釋「漸」的意義。

註三〇：荀子勸學篇，「君子生非異也，善假於物也」，即由學以獲取前人經驗之意。

註三一：被譯爲哲學的 Philosophy，乃由希臘原語之愛與智兩字合成；愛乃喜悅之意，愛智卽是以知識爲喜悅；人在喜悅中也有精神解放的感覺。

註三二：原道訓盛稱聖人由修養而「自得」之義。而謂「所謂自得者，全其身者也。全其身，則與道爲一矣。」（頁一五）

註三三：論語公治長。

註三四：說文二下。

註三五：管子君臣。

註三六：按此句是簡述老子二十一章，「窈兮冥兮，其中有精，其精甚眞，其中有信」數句；若如此，則「有情」之情，似應作「精」，因形近而誤。

註三七：莊子大宗師：「偉哉造化，又將奚以汝爲，將奚以汝適？」「夫造化者必以爲不祥之人」，「彼方與造物者爲人。」

註三八：淮南鴻烈集解此處引王引之云「書傳無言天地未形，名曰太昭者。馮翼洞漏，亦非昭明之貌，太昭當作太始。易乾鑿度曰，太始者形之始也」云云。按淮南子的作者，極力製造新詞，而對「無形之貌」，加上太昭的新名詞，以表示無形不等於黑暗（黑暗也是無形的），這正流露出他們的基本願望。而太昭與「形」，尙有一段距離，故此處太昭決非太始之誤。清人的思考能力，較漢人更差，王引之在經義述聞中，每因此而妄立曲說，與其父的讀書雜誌的縝密謹嚴，相去甚遠。

註三九：對「惟像」的解釋是：高注：「惟、思也。念天地未成形之時……」俞樾謂「惟乃惘字之誤……惘像即罔象也。文選思玄賦，『戫泊飂戾，沛以罔象兮。』」楊樹達淮南子證聞：「楚辭天問……馮翼惟像，何以識之，爲淮南此文所本，俞不詳考，憑臆改字，殊爲疏謬。」按楊說是。

註四〇：詳見拙譯中國人的思維方法。

註四一：主術訓卷九頁一二九。

註四二：莊子及淮南子中之所謂「神明」，似皆指道之屬性或作用而言。亦卽指道而言。

註四三：原道訓卷一頁五。

註四四：莊子大宗師：「參日而後能外天下。已外天下矣，吾又守之，七日而後能外物。」

註四五：裴學海古書虛字集釋卷五頁三八六，「其猶於也。」

註四六：莊子德充符，「莊子曰，道與之貌，天與之形。」此處之道與天，以互見成文。是形亦出於道。

註四七：見左傳成公十三年周劉子之言。

註四八：請參閱拙文呂氏春秋及其對漢代學術與政治的影響中七「呂氏春秋中的天人思想」。

註四九：按詩皇皇者華「六轡既均」傳「調也」；調即調和。此處均字亦應作調字解釋，非平均之均。

註五〇：據王念孫校，三當作二。按一失位，可以傷及其他二者，而失位之一，亦未嘗不傷；故仍當作「三」。

註五一：高注「壯，傷也」。按朱駿聲說文通訓定聲壯字下謂假借爲戕，易大壯馬注，「傷也。」姤女壯虞注，「傷也。」

註五二：見史記儒林列傳。

註五三：莊子人間世，「一宅（宅於一）而寓於不得已，則幾矣。」又「托於不得已以養中。」刻意，「迫而後動，不得已而後起。」庚桑楚，「動以不得已之謂德。」「有爲也欲當，則緣於不得已。不得已之類，聖人之道。」完全無爲，是不可能的，所以提出「不得已而後爲」，這是不夾雜主動的最低限度的爲，所以我說是爲「無爲」下轉語。

註五四：韓非子有主道第五。

註五五：按此命字，乃天命之命。對人爲而言，法完全由客觀的標準所決定，未摻雜絲毫人爲的好憎，使受法者有如稟受天命之感。

註五六：按釋與懌通，樂也，悅也。

註五七：老子：「太上，下知有之」；其意爲最理想的政治，下民只知有人君，並不感人君與自己有何關涉。因係無爲而治之故。主術訓此處引用此語，亦係此意。乃高注謂，「言太上之世，下知之人，皆能有此術。」可謂大謬。

註五八：見韓非定法第四十三。

註五九：原文「臣道圓者，運轉而無方，論是而處當……」，此依王念孫校改。

註六〇：原文「使有司」），依王校改。

註六一：按「士處卑隱欲上達」一段，實出自中庸「在下位不獲乎上」一段。此段又分見於孟子，僅有少數文字異同。但「道在易求之難」二語，實出自孟子「道在邇而求諸遠，事在易而求諸難」（離婁上）：故主術訓此段應係採自孟子。

註六二：論語雍也「仲弓問子桑伯子，子曰，可也，簡。」

註六三：易繫辭上，「乾以易知，坤以簡能……易簡而天下之理得矣」，「易簡之善配至德」。繫辭下「夫乾確然示人易矣，夫坤隤然示人簡矣。」

先秦儒家思想的轉折及天的哲學的完成

董仲舒春秋繁露（註一）的研究

一、董氏思想與大一統專制政治之成熟

先秦儒家與其他諸子百家不同之一，在於儒家思想，始終係環繞六藝而展開（註二）。六藝中，春秋為孔子所作，自孟子起，已承認對孔子思想的把握，實居於重要地位（註三）。但董仲舒出，由其公羊春秋學對春秋的解釋，發生了一大轉折，影響到西漢其他經學在解釋上的轉折，乃至影響到先秦儒家思想在發展中全面的轉折，在思想史上的意義特為重大。而此一轉折，與董氏天的哲學系統是密切相關的。

把陰陽由日影的明與暗的兩面，進而視為氣的兩種不同性格，並將此兩種不同性格之氣，視為由天所發生的基本作用：再進一步，認為天地即係由此性格不同之陰陽二氣所構成；這是長期演進的結果。大約在春秋中期，始其見端緒於周室主管天象之史；至戰國中期，已成為一種確定的學說，而開始向諸

子百家中流佈；但中庸、孟子乃至莊子的內七篇，尚未受此影響（註四）。五行由國計民生所實用的五種材料，演變而爲宇宙間的五種基本元素，且與陰陽二氣關連在一起，只能追溯到鄒衍（註五）。到了呂氏春秋，則把五行配入到四時中去，更配上他們認爲與四時相應的政令與思想，第一次建立了以陰陽五行爲依據的宇宙、人生、政治的特殊構造。此一特殊構造，給漢代思想家們以重大的影響。尤其是董仲舒所受的影響最爲深刻，他由此而把陰陽四時五行的氣，認定是天的具體內容，伸向學術、政治、人生的每一個角落，完成了天的哲學大系統，以形成漢代思想的特性。可以說，在董仲舒以前，漢初思想，大概上是傳承先秦思想的局格，不易舉出它作爲「漢代思想」的特性。漢代思想的特性，是由董仲舒所塑造的。漢書五行志敍說「漢興，承秦滅學之後，景武之世，董仲舒治公羊春秋，始推陰陽爲儒者宗」，蓋得其實。正因爲如此，所以儒家思想發展到董仲舒，在許多地方變了形；在許多地方，可以把董氏以前與董氏的新說及受董氏新說影響的繼起之說，劃一個大分水嶺。而兩千餘年，陰陽五行之說，深入於社會，成了廣大的流俗人生哲學（註六），皆可追溯到董仲舒的思想上去。他是意識地發展呂氏春秋十二紀紀首，以建立無所不包的哲學系統的，並把他所傳承的公羊春秋乃至尚書的洪範組入此一系統中去，以促成儒家思想的轉折。

他的這一意圖，與大一統專制政治的趨於成熟，有密切關係。他一方面是在思想上、觀念上，肯定此一體制的合理性。同時，又想給此一體制以新的內容，新的理想。這便構成他的天的哲學大系統的現實意義。這裏應特別指出的，董氏肯定了大一統的專制政體，並不等於他肯定了「家天下」。相反的，他贊成禪讓和征誅的兩種政權轉移的方式，即是他依然守住「天下爲公」的政治理想。不過他前一努力，適應了專制政治自身的要求，當然會收到很大的效果。而他後一努力，他不曾了解實際上是與前一努力不能相容的。所以必然是落空的。他對專制政治，感到有兩大問題，希望加以轉化。第一，他維護專制之主的至尊無上的地位；但由至尊無上的地位所發出的喜怒哀樂，運轉着整個統治機構所及於天下的影響太大。可以說，大一統專制皇帝的喜怒哀樂，成爲最高政治權力的「權源」。他大槪也感到儒道兩家，想由個人的人格修養來端正或解消這種權源之地，幾於是不可能的；於是只好把它納入到天的哲學中去，加上形上性的客觀法式，希望由此以把權源納入正軌。第二，作爲大一統專制統治的重大工具，在董氏時代，幾乎也可以說是唯一的工具，是繼承秦代的刑法。此種刑法之酷，臣民受害之烈，只要一讀漢書刑法志及酷吏傳，稍有人心的人，無不怵目驚心。班固在刑法志中作總結性的敍述說：「今郡國被刑而死者，歲以萬數，天下獄二千餘所，其寃死者多少相覆，獄不減一人，此和氣所以未洽也。原獄刑所以蕃若此者，禮敎不立，刑法不明，民多貧窮，豪桀務私，姦不輒得，獄犴不平之所致也」。董氏當時痛心疾首於這些情形，希望把政治的方向，改途易轍，尙德而不尙刑。但如何能扭轉此由人民血肉所形成的專制機構，也只有希望拿到「天」的下面去加以解決。可以說，近代對統治者權力的限制，求之於憲法；而董氏則只有求之於天；這是形成他的天的哲學的眞實背景。但結果，專制政治的自身，只能爲專制而專制，必澈底否定他由天的哲學所表現的理想，使他成爲第一個受了專制政治的大欺騙，而自身在客觀上也成了助成專制政治的歷史中的罪人；實則他的動機、目的，乃至他的品格，決不是如此。所以這是思想史上很難處理的一位大思想家。（註七）

二、董仲舒的生平、人格及社會性

漢書五十六董仲舒傳：

「董仲舒廣川人（註八）也。少治春秋，孝景時爲博士；下帷講誦，弟子傳（轉）以見次相授業，或莫見其面；蓋三年不窺園，其精如此。進退容止，非禮不行，學士皆師尊之。武帝卽位，舉賢良文學之士，前後百數，而仲舒以賢良對策焉。」（註九）

又：

「對既畢，天子以仲舒爲江都相……仲舒治國，以春秋災異之變，推陰陽所以錯行。故求雨閉諸陽，縱諸陰；其止雨反是……中廢爲中大夫。先是遼陽高廟，長陵高園殿災。仲舒居家，推說其意，中（內也，藏之意）稾未上；主父偃侯仲舒，私見，嫉之，竊其書而奏焉。上召視諸儒，仲舒弟子呂步舒，不知其師書，以爲大愚，於是下仲舒吏，當死，詔赦之，仲舒遂不敢復言災異。仲舒爲人廉直……而弘（公孫弘）希世用事，位至公卿。仲舒以弘爲從諛，弘嫉之；膠西王，亦上兄也，尤縱恣，數害吏二千石，弘乃言於上曰，獨董仲舒可使相膠西王……仲舒恐久獲罪，病免。凡相兩國，輒事驕王，正身以率下，數上疏諫爭；教令國中，所居而治。及去位歸居，終不問家產業，以修學著書爲事。仲舒在家，朝廷如有大議，使使者及廷尉張湯就其家，問之，其對皆有明法。自武帝初立，魏其武安侯爲相，而隆儒矣。及仲舒對策，推明孔氏，抑黜百家，立學校之官，州郡舉茂材孝廉，皆自仲舒發之。年老，以壽終於家。（註一〇）徙茂陵。……仲舒所著，皆明經術之意，及上疏條教，凡百二十三篇；而說春秋事得失；聞舉（恐亦係篇名），玉杯蕃（繁）露、清明、竹林之屬，復數十篇，十餘萬言，皆傳於後世。

班氏的敍述，除對策一事外，實本於史記儒林列傳中之董仲舒列傳，而稍有補綴。然在史記董傳「中廢爲中大夫」句下，刪「居舍，著災異之記」一句；又在「以脩學著書爲事」句下刪「故漢興至於五世之間，惟董仲舒名爲明於春秋；其傳，公羊氏也」數句；對仲舒學術之發展及傳承，反不及史記所記者明白。但班氏之所以如此，從董仲舒傳贊的「仲舒遭漢承秦滅學之後，六經離析；下帷發憤，潛心大業，令後學有所統一，爲羣儒首」的話看，他認仲舒完成了儒學的綜合統貫，不應僅視爲專經之儒。換言之，班氏心目中，仲舒建立了儒家的哲學大系統；這代表了許多漢儒的觀點。同時，爲了把握董氏的思想，也應當先提醒一句，董仲舒是一位嚴肅方正的人。他在漢代學術上的崇高地位，和他的崇高人格有密切的關係，不可輕易加上「騙子」的徽號（註一一）。他兩事驕王，對驕王在政治上的慢上而掊尅人民的情形，必有深刻的印象，這也影響他對政治結構的全盤看法。爲得了解董仲舒當時的心境與志趣，對他留下的士不遇賦，應略加考查：

「……生不丁三代之隆盛兮，而丁三季之末俗。末俗以辯詐而期通兮，貞士以耿介而自束。雖日三省乎吾身兮，繇（猶）懷進退之惟谷。彼實繁之有徒兮，指其白以爲黑……鬼神不能正人事之變戾兮，聖賢亦不能開愚夫之違惑。殷湯有卞隨與務光兮，周武有伯夷與叔齊……使彼聖賢其猶周遑兮，矧舉世而同迷。若伍員與屈原兮，固亦無所復顧。亦不能同彼數子兮，將遠遊而終古。……嗟天下之偕違兮，悵無與之偕返。孰若反身於素業兮，莫隨世而輪轉。雖矯情而獲百利兮，復（終）不如正心而歸一善……」（古文苑聚卷三）

春秋繁露天道施第八十二「是故至誠遺物而不與變（盧疑變字或上或下，尚有一字），躬寬無爭而不以（衍文）與俗推。衆强弗能入，蜩蛻濁穢之中，含得命施之理，與萬物遷徙而不自失者，聖人之心也」，可與上賦互相印證。由此可以了解：㈠他的人格，與同時的嚴助、朱買臣、吾丘壽王、主父偃們縱橫之士，屬於兩個形態。且亦不願當隱士，或如伍員、屈原的一往不返；這是儒家對世運的擔當精神。㈡他對當時這批縱橫之士的指白爲黑，深惡痛絕，而又覺無可奈何；這便可能促成他把現世間一切價值問題，都和天連在一起，使大家感到這些價值標準，彌綸於上天下地之間，無可逃避，而成爲他創造他的天的哲學的重要動機之一。

當然我們也應考慮到董氏的社會性問題，也卽是今人所說的階級性問題。董氏可以「三年不窺園」，「終不問家產」，應當屬於一個官僚加地主的階級。但對他的一套哲學，不論贊成與否，從他所提倡的社會政策看，我們無法說他是代表地主階級利益的；同時也不能說他在學問上的發憤，便忘掉了生產上的實際問題。漢書食貨志曾說他勸武帝使關中民種麥謂：

「春秋他穀不書，至於麥禾不成則書之……今關中俗不好種麥，是歲失春秋之所重，而損生民之具也。願陛下幸詔大司農，使關中民益種宿麥，令勿後時。」

上面的話，也可了解，他對經的解釋、推重，都是和現實問題關連在一起。又漢初經文景的休養生息，及不平等的賦役與爵位制度，至景帝時代，更助成了豪商大賈，及以政治勢力，商業資本，兼倂土地的大地主階級，成爲嚴重的政治社會問題。董仲舒針對此一情形，向漢武帝提出了初步的土地政策，以保障平民的生活。他說：

「古者稅民不過什一，其求易供。使民不過三日，其力易足……至秦則不然。用商鞅之法，改帝王之制。除井田，民得買賣。富者田連仟伯，貧者無立錐之地。又顓川澤之利，管山林之饒。荒淫越制，踰侈以相高；邑有人君之尊，里有公侯之富，小民安得不困。又加月爲更卒，已復爲正；一歲屯戍，一歲力役，三十倍於古。田租口賦鹽鐵之利，二十倍于古。或耕豪民之田，見（現）稅什五。故貧民常衣牛馬之衣，而食犬彘之食。重以貪暴之吏，刑戮妄加，民愁無聊，亡逃山林，轉爲盜賊。赭衣半道，斷獄歲以千萬數。漢興，循而未改。古井田法雖難卒（猝）行，宜少近古，限民名田，以澹（贍）不足。塞並兼之路，鹽鐵皆歸於民。去奴婢，除專殺之威。薄賦斂，省繇役，以寬民力，然後可善治也。」（漢書食貨志）

秦時的土地問題，沒有仲舒此處所說的嚴重；他此處所說的，除了「赭衣半道」以外，都是武帝時的情形，他只用「漢興，循而未改」一句點出，這是語言的技巧。土地制度，及與土地制度有連帶關係的奴隸問題，才是政治社會的最基本問題。形成他政治倫理中心的「仁」的觀念，不是泛泛地說好聽的話，而是在上面這種具體問題上提出的。他在這裏所代表的是「貧民」，是「奴婢」。他在詣丞相公孫弘記室書中說：「仁者所以理人倫也，故聖王以爲治首……方今關東五穀咸貴，家有飢餓，其死傷者半，盜賊並起，殘亡不止，良民被害，爲聖主憂咎；皆由仲舒等典職防禁無素，當先坐。仲舒至愚，以爲扶衰止姦，本在吏耳。宜考察天下領民之吏，留心署置，以明消滅邪枉之迹，使百姓各安其產業……謹奉春秋署置術，再拜君侯足下」（古文苑）。這大概是他爲膠東相時上給公孫弘的，正反映出當時人民的疾苦與吏治的雜亂。漢書匈奴傳贊引仲舒論禦匈奴，主張「與之厚利」，「與盟於天」，「質其愛子」，以息征伐之勞，立論近於迂濶；但他的用心是欲「使邊城守境之民，父兄緩帶；稚子咽哺；胡馬不窺於長城，而羽檄不行於中國」。總之，他的起心動念，都是爲人民着想；這是了解他的一大關鍵。

另有兩事，與董氏之生平有關，應略述如下：

首先，上引漢書本傳仲舒因言遼東高廟長陵高園殿災，爲主父偃所竊奏，因而下仲舒吏，當死，詔赦之的故事，含着兩個問題。第一，言災異已成當時風氣，何以主父偃私下看到了而「嫉之」？第二，他的學生呂步舒何以「以爲大愚」，而仲舒下吏（獄吏）罪重至「當死」？幸而仲舒的「推論其意」，還保存在五行志裏。茲節錄如下：

「武帝建元六月丁酉，遼東高廟災；四月壬子，高園便殿火，董仲舒對曰（參閱附註九）……故定公二年五月兩觀災……至桓公二年五月，桓宮、釐宮災；……故四年六月，亳社災……天皆燔其不當立者，以示魯，欲其去亂臣而用聖人也。……今高廟不當居遼東，高園殿不當居陵旁，於禮亦不當立……至於陛下時，天乃災之者，殆亦其時可也。昔秦受亡周之敝，而亡（無）以化之。漢受亡秦之敝，又亡（無）以化之；繼二敝之後，承其下流，兼受其猥，難治甚矣。又多兄弟親戚骨肉之連，驕揚奢侈，恣睢者衆，所謂重難之時也。故天災若語陛下，當今之世，雖敝而重難，非以太平至公，不能治也。視親戚貴屬在諸侯遠正（遠於正道）最甚者，忍而誅之。視近臣在國中處旁仄及貴而不正者，忍而誅之，如吾燔高園殿乃可云耳……」

在這裏，我們可以找出言災異的基本構造及其意義。必先在現實上對某些問題認爲不合理，一遇着災異，便將兩者加以傅合。不合理的現實，與災異之間，並沒有什麼必然性的關連。但相信某種觀念、學說而達到極端時，便會不知不覺的把所相信的觀念、思想，去解釋一切問題，尤其是解釋在自己心裏存積了很久，而自以爲是嚴重巨大的問題。董仲舒是一種態度嚴肅型的人，對於他所說的天意表現而爲災異，是經過了一番苦心經營創造，而深信不疑的。漢高祖令諸侯王皆立太上皇廟；他死後，各地爲他立「太祖廟」；景帝又令各地爲文帝立太宗廟。據漢書七十三韋玄成傳「凡祖宗廟在郡國六十八，（郡國數），合百六十七所（廟數），……一歲祠，上食二萬四千四百五十五，用衞士四萬五千一百二十九人，祝宰樂人萬二千一百四十七人。養犧牲卒不在數中」。這種情形，仲舒當然認爲太不合理，所以想到遼東的高廟和高園便殿的火災，覺得這正是「皆燔其不當立」的天意。但這是早已存在的事情，天意為什麼在武帝時表現出來呢？於是他便把此事和他「強榦弱枝」的要求，及疾惡佞倖的心理結合起來，認定天是在警告武帝，要武帝對「驕揚奢侈」的諸侯，及近臣「處旁側，及貴而不正者」，加以誅戮。主父偃當時正是「近臣」，「處旁側」，所以他看了引起嫉恨。因為牽涉到皇帝的祖廟，所以主父可以告密，而仲舒因之犯了死罪。因「高廟災」和仲舒所說的諸侯近臣等，實在關連得太勉強，且認為祖廟燒得很好；所以呂步舒認為大愚。而仲舒方正的人品，尊君的思想，及強榦弱枝的主張，都可使武帝加以赦免。

仲舒上面的話，伏下一大慘劇。五行志在上引一段話後，接着敍述發覺淮南王安，衡山王賜謀反伏辜的事（元狩元年、前一二二），「上（武帝）思仲舒前言，使仲舒弟子呂步舒持斧鉞治淮南獄，以春秋義斷於外，不請；既還奏事，上皆是之」。據淮南王傳，是獄所牽引「列侯、二千石、豪桀數千人，皆以罪輕重受誅」，五行志則謂「坐死者數萬人」。此時仲舒或尚家居未死。此次殘酷的大屠殺，在思想上的原因有二。公羊春秋，特重視追及一個人的行為動機的隱微之地。此即「春秋推見至隱」，這在春秋繁露的第一部份，表現得很清楚。公羊所强調的「人臣無將，將而死」的「將」，即指的是動機。個人立身行己在動機的隱微之地，下一番反省澄汰的工夫，當然是好的。但在政治上，也要追及到動機隱微之地，以此為判罪的原則，則社會上可死者必衆，寃死者亦必衆。此其一。其次，此次的殺戮，據仲舒高廟災的推論，乃由春秋及天意所預先要求，決定的，呂步舒在精神上得到這種至高無上的觀念、思想的支持，又可從動機上作「推見至隱」的發揮，二者皆即所謂「依春秋義」，所以便可忍於大量的屠殺。由馬國翰所輯仲舒春秋決事七條推之，其春秋義皆偏向寬厚，而毫無刻削之意。然思想之分際偶偏，且具體之條文不著，其遺害之酷，即至於此；此聖人所以貴中庸之道。

其次，漢書七十五眭宏（孟）傳因「大石自立，僵柳復起」，「即說曰，先師董仲舒有言，雖有繼體守文之君，不害聖人之受命。漢家堯後，有傳國之運。漢帝宜誰？差天下求索賢人，禪以帝位；而退自封百里，如殷周二王後，以承順天命」。眭弘因此伏誅。但董氏的此一思想，賴其再傳弟子眭弘而得表白於世。他在維護大一統的專制政體的內心，認定此一政體，是應當在天下爲公的大原則下運行的。所以他對人君所提出的要求，都是出自很嚴肅的心理。這也是了解董氏思想的一個要點。

三、董氏的著作及春秋繁露成立的情形

董仲舒的著作，據本傳，應分爲兩部份。「明經術之意及上疏條敎，凡百二十三篇」，這是第一部份。「說春秋事得失、聞擧、玉杯、繁露、淸明、竹林之屬，復數十篇，十餘萬言」，是第二部份。而第一部份亦可再分爲兩部份，「明經術之意」是一部份；「上疏條敎」又是一部份。兩者合爲「百二十

三篇」。漢書藝文志春秋下錄有公羊董仲舒治獄十六篇，或卽後漢書應劭列傳所說的「董仲舒作春秋決獄二百三十二事」。此書未見於本傳。隋書經籍志春秋決事十卷，董仲舒撰。舊唐書經籍志法家春秋決獄十卷，董仲舒撰。新唐書藝文志同。宋崇文總目春秋決事比十卷，董仲舒撰。此書，已不見於陳振孫書錄解題；王應麟漢書藝文志考證謂「仲舒春秋決獄，今不可見」；蓋南宋已亡佚。宋史藝文志及明焦竑國史經籍志皆有春秋決事十卷，董仲舒撰。蓋徒沿襲書名，未見實物。現有馬國翰輯佚輯存七條，王謨漢魏遺書鈔輯存六條。又儒家錄有董仲舒百二十三篇，應卽本傳的百二十三篇。然本傳中所說的「說春秋事得失聞舉、玉杯……復數十篇」，在藝文志中皆不可見。藝文志出於劉歆的七略；是劉歆所能看到的董仲舒的著作，與本傳所說的互有出入。由此可以推知，董氏著作，生前並不曾整理成一部書的形式，因而不曾賦予以統轄全書的名稱。古人著作，多有係由後人整理成書的。

隋書經籍志春秋繁露十七卷，董仲舒撰；此爲漢志所未有，所以王應麟卽以此爲漢志百二十三篇之舊；而姚振宗漢書藝文志拾補則以爲「恐非是」。崇文總目所記與隋志同。原釋：「其書盡八十二篇，義引宏博，非出近世。然其間篇第亡舛，無以是正。又卽用玉杯、竹林題篇，疑後人取而附著云。」按崇文總目的編者，亦以此書卽漢志的百二十三篇，所以說「篇第亡舛」。又歐陽文忠公（修）文集卷七十三書春秋繁露後，「漢書董仲舒所著書百餘篇，第云清明，竹林、玉杯、繁露之書，蓋略舉其篇名。

今其書纔四十篇，然多錯亂重複。又有民間應募獻書者獻三（原注：一作二）十餘篇；其間數篇在八十篇外，乃知董生之書，流散而不全矣。方俟校勘，而余得罪夷陵。秀才田文初以此本示余，不暇讀。明年春，得假之許州，以舟下南郡，獨臥閱此，遂誌之……」歐陽修所記，他依然是以春秋繁露卽漢志的百二十三篇；而他在館中所見及田文初所示，到底有少篇，並沒有記述清楚。但他知道此書原有「八十篇」，與崇文總目八十二篇本應相去不遠。

樓鑰攻媿集卷七十七跋春秋繁露：「春秋繁露得四本……始得寫本於里中，……舛誤至多……開禧三年，今編修胡君仲方榘宰萍鄉，得羅氏蘭堂本，刻之縣庠，考證頗備……然止於三十七篇，終不合崇文總目及歐陽文忠公所藏八十二篇之數。……聞婺女潘同年叔度景憲，多收異書，屬其子弟訪之，始得此本，果有八十二篇……喜不可言。以校印本，各取所長，悉加改定」。這便爲今日所能看到的春秋繁露奠定了基礎。但樓本並未普遍流傳。四庫全書敍述此書明刻本情形後說：「蓋海內藏書之家，不見完本，三四百年於玆矣。今以永樂大典所存樓鑰本，詳校其異於他本者，凡補一千一百餘字，刪一百十餘字，改定一千八百二十餘字，神明煥然，頓還舊觀」。這算是爲本書作了一次復原工作。現時以盧文弨校本爲最善；凡八十二篇，內闕文第三十九，第四十，第五十四，實存七十九篇。與王應麟漢書藝文志考證董仲舒爲一百二十三篇條下七錄隋唐志春秋繁露十七卷，今八十二篇，始楚莊王，終天道施，三篇缺」者全合。此七十九篇中，有字數過少者，當亦係殘缺之餘。

現時可以看到仲舒的言論著作，春秋秋繁露外，計漢書本傳賢良對策，食貨志所記前引兩端，匈奴傳一端，春秋決獄輯佚共十三條。漢書五行志中「董仲舒曰」者一；「董仲舒以爲」者三十四；「皆從仲舒說也」者二；「董仲舒指略同」者七；「董仲舒說略同」者二；「董仲舒、劉向以爲」者三十；「仲舒、劉歆以爲」者一。凡董仲舒專言災異的約七十七事。藝文類聚三十士不遇賦，此亦見古文苑；又古文苑有雨雹對，詣丞相公孫弘記室書，續漢書禮儀志中注引奏江都王求雨。周禮宗伯太祝注引救日視祝。抱朴子內篇論仙引董仲舒所撰李少君家錄。這些散見的言論、著作，可能包括在本傳中所錄著書之內。我推測春秋繁露十七卷，是在東漢明德馬后以後（註二二），西京雜記成書以前，有人刪繁輯要，重新編定而成。西京雜記「董仲舒夢蛟龍入懷，乃作春秋繁露詞」，是葛洪成此書時，春秋繁露之名早已出現。

再就春繁露一書內容，略加分析。

史記十二諸侯年表謂「上大夫董仲舒推春秋義，頗著文焉」；漢書本傳謂「仲舒所著，皆明經術之意」；這都指的是董氏的春秋學。春秋繁露自楚莊王第一到俞序第十七」，都是以公羊傳發明春秋之義，正相當於上引史、漢所指稱的部份。靈樞經「脈之所注曰俞」；準此，文義之所注，亦即文義之所歸結，亦可稱爲俞。所以「俞序」即是「總序」之意；俞序第十七，乃是仲舒發明春秋之義的這一方面的總序。符瑞第十六「有非力之所能致而自至者，西狩獲麟，受命之符是也」，這正是孔子作春秋的終結。接着便是兪序第十七。兪序第十七謂：

「仲尼之作春秋也，上探正天端，王公之位，萬民之所欲。下明得失，起賢才，以待後聖。故引史記，理往事，正是非，序王公，史記十二公之間，皆衰世之事，故門人惑；孔子曰，吾因其行事而加乎王心焉；以爲見之空言，不如行事博深切明。」

以下更歷引子貢、閔子、公肩子、子夏、世子、池子等發明春秋大義之言；這很顯明地，在兪序以前各篇，乃分述春秋之義；而兪序則係述孔子作春秋之用心及其效果。其中的次序，篇名，或由編者，或因傳承，而有所訛失；例如三代改制第二十三，爵國第二十八，仁義法第二十九，必仁且智第三十，觀德第三十三，奉本第三十四等，皆專言春秋，應列入於兪序第十七之前。但大體上說，這二十三篇，皆以發明春秋大義爲主，其論斷的標準，一歸之於春秋。僅偶爾提及陰陽（註一三）；僅在十指第十二「木生火，火爲夏」，間接提到五行；這構成春秋繁露的第一部分，是董氏的春秋學。

自離合根第十八起，至治水五行第六十一，凡四十四篇，內除言春秋者五篇（見上文）；論人性者二篇（註一四），闕文三篇，剩下的共三十四篇；再加上順命第七十（註一五），循天之道第七十七，天地之行第七十八，威德所生第七十九，如天之行第八十，天地陰陽第八十一，天道施第八十二等六篇，總共四十一篇，皆以天道的陰陽四時五行，作一切問題的解釋、判斷的依據，而僅偶及於春秋，這是董氏所建立的天的哲學，而成爲春秋繁露中的第二部份。在這第二部份中，又可顯然分成兩類。一類，是以陰陽四時爲主的；一類是以五行爲主的。前一類佔了他思想中的絕對優勢。郊語第六十五（註一六），郊義第六十六，四祭第六十八，郊祀第六十九，郊事第七十一，祭義第七十六，凡六篇，乃由尊天而推及郊天及一般祭祀之禮，與當時朝廷的禮制有關。執贄第七十二，乃禮之一端。山川頌第七十三，是董氏因山川起興的雜文。這便構成春秋繁露全書的第三部份。分析全書，實由三部份構成，而以第一第二兩部份爲主。前一部份最高之準據爲「古」，爲「經」，爲「聖人」；而後一部份最高之準據爲「陰陽」爲「四時」，而以五行作補充。兩部份內容不相衝突，皆由天所統攝。我以爲編定此書的人，以「春秋」一詞概括第一部份的內容，以「繁露」一詞概括第二部份的內容。故總稱之爲「春秋繁露」。至聞舉、玉杯、蕃露、清明、竹林等名稱的含義，無從查考。本傳中聞舉、清明二名沒有下落，而玉英、精華兩篇名，又爲本傳所無，則因本傳既非偏舉，而現時所見者又非全書。繁露一名，周書王會解：「天子南面立，絻無（疑而字之誤）繁露注云，冕之所垂也。」博物志：「牛亨問崔豹，冕旒以繁露者何？答曰，綴玉而下垂如繁露也」。蓋繁露一詞，乃指董氏所作的許多篇章的內容，實卽帝王之術，故卽以「繁露」作象徵。南宋館閣書目謂「冕之所垂，有聯貫之象，春秋屬辭比事，仲舒立名，或取諸此」。

我覺得這太迂遠而不切附。

四、春秋繁露的真僞問題

最先認春秋繁露爲僞而影響最大的是宋程大昌的春秋繁露書後。書後說：「繁露十七卷，紹興間董某所進。臣觀其書，辭意淺薄……臣固疑非董氏本書。又班固記其說春秋凡數十篇，玉杯、繁露、清明、竹林各爲之名，似非一書。今董某進本，通以繁露冠書，而玉杯、清明（按十七卷八十二篇中並無清明篇，此亦程氏粗疏之一例）竹林，特各居其篇之一，愈見其可疑。他日讀太平寰宇記及杜佑通典，頗見所引繁露語言，顧今書無之……（下引兩書所引各語）……臣然後敢言今書之非本眞也。」

程氏過了幾年，又題謂讀太平御覽，引古繁露語特多。「御覽太平興國間編輯，此時繁露之書尙存，今遂逸不傳，可嘆也已」。按程氏以此書爲僞之論證有三。㈠「辭意淺薄」；㈡以繁露爲書名，以玉杯等爲篇名之愈見其可疑。㈢太平寰宇記、通典、太平御覽三書所引春秋繁露，皆此書所無。說此書的辭意有些奇特，是可以的；說此書的辭意淺薄，這只證明程氏的粗疏無識。程氏以編輯太平御覽時此書的眞本尙存。此眞本之名爲春秋繁露，早見於隋書經籍志，程氏又何以不因書名而認爲可疑？而太平御覽成於太平興國八年（西九八三），至紹興間（一一三一－一一六二）的董某進書，相隔約一百六十年左右；依程氏之意，此書乃僞造於北宋；誰能找出在北宋理學及史學鼎盛時代，在周敦頤的太極圖說及邵雍的皇極經世的創立時代，會出現像春秋繁露這種內容的著作？且作僞者爲什麼偏用上爲當時一般人所不能接受的篇名？至程氏所指爲太平寰宇記等三書所引，爲現春秋繁露所無的地方，前引樓鑰攻媿集卷七十七，跋春秋繁露中已指出，「後見尙書程公跋語，亦以篇名爲疑；又以通典、太平御覽、太平寰宇記所引繁露之書，今書皆無之，遂以爲非董氏本書……開禧三年，今編修胡君仲方榘宰萍鄉，得羅氏蘭堂本，刻之縣庠，考證頗備，凡程公所引三書之言，皆在書中，則知程公所見者未廣，遂謂爲小說者非也。然止於三十七篇。」綜上所述，程氏的論證，可謂全無立足之地。

黃震在黃氏讀書日抄中謂，「愚按今書（春秋繁露）惟對膠西王越大夫之問，辭約義精，而具在本傳。餘多煩猥，甚至於理不馴者有之。如云『宋襄公由其道而敗，春秋貴之』，襄公豈由其道者耶………如以王正月之王爲文王，恐春秋無此意」。按以自己思想之尺度，衡斷古人思想之得失，固爲缺乏歷史意識；更由此以衡斷古典之眞僞，尤爲荒謬不倫。董氏所傳者爲公羊。春秋魯禧公二十二年「冬十有一月己巳朔，宋公及楚人戰於泓，宋師敗績」，公羊傳：「偏戰者日爾，此其言朔何？春秋辭繁而不殺者正也。何正爾？………故君子大其不鼓不成列，臨大事而不忘大禮，有君而無臣，以爲雖文王之戰，亦不過此也」。又春秋隱公「元年春王正月」，公羊傳：「元年者何，君之始年也。春者何？歲之始也。王者孰謂？謂文王也」。由此可見黃氏所疑爲僞者，適足以證其爲眞。其他論點，皆屬此一類型，不必一一辯駁。

友人戴君仁教授，在其董仲舒研究一文中，提出另一論點，以證明春秋繁露之僞，即董氏的賢良三策，僅言陰陽而未嘗言五行；乃春秋繁露大言其五行。但戴先生忽略了一點，賢良三策，主要言任德而不任刑；春秋繁露中，凡以德與刑對擧的，皆只言陰陽而不言五行。言陰陽而不言五行之篇數，絕對多於言五行之篇數。鹽鐵論論災第五十四：「文學曰，始江都相董生推言陰陽，四時相繼。父生之，子養之；母成之，子藏之」。此處文學所引，正見於春秋繁露五行對第三十八。可以說，不言五行，便不成其爲董仲舒了。日人田中麻紗巳有對春秋繁露五行諸篇的一考察一文，以春秋繁露主要言五行的共有九篇。其中五行對第三十八，五行之義第四十二，五行相生第五十八，五行相勝第五十九共四篇，是以相生相勝說五行，是屬於董仲舒的。五行順逆第六十，治水五行第六十，治亂五行第六十二，五行變救第六十三，五行五事第六十四共五篇，「不是用相生相勝說論述的，與前四篇不同」，所以「難認爲與董仲舒有關連」。按五行順逆第六十，是將五行配入四時，而將土配於「夏中」。木火土金水的順序，分明是相生的順序。治水五行第六十一，是以冬至爲準，用日數（不用四時）說明五行各當令用事七十二日，由木而火而土而金而水，各說明其特性。五行的順序，依然是相生的順序。治亂五行第六十二是說五行若不順着相生相勝的運行順序而互相干犯；則會產生災禍；這必然是以五行相生相勝為基底，始能定出其是否相干犯，否則無所謂相干犯。五行變救第六十三，是說明「五行變至，當救之以德」。此處所提出的五行之變，乃源於政治，而非來自自身運行上相生相勝有何乖舛，與上篇不同，當然不涉及相生相勝的問題；但排列出的五行順序，依然是相生的順序。五行五事第六十四，這是以洪範的「一、五行：一曰水，二曰火，三曰木，四曰金，五曰土」和「二、五事：一曰貌，二曰言，三曰視，四曰聽，五曰思」，互相配合以言休咎的。洪範的水火木金土的順序，既不是相生，也不是相勝；因洪範五行的本來意義，指的是五種實用材料（註一七），根本沒有相生相勝的問題。但董仲舒的時代（註一八），既已把實用材料的五行混入到五氣的五行中間去，則他必須套上相生相勝的運行格套，使其成為一有機體。所以五行五事第五十六中的五事的順序，與洪範相同；而五行的順序，卻與洪範不同。洪範的順序是水火木金土，而董氏此處的順序是木金火水土，這正是五行相勝的順序。由此可知田中麻紗巳的說法，毫無根據。

自程大昌以後，即使是相信春秋繁露的，也不敢作全面的肯定。四庫提要：「今觀其文，雖未必全出仲舒，然中多根極理要之言，非後人所能依托也」。既非後人所能依托，則所謂未必全出仲舒，又何所指？此書之第一部份，如後所述。決非後人所能依傍。其第二部份出於董氏的最大證據，乃在春秋繁露中的五行，雖已經是氣；但如後所述，五行之氣，尚未與陰陽之氣，融合爲一體。融合陰陽五行爲一體，視五行爲陰陽的分化，大約成於漢宣帝時代前後；漢書五行志，即以五行同時代表陰陽。所以春秋繁露中陰陽五行的關係，仍在演進之中，這是決不能推後或推前的。它代表了中國學術上的一大轉折點，成爲漢代及董氏學術的特性。這是衡斷春秋繁露一書眞僞問題的最重大的眼目。而許多人對它的懷疑，主要是不能從中國思想史的全面來把握其特點，因而認爲董仲舒不應有這些雜七雜八的特點。宋人包括朱元晦在內（一九），都跳不出自己時代乃至個人的圈子，把不合脾胃的東西，化爲眞僞的問題。此外，賢良三策，乃由全書中拔萃而成。史記自序所引董生撮要之言，亦約略皆可覆按（註二〇）。古文苑董仲舒郊事對，在春秋繁露爲七十一；古文苑董仲舒山川頌，在春秋繁露爲山川頌第七十三；續漢書禮儀志注補董仲舒請雨祝「昊天生五穀以養人。今五穀病旱恐不成（漏一「實」字），敬進淸酒膊脯，再拜請雨，雨幸大澍」，見春秋繁露求雨第七十四中。這都可證明今日所能看到的春秋繁露，只有殘缺，並無雜僞。

五、董氏的春秋學之一

(1) 董氏公羊春秋的傳承問題

董氏是「爲儒者宗」的儒家，討論他的學術淵源時，首先應注意到他的春秋公羊學；雖然在春秋繁露一書中，遍引用了詩、書、禮、易、論語、孟子、孝經等儒家典籍，並且引用得與原義很恰當，所以漢書儒林傳瑕丘江公傳中說「仲舒通五經，能持論」。但他的立足還是春秋公羊學。不過有兩點首須加以澄清。清淩曙春秋繁露注序：

「……廣川董生，下帷講誦，實治公羊。維時古學未出，左氏不傳春秋，公羊爲全孔經，而仲舒獨得其精義……蓋自西狩獲麟，爲漢制法，……據百國之寶書，乃九月而經立，于是以春秋屬商，商乃傳與公羊高，高傳與其子平，平傳與其子地，地傳與其子敢，敢傳與其子壽。自高至壽，五葉相承，師法不墜。壽乃一傳而爲胡毋生，再傳而爲董仲舒」。

按淩氏之言，多據緯書，其訛謬不必辯。但他以董生爲胡毋（註二一）的弟子，則不可不辯。按兩漢有關資料，決無胡毋以公羊傳仲舒之事。史記儒林列傳：「董仲舒，廣川人也，以治春秋，孝景時爲博士」。「故漢興至於五世之間，唯董仲舒名爲明於春秋」。又「胡毋生，齊人也。孝景時爲博士，以老歸教授。齊之言春秋者，多受胡毋生，公孫宏亦頗受焉」。按儒林列傳，對五經的傳授，皆有簡單紀錄；而司馬遷又親聞公羊春秋義於仲舒（註二二）；「公孫宏亦頗受焉」，「亦頗」云者，是曾稍稍受於胡毋生，但非正式弟子，史公尚記了出來；豈有仲舒是胡毋生的正式弟子，而不加紀錄之理？公孫弘因爲是齊菑川國薛縣人，所以當胡毋生老歸教授於齊時，「年四十餘，乃學春秋雜說」（註二三）的公孫弘，有「亦頗受」的機會。董仲舒是趙人，又與胡毋生同時爲博士，此時無相師之理。胡毋生因年老回鄉，而仲舒應仍在長安，更無相師之事。史記儒林列傳中敍述了仲舒弟子中有成就的人，而未及胡毋生的後學，這說明仲舒的弟子較胡毋生爲盛。

漢書儒林傳對經學傳授情形的敍述，較史記爲詳。儒林傳中的胡毋生傳：「胡毋生，字子都，齊人也。治公羊春秋，爲景帝博士，與董仲舒同業，仲舒著書稱其德。年老歸教於齊，齊之言春秋者宗事之，公孫弘亦頗受焉」。「與董仲舒同業」，即是同治公羊春秋，其無師承關係，更爲明顯。胡毋生在景帝時已老歸，則其年齡必較仲舒爲年長。「仲舒著書稱其德」，這只是對前輩學者的推重，決非弟子對先生的口氣。

此外所有兩漢有關仲舒及公羊傳的材料，決無胡毋生以公羊傳董仲舒的痕跡。春秋公羊傳注疏中的徐彥疏引有一段頗成問題的「戴宏序云」：

「子夏傳與公羊高，高傳與其子平，平傳與其子地，地傳與其子敢，敢傳與其子壽。至漢景帝時，壽乃共弟子齊人胡毋子都著於竹帛，與董仲舒皆見於圖識是也」。

按後漢書六十四吳祐列傳「祐以光祿四行遷膠東侯相。時濟北戴宏父爲縣丞，宏年十六，從在丞舍。」祐每行園，常聞諷誦之音，奇而厚之，亦與爲友，卒成儒宗。」吳祐以九十八歲卒於梁冀當權的末期，則戴宏當爲安帝、順帝間人。戴宏說「與董仲舒皆見於圖讖」，蓋指春秋緯說題辭「傳我書者公羊高也」；及王充論衡實知篇案書篇所引「董仲舒，亂我書」之讖（註二四）。是戴宏將仲舒與公羊高並稱，決無仲舒係胡毋生的弟子之意。徐彥疏又引鄭康成「六藝論云，治公羊者胡毋生董仲舒」，亦係二人平列，決非師弟傳受。何休作春秋公羊經傳解詁，未嘗及仲舒隻字（註二五）。在其自序中有謂「往者略依胡毋生條例，多得其正」。由此語只可推知胡毋生曾著有公羊條例，頗爲何休所依據，並未說到公羊的傳授問題。乃徐彥在此句下「解云（註二六），胡毋生本雖以公羊經傳傳授董氏，猶自別作條例，故何取之以通公羊也」。這便把董生說成是胡毋生的弟子。五經正義中徐彥的此一無根謬說，展轉成爲定論；此乃須澄清的第一點。

⑵ 公羊傳成立的情形

其次，與上一錯誤有密切關係而亟應澄清的第二點是：徐彥疏所引戴宏序謂公羊傳係「漢景帝時，壽（公羊壽）與其弟子齊人胡毋子都著於竹帛」的問題。即是說公羊傳在公羊壽、胡毋生以前，都是口傳；到他們兩人才把口傳的寫出來著於竹帛。所以四庫全書總目春秋公羊傳注疏二十八卷下謂「漢公羊壽傳」。此一說法的間接影響是：若董仲舒不是胡毋生的弟子，則其口傳或竹帛上的傳授，將從何而來？按史記儒林列傳「孔氏有古文尚書，而安國以今文讀之，因以起其家」。把口傳的公羊傳「著之於竹帛」，較以尚書的今文讀古文，遠爲困難而重要，何以史記的儒林列傳及漢書的儒林傳皆未一言？且漢書儒林傳「秦時禁書，伏生壁藏之；其後大兵起，流亡。漢定，伏生求其書，亡數十篇，獨得二十九篇，卽以敎於齊魯之間」。按「伏生故爲秦博士」，文帝時，「年九十餘」，較公羊壽，胡毋，早一輩，乃至兩輩。漢石經所刻今文尚書，計一萬八千六百五十字；連其所亡失者合計之，當不出四萬字。伏生不能口傳已經亡失之尚書，而只能根據殘存之篇簡二十九篇，敎授於齊魯之間。則春秋經一萬六千五百七十二字，公羊傳二萬七千五百八十三字，合共四萬四千一百五十五字，僅由公羊一家，靠口頭上單傳，這可以說是不可能之事。戴宏之言，我認爲係誤解漢書藝文志六藝略中的春秋輯略（敍要）而來。春秋輯略有謂：

「……仲尼思存前聖之業，……以魯周公之國，禮文備物，史官有法，故與左丘明觀其史記，據行事，仍人道，因興以立功，就敗以成罰，假日月以定歷數，藉朝聘以正禮樂。有所褒諱貶損，不可書見，口授弟子。弟子退而異言，丘明恐弟子各安其意，以失其眞，故論本事而作傳，明夫子不以空言說經也。春秋所貶損大人，當世君臣，有威權勢力，其事實皆形於傳（按指左丘明所作之傳），是以隱其書（按亦指左氏傳）而不宣，所以免時難也。及末世口說流行，故有公羊、穀梁、鄒、夾之傳。四家之中，公羊、穀梁立於學官。鄒氏無師，夾氏未有書。」

上面的話，皆出於劉歆之手（註二七）。劉歆讓太常博士書，主要是爲出於孔壁的逸禮三十九篇，書十六篇及春秋左氏傳爭立於學官的機會。「歆由是忤執政大臣，爲衆儒所訕」（註二八）。所以他在春秋輯略中，特別申張春秋左氏，抑壓公羊、穀梁。這中間最大的錯誤是他不知道左氏傳一直流傳很廣，被戰國末期以來的著作，多所徵引；而以爲只是出自孔壁，所以他才說出「是以隱其書而不宣」，由此引起後人許多誤解和臆說。他主要的意思是說左丘明參與了孔子作春秋的工作，而孔子作春秋的褒貶大義，皆係根據事實；「其事實皆形（見）於傳」；亦即春秋的微言大義，皆由左氏所記的事實而見，這才是有憑有據的。「及末世口說流行」的「末世」，指的是五經博士以後的漢代。所謂「口說」，是指離開事實根據，只憑自己的口頭解說，亦即是上文所謂「以空言說經」。左氏的材料是採自史官竹帛的紀錄，這不是由口說而來。公、穀只重解釋與論斷，這便只有「口說」。「流行」是指因立於學官而能普遍流佈。大家離開歷史的具體事實，而只憑口頭空說孔子的微言大義，是如何如何，勢必「各安其意」，違失了孔子作春秋的本意；這是對「公羊、穀梁、鄒、夾之傳」的批評。劉歆的本文，應終於「四家之中，公羊、穀梁立於學官」。「鄒氏無師，夾氏未有書」，這是班固加上去說明他當時的情形的。王先謙在「夾氏無書」下謂「口頭流傳，未着竹帛也。」但前面分明錄有「鄒氏傳十一卷」。「夾氏傳十一卷」，指的是什麼？班氏在「夾氏傳十一卷」下注謂「有錄無書」，是說當他清理時，已經只有目錄，而書已亡失。但後漢書范升列傳謂「春秋之家有鄒、夾。如今左氏得置博士，鄒、夾氏並復求立」。若鄒氏無師，夾氏無書，則為左氏置博士，鄒、夾何緣亦得要求立博士？所以班氏這兩句話，亦只反映出他個人的聞見，並非事實。鄒、夾之亡，乃在東漢中期以後。戴宏大概是誤解了劉歆「口頭流行」四字的意義，憑空造出公羊傳「至漢景帝時，壽乃共弟子齊人胡毋子都著於竹帛」的故事；他忽略了「口說」並不等於「口傳」。論語都是「口說」的，但論語所以能流傳下來，還是靠了把口說的著之於竹帛。戴宏的這一謬說，竟被後人廣泛接受，成為定論。隱公二年「紀子伯莒子盟於密」，公羊傳「紀子伯者何？無聞焉耳」。按同年「九月紀履緰來逆女」，公羊傳「紀履緰者何？紀大夫也……」左傳「履緰」作「裂繻」；「紀子伯」作「紀子帛」，所以杜預注謂「子帛，裂繻字也。」公羊傳的「無聞焉耳」，或者是說不知道紀子伯是何等人；或者是說不知道孔子何以書之為「紀子伯」；不論如何，傳只就此「紀子伯」三字而言「無聞焉耳」。乃何休注謂「言無聞者，春秋有改周受命之制，孔子畏時遠害；又知秦將燔詩、書，其說口授相傳；而漢公羊胡毋生等乃始記於竹帛，故有所失也」。說孔子預知秦將燔詩、書，當然是濫言。說孔子畏時遠害，故其說口授，但孔子死後七十餘年之間，天下局勢大變，其所「畏之時」，已不復存在，為什麼他的弟子不可著之於竹帛？且漢書儒林傳，樂於記述經學的傳承。獨於公羊無隻字述及胡毋及董仲舒以前之傳承。公羊傳自武帝時起，爲朝、野的顯學；若在胡毋以前有傳承可述，劉向、劉歆父子及班氏父子，豈有不知之理？今日之公羊傳之非出於公羊高，四庫全書總目提要，已經指出；但它又憑空造出「知傳確爲壽撰」的糾葛。我的推測，戴宏所說的，由子夏（卜商）下來的五代傳承，只是出於因公羊、左傳在東漢初的互相爭勝，公羊家爲提高自己的地位，私自造出來，以見其直接出於孔門的嫡系單傳。史記孔子世家由孔子至孔安國，凡十三代。史公曾從安國學古文，則其年事當略後於胡毋生，而謂從子夏傳經的公羊氏，到了與胡毋同年輩的公羊壽僅五世，這是可能的嗎？公羊全書稱「子沈子曰」者二（註二九），稱「魯子曰」者六，稱「子司馬子曰」者一，稱「子北宮子曰」者一，稱「子女子曰」者一，稱「高子曰」者一，除「子公羊子」以外，尚有六人參加了此一系統的春秋解釋，這便否定了公羊氏一家嫡系單傳之說。且據史記仲尼弟子列傳，子夏小孔子四十四歲，曾子小孔子四十六歲。子夏晚年因喪子失明，爲曾子所責，則曾子可能後死於子夏。昭公十九年「冬葬許悼公，許悼公因世子止進藥而藥殺；公羊傳謂「止進藥而藥殺，則曷爲加弒焉耳？譏子道之不盡也」「其譏子道之不盡也奈何？曰，樂正子春之視疾也……」按樂正子春乃曾子的弟子。若公羊高係子夏傳春秋的弟子，應與樂正子春爲同時。今公羊傳記有樂正子春事親的故事，則子夏傳春秋於弟子公羊高的說法，自然不能成立。但傳中記有不少的委曲盡致的故事乃至瑣事，如閔公二年記齊桓公使高子「桓公使高子將南陽之甲，立僖公而城魯，或曰自鹿門至於爭門者是也。或曰，自爭門至於吏門者是也。魯人至今以爲美談曰，猶望高子也」。這不是距孔子作春秋的時間太久所能記錄的。且傳中所言之禮，保有濃厚的宗法禮制中親親的意義（註三〇）。而從傳的內容看，不僅推尊齊桓、晉文，且亦盛推楚莊（註三一）。至孟子言春秋，而恥言齊桓、晉文，後遂成爲儒家傳統。則此傳之成立，合理的推測，應當是孔門中屬於齊國這一系統（註三二）的第三代弟子，就口耳相傳的加以整理，紀錄了下來，有如論語成立有齊論、魯論的情形一樣。先有了這樣著於竹帛的「原傳」，在傳承中又有若干人對「原傳」作解釋上的補充，被最後寫定的人，和「原傳」抄在一起，這便是漢初公羊傳的共同祖本。「子公羊子」乃作補充解釋者之一。補充解釋有兩種形式。一種形式是和原有的傳組織在一起。例如莊公三年「秋，紀季以酅入于齊」傳「紀季者何？紀侯之弟也。何以不名？賢也。何賢乎紀季？服罪也。其服罪奈何？魯子曰，請後五廟，以存姑姊妹」。「原傳」應當只到「服罪也」爲止。魯子對服罪的情形，作補充解釋；因年代較早，便被傳承者組入於原傳之內。另一形式，則並未組入於「原傳」之內，而止於「原傳」的後面加上一句兩句，這是在時代上較後的形式。「子公羊子」的兩條，都是屬於此種形式。如桓公六年「九月丁卯子同生」傳：「子同生者孰謂？謂莊公也。何言乎子同生？喜有正也。未有言喜有正者；此其言喜有正何？久無正也。子公羊子曰，其諸以病桓與？」按「原傳」分明到「久無正也」已完。「子公羊子曰」，乃在「原傳」之後，加以推測的別解。其爲在傳承中所附加上去的至爲明顯。又宣公五年「冬齊高固及子叔姬來」傳「何言乎高固之來？言叔姬之來，不言高固之來，則不可。子公羊子曰，其諸爲其雙雙而俱至者與？」按高固在這年秋九月到魯國來迎子叔姬結婚；冬，夫婦兩人一齊來到魯國。詳傳之意，叔姬已嫁而返魯，則必與丈夫同行；否則是發生了特殊問題，所以說「不言高固之來則不可」；「原傳」應至此爲止。「子公羊子」的話，也明顯地是在傳承中所附加上去的。尤其值得注意的是，出於子公羊子的兩條，口氣完全相同，且並不含有重大意義；我們可以推測，在傳承中可以考見的七個人中，子公羊子不是重要的人物。且可能是在時間上爲最遲的人物；但就七個人所附益的語言考查，應當都與「原傳」之成立時間相去不太久。把他們七個人附加的話，與「原傳」寫定在一起，也應當是出於他們的後學之手。就全傳內容看，沒有稱爲「公羊傳」的理由。其所以稱爲公羊傳，或漢初所傳的，是出於子公羊子後學之手，這只能算是偶然的稱呼。因爲所謂公羊傳，是早經寫定，而傳習者亦非一人，所以胡毋與董仲舒，可以同治公羊而不相師。司馬遷說「故漢興至於五世之間，唯董仲舒名爲明於春秋，其傳公羊氏也」（註三三），由此可以推知仲舒與胡毋，雖同爲博士，但胡毋僅爲傳經之儒，在內容上無所發明。公羊由仲舒之力而得立於學官，因胡毋年事較長，即以胡毋手上的寫本爲學官的定本。仲舒所習的傳雖與胡毋相同，但是根據凌注知道春秋繁露對經的解釋，有的爲今日可以看到的公羊傳所無（註三四），此猶可謂爲出自仲舒所增益。但俞序十七：

「故子貢，閔子，公肩子，言其春秋切而爲國家資也。」

「故衞子夏言，有國家者不可不學春秋。不學春秋，則無以見前後旁側之危……」

「故世子曰（註三五），功及子孫，光輝百世，聖人之德，莫美於恕。故予先言春秋，詳己而略人……」

「故曾子、子石（註三六），盛美齊侯安諸侯，尊天子。」

「故子夏言春秋重人。諸譏皆本此。」

「故子池言，魯莊築臺，丹楹刻桷。晉厲之刑刻意者，皆不得以壽終。」

上引孔門弟子論春秋之言，皆爲公羊傳所無。由此可以推知，仲舒所承受者，較胡毋所傳之公羊傳爲博。且由此可以推知，孔子晚年作春秋，爲當時及門弟子所共聞。更可證明孝經鉤命決「孔子在庶，德無所施，功無所就，志在春秋，行在孝經。以春秋屬商（子夏），孝經屬參（曾子）」說法的謬妄。緯書這類謬說的出現，我推測是公羊家受了董氏的影響，爲了應付對劉歆們提倡左氏傳的攻勢所僞造出來的。其動機，與說孔子作春秋是爲漢制法相同；只是傳公羊系統的人爲了保持自己的利益所揑造出來的。

(3) 公羊傳的本來面目

假定我們以正常的心理，通過正常的文字理解，去閱讀公羊傳，便可發現下列各種問題：

一、從思想內容上看，這是一部謹嚴質實的書，絕無何休所說的「其中多非常異義可怪之論」。亦無三科九旨之說。非常異義可怪之論，是何休因緣緯書所想像出來的。所以他在自著的解詁序中，一開始便引緯書的謬說。而他在序中「往者略依胡毋生條例」的話也非常可疑。胡毋生若「自別作條例」，何以漢志及儒林傳毫無痕跡。至於緯書又是因董氏的春秋學所傅會出來的，這在後面還要提到。

二、孔子作春秋，意在藉批評二百四十二年的歷史事實，以立是非的標準，而非建立一門史學，這是毫無可疑的。從公羊傳的原典看，孔子的褒貶，是否由孔子的「書法」而見？很値得討論。但褒貶的內容，是出於孔門，與孔子有密切關係，則不應當有問題。在褒貶中，反映出了兩個時代正在更替中的矛盾。此處只簡單說一句，有的褒貶，是立足於宗法禮制之上。但另一方面，已突出了宗法的禮制以言禮。例如隱公三年「夏四月辛卯，尹氏卒。」傳，「尹氏者何？天子之大夫也。其稱尹氏何？貶。曷為貶？世卿非禮也。」又桓公九年傳「春秋有譏父老子代從政者」。這分明反映出對以宗法為中心的封建貴族政治的批評，而要求推向一個政治上更有自由活動機會的時代。換言之，這是由春秋進入戰國的過渡期的合理要求。

三、公羊傳除了把周王稱為「天王」以外，沒有出現一個宗教性或哲學性的天字。這便說明它說的都是人道；而人道與天道，並沒有直接的關連。「周王之所以稱「天王」，或者是「天子」與「王」的合稱，或者表明王者受命於天；或者是爲了與當時「中國」範圍以外所稱的王，如楚、吳、越皆稱王，相區別；總之沒有特殊的意義。隱公「元年春王正月」傳：「元年者何？君之始年也。春者何？歲之始也。王者孰謂？謂文王（註三七）也。曷爲先言王而後言正月？王（作多「之」字讀）正月也。何言乎王正月？大（重視）一統也。」這都是很平實的歷史性的解釋，此外別無深義。

四、公羊傳中，不僅絕無五行觀念；且僅在莊公二十五年六月傳「日食則曷爲鼓，用牲於社？求乎陰之道也」，有一個「陰」字外，全書沒有出現一個「陰陽」的名詞。即是陰陽的思想還未曾介入。

五、全傳對日食三十六，星變五，皆不言災異，其明言災明言異的五十一處以上；有兩處對災異作了界說。文公二年「自十有二月不雨，至于秋七月」傳：「何以書？記異也。大旱以災書。此亦旱也，曷爲以異書？大旱之日短而云災，故以災書。此不雨之日長而無災，故以異書也。」對於此處而言，是因爲拘於孔子不曾書「日干」或「大旱」而作了曲解。豈有七個整月不下雨而不成災之理。但由此可知凡只說「記異也」的，只說明這是一種異常現象，對人而言，並不成災。凡說「記災也」的，才說明某一現象對人發生了災害。定公元年「冬十月霣霜殺菽」傳「異大於災也」的說法，與全書將災與異分述的情形矛盾。且災應大於異；所以這也是一時的曲說。以災異爲與君的失德有關，而天是以災異警誡人君，這是古老的思想。詩經上幽厲時代的詩，便可很明顯的看出。但全傳所記五十多次的災與異中，僅僖公十五年「己卯晦，震夷伯之廟」傳：「……其稱夷伯者何？大之也。曷爲大之？天戒之，故大之也。何以書？記異也。」把異說是「天戒之」。僅宣公十五年「冬蝝生」傳：「未有言蝝生者。此其言生何？蝝生不書，此何以書？幸之也。幸之者何？猶曰受之云爾。受之云爾者何？上變古易常，應是而有天災，則宜於此焉變矣」，把災說是由人君的行爲而來。此處之所謂「古」與「常」，是指「古者十一而藉」；「變古易常」，是指這年的「初稅畝」，什而取二，把人民的負擔一下子加了一倍。此外皆未嘗言災異是出於天戒，或由人君行爲所招致。由此可知，孔門不憑災異以言人事，即是不假天道以言人道。

把上面所述的概略的情形弄清楚了，然後可以把握董仲舒春秋學的特性。

(4) 董氏春秋學的方法問題

仲舒的「明於春秋」，從春秋繁露的第一部份看，對公羊傳中所述孔子作春秋的大義及重要的褒貶原則，都有發揮。這裏只着眼他不同於一般傳經之儒的兩大特性。第一個特性是通過公羊來建立當時已經成熟的大一統專制的理論根據。第二特性是他要把公羊成爲他天的哲學的構成的因素。孔門的政治思想，大體上說，他們是要求天下一統，要求上下有合理的等差，以作爲上下相維的秩序；但並不要求由中央過份集權而來的專制，更沒有想到個人專制的問題。公羊傳中所表現的天王的王權，一方面是受到禮的保障，同時也受到禮的限制。最顯明的例子是凡天王向諸侯有很輕微的需求，必受到譏評而不加許可（註三八）。對於上下等差的情形也是一樣。換言之，大一統的專制政體，乃孔門及公羊傳的作者們所未曾想到。以公羊傳作大一統專制政治的理論根據，這如何而可能？其次，公羊傳中看不出有意志之天在裏面發生作用；甚至如前所述，裏面根本沒有出現特別有意義的天字。仲舒的哲學，是名符其實的天的哲學。把公羊傳作爲構成他的哲學系統的一部份，這又如何而可能？仲舒的性格，是方正而嚴肅的性格。在他突破上述兩大難關以形成他的春秋學的特色時，我們便不能不注意他所使用的方法。精華第五：

「難晉事者曰，春秋之法，未踰年之君稱子，蓋人心之正也。至里克殺（當作弒）奚齊，避此正辭而稱君之子，何也？曰，所聞，詩無達詁，易無達占，春秋無達辭（註三九），從變從義，而一以奉人（天）」（註四〇）。

按詩所用的比興，是感情的象徵，它常表現爲一種氣氛，情調，它的內容只能感受而不易確指。所以孔門便能以詩作人生各方面啓發之用（註四一），更增加了象徵的意味。所以若詁字不局限於文字本身的訓詁，而擴大爲由文字所表達的意境，則詩無達詁的話，是可以成立的。至於易的卦、爻的自身，即是象徵的性質；其或吉或凶的占，實由許多機緣所決定，尤其是主觀作用所佔的因素特別重大，所以可說是無「達占」。但據公羊以言春秋，則情形與詩和易不同。公羊傳是認爲孔子由辭以見褒貶，所以用辭是很嚴格的。公羊傳除了對孔子的書法嚴加分析、界定以外，並不斷對主要之辭加以訓釋，實與爾雅相通。所以仲舒在精華第五說「春秋愼辭，謹於名倫等物者也。」且他由此而强調了正名之義。若謂春秋無達辭，則孔子由辭以定褒貶的基礎動搖了。但仲舒却說「春秋無達辭」；在竹林第三又說「春秋無通辭，從變而移。」我以爲由史文紀錄之辭以定褒貶之說，本未可盡信（註四二）；仲舒無達辭、無通辭之言，蓋將救以書法言褒貶之窮。而更重要的則是他要突破文字的藩籬，以達到其借古以喻今，由史以言天的目的。又如桓十一年「九月宋人執鄭祭仲」傳，「祭仲者何？鄭相也。何以不名？賢也。何賢乎祭仲？以爲知權也」。論語「可與立，未可與權」；孔子是重視權；公羊傳此處言權，乃由此而來。但傳對權的運用，界限得非常嚴格。「權者何？權者反於經然後有善者也。權之所設，舍死亡無所設。行權有道，自貶損以行權，不害人以行權。殺人以自生，亡人以自存，君子不爲也」。全傳言權者僅此。但春秋繁露竹林第三：「春秋之道，固有常有變。變用於變，常用於常，各止其科，不相妨也」。「故說春秋者，無以平定之常義，疑變故之大則。」玉英第四：「春秋有經禮，有變禮。爲如（而）安性平心者經禮也。至有於性雖不安，於心雖不平，於道無以易之，此變禮也。」「明乎經變之事，然後知輕重之分，可與適權矣。」「夫權雖反經，亦必在可以然之域。不在可以然之域，故雖死亡終弗爲也。」「春秋固有常義，又有應變。」王道第六：「此（魯隱之代桓而立等）皆執權存國，行正世之義，守惓惓之心，春秋嘉氣義焉。」把公羊傳和仲舒的話稍作比較，即可發現㈠仲舒常將常與變（權）對擧，變的觀念，在仲舒的思想中，遠較公羊傳的作者爲重。㈡把仲舒「必在可以然之域」，和公羊傳「舍死亡無所設」的話兩相比較，仲舒對於行權的範圍，遠較公羊傳爲寬。這與「春秋無達辭」的話，關連在一起看，也是爲了突破原有文義的限制，以便加入新的內容，以適應他所把握的時代要求及他個人思想的要求而設定的。再從他所提出的學習春秋的方法，更可了解他對春秋的處理，完全是作一種哲學性的處理，與經生的處理經文，大異其趣。

㈠「是故論春秋者，合而通之，緣而求之，五（伍）其比，偶其類，覽其緒，屠（去）其贅。」（玉杯第二）

㈡「春秋赴問數百，應問數千，同留經中，繙援比類，以獲其端；卒無妄言，而得應於傳者。」（仝上）

㈢「由是觀之，見其指者不任其辭，不任其辭，然後可與適道矣。」（竹林第三）

㈣「春秋記天下之得失，而見所以然之故，甚幽而明，無傳而著，不可不察也。泰山之爲大，弗察弗見，而況微眇者乎？按春秋而適往事；窮其端而視其故，得志之君子，有喜之人，不可不愼也。」（仝上）

㈤「經曰，宋督弒其君與夷。傳言莊公馮殺之，不可及於經。何也？曰，非不可及於經，其及之端眇，不足以類鉤之，故難知也。」（玉英第四）

㈥「春秋之書事，時詭其實，以有避也……然則說春秋者，入則詭辭隨其委曲而後得之。」（仝上）

㈦「今春秋之爲學也，道往而明來者也。然而其辭，體天之微，故難知也。弗能察，寂若無。能察之，無物不在。是故爲春秋者，得一端而多連之，見一空（孔）而博貫之，則天下盡矣。」（精英第五）

㈧「春秋至意有二端。不本二端之所從起，亦未可論災異也。小大微著之分也。夫覽求微細於無端之處；誠知小之將爲大也；微之將爲著也。」（二端第十五）

在上引八點方法中，㈠㈡兩項所述，皆在經驗法則範圍之內，對治思想史而言，在今日仍有其意義。㈢的見其指者不任其辭，即是發現了作者心志的根本指向，此時乃應當是深入於其「辭」；但說「不任其辭」，完全不受辭的限制，則已易於作主觀的馳騁。㈣「而況微眇者乎」。㈤「其及之端眇，不足以類鉤之」；㈦的「然而其辭，體天之微」；㈧的「覽求微細於無端之處」；這便不是以典籍爲依據所採用的方法。仲舒却强調權變的觀念而把古與今連上；强調微、微眇的觀念，把史與天連上。這不僅是把公羊傳當作構成自己哲學的一種材料，而是把公羊傳當作是進入到自己哲學系統中的一塊踏脚石。由文字以求事故之端；由端而進入於文義所不及的微眇；由微眇而接上了天志；再由天志以貫通所有的人倫道德，由此以構成自己的哲學系統，此時的公羊傳反成爲蒭狗了。仲舒說，「矯枉者不過其正弗能直」，（註四三）實則矯枉過正，乃表明仲舒個人的性格。此一性格，在他的思想形成及語言表達上，亦必發生相當的影響。但仲舒是一個性情方正的人；他並沒有抹煞公羊傳的原有意義；這便形成他思想上的若干夾雜、矛盾。由此而附帶了解另一問題，即是清代以公羊為中心的今文學者，若由他們所援據的經典以考校他們的解釋，而加以知識的客觀性的要求，幾乎皆可斥其為妄誕。此一妄誕，至廖平的古今學考而達到了極點。但經學中較有時代性有思想性的人物，竟多由此出；這實是承仲舒之風，在他們不能不援據經典以作進身之階的時代中，當他們伸張公羊學的同時，便解脫掉公羊學以馳騁自己的胸臆。所以對於這些人的著作，要分兩途來加以處理。畢竟此種方式，容易引起思想上的混亂。康有為著春秋董氏學，僅就春秋繁露，作一繁瑣而不精確的分類抄錄工作；偶而加一點意見，有如在「權勢」後所加的七十個字，（卷六下頁十三），簡直是莫明其妙的話。所以這種方法是求知的大忌。

六、董氏的春秋學之二

(1) 大綱

盟會要第十，正貫第十一，十指第十二，是總論春秋大義的三篇文字，似皆有殘缺不全之處。現在先將這三篇內容，稍加條理，以把握仲舒春秋學的大綱。再就其特出的地方，且與其他有關的加以綜貫。

盟會要第十：

「至意雖難喻，蓋聖人貴除天下之患。貴除天下之患，故春秋重而書天下之患徧矣，以為本於見天下之所以致患。其意欲以除天下之患，何謂哉？天下者（者疑當作若）無患，然後性可善。性可善，然後清廉之化流。清廉之化流，然後王道舉，禮樂興，其心在此矣。……患乃至於弑君三十六，亡國五十二，細惡不絕之所致也。辭已踰矣（按此句上下，疑有缺文），故曰立義以明尊卑之分。强榦弱枝，以明大小之職。別嫌疑之行，以明正世之意。采摭托意，以矯失禮。善無小而不舉，惡無小而不去，以純其美。別賢不肖，以明其尊。親近以來遠，因其國而容天下。名倫等物，不失其理。公心以是非，賞善誅惡，而王道洽。始於除患正一（一疑當作正）而萬物備。故曰。大矣哉其號（按指春秋之號），兩言而管天下，此之謂也。」

正貫第十一：

「春秋，大義之所本耶。六者之科，六者之指之謂也。然後援天端，布流（衆）物，而貫通其理，則事變散其辭矣（此句似有缺文）。故志得失之所從生，而後差貴賤之所始矣。論罪源深淺，定法誅，然後絕屬（續）之分別矣。立義定尊卑之序，而後君臣之職明矣。載天下之賢方[註四四]，表謙義之所在，則見復正焉耳。幽隱不相踰，而近之則密矣；而後萬變之應無窮者，故可施其用於人而不悖其倫矣……」

十指第十二：

「春秋二百四十二年之文，天下之大，事變之博，無不有也。雖然，大略之要有十指；十指者，事之所繫也，王化之所由得流也。舉事變見有重焉，一指也。見事變之所（所以）至者，一指也。因其所以至者而治之，一指也。强榦弱枝，大本小末，一指也。別嫌疑，異同類，一指也。論賢才之義，別所長之能，一指也。親近來遠，同民所欲，一指也。承周文而反之質，一指也。木生火，火爲夏，天之端，一指也。切譏刺之所罰，考變異之所加，天之端，一指也。舉事變見有重焉，則百姓安矣。見事變之所（所以）至者，則得失審矣。因其所以至而治之，則事之本正矣。强榦弱枝，大本小末，則君臣之分明矣。別嫌疑，異同類，則是非著矣。論賢才之義，別所長之能，則百官序矣。承周文而反之質，則化所務立矣。親近來遠，同民所欲，則仁恩達矣。木生火，火爲夏，則陰陽四時之理，相受而次（序）矣。切譏刺之所罰，考變異之所加，則天所欲爲行矣。統此而舉之，仁往而義來，德澤廣大，衍溢於四海，陰陽和調，萬物靡不得其理矣。說春秋者凡用是矣。此其法也。」

最値得注意的是仲舒所用的指字。竹林第三，「辭不能及，皆在於指」，由此可知他所說的指，是由文字所表達的意義，以指向文字所不能表達的意義；由文字所表達的意義，大概不出於公羊傳的範圍。文字所不能表達的「指」，則突破了公羊傳的範圍，而爲仲舒所獨得，這便形成他的春秋學的特色。也是我在此處所要陳述的重點。現在先把上面所引的略加合併整理如下：

㈠盟會要：「蓋聖人者，貴除天下之患。貴除天下之患，故春秋重而書天下之患徧矣，以為本於見天下之所以患……患乃至於弒君三十六，亡國五十二，細惡不絕之所致也」。

正貫：「故志得失之所從生，而後差貴賤之所始矣」。

十指：「舉事變見有重焉，一指也。見事變之所（所以）至者一指也。因其所以至者而治之，一指也」。

㈡盟會要：「立義以明尊卑之分；强榦弱枝，以明大小之職」。

正貫：「立義定尊卑之序，而後君臣之職明矣」。

十指：「强榦弱枝，大本小末，一指也」。

㈢盟會要：「別嫌疑之行，以明正世之義。采摭托意，以矯失禮。善無小而不舉，惡無小而不去，以純其美」。

正貫：「論罪源深淺，定法誅，然後絕屬（續）之分別矣」

十指：「別嫌疑，異同類，一指也」。

㈣盟會要：「別賢不肖，以明其尊」。

正貫：「載天下之賢方，表謙義之所在，則見復正焉耳」。

十指：「論賢才之義，別所能之長，一指也」。

㈤盟會要：「親近以來遠，因其國而容天下」。

正貫：「幽隱不相踰，而近之則密矣」。

十指：「親近來遠，同民所欲，一指也」。

㈥盟會要：「名倫等物，不失其理」。

㈦十指：「承周文而反之質，一指也」。

㈧盟會要：「大矣哉其號，兩言（春秋）而管天下」。

正貫：「然後援天端，布流物，而貫通其理，則事變散其辭矣」。

十指：「木生火，火爲夏，天之端，一指也。切譏刺之所罰，考變異之所加，天之端，一指也」。

以下再就上列大綱，略加分析。

(2) 細惡及等差問題

按㈠項盟會要之所謂「患」，正貫之所謂「得失」，十指之所謂「事變」，是一個意義。孔子作春秋「貴除天下之患」，是沒有問題的。「舉事變見有重焉」。主要是指「弑君」「亡國」而言。此項最重要的是十指篇所說的「見事變之所以至」。事變之所以至的解答，即是「細惡不絕之所致」。所以仲舒認為孔子作春秋，非常重視細惡。王道第六說：「故弒君三十二（當作六），亡國五十二，細惡不絕之所致也」。「誅惡而不得遺細大」，「春秋記纖芥之失，反之王道」。但據隱十年公羊傳，「春秋錄內而略外。於外，大惡書，小惡不書。於內，大惡諱，小惡書」。內是指魯國。孔子居於魯國作春秋，對大惡若明言之而加以貶斥，則孔子的安全會發生問題；若放置不問，則是非無所寄托，所以便用諱的方法（註六）。小惡對魯君臣的刺激性不大，所以便記錄下來。通過公羊傳以了解春秋，並沒有仲舒所說的大禍患是來自小惡，所以便不放過小惡的意思。至莊三十二年公羊傳，「君親無將，將而誅焉」；此語又見於昭元年公羊傳；「將」是意念之動；「將而誅焉」，是說臣子動了意念要弒君親，雖未成事實，也必加以誅戮；這兩句話在漢代的政治寃獄中（註四七），發生了很大的作用，由此可見其流弊之大；但動念要弒君親，究不可謂為春秋在政治上是主張要絕小惡的。**最好把**(一)項與(三)項「別嫌疑之行」，合在一起看；而仲舒在度制第二十七，有如下的說明。

「凡百亂之源，皆出嫌疑纖微，以漸寖稍長，至於大。聖人章其疑者，別其微者，不得嫌，（蘇：不使有幾微之嫌），以蚤防之。聖人之道，衆隄防之類也。謂之度制，謂之禮節。故貴賤有等，衣服有制」。

上文中的「纖微」，即是「小惡」；這與㈠項中「故志得失之所從生，而後差貴賤之所始矣」連起來看，仲舒之所謂嫌疑小惡，主要是指尊卑貴賤的等差，稍有所踰越乃至偶有所踰越而言。他曾說「未有貴賤無差，能全其位者也」（王道第六）。仲舒對於這類的「嫌疑纖微」，既是看得這樣嚴重，於是我們便可得出一個思想的線索，他爲什麼要援天道來建立一套絕對性的倫理觀念，以鞏固一人專制的統治地位。

但是通過公羊傳以了解春秋，與仲舒的觀念，便有相當大的出入。昭二十年夏「曹公孫會自鄸出奔宋」公羊傳，「君子之善善也長，惡惡也短。惡惡止其身，善善及子孫。」又謂「春秋爲賢者諱」。把這些話合在一起看，可以了解春秋之惡惡是從寬；而賢者有小惡也不加計較的。這與論語孔子所說的「躬自厚而薄責於人」（衞靈公），而在政治上應「赦小過」（子路）的精神是相符合的。但仲舒也並沒有抹煞此種精神，所以他在俞序第十七說：「上奢侈，刑又急，皆不內恕，求備於人，故次以春秋緣人情，赦小過；而傳明之曰，君子辭也。孔子明得失，見成敗，疾時世之不仁，失王道之體，故因行事，赦小過。傳明之曰，君子辭也」。按「君子」是指孔子；「君子辭也」，是說此乃孔子對此事寬恕之辭。此處所說的孔子的精神，與仲舒㈠㈢的精神，不能說沒有矛盾。

㈡項與㈠㈢項有連帶關係，反映出仲舒對當時政治的觀點。漢初繼剪滅異姓諸侯王之後，大封同姓諸侯王；這些同姓諸侯王的存在，成爲漢初政治上的一個大問題。賈誼長治久安策中，卽主張强榦弱枝，以完成中央集權的政治體制。晁錯繼之，遂有七國之變。董仲舒在此問題上，與賈誼、晁錯完全相同，而以禮制嚴上下之等，也是與强榦弱枝相因而來的要求，仲舒在這一點上，也承襲了賈誼的觀點。他更要從春秋上找出理論的根據。按春秋「大一統」（隱元年公羊傳），實際是主張明天子諸侯大夫之職，因而主張天子、諸侯、大夫分職，卽大夫不可僭諸侯之職，諸侯不可僭天子之職。是主張分權的一統，而非主張集權的一統。所以凡是天子所封的諸侯，都希望能保存下來；甚至已經滅亡了的，也希望能「興滅繼絕」。「王者無外」（隱元年，桓八年傳），「有天子存，則諸侯不得專地」（桓元年傳），諸侯「不敢勝天子」（莊六年傳），「不與諸侯專封」（僖十三年，襄元年，昭公十三年傳），「王者無敵，莫敢當也」（成元年傳）；「不與（諸侯）伐天子」（昭二十三年傳）；通過公羊傳以了解春秋，或者可以說由周室王綱解紐的情形而能推出强榦弱枝的要求；但孔子作春秋心目中的一統形態，決不是賈誼、晁錯、董仲舒們所要求的一統的形態。這裏只想客觀地說明一個思想的演變，而不作是非得失的評論。

(3) 君、臣、民的關係

此處應順着强榦弱枝，大本小末的要求，對仲舒所提出的君、臣、民的相互關係，略加考查。

君臣父子夫婦相互間的絕對關係，在春秋繁露的第二部份表現得最爲强烈。第一部份既是依孔子的春秋以立言，而孔子心目中的倫理，尤其是君臣的關係，乃是相對的關係，所以仲舒對此，也不能不加以接受；但把尊卑貴賤，和價値的判斷，連接在一起的絕對性的觀念，在這一部份已見其端倪，玉杯第一謂「父不父，則子不子；君不君，則臣不臣耳」，此乃據論語「君君，臣臣；父父，子子」（顏淵）而承認相互間的相對關係。但精華第五：

「大雩者何？旱祭也，難者曰，大旱，雩祭而請雨；大水，鳴鼓而攻社。天地之所爲，陰陽之所起也。或請焉，或怒焉者何？曰，大旱者陽滅陰也。陽滅陰者，尊壓卑也，固其義也。雖太甚，拜請之而矣，無敢有加也。大水者陰滅陽也。陰滅陽者，卑勝尊也；日食亦然，皆下犯上，以賤傷貴者，逆節也。故鳴鼓而攻之，朱絲而脅之，爲其不義也」。

以尊壓卑爲義，以賤傷貴爲逆節，不僅春秋經無此意，即公羊傳亦無此意；這完全出於仲舒將尊卑貴賤，與價値判斷連在一起，而將相對的關係加以絕對化。但他下面接着說「是故脅嚴社而不爲不敬靈，出天王而不爲不尊上；辭父母之命而不爲不承親；絕母之屬而不爲不孝慈；義矣夫」。則又以在下之臣子，有時以不服從在上之君父爲義；此則又回到君臣父子相互間乃相對性的觀念。

仲舒最成問題的是玉杯第二，對君民的關係說「春秋之法，以人（君民）隨君，以君隨天……故屈民而伸君，屈君而伸天，春秋之大義也」的幾句話。以臣民隨君，在政治上臣民由君所統率，語意尚無大害。至於「屈民而伸君」，民的地位本是屈，君的地位本是伸；所以以孔子為中心的儒家，在政治上涉及君民關係時，無不是採取某種形式，以表現某種程度的抑君而伸民的方向。同時，仲舒說「且春秋之法，凶年不修舊，意在無苦民爾。苦民尚惡之，況傷民乎？傷民尚痛之，況殺民乎？故曰凶年修舊則譏，造邑則諱。是害民之小者，惡之小也。害民之大者，惡之大也」（竹林第三）。又對宣十五年楚司馬子反促楚莊王解宋之圍一事謂「專政則輕君，擅名則不臣，而春秋大之，奚由哉？曰，為其有慘怛之恩，不忍餓一國之民，使之相食；推恩者遠之而大，為仁者自然而美。今子反出己之心，矜宋之民，無計其間，故大之也」（仝上），這分明是說救民的意義，遠在守臣節之上。又說「五帝三皇之治天下，不敢有君民之心；什一而稅；教以愛，使以忠，敬長老，親親而尊之，不奪民時，使民不過歲三日」（王道第六），這完全沒有屈民的意思。仲舒又說「王者民之所往，君者不失其羣者也。故能使萬民往之而得天下之羣者，無敵於天下」（滅國上第七）；這分明以民的是否歸嚮為統治者得以存在的基本條件。並且他在堯舜不擅移，湯武不專殺第二十五分明說：「且天之生民，非為王也；而天立王，以為民也。故其德足以安樂民者天予之。其惡足以賊害民者，天奪之」。「有道伐無道，此天理也，所從來久矣，寧能至湯、武而然耶」？以此肯定「儒者以湯、武為至賢大聖」的觀念；則其站在人民的立場以衡定政治價值的得失，實貫通於整個仲舒思想之中，貫通於春秋繁露全書之中』，至爲明顯。由此以推論仲舒之意，蓋欲把君壓抑（屈）於天之下，亦卽是壓抑於他所傳承的儒家政治理想之下，使君能奉承以仁爲心的天心（註四八），而行愛民之實。在他所承認的大一統專制皇帝之下，爲了要使他的「屈君而伸天」的主張得到皇帝的承認，便先說出「屈民而伸君」一句；這一句，或許也如史公在孟荀列傳中說鄒衍的大九州及五德終始等說法，乃「牛鼎之意」，卽是先迎合統治者的心理，再進而說出自己的眞正主張。所以站在仲舒的立場，「屈民而伸君」一句是虛，是陪襯；而「屈君而伸天」一句才是實，是主體。至於統治者及後世小儒，恰恰把它倒轉過來，以致發生無窮的的弊害，這是仲舒始料所不及的。對於仲舒整個思想，都應從這一角度去了解。

㈣項是儒家「舉賢才」，「選賢舉能」的通義。但漢高平定天下後，多以功臣外戚及其子弟形成由中央到地方官吏的骨幹，所以仲舒對此儒家通義特加强調。精華第五「以所任賢，謂之主尊國安。所任非其人，謂之主卑國微。萬世必然，無所疑也……故吾按春秋而觀成敗，乃切悁悁於前世之興亡也」。立元神第十九，「天積衆精以自剛，聖人積衆賢以自强」。考功名第二十一，「天道積衆精以爲光，聖人積衆善以爲功」，都是這種意思。

㈤的親近來遠，是指當時的中國與四夷的關係來說的，這在後面將特別談到。

(六)的「名倫等物，不失其理」，是發展春秋中的正名思想，後面也還要談到。

(七)項的「承周文而反之質」，這應與孔子作春秋的時間，「改制」及「絀夏親周故宋王魯」等思想關連在一起來了解，這裏最表現了仲舒春秋學的特色，而爲後來許多附會之說所自出。

(4) 受命、改制、質文問題

「有非力之所能致而自至者，西狩獲麟，受命之符是也。然後托乎春秋正與不正之間，而明改制之義，統乎天子，而加憂於天下之憂也」。符瑞第十六：

按「受命」，是受承天命而爲王。上文是說哀公「十有四年春，西狩獲麟」，乃是孔子受命的符瑞。孔子既已受命，則在實質上，天已賦予孔子以王者的權力；天既賦予孔子以王者的權力，便應當改制以正前代之不正；最重要的便是「承周文而反之質」。首先，從論語「鳳鳥不至，河不出圖，吾已矣夫」（子罕）看，孔子是有符瑞思想的，因爲這是古老的傳統觀念。但仲舒上面的說法，決非公羊傳的本意。

「西狩獲麟」傳：

「何以書，記異也。何異爾？非中國之獸也。然則孰狩之？薪采者也。薪采者則微者也，曷爲以狩言之？大之也。曷爲大之？爲獲麟大之也。曷爲爲獲麟大之？麟者仁獸也，有王者則至，無王者則不至。有以告者曰，有麐而角者，孔子曰，孰爲來哉！孰爲來哉！反袂拭面涕沾袍。顏淵死，子曰：噫！天喪予！子路死，子曰：噫！天祝（注：斷也）予！西狩獲麟，子曰：吾道窮矣。春秋何以始乎隱？祖之所逮聞也。所見異辭，所聞異辭，所傳聞異辭。何於終乎哀十四年，曰備矣。君子曷爲爲春秋。撥亂世反諸正，莫近諸春秋。則未知其爲是與？其諸君子樂道堯舜之道與？末不亦樂乎堯舜之知君子也。制春秋之義以俟後聖。以君子之爲，亦有樂乎此也。」

從傳文看，孔子是以麟至爲王者之瑞，也可以推出「麟是爲己而至」之意。但麟至而爲人所獲，已經死掉了，便象徵孔子無法享此符瑞，這比「鳳鳥不至，河不出圖」，更爲嚴重；所以「反袂拭面涕沾袍」而嘆「吾道窮矣」，比「吾已矣夫」更爲傷痛。這裏決沒有仲舒所說的孔子自以爲是「受命之符也」的意思。由孔子「吾道窮矣」之嘆，則以孔子作春秋，因獲麟而絕筆，較之謂孔子作春秋，因獲麟而起筆，遠爲合理。「子疾病，子路使門人爲臣」，孔子尙責子路爲「行詐」。因獲麟而孔子自以爲受命，更是誣誕之談。

依仲舒的說法，孔子既經受命，卽以春秋當新王；以春秋「當新王」，則春秋便應當改制，因爲「王者必改制」以「應天」（楚莊王第一）。玉杯第二，「是故孔子立新王之道」（註四九），三代改制質文第二十三，「故春秋應天作新王之事，時正黑統，王魯，尙黑，絀夏親周故宋」。「春秋上黜夏，下存周，以春秋當新王」。「春秋作新王之事，變周之制，當正黑統。而殷周爲王者之後，絀夏改號禹謂之帝，錄其後以小國，故曰絀夏存周，以春秋當新王」。周爵五等，春秋三等。「春秋何三等？曰，王者以（之）制，一商一夏，一質一文。商質者主天，夏文者主地。春秋者主人，故三等也」。上面的話，除孔子因獲麟而受命，已指出全出自仲舒之誣誕外，還有新王的問題，改制的問題，文質的問題，略加解析如下：

「以春秋當新王」，若僅就孔子作春秋，制義法，以示後王有所準繩法式，這是可以成立的。但仲舒之所謂「新王」，固然不是像漢的公羊博士們爲了鞏固自己地位而說春秋是爲漢立法，也不是泛指爲後王立法，而實是以孔子卽是新王；孔子作春秋，卽是孔子把新王之法，表現在他所作的春秋裏面。但孔子畢竟是一個平民，抽象地說孔子是「素王」，固未嘗不可。可是春秋二百四十二年的紀錄，都是歷史事實；在具體的歷史事實中，如何能安置一位抽象的素王呢？仲舒於是把魯國當作是新王的化身，而出現「王魯」的說法；「王魯」，是說孔子在春秋中賦予魯國以王的地位。而魯國之王，並不是魯君而是孔子自己。在春秋中既然是「王魯」，則置周於何地？於是由三代改制的觀念中，導出「絀夏故宋親周（註五〇）」的觀念。此種觀念之形成，實襲用了宗法制度中的廟制。此種由受命而新王而王魯；由王魯而「絀夏故宋（商）親周」的一套，在公羊傳中是毫無根據的。

改制一詞，可能卽由仲舒所創造。但若以「改制」卽是改革禮制，則在歷史事實與孔子思想中，是可以導出來的觀念。孔子對歷史發展的看法是「殷因於夏禮，所損益，可知也。周因於殷禮，所損益，可知也」（論語爲政）。孔子的話，經近二十年來西周地下資料的證明，是符合歷史事實的。既在繼承之中，有所損益，其所損所益，即可稱爲改制。但這不同於仲舒所說的改制。楚莊王第一，「今所謂新王必改制者，非改其道，非變其理；受命於天，易姓更王，非繼前王而王也。若一因前制，修故業，而無有所改，是與繼前王而王者無以別。受命之君，天之所大顯也……今天大顯己，物襲所代而率與同，則不顯不明，非天志。故必徙居處，更稱號（更朝代之稱號），改正朔，易服色者，無他焉，不敢不順天志而明自顯也」。改制的具體情形，具見於三代改制質文第二十三。但此篇文字頗有訛奪。其要點有三：一、以建子（以十一月爲正月）建丑（以十二月爲正月）建寅（以十三月爲正月）爲三正。夏、商、周三種曆法的正月，有建子、建丑、建寅之不同，故謂之三正，即是三種時間不同的正月。二、以子、丑、寅，爲天地人，故謂建子爲天統，建丑爲地統，建寅爲人統。於是三正亦稱「三統」。又將赤白黑配上子丑寅的三正、三統，故建子的天統亦稱赤統，建丑的地統亦稱白統，建寅的人統亦稱黑統。「易服色」的服色，是各隨赤白黑三統之色。夏建寅，爲人統黑統。殷建丑，爲地統白統。周建子，爲天統赤統。三、再將質文配到三統的更迭中去，而認爲「一商一夏，一質一文。商質者主天，夏文者主地，春秋者主人，故三等也」。按三代建正不同，當係事實。但尚書甘誓之所謂「三正」，是否即係此處之所謂三正，至爲可疑。而周書（即所謂逸周書）卷六周月解，有質文三統之說，此篇乃出於陰陽說盛行之後，可能係戰國末期之作，爲董仲舒所本。但周月解無天地人之說，是其即以三正爲三統。謂「夏數得天」，乃謂夏正得天時之正，與仲舒說夏建寅爲人統之說不同；更未配入赤白黑的顏色。天地人爲三統，可能即始於仲舒。而配以赤白黑三色成爲赤統白統黑統，則可確斷爲仲舒滲揉了五德終始的創說。漢初改制的主張，皆本鄒衍的五德（五行之德）終始。五德終始，由呂氏春秋之應同篇，猶可窺其概略。應同篇以黃帝是「土氣勝，故色尙黃」。禹是「木氣勝，故其色尙靑」。湯是「金氣勝，故其色尙白」。文王是「火氣勝，故其色尙赤」。「代火者必將水……水氣勝，故其色尙黑」。仲舒援春秋之「春王正月」的正月以言歷史的遞嬗，故將三正與天地人、赤白黑之三統結合起來，自不得假五德終始的五德以立論。但三統中，三色與朝代的配合，乃來自五德終始的五德之色，則至爲明顯。總結的說，由公羊以了解春秋，可斷言仲舒的改制思想，爲春秋所無。三正有歷史之依據，而未爲春秋所明言，亦爲春秋所不必言。至由三正所孳生出之天地人及黑白赤的三統，斷爲春秋所不許。

既認定孔子受命而作春秋，改制以應新王，則由鄒衍所提出的文質互救的觀念（註五一），已見用於周書的周月解，仲舒亦必組入到他的改制思想中，由此而伸張他的政治社會思想。玉杯第二，「禮之所重者在其志……志爲質，物爲文。文著於質。質不居文，文安施質。質文兩備，然後其禮成……俱不能備，而偏行之，寧有質而無文。雖弗予能禮，尚𥆞（稍）善之。……有文無質，非直不與，乃𥆞惡之……然則春秋之序道也，先質而後文，右志而左物。故曰禮云禮云，玉帛云乎哉……引而後之，亦宜曰喪云喪云，衣服云乎哉。是故孔子立新王之道，明其貴志以反和，見其好誠以滅僞，其有繼周之弊，故若此也」。漢到了文景時代，政治因封建侯王的僭侈，社會因商業資本及地主的發達，生活豪侈，成爲風氣；尤以厚葬之風，消耗生人之資，至鉅且大。至武帝而朝廷爲其首倡；仲舒欲以「質」的觀念加以補救，這是很有意義的。但他一定要把質文互救的觀念，組入到他的三統中去，並且說這是出於春秋，便牽附而誣誕了。三統有三，而質文只有二，以二配三，如何能配得上？就三代改制質文篇看，已說湯「受命而王，時正白統」；又說「春秋應天作新王之事，時正黑統王魯」；黑統的「歷正日月朔于營室，斗建寅」，是夏爲黑統；春秋正黑統，乃承夏之統。但談到質文時，又說「王者之制，一商一夏，一質一文。商質者主天，夏文者主地，春秋者主人」。則「承周文而反之質」，春秋又應當是承商質之統。所以發生這種混亂矛盾的情形，因爲孔子曾明白主張「行夏之時」（論語衞靈公），夏時是建寅，仲舒將其列入人統黑統。因此不得不以孔子作新王之事，亦係建寅，亦列入人統黑統。但「漢承周文之弊」，是一個已經決定了的前提。質與文遞嬗，周既是文，周前之商不能不是質；商前之夏，又不能不是文。於是在質文的問題上，孔子作新王之事，又不得不棄夏而承商。仲舒要綜合許多因素以組成一個思想系統，只好忍受這種混亂。至於從孔子「如用之，則吾從先進」（論語先進）之言推之，他雖然主張「文質彬彬，然後君子」（論語雍也），但二者不可得兼時，則「寧有質而無文」的話，是可以成立的。但孔子是在「周文」中求其質，所以公羊傳中所言之禮，皆是周禮。孔子是以仁爲禮之質，決不曾主張機械地質文遞嬗，回到商的質統中去。大概仲舒也覺得這種機械地質文遞嬗之說，過於勉强；而在賢良策問中，武帝已指出「殷人執五刑以督奸，傷肌膚以懲惡」，把所謂「殷質」的內容揭穿了，與自己的尚德而不尚刑的主張不合，所以在賢良對策的第二策中，僅說「夏上忠，殷上敬，周上文」，而主張「今繼大亂之後，若宜稍損周之文致，用夏之忠者」；這是一個很大的合理的修正。

(5) 向天的哲學中的昇進

(八)項「援天端」，這更表現了仲舒春秋學的特色。他一定要把立足於歷史，立足於具體的人事的春秋及公羊傳，拉入到他的天的哲學系統中去，在篤實明白的文字中，賦予以一份神秘的色彩。重政第十三中說，「夫義出於經，經傳、大本也」；順著經傳的文字以求孔子作春秋之義，這是一條正路。但他在精華第五中謂，「然而體天之微，故難知也」；這是說春秋是體天之微，所記歷史的事實，都是爲了體現天的微意的；此在公羊傳中找不出這種內容，於是他通過兩條線索以求達到他的預定目的。一條線索是誇大「元」的觀念，一條線索是加强災異的觀念。把元與災異，視爲「春秋之至意有二端」（二端第十五），由此二端，而把歷史、人事，與天連結在一起。

春秋一開始是「元年春，王正月」。公羊傳，「元年者何？君之始年也。春者何？歲之始也」。按夏曰歲，商曰祀，周曰年。書洛誥「稱秩元祀」；書酒誥「惟元祀」；此乃周初因商的稱呼而未改。曶鼎「唯王元年六月既望乙亥」。曶鼎「唯王元年六月既望乙亥」。尨敦「唯元年既望丁亥」。師酉敦「唯王元年正月」。師兌敦「唯元年五月初吉丁亥」。師虎敦「唯元年六月既望甲戌」。師𩰫敦「唯王元年正月初吉丁亥」。蔡毀「唯元年既望丁亥」。師𩛥敦「唯王元年正月初吉丁亥」。此時周已改祀稱年；而稱君卽位之年爲元祀元年，乃商周史臣記載之常例，絕無書卽位之年爲一年之事。竹書紀年乃魏之史書，今日由輯校所得，亦無不書卽位之年爲元年。由此可知孔子僅依商周史臣的常例而書元年，公羊傳釋元年爲始年，簡明切當，實更無其他剩義。而邾公牼鐘「唯王正月初吉辰在乙亥」。邾公華鐘「唯王正月初吉乙亥」。邵鐘「唯王正月初吉丁亥」。楚王頵鐘「唯王正月初吉丁亥」。彔伯𢦏敦「唯王正月，辰在庚寅」。𧹞敦「唯王正月辰在甲午」。陳逆簠「唯王正月初吉丁亥」。公孫班鎛「唯王正月辰在丁亥」。丑𢍰「唯王正月初吉丁亥」。季𢼸匜「唯王正月初吉丁亥」。晉邦𥁰「唯王正月初吉丁亥」。楚嬴匜「唯王正月初吉庚午」。夆叔匜「唯王正月初吉丁亥」。金文雖有不少僅書「唯正月」而未加王字的，但書「王正月」亦周史官紀時之常例；孔子亦只本此常例而書「王正月」，不可能有其他非常異義存於其中。但仲舒謂：

(一)「春秋之序辭也，置王於春正之間，非曰（原注：猶言豈非）上奉天施而下正人，然後可以爲王也云爾」。（竹林第三）

(二)「謂一元者，大始也。知元年志者（註五二），大人之所重，小人之所輕」。（玉英第四）

(三)「春秋何貴乎元而言之，言本正也。道，王道也。王者人之始也。王正則元氣和順……」。（王道第六）

(四)「唯聖人能屬萬物於一，而繫之元也。終（原注：「終」一作「故」者是）不及本所從來而承之，不能遂其功。是以春秋變一謂之元。元猶原也；其義以隨天地終始也。故人唯有終始也，而生不（蘇輿：不疑作死）必應四時之變。故元者爲萬物之本，而人之元在焉。安在乎？乃在乎天地之前。故人雖生天氣及奉天氣者，不得與天元本天元命而共違其所爲也（按此句語義不明），故春正月者，承天地（地字疑衍）之所爲也；繼天之所爲而終之也；其道相與共功持業，安容言乃天地之元。天地之元，奚爲於此惡（盧注讀曰烏）施於人，大其貫承意之理矣」。（重政第十三）

(五)「是故春秋之道，以元之深，正天之端。以天之端，正王之政。以王之政，正諸侯之位。五者俱正而化大行」。（二端第十五）

(六)「春秋曰王正月。傳曰，王者孰謂？謂文王也。曷爲先言王而後言正月，王正月也。何以謂之王正月？曰，王者必受命而後王。王者必改正朔，易服色，制禮樂，一統於天下；所以明易姓，非繼仁（人），通以已受之於天也。王者受命而王，制此月（正月）以應變（應易姓受命之變），故作科以奉天地，故謂之王正月也」（三代改制質文第二十三）。

㈦「其謂統三正者？曰正者正也；統致其氣，萬物皆應而正。統正，其餘皆正；凡歲之要，在正月也。法正之道，正本而末應，正內而外應，動作舉措，靡不變化隨從，可謂法正也」。（同上）

按在董仲舒以前，也有把春秋之元與詩之關雎並稱的；但這只是愼之於始的意思，沒有其他特別意義。易乾元九家注，「元者氣之始也」。這是由陰陽二氣上推，而認爲應有陰陽未分，爲陰陽所自出的氣，即稱爲元氣。易繫辭「立天之道，曰陰與陽」，天道即是陰陽；陰陽所自出的元氣，其層次自然在天道之上。仲舒與九家注的作者約略同時；上引九家注的話，不是他們的私言，而是當時學術上的公言；所以鶡冠子王鈇篇也說「天始於元」。在仲舒心目中元年的元，實際是視爲元氣之元。所以才有㈤「是故春秋之道，以元之深，正天之端」的話。說文十二上「援，引也」，乃引而上之意；仲舒認定春秋的元字即是元氣，即是天之所自始的「端」；不說「一年」而說「元年」，是孔子在春秋中所說的王道，上援引到天之端，元是王道的最後根源，所以㈣說「元猶原也」。陰陽出於元而歸於元，春秋把握到元以立義，所以㈣說「其義（春秋之義）以隨天地終始也」。㈣又說「唯聖人能屬萬物於一，而繫之元也」，即是聖人能把萬物都連結到一個共同的根源的「一」上，由此一的根源，以立王道之本，自然可以收到「元氣和順，風雨時，景星見，黃龍下」（王道第六）的效果。所以春秋要「援天端」之元以立根源性之義。

按照仲舒的意思，天之端來自元；天之功用表現爲四時；而春是四時之始，這是天向人及萬物的施爲。隱元年公羊傳，「何言乎王正月？大一統也」；公羊傳的原意，孔子書「王正月」，表明魯係奉周王的正朔，乃重視（大）一統的意思。但㈥說「何以謂之王正月？曰王者必受命而後王……制此月（正月）以應變，故作科以奉天地，故謂之王正月也」；仲舒的意思是把「王正月」解釋爲由受命之王「改正朔」而來的正月；因此，「王正月」乃是屬於受命之王的正月。春則爲天之所施，正月爲春之首，歲之始，但又係由受命之王所改定，所以正月便有上承天而下屬於王的雙重意義。而此月名爲正月，據㈦說「正者正也」，此月得其正，則就天而言，「統致其氣，萬物皆應而正」。就王而言，則「正本而末應，正內而外應，動作舉措，靡不變化隨從」。所以㈦說「凡歲之要在正月也」。㈠對春秋「春王正月」四字的解釋是「置王於春正之間，非曰（豈非）上奉天施而下正人，然後可以爲王也云爾」；春是「天之施」，春字安放在王字的上面，這即說明王應上奉天之施，此亦即玉杯第二所說的「以君隨天」，「屈君而伸天」。把「正者正也」的正月安放在王的下面，這即說明王者要由正月之正，以自正其本；由自正其本「而下正人」。仲舒在賢良對策的第一策中，有一段話說得更清楚：「臣謹按春秋之文，求王道之端，得之於正。正次王，王次春。春者天之所爲也。正者王之所爲也。其意曰，上承天之所爲，而下以正其所爲，正王道之端云爾」。

由上可知仲舒不僅對「元年」之元的解釋，爲公羊傳所無；他對「春王正月」的解釋，亦爲公羊傳所未有。通過他對「元」與「春王正月」的特殊解釋，而把春秋組入到他的天的哲學大系統中去了。

其次，仲舒除了上述以元爲天端外，還通過災異的一條線索，把春秋與他的天的哲學大系統連結起來。已如前述，認災異爲天意的表現，是古老的傳統。但通過公羊傳以了解春秋，可以說把由災異以見天意的古老傳統，減輕得微乎其微。且除宣十五年「冬蝝生」傳「上變古易常，應是而有天災，則宜於此焉變矣」外，未有言災異係某具體政治問題的反應的。春秋繁露的第一部分——春秋學的部分，雖僅在王道第六及二端第十五，說到災異；但二端第十五說，「春秋至意有二端。……是故春秋之道，以元之深，正天之端；以天之端，正王之政；以王之政，正諸侯之位；五者俱正而化大行。然書日蝕星隕有蜮山崩地震……春秋異之……雖甚末，亦一端，孔子以此效之，吾所以貴微重始是也。因惡夫推災異之象於前，然後圖安危禍亂於後者，非春秋之所甚貴也（註五三），然而春秋舉之（災異）以爲一端者，亦欲其省天譴而畏天威……豈非貴微重始，愼終推效者哉？」詳玩上文，蓋以災異爲僅次於「元」之一端；元在天之上，故由元以正天之所自來之端。災異乃天之所發，故由災異以探知天對政治反應之端。這二端皆以天爲中心，於是仲舒認爲春秋通過二端而與天緊密連結在一起；天通過春秋而將自己的意志，在歷史中顯現，在現實政治中顯現。由元之一端而盛言改制的重大意義；由災異的一端與五行相結合，而盛言春秋中天人感應的實例；其詳具見於漢書五行志中所錄的「董仲舒以爲」各條。

由上所述，可知仲舒的春秋學，實對儒家思想的發展，加上了一層特殊的轉折。並且這種轉折，得到當時學術界的廣大承認，此卽漢書五行志序論所說的「董仲舒治公羊春秋，始推陰陽爲儒者宗」。更通過緯書及白虎通德論中的大量吸收而成爲一般的通說。何休注公羊，多採用董說而不出董氏之名，蓋卽以「通說」的性質視之，不必出於有意的攘竊。問題是在仲舒何以要加上這一層轉折？我的推測，第一，仲舒由受呂氏春秋十二紀紀首的影響，先形成了一個天的哲學構造在心裏；而這一哲學構造，他認定是萬事萬物最高的眞理，最後的根據。由孔子所作的春秋，必定與他冥符默契；只是這種「微」、「端」、「至意」，未被一般人所察識，他便從「微」從「端」的地方深入進去，而將孔子的「至意」顯發出來。第二，在仲舒心目中，孔子作春秋，是爲後王立法，現實上卽是爲漢立法（註五四）。用現代的語言來表達，他要使春秋成爲大一統專制帝國的憲章。此憲章要至高無上的皇帝來遵守，便必需把此憲章的地位，安在皇帝的上面，只好說孔子作春秋，是含有未曾由語言所明白表達出來的至意，卽是天意。此至意、天意，卽隱藏在「元」「正月」等幾個字中間，由他推衍出來。於是春秋中的大義，不是出於孔子而是出於天，甚至是出於在天之前的「先天而天弗違」，「天且弗違，而況於人乎？而況於鬼神乎」（註五五）的「元」。這樣，他便可由要求「以君從天」，「屈君而從天」，轉到實際上是從孔子的春秋之教。第三，然則孔子所作的春秋，何以見得是代表天意？這便不得不附會出另一種說法，卽是孔子乃由獲麟受命而作春秋的，所以春秋卽可代天立教。同時，在仲舒絕對性的倫理關係中，孔子爲什麼以平民身分，能立新王之法，且可以「貶天子，退諸侯，討大夫」呢？因爲孔子已代周受命而自成一統，這便與一般臣民譏彈朝廷的情形不同。而他援春秋之義以獻替時政，也是本聖意天意來講話，並非出於臣子之私。但不論仲舒的用心如何，緯書怪誕之說，我發現是由仲舒所引發出來的，對先秦理性主義，合理主義應有的發展，加上了一層阻滯。例如仲舒在三代改制質文第二十二中，以商爲白統，於是春秋演孔圖便有「夏民不康，天果命湯，白虎戲朝，白雲入房」。「天命於湯，白雲入房」。「白雲金精，入湯房也」（註五六）等怪說。仲舒以孔子受命爲黑統，春秋演孔圖便有「孔子母顏氏徵在，游大澤之陂，睡夢黑帝使請己往；夢交語曰，汝乳，必於空桑之中。覺則若感，生丘於空桑，故云玄聖」等怪說（註五七）。我的推測，讖語是自古有之，而緣經以爲緯書，則其端發自仲舒。而夏侯始昌的洪範五行傳，京房之易，翼奉之詩，皆係由仲舒所引發；緯書更各由此異說滋演而生，遂大盛於哀平之際。故先秦經學，實至仲舒而一大歪曲；儒家思想，亦至仲舒而一大轉折；許多中國思維之方式，常在合理中混入不合理的因素，以致自律性的演進，停滯不前，仲舒實是一關鍵性人物。「董仲舒，亂我書」之譏（註五八），殆出於某一經生痛仲舒對春秋之曲說，一旦成爲官學，影響太大，無可奈何，故亦聊造一讖以洩憤。

七、董氏春秋學之三

(1) 華夷之辨

但是，公羊傳中許多平實而有意義的思想，仲舒也皆加以承繼和發揮，玆特舉兩義：

一、仲舒特提出「王者愛及四夷」（仁義法）的理想；發揮春秋由種族的華夷之辨，進而爲文化的華夷之辨；且進而以人民生存之基本要求，泯除華夷之辨。就今日可以看到的古代史料，以黃河流域爲中心，在文化傳承上成一統緒，漸漸形成西周時代之所謂「中國」（註五九）「華夏」（註六〇）的觀念；因不斷與周圍或間雜的外族，作過長期生存競爭；尤其是周室經厲幽之亂，平王東遷，在齊桓霸業未成以前，中國更受到異族的迫害；孔子作春秋，對於種族的自保，當然視爲最重大的責任。公羊傳「不與（許）夷狄之執中國」（隱七年，僖二十一年），「不與夷狄之獲中國」（莊十年），莊公「追戎於濟西」，「大其未至而預防之」（莊十八年），以狄滅邢滅衞爲齊桓公諱，蓋深以此爲大恥（僖二年），以攘夷狄爲王者之事（僖四年），「內其國而外諸夏；內諸夏而外夷狄（成五年），「不與夷狄之主中國」（昭二十三年，哀十三年）；這都表示得非常堅決。仲舒在這種地方，當然承繼了下來。但莊三十年「齊人伐山戎」傳，「此齊侯也，其稱人何？貶。曷爲貶？子司馬子曰，蓋已操之爲已蹙（迫）矣」；這便表示不應迫害到夷狄的生存。宣公十二年邲之戰傳，「不與晉而與楚子爲禮也」。宣十五年「夏五月，宋人及楚人平」傳，「外平不書。此何以書？大其平乎己也」。因爲楚司馬子反哀宋之「易子而食之，析骸而炊之」，促成楚王與宋言和（平）。昭二十三年「戊辰，吳敗頓胡、沈、蔡、陳、許之師於鷄父」傳，既「不與夷狄之主中國」；同時斥「中國亦新夷狄」。定公四年「冬十有一月庚午，蔡侯以吳子及楚人戰於伯莒，楚師敗績」傳，「吳何以稱子？夷狄也而憂中國」。「庚辰，吳人入楚」傳，「吳人何以不稱子？反（反而爲）夷狄也……蓋妻楚王之母也」。上面已清楚的說明，春秋華夷之辨，已突破了種族的限制，進而爲文化的華夷之辨，而文化的眞實內容，卽在人類基本生存的權利。仲舒在這一點上，作了突出的發揮。竹林第三，「春秋之常辭也，不予夷狄而予中國爲禮。至邲之戰，偏然反之何也？曰，春秋無通辭，從變而移。今晉變而爲夷狄，楚變而爲君子，故移其辭以從其事。夫莊王之舍鄭，有可貴之美；晉人不知善而欲擊之；所救已解，如（而）挑與之戰，此無善善之心，而輕救民之意也。是以賤之，而不使得與賢者爲禮」。對楚司馬子反促楚莊王解宋圍一事謂「司馬子反，爲其君使，廢君命，與敵情，從其（宋華元）所請與宋平，是內專政而外擅名也。專政則輕君，擅名則不臣，而春秋大之，奚由哉？曰，爲其有慘怛之恩，不忍餓一國之民，使之相食。推恩者遠之而大，爲仁者自然而美。今子反出己之心，矜宋之民，無計（計較）其間，故大之也」。這是站在人民生存的立場，不僅超越了華夷之辨，也超越了君臣之防。又成三年「鄭伐許」，公羊無傳。但仲舒伸之曰，「鄭伐許，奚惡於鄭，而夷狄之也？曰：衞侯速卒，鄭師侵之，是伐喪也。鄭與諸侯盟於蜀，以（已）盟而歸諸侯，於是伐許，是叛盟也。伐喪無義，叛盟無信。無信無義，故大惡之」。這是以文化來定華夷的分水嶺；而所謂信、義，實際是人與人，國與國，相互間的合理生存關係；不是什麽抽象空泛的理論。漢承秦大一統之後，當時疆域，已遠超過了春秋時代的所謂華夏；在中國範圍之內，種族上包括了許多以前所謂夷狄在內；但事實上只有地方性而不復有種族性的問題，由春秋所表現的這種偉大精神，實成爲鎔鑄各種族爲一體的一股精神力量；仲舒加以提倡，對武帝北攘匈奴，南服南越，開疆拓土，但對於歸附者率與以優渥地處理，不能說沒有發生影響。而中國之所謂民族主義，不同於西方與軍國主義帝國主義相通的民族主義，其根源在此。

(2) 復讎與名節

春秋中的另一思想，復讎的思想，經仲舒加以提倡擴大，不僅形成爾後對復讎與以特別評價的風氣，且對促成東漢名節有重大的關係。

莊四年「紀侯大去其國」傳，「大去者何？滅也。孰滅之？齊滅之。曷爲不言齊滅之？爲襄公諱也。春秋爲賢者諱。何賢乎襄公？復讎也。何讎耳？遠祖也。哀公亨（烹殺）乎周，紀侯譖之……遠祖者幾世乎？九世矣。九世猶可以復讎乎？雖百世可也。家亦可乎？曰，不可。國何以可？國君一體也。曷爲葬之？滅其可滅，葬其可葬……」。這是有名的齊襄公復九世之讎的故事。對此事之解釋，左氏與穀梁，皆不同於公羊；孔子是否有此思想，尤爲可疑。意者田氏篡齊後，反映姜齊遺黎一時憤慨的心情，殆同三戶亡秦的讖語。在這段文字中，把國仇與家仇分開；並又把復讎與報復分開，這是經過深思熟慮後所寫出來的。又定公四年吳闔廬伐楚一役，傳「父不受誅（言誅不以罪），子復讎可也」；許伍子胥之復讎，太史公爲伍子胥立傳，當本於此。仲舒於齊襄滅紀一事，在滅國下第八謂，「紀侯之所以滅者，乃九世之讎也。一旦之言，危百世之嗣，故曰大去」。而在玉英第四謂，「紀侯曰，齊將復讎。紀侯自知力不加而志距之，故謂其弟曰，我宗廟之主，不可以不死也。汝以酅往服罪於齊，請以立五廟，使我先君歲時有所依歸。率一國之衆，以衞九世之主；襄公逐之不去，求之弗予，上下同心而俱死之，故謂之大去。春秋賢死義，且得衆心也，故爲諱滅以爲之諱，見其賢之也，見其中（合）仁義也」。按公羊傳之意，重在齊襄公之復讎；而仲舒之意，則重在紀君之死義；仲舒補足了公羊傳所欠缺的一面。

而仲舒說「春秋之義，臣不討賊，非臣也；子不復讎，非子也」（王道第六），他並沒有忽視復讎的意義。但他的重點，則似乎是放在「死義」的一方面。這在他對成二年齊晉鞌之戰，齊君將爲晉郤克虜獲時，齊逢丑父僞爲齊君，因而使齊君得以逃亡一事，表現得最清楚。竹林第三，「逢丑父殺其身以生其君，何以不得爲知權？丑父欺晉，祭仲許（詐）宋（桓十一年事），俱枉正以存其君，然……祭仲見賢，而丑父猶見非，何也？曰：是非難別者在此……夫去位而避兄弟者，君子之所甚貴。獲虜逃遁者，君子之所甚賤。祭仲措其君於人所甚貴，以生其君，故春秋以爲知權而賢之。丑父措其君於人所甚賤，以生其君，春秋以爲不知權而簡之。其俱枉正以存君相似也，其使君榮之與使君辱不同理……夫冒大辱以生，其情無樂，故聖人不爲也，而衆人疑焉。春秋以爲人之不知義而疑也，故示之以義曰，國滅，君死之，正也。正也者，正於天之爲人性命也。天之爲人性命，使行仁義而羞可恥。非若鳥獸然，苟爲生，苟爲利而已。是故春秋推天施而順人理，以爲至尊不可生於至辱大羞；已反國復在位矣，而春秋猶有不君之辭，況其溷然方獲而虜耶？於義也非君定矣……大義宜言於頃公曰，君慢而怒諸侯，是失禮大矣。今被大辱而弗能死，是無恥也。而復重罪。請俱死無辱宗廟，無羞社稷，……故君子生以辱，不如死以榮，正是之謂也。……天施之在人者，使人有廉恥。有廉恥者不生於大辱。……曾子曰，辱若可避，避之可也。及其不可避，君子視死如歸」。按公羊傳只於「秋七月，齊侯使國佐如師。己酉，及國佐盟於袁婁」謂「君不使乎大夫。此其行使乎大夫何？佚獲也」。何休注，「佚獲者，已獲而逃亡也」；是公羊傳對齊頃公流露有輕貶之意，仲舒却從「佚獲」兩字，發出上面一大段十分嚴肅的理論，這正是名節之士的精神依據。將上一思想，加以推擴，則有精華第五下面的幾句話：「大水者陰滅陽也……故鳴鼓而攻之，朱絲而脅之，爲其不義也；此亦春秋之不畏强禦也。故變天地之位，正陰陽之序，直行其道，而不忘其難，義之至也。是故脅嚴社而不爲不敬靈，出天王而不爲不尊上，辭父之命而不爲不承親，絕母之屬而不爲不孝慈，義矣夫」。又王道第六，「魯隱之代桓立，祭仲之出忽立突，仇牧孔父荀息之死節，公子目夷不與楚國，此皆執權存國，行正世之義，守惓惓之心，春秋嘉氣義焉」；這都是激勵名節的話。當然從思想上追索東漢冒險犯難，視死如歸的名節之士的思想上來源，除董仲舒外，更應重視韓嬰的韓詩外傳。據漢書儒林傳，韓嬰「孝文時爲博士」，「武帝時，嬰嘗與董仲舒論於上前；其人精悍，處事分明，仲舒不能難也」，是其年輩較仲舒爲長，而猶可以相及。從外傳看，有陰陽思想而絕無五行思想。東漢時習詩者，以韓詩爲最盛（註六一），其卷一即多述砥礪名節之傳記故事，又多爲劉向新序說苑所轉述；此對東漢士人重名節之風氣，亦必發生鉅大影響。韓嬰此一思想，可能導源於曾子（註六二），故卷一開始即引「曾子曰」。而董仲舒此一思想，表面上導源於春秋，實則恐亦源於曾子，故前所錄者即引有曾子之言。

⑶ 正名思想

除上述二點外，便是由仲舒所發展出的正名思想。孔子本有正名的主張；他整理魯史記以為春秋，在文字上自必力求精確。如莊七年「夏四月辛卯夜，恒星不見，夜中，星霣如雨」傳，「不修春秋曰，雨星不及地尺而復。君子（孔子）修之曰，星霣如雨」。孔子所修的辭句，當然較魯史所記的正確簡當。加以公羊傳的作者們，既相信孔子將其賞罰之意，寓於書法之中，所以公羊傳中，在文字上作了許多精密的訓釋工作，這也可以說是文字上的正名工作。僖「十有六年春王正月戊申朔霣石于宋，五。是月，六鷁退飛過宋都」傳，「曷為先言霣而後言石，霣石記聞；聞其磌然，視之則石，察之則五。曷為先言六而後言鷁，六鷁退飛，記見也；視之則六，察之則鷁，徐而察之則退飛」。由文字記錄的順序，反映出聞與見發現時的順序，這當然是很精密的紀錄。這是很有名的例子。深察名號第三十五，「名生於眞。非其眞，弗以為名。名者聖人之所以眞萬物也」。「春秋辨物之理，以正其名，名物如其眞，不失秋毫之末。故名霣石，則後其五；言退鷁，則先其六；聖人之謹於正名如此」。按五石六鷁之辭，是以一句話中的用字、結構、描述的三者為其內容；這與一般以一個名詞、動詞、狀詞為對象所說的正名，似乎有點分別。一句話的正名，則「名物如其眞，不失秋毫之末」，是可以成立的。如以名詞等的單詞複詞為正名的對象，則名的本身，只能如荀子在正名篇中所說的「約定俗成」，而不可能如仲舒所說的「名者聖人之所以眞萬物也」，而必賴若干語言加以說明、充足、界定。但仲舒忽略就「一句話」而言正名，和就一個單詞複詞而言正名的分別，於是常就一個單詞複詞的自身以言其「物之眞」；於是有的可以成立，有的已近於勉强，而更多的則牽强附會，迷失了正常的解釋。如他在深察名號篇中以天之子釋「天子」一詞，是可以成立的。以「宜謹視所候奉之天子」釋諸侯，是把「侯」釋爲伺候之候，這就說不通了；以「善大於匹夫之義」釋大夫，以大夫之夫爲匹夫，簡直不成話說了。更說「王號之大意其中有五科，皇科、方科、匡科、黃科、往科」；君號也有五科，「元科、原科、權科、溫科、羣科」，沾到一點邊，順著聲音，隨意連想枝蔓，完全走到與正名相反的方向。他說「性之名非生歟」，這在訓詁上是不錯的。但要以此作斷定當時性論之是非，而不考慮到這是要從具體之人的觀察體驗而得，開清代阮元一派以字義言思想的先河（註六三），形成治思想史的一大障蔽。由此可知春秋繁露中的訓詁，不是尋常的訓詁，不宜輕於援引的。

更糟的是，仲舒把正名的問題，也要組入到他的天的哲學大系統裏面去。他在深察名號第三十五一開首說，「治天下之端，在審辨大；辨大之端，在深察名號。名（疑漏一「號」字）者大理之首章也。錄其首章之意，以窺其中之事，則是非可知，順逆自著，其幾通於天矣。是非之正，取之逆順。逆順之正，取之名號。名號之正，取之天地。天地爲名號之大義也。古之聖人，謞而效天地謂之號。鳴而命施謂之名……名號異聲而同本，皆鳴號而達天意者也……名則聖人所發天意，不可不深觀也。……是故事各順於名。名各順於天。天人之際，合而爲一」。這把名還原到原始社會中的咒語上去了。

(4) 仁義法

仲舒發揮春秋仁義之旨，而參以己意，用心懇篤，切近政治人生，欲有以救其偏弊，卽在現在，仍富於極大啓發性，而又未嘗違反先秦儒家本義的，莫要於仁義法第二十九。但在他的整個思想中，發生影響最小，甚至不曾發生影響的，也是這一篇。孔子作春秋，是非二百四十二年之事，當然有一個大標準，這卽是義。「然則春秋，義之大者也」（楚莊王第一），就是說的這個大標準。史公在史記自序中說春秋制「義法」，義就是法，是用以繩尺歷史中的人物與行爲的，這一點，董仲舒當然知道得很清楚，而且在他的思想中也到處都用上。公羊傳主要是把禮凸顯到前面，義是禮的內容，禮是義的形式（註六四）；所以禮與義之間，有時可以等同起來。公羊傳沒有把仁凸顯出來；但既重視人民，則禮義必以仁爲基底，不言仁而仁行乎禮義之中。仲舒則特別把春秋中的「仁」凸顯出來；兪序第十七「霸王之道，皆本於仁」，卽是這種意思。但人是很狡猾的動物，他可以不反對仁義，却可將仁義繞一個圈子，以加强自私自利的目的。卽是以義去繩尺他人，抑壓他人，而自身則站在繩尺的上面，以抬高自己；尤其是知識份子，對於自己所惡者則用上義，對於自己所好者則用上仁。在仁義其名之下，成一私欲的裹脅，私欲更因仁義之名而得悍然自肆。至於統治階級，特殊階級，更是必然地拿著義去要求人民，剝奪人民，成爲對貧賤者的精神與物質的枷鎖。而由個體擴大出來，放射出來的佞倖集團、特殊階級，都得到特別的恩寵，特別的利益，並通過仁義之名去加以保障。這在各種專制之下，是必然的、命定的現象。董仲舒雖然要把大一統的專制加以合理化，把皇帝捧得至高無上，但他的基本用心，却是想在這種崇高、偉大政治結構之下，實現他以人民爲主體的理想政治。所以他便針對著一般知識分子，尤其是針對著統治集團，提出「仁義法」這一篇莊嚴的理論。他說：

「春秋之所治，人與我也。所以治人與我者，仁與義也。以仁安人，以義正我。故仁之爲言人也。義之爲言我也。言名以別矣。仁之於人，義之於我者，不可不察也。衆人不察，乃反以仁自裕，而以義設人，詭其處而逆其理，鮮不亂矣。是故人莫欲亂，而大抵常亂，凡以闇於人我之分，而不省仁義之所在也。是故春秋爲仁義法，仁之法在愛人不在愛我。義之法在正我不在正人。我不自正，雖能正人，弗予爲義。人不被其愛，雖厚自愛，不予爲仁。……故王者愛及四夷，霸者愛其諸侯，安者愛其封內，危者愛其旁側，亡者愛其獨身。獨身者，雖立天子諸侯之位，一夫之人耳，無臣民之用矣。如此者，莫之亡而自亡也。春秋不言伐梁者而言梁亡，蓋愛獨及其身者也。故曰仁者愛人，不在愛我，此其法也。義云者，非謂正人，謂正我。雖有亂世枉上，莫不欲正人，奚謂義？昔者楚靈王討陳蔡之賊，齊桓公執袁濤塗之罪，非不能正人也。然春秋弗予，不得爲義者，我不正也。……故曰，義在正我，不在正人，此其法也。夫我無之，求諸人。有之而誹諸人（誹本亦作非，下同），人之所不能受也。其理逆矣，何可謂義？義者謂宜在我者，宜在我者而後可以稱義。故言義者合我與宜，以爲一言。以此操之，義之爲言我也。……君子求仁義之別，以紀人我之閒，然後辨乎內外之分，而著於順逆之處也。是故內治反理以正身，據禮以勸福；外治推恩以廣施，寬制以容衆。孔子謂冉子曰，治民者先富之而後加敎。語樊遲曰，治身者先難後獲。以此之謂治身之與治民，所先後者不同焉矣。詩云，飮之食之，敎之誨之。先飮食而後敎誨，謂治人也。又曰，坎坎伐輻，彼君子兮，不素餐兮。先其事，後其食，謂治身也。春秋刺上之過，而矜下之苦，小惡，在外弗舉；在我，書而誹之。凡此六者，以仁治人，義治我，躬自厚而薄責於外，此之謂也。且論己見之，而人不察。曰，君子攻其惡，不攻人之惡。不攻人之惡，非仁之寬歟？自攻其惡，非義之全歟？此謂之仁造人，義造我，何以異乎？故自稱其惡謂之情，稱人之惡謂之賊。求諸己謂之厚，求諸人謂之薄。自責以備謂之明，責人以備謂之惑。是故以自治之節治人，是居上不寬也。以治人之度自治，是爲禮不敬也。爲禮不敬，則傷行而民弗尊。居上不寬，則傷厚而民弗親，弗親則弗信。……」

仲舒上面所說的，皆合於孔門言仁義的本旨；而其立言之用心，係以當時的統治者爲對象，也至爲顯明。假定統治者眞能以仁愛人，以義正我；對人民先富而後教，這在今天，還有深遠的意義。而他在必仁且智第三十裏說，「何謂仁？仁者憯怛愛人，謹翕不爭，好惡敦倫（按倫指人類之類而言；好惡皆所以加厚於人類之愛，而非逞一己之私），無傷惡之心，無隱忌之志，無嫉妬之氣，無感愁之欲，無險詖之事，無違辟（僻）之行；故其心舒，其志平，其氣和，其欲節，其事易（坦易），其行道。故能平易和理而無爭也。如此者謂之仁」。這都是從他內心體驗所說出的，與孔門言仁，亦深相契合。他的「仁人者，正其道，不謀其利。修其理，不急其功」（對膠西王越大夫不得爲仁第三十二。漢書本傳作「正其誼，不謀其利，明其道，不計其功」按「不急其功」，於義爲長。）這正是他的人格的表現。他對政治經濟的懇切要求，都在這種地方得到解答。但這却和他的天的哲學系統，毫不相干。可是他這一方面的意義，後來的人，了解得太少。而他的眞正精神，反而被他迂拙神怪的天的哲學所遮掩了。

八、董氏的天的哲學之一

(1) 天的哲學是呂氏春秋十二紀紀首的發展

現在談到春秋繁露第二部份的天的哲學的問題。

古代天由宗教的意義，演變而爲道德價值的意義（註六五），或自然的意義，這都不足以構成天的哲學。因爲這只是由感情、傳統而來的「虛說」，點到爲止，沒有人在這種地方認眞地求證驗，也沒有人在這種地方認眞地要求由貫通而來的體系。到了董仲舒，才在天的地方，追求實證的意義，有如四時、災異。更以天貫通一切，構成一個龐大的體系。他這不是直承古代天的觀念發展下來的，而是直承呂氏春秋十二紀紀首的格套、內容，發展下來的。呂氏春秋最高的政治理想是「蓋聞古之清世，是法天地」（序意）。他們雖然把「天地」連詞，但地只有陪襯的意義，實際則只是法天。天由四時之運行而見。四時由氣候不同，春主生，夏主長，秋主收，冬主藏；春夏是陽，秋冬是陰；呂氏的賓客們，便按照這種陰陽四時的變化，再把五行硬配到裏面去，以定禮制及政令，使與之相應，這便是呂氏春秋應同篇中所說的「與元同氣」。四時雖春夏主生主長，秋冬主收藏，但必先有生與長，然後才有收與藏。所以呂氏的賓客們，實際是把天的功能重點，放在「生」與「長」的上面。政治上的布德施惠，慶賞敎化，都配在春夏；實際政治設施的重點，也是放在德惠敎化方面。董氏的天的哲學，便是由此發展下來的。

(2) 天的構造

仲舒對於天自身存在的構造，有如下述：

(一)「何謂天之端？曰，天有十端，十端而止已。天爲一端，地爲一端，陰爲一端，陽爲一端。火爲一

端，金爲一端，木爲一端，水爲一端，土爲一端，（註六六）人爲一端，凡十端，而畢天之數也」。（官制象天第二十四）

㈡「天有五行，一曰木，二曰火，三曰土，四曰金，五曰水。木，五行之始也；水，五行之終也。土，五行之中也；此其天次之序也」。（五行之義第四十二）

㈢「天地之氣，合而爲一；分爲陰陽，判爲四時，列爲五行。行者行也；其行不同，故謂之五行。五行者五官也，比相生而間相勝也」（五行相生第五十九）。

㈣「天地陰陽木火土金水九，與人而十者，天之數畢也。故數者至十而止，書者以十爲終，皆取之此。聖人何其貴者，起於天，至於人而畢。畢之外謂之物。物者投所貴之端，而不在其中，以此見人之超然萬物之上，而最爲天下貴也。」（天地陰陽第八十一）

上引四項，㈠㈣兩項相同；㈡項可視爲㈢項的簡化。根據㈢，氣乃天的構造的基本因素。氣在陰陽未分時是合而爲一，亦稱爲元氣。元氣分爲陰陽，陰陽分爲四時。五行當亦係由陰陽二氣分化而來。但細加研究，如後所述，董氏只以陰陽運行於四時之中，亦猶運行於東西南北的方位之中。陰陽只分化而爲太陰少陰太陽少陽。五行之氣，似未包括於陰陽二氣之內，只是由天派到四時中，幫著陰陽之氣去推動四時運轉的。這一點，後面還要談到。所以仲舒的氣，並不是嚴格地由分化所形成的系統。他說「天有十端」，所謂「端」，可能應作「本」字解釋（註六十七）；所謂天有十端，是說天由十個基本因素所構成。十端似乎是平列的性質。㈠㈣之所以把人列進去湊足「十端」，一是爲了顯出人不同於物的高貴地位，一是仲舒因人是十月而成，便看重「十」的數字；於是說春秋有十指，這裡也說天有十端。

⑶ 天的性格

其次，我們應當了解仲舒所說的天的性格。一般地說，對天的性格的規定，一是轉述傳統的說法：傳統對人的精神是一種力量，而容易使人作無反省的信服。一是出於個人價值觀的投射；即是將個人的價值觀，不知不覺地投射到天上面去，以爲天的性格本來是如此。另一是出自主觀的要求；自己要求如此，認定天即是如此。三者常混在一起，而其中有輕重之不同。仲舒對天的性格的認定，出於他主觀的要求爲多。茲將有關的資料略抄如下：

㈠「仁，天心；故次以天心。」（俞序第十七）

㈡「天高其位而下其施；藏其形而見其光。高其位，所以爲尊也。下其施，所以爲仁也。藏其形，所以爲神；見其光，所以爲明。故位尊而施仁，藏神而見光者，天之行也。故爲人主者法天之行……」（離合根第十八）

㈢「天積衆精以自剛，聖人積衆賢以自强。天序日月星辰以自光，聖人序爵祿以自明」。（立元神第

十九)

(四)「天道積衆精以爲光，聖人積衆善以爲功」。(考功名第二十一)

(五)「仁之美者在於天，天，仁也。天覆育萬物，既化而生之，有(又)養而成之；事功無已，終而復始；凡擧歸之以奉人。察於天之意，無窮極之仁也。人之受命於天也，取仁於天而仁也」。(王道通三四十四)

(六)「天之常道，相反之物也，不得兩起，故謂之一。一而不二者，天之行也」。(天道無二第五十一)

上面所錄的材料，(一)與(五)內容相同；(三)與(四)內容相同；(二)的內容比較概括；此皆係把對人君的要求，投射到天的上面，以增加這種要求的力量。(六)是爲他的陰陽不並行，故刑德不並立的主張立根據。而他最重要的意思，當然是表現在(一)與(五)上面。(二)則正是作爲大一統的皇帝的象徵。

但「天」是統一的存在，天自身的實現，必分解爲陰陽、四時、五行；所以要進一步把握天的性格，必須把握仲舒所說的陰陽四時五行的性格。如天之爲第八十說「是故明陰陽入出實虛之處，所以觀天之志。辨五行之本末順逆小大廣狹，所以觀天道也」。此即說明天志天道，皆由陰陽四時五行運行的情形而見。

王道通三第四十四，「惡之屬盡爲陰，善之屬盡爲陽；陽爲德，陰爲刑，刑反德而順於德，亦權之類也。……是故天以陰爲權，以陽爲經。陽出而南，陰出而北；經用於盛，權用於末。以此見天之顯經隱權，前德而後刑也」。又說「陽氣煖，而陰氣寒；陽氣予而陰氣奪；陽氣仁而陰氣戾；陽氣寬而陰氣急；陽氣愛而陰氣惡；陽氣生而陰氣殺」（同上）。上面的話，是仲舒對陰陽，對天道的基本規定。陰陽思想，起源、發展於黃河流域；而其原始意義，乃山之北爲陰，山之南爲陽。山之北，爲日光所不易及，故寒而暗；山之南爲日光所照，故煖而明；因此，便自然形成好陽而惡陰的情緒。加以在發展中把陰陽配入到四時中去，陰運行於秋冬，而陽運行於春夏；再把它配入到方位中去，陰得令於西北，陽得令於東南；這都可以加强好陽而惡陰的情緒。所以大約在戰國中期以後出現的易傳，便流露有重陽抑陰的傾向。這套觀念，由黃河流域擴展到長江流域，還可以有效，因爲這一帶依然是四季分明，寒燠異致。移向珠江流域，便失掉現實上的意義。因爲這一帶多半是「四時皆是夏，一雨便成秋」，不完全具備四時的節候。但在發展中已經把陰陽觀念加以形而上化了，同時也卽賦予它以普遍的意義，所以兩千多年來，便沒有人追問它在現實應用上所受的限制。不過，人在情緒上對陰陽有所好惡的感受，和陰陽的形而上的地位，根本是矛盾的。易繫傳「一陰一陽之謂道」；又「立（顯著）天之道，曰陰與陽」；陰陽各爲天道的一面，對它們便不應有好惡輕重之分，尤不應有善惡之分。所以易繫傳及說卦賦予陰陽以形而上的性格時，皆無善惡之分（註六十八），也無貶陰崇陽之意，陰陽係處於平等的地位。仲舒所言的陰陽，當然是形而上的性格；但以善惡說明陰陽的性格，是天道陽的一面是善，而陰的一面是惡，即是天道有善的一面，又有惡的一面，這便形成天道自身的矛盾，亦即表示對天道的不可信任。但他是以天道爲一切價値的最高準繩及最後根據的；爲了解決此一矛盾，所以他便提出天是以陽爲經，以陰爲權的說法來加以補救。並由此而演出對陰陽運行的許多特殊解釋。我得最先指出，仲舒所賦予陰陽的性格，與戰國中期以後，以易傳爲中心的陰陽思想，有了很大的出入。他之所以如此，大概是因爲在現實政治上，他要求貶刑而尙德，以轉換當時專制政治的殘酷性格，想爲此要求在天道上得一根據，只好以善惡分天道的陰陽，以陽經而陰權，表現天是重德而不重刑的天志。此種陰陽善惡的觀念，假定只應用在尙德而不尙刑的政治主張上，雖然近於牽附，亦無大流弊。但仲舒既認定陽善而陰惡，即認爲陽貴而陰賤，陽尊而陰卑；由此以應用在人倫關係上，將先秦儒家相對性的倫理關係，轉變爲絕對性的倫理關係，其弊害便不可勝言了。

孔子卽以四時言天道（註六十九），易傳言四時重於言陰陽；繫辭上謂乾坤「廣大配天地，變通配四時，陰陽之義配日月，易簡之義配至德」；這裡很明顯地沒有把陰陽與四時相配。易傳中更無五行的觀念。五行與四時，更兩不相干。至呂氏春秋十二紀紀首，始以四時爲中心，將陰陽五行四方，配合成一個完整的有機體；仲舒卽直承此以言陰陽五行四時四方，形成更緊密的構造；天道天志，卽表現在此構造之中，試看下面的材料：

㈠「是故陽氣以正月始出於地，生育長養於上，至其功必（畢）成也而積十月……故陽氣出於東北，入於西北；發於孟春，畢於孟冬，而物莫不應；是陽始出，物亦始出；陽方盛，物亦方盛；陽初衰，物亦初衰；物隨陽而出入，數隨陽而終始；三王之正，隨陽而更起。以此見之，貴陽而賤陰也」。（陽尊陰卑第四十三。）

㈡「金木水火，各奉其所主，以從陰陽，相與一力而併功。其實非獨陰陽也，然而陰陽因之以起。助其所主。故少陽因木而起，助春之生也。太陽因火而起，助夏之養也。少陰因金而起，助秋之成也。太陰因水而起，助冬之藏也。」（天辨在人第四十六）

㈢「是故陰陽之行，終各六月，遠近同度，而所在異處。陰之行，春居東方，秋居西方，夏居空右，冬居空左，夏居空下，冬居空上，此陰之常處也。陽之行，夏（註七十）居上，冬居下，此陽之常處也。陰終歲四移而陽常居實，非親陽而疏陰，任德而遠刑與？天之志，常置陰空處，稍取之以爲助。故刑者德之輔，陰者陽之助也，陽者歲之主也」（同上）。

㈣「陽氣始出東北而南行，就其位也。西轉而北入，藏其休也。陰氣始出東南而北行，亦就其位也。西轉而南入，屏其伏也。是故陽以南方爲位，以北方爲休。陰以北方爲位，以南方爲伏。陽至其位而大暑熱，陰至其位而大寒凍。陽至其休而入化於地，陰至其伏而避德於下。是故夏出長於上，冬入化於下者陽也。夏入守虛地於下，冬出守虛位於上者陰也。陽出實入實，陰出空入空，天之任陽不任陰，好德不好刑如是也」。（陰陽位第四十七）

㈤「天之道，終而復始。故北方者，天之所終始也。陰陽之所合別也。冬至之後，陰俯而西入，陽仰而東出；出入之處，常相反也。多少調和之適，常相順也。有多而無溢，有少而無絕。春夏陽多而陰少。秋冬陽少而陰多。多少無常，未嘗不分而相散也，以出入相損益，以多少相溉濟也……春秋之中，陰陽之氣，俱相併也。中春以生，中秋以殺。由此見之，天之所起其氣積；天之所廢其氣隨（陶鴻慶：隨讀爲墮）。故至春，少陽東出就木，與之俱生；至夏，太陽南出就火，與之俱煖；此非各就其類而與之相起與？……至於秋時，少陰興而不得以秋從金，從金而傷火功。雖不得以從金，亦以秋出於東方，俛其處而適其事，以成歲功，此非權與？陰之行，因常居虛而不得居實，至於冬而止於空虛；太陽（當作太陰）乃得北就其類而與水起寒。是故天之道，有倫有經有權」。（陰陽終始第四十八）

㈥「天道大數：相反之物也不得俱出，陰陽是也。春出陽而入陰，秋出陰而入陽。夏右陽而左陰，冬右陰而左陽……是故春俱南，秋俱北，而不同道。夏交於前，冬交於後，而不同理。……天之道，初薄大冬，陰陽各從一方來，而移於後。陰由東方來西，陽由西方來東，至於中冬之月，相遇北方，合而為一，謂之日至。別而相去，陰適右，陽適左。適左者其道順，適右者其道逆。逆氣左上，順氣右下，故上暖而下寒；以此見天之冬，右陰而左陽也。上所右而下所左也。冬月盡而陰陽俱南還……至於中春之月，陽在正東，陰在正西，謂之春分。春分者，陰陽相半也；故晝夜均而寒暑平。陰日損而隨陽，陽日益而鴻，故為暖熱。而得大夏之月，相遇南方，合而為一，謂之日至。別而相去，陽適右，陰適左；適左由下，適右由上，上暑而下寒，以此見天之夏，右陽而左陰也。上其所右，下其所左，夏月盡而陰陽俱北還……至於中秋之月，陽在正西，陰在正東，謂之秋分。秋分者陰陽相半也，故晝夜均而寒暑平。陽日損而隨陰，陰日益而鴻。故至於季秋而始霜，至於孟冬而始寒，小雪而物咸成，大雪而物畢藏，天地之功終矣」。（陰陽出入上下第五十）

(七)「自正月至於十月而天之功畢。……故從中春至於秋，氣溫柔和調。及季秋九月，陰乃始多於陽，天於是時出溧下霜。出溧下霜，而天降物固已皆成矣……十月而悉畢。故案其跡，數其實，清溧之日少少耳。功已畢成之後，陰乃大出。天之成功也，少陰與，而太陰不與……功已畢成之後，物未復生之前，太陰之所當出也」。（暖燠孰多第五十二）

(八)「天有五行，木火土金水是也。木生火，火生土，土生金，金生水。水為冬，金為秋，土為季夏，火為夏，木為春。春主生，夏主長，季夏主養，秋主收，冬主藏」。（五行對第三十八）

(九)「土者火之子也，五行莫貴於土。土之於四時，無所命者，不與火分功名。木名春，火名夏，金名秋，水名冬。忠臣之義，孝子之行，取之土。土者五行最貴者也」。（同上）

(十)「天有五行。一曰木，二曰火，三曰土，四曰金，五曰水。木，五行之始也。水，五行之終也。土，五行之中也。此其天次之序也。木生火，火生土，土生金，金生水，水生木，此其父子也。……常因其父以使其子，天之道也。是故木已生而火養之；金已死而水藏之。火樂木而養以陽，水剋金而喪以陰；土之事天竭其忠。故五行者，乃孝子忠臣之行也……是故木居東方而主春氣；火居南方而主夏氣。金居西方而主秋氣。水居北方而主冬氣。是故木主生而金主殺，火主暑而水主寒……土居中央，為之天潤。土者天之股肱也，其德茂美，不可名以一時之事；故五行而四時者，土兼之也。金木水火雖各職，不因土方（依陶鴻慶：「方」應在上句「職」字下）不立……土者五行之主也。五行之主，土氣也。……是故聖人之行，莫貴於忠，土德之謂也。人官之大者，不名所職，相其是矣。天官之大者不名所生，土是矣。」（五行之義第四十二）

陰陽與五行，對四時四方之配合及作用，皆本於呂氏春秋十二紀紀首。陰陽在方位中運行的次序，如(七)所述，恐係先有此格架，由仲舒所完成。這只表現陰陽思想的發展，亦不足以表現仲舒的陰陽五行的特色。在上引材料中可以表現他的特色的應為下述各點：

1.按先秦僅有陰陽的觀念，而未見將陰陽分爲太陰少陰，太陽少陽。素問四氣調神大論篇有「逆春氣則少陽不生……逆夏氣則太陽不長……逆秋氣則太陰不收……逆冬氣則少陰不藏。」若以素問爲戰國末期之書，則將陰陽分而爲四，在仲舒前已出現。但將陰陽分而爲四之目的，顯然是爲了與四時相配合；素問係就人的生理上說的；在發展上，應當是由四時的轉用；而就素問的內容（註七十一）看，及從文字看，不能早於西漢之末；所以將陰陽分而爲四，以與春夏秋冬相配合，可能即出於仲舒。後人更援引以釋易傳，實則易傳中並無此思想（註七十二）

2.據㈢的「陰陽之行，終各六月」；㈤的「春秋陽多而陰少；秋冬陽少而陰多」；及㈥的「春分者陰陽相半也」，「秋分者陰陽相半也」之說，則陰陽是對等的運行，是相當合理的。但㈠的陽「發於孟春，畢於孟冬」，等於在十二個月中，陽佔了十個月。這是與㈦的「清溧之日少少耳」相應。㈢陰終歲四移而陽常居實」；㈣「陽出實入實，陰出空入空」；這與順命第七十「獨陰不生，獨陽不生」的觀念是矛盾的。㈤「故春，少陽東出就木」「至夏，太陽南出就火」，「至於秋，少陰興而不得以秋從金」；是秋與五行中金的關係，與春夏在五行中與木火的關係全不相同，蓋「就木」「就火」，都助長了陽的作用；若秋少陰出而就金，便助長了陰，所以就不爲仲舒所允許。這與㈡的「少陰因金而起」的說法是矛盾的

3.五行說雖承用呂氏春秋十二紀紀首，但十二紀紀首對五行的作用到底是什麽，沒有說出來。而仲舒則在(二)中把五行對陰陽的作用說得很淸楚，如「少陽因木而起」者是，這是向前的一種發展。同時，五行中的土，十二紀紀首，把它安放在季夏之末，等於只掛一個虛名；仲舒則不僅在(八)中說「土爲季夏」，給了它一個實在的地盤；並且(八)的「夏主長，季夏主養」，把「長」與「養」分開，實卽把火與土的功用也分開，這已是仲舒建立的新說法。而在(十)中說「土者天之股肱也……故五行而四時者土兼之也。金木水火雖各職方，不因土不立……土者五行之主也」的說法，是土在四季中都發生作用，與(八)的「土爲季夏」的說法相衝突；但與(九)的「土者五行最貴者也」的意思相貫通。這更是仲舒在五行中所提出的新說。

4.然則仲舒何以認定土爲最貴呢？原來仲舒在(十)中把五行相生的關係，認爲是父子的關係。木是火之父，木所生者使火長之，卽是父做的事情，皆使子去完成，這卽是(十)中所說的「常因其父以使其子，天之道也」。由此而說「故五行者，乃孝子忠臣之行也」。但四時有四，而五行有五，所以土無法專主一時，呂氏春秋的作者只好把它勉强安放在季夏之後。仲舒在(九)中對此加以解釋說，這是土「不與火分功名」。卽是爲子者只爲父盡義務，却不享絲毫權利；推之於人臣對人君也是一樣的；所以由土所表現出的忠與孝，較其他四行爲更純更篤，堪爲臣子的最高模範，於是在(十)他便認定「忠臣之義，孝子之行，取之土」，由此而認定「土者最貴者也」。又在㈩中認爲土所盡的義務，是無窮無盡的，爲其他四行所不及。這並不是來自它的特殊性能，而是來自它無限的忠。所以又說「是故聖人之行，莫貴於忠，土德之謂也。」

上述的特點，不外來自兩端：一是因爲陽善而陰惡，要證明天是任陽而不任陰。二是爲了要建立他的絕對性的倫理，便只好把以前無法作合理安排的五行中的土，與以特別崇高的地位。在他全部結構中所表現出的矛盾衝突，這說明他的主觀要求，不容許他對陰陽五行，作比較合理性的推演和配合。我們在這種地方，可以理解他爲了建立一套適合於他主觀要求的形而上的哲學系統，遇到了許多無法克服的困難。也可以感到他的窮探力索，所受到客觀性的法式的限制。陰陽五行的觀念，一經形成後，其自身便成爲一種客觀性的法式。

在前面所提出的仲舒以「氣」所形成的天的結構，在他手上，完成了格套，但在內容上似乎尚未完成。按五行相生第五十九「天地之氣，合而爲一，分爲陰陽，判爲四時，列爲五行」的說法，四時五行都是氣，則四時五行之氣，即應皆分屬於陰陽，爲陰陽所分化。但㈢「故少陽因木而起，助春之生也」這類的說法，是少陽太陽、少陰太陰，與五行中的木火金水爲二物；而五行之氣，乃是與陰陽平列之氣，不是由陰陽所分化之氣。如此，則氣之爲體不純，而氣之作用亦缺乏統貫性。仲舒何以留有此滲漏？蓋木火土金水在尙書洪範上，本是具體的東西，至鄒衍而始將其抽象化。仲舒開始將鄒衍所抽象化的五行，應用到洪範之上，把抽象與具象的東西，夾雜在一起，於是不知不覺地在五行之「氣」中，還是含著木火等具體的形質，而只好與純抽象的陰陽之氣，平列起來，使人感到陰陽與五行，是兩種平行之氣。他對陰陽與四時的關係，也有這種情形；因爲四時觀念，本是早在抽象的陰陽觀念以前所成立，而被人視爲四種具體事物，有如就地之形質而言四方一樣。所以在春秋繁露中，言陰陽與言五行，各列篇章；而陰陽重在言德刑，五行重在言官職；二者的同異，是很分明的。班固白虎通，大量受承了董仲舒的思想；五行篇中說「火者陽也，尊，故上。水者陰也，卑，故下。木者少陽，金者少陰……五行所以二陽三陰（土亦陰）何？土尊，尊者配天。金木水火，陰陽自偶」。這才把五行納入于陰陽統貫之內，以五行爲陰陽分化的五種形態，在傳承中補了仲舒所留下的滲漏。所以白虎通便只有五行篇，而不另立陰陽篇。因爲言五行即是言陰陽，而較言陰陽更爲詳備。漢書中不以陰陽名志，而稱爲五行志，也是同樣的情形。這種演進之跡，在思想史的把握上非常重要，但一直被人忽略了。

(4) 董氏的洪範五行的問題

這裡應順便說到的是：我在陰陽五行及其有關文獻一文中，曾說明尙書大傳乃出於伏生後學之手；其中有的是傳承伏生，有的則是由他的後學所附益。尤以洪範中所說的五行，乃五種實用資材，伏生並未受鄒衍及呂氏春秋十二紀紀首中五行新說的影響；所以在大傳卷三洪範下說「水火者百姓之所飲食也。金木者百姓之所興作也。土者萬物之所資生也。是爲人用」。這正是伏生的遺說；與同卷三保持得很完整的洪範五行傳的性質，完全不同。洪範五行傳蓋出於夏侯始昌，爲伏生所不及知（註七十三）。這裡更應補充說，將洪範中的實用性的五行，雜揉入鄒衍系統下的五行新說以言災異，蓋始於仲舒。夏侯始昌乃承其風而另創新意。五行五事第六十五，以貌言視聽思的五事，配木金火水土的五行，而對由五事之過失所引起的五行的災害，其立說未遠離呂氏春秋的十二紀紀首。亦尙保留有一點洪範的原來面貌。如：

「王者與臣無禮，貌不肅敬，則木不曲直，而夏多暴風。風者木之氣也，其音角也。故應之以暴風」。

按「則木不曲直」，來自洪範的「木曰曲直」；「其音角也」，來自十二紀紀首的「其音角」。惟「木不曲直，而夏多暴風」，是仲舒自己想出來的。漢書五行志：「孝武時，夏侯始昌通五經，善推五行傳，以傳族子夏侯勝。」又夏侯勝諫昌邑王數出微行事，霍光召問，「勝上洪範五行傳曰……」。又漢書儒林傳「從始昌受尙書及洪範五行傳說災異。」趙翼廿二史劄記卷二漢儒言災異條謂「伏生亦未嘗言洪範災異」，以「勝所引洪範五行傳，蓋卽始昌所作」；「其後劉向又推衍之成十一篇」之說，甚爲確當。以尙書大傳作於伏生，蓋始於經典釋文；而王先謙漢書補注五行志「經曰」下引「王鳴盛曰，志先引經，是尚書鴻範文；次引傳，是伏生洪範五行傳」，以洪範五行傳出於伏生，可謂大謬。夏侯勝以前，絕無以洪範五行言災異及言當時政治之事，亦可爲洪範五行傳出於伏生三傳弟子夏侯始昌，而不出於伏生的間接有力證明。夏侯始昌的洪範五行傳，受了仲舒五行五事篇的影響而另出新意，自成系統。

由漢書五行志來看洪範五行傳，是由兩部份所構成的。其中有一部份與洪範有關連；另一部份則與洪範幾乎沒有關連。五行志上所引的五行傳，五行與五事未配合在一起；其中只提到五行，而未提到五事；雖改竄了洪範，但文字上與洪範還有點關連。如「傳曰，田獵不宿，飲食不享，出入不節，奪民農時及有姦謀，則木不曲直」。至於陳壽祺所輯尚書大傳卷三洪範五行傳開始的一段，不見於漢書五行志。

「維王元祀，帝令大禹步於上帝，維時洪祀六沴，用咎於下，是用知不畏，而神之怒。若六沴作見，若是共禦，帝用不差，神則不怒……禹乃共辟厥德，受命休令，爰用五事，建用王極。」

上面這段話，與洪範開始「惟十有三祀，王訪于箕子」，及箕子述「天乃錫禹洪範九疇，彝倫攸叙的情形，全不相符，可以說是一段怪話。漢書五行志中之上，中之下及下之上共三卷，所錄的洪範五行傳，與五行志上所錄的不同，是以五事爲主而配上了五行；略與前引仲舒對於「貌不肅敬」的說法相比較，不僅對災異說得特爲煩瑣離奇，而且與洪範及十二紀紀首幾乎完全脫離了關係。如……

「一曰貌，貌之不恭，是謂不肅，厥咎狂，厥罰常雨，厥極惡。時則有服妖，時則有龜孽，時則有鷄禍，時則有下體生於上之痾，時則有青眚青祥，維金沴木」。

並且仲舒的五行五事第六十四，雖出於附會，但其中依然有合理的內容。例如他說「夫五事者，人之所受命於天也，而王者所修而治民也。故王者爲民，治則不可以不明，準繩不可以不正。王者貌曰恭，恭者敬也。言曰從，從者可從。視曰明，明者知賢不肖者分明黑白也。聽曰聰，聰者能聞事而審其意也。思曰容，容者言無不容」。即是仲舒是在神秘的外衣裡面，總有合理的內容。而上引以五事爲主的洪範五行傳，裡面找不出一句合理的話。但他以貌配木，以言配金，以視配火，以聽配水，以思（心）配土，則與仲舒完全相同，可知他是受了仲舒的影響。這與緯書是受仲舒的影響，而內容更不合理，是同樣的情形。

九、董氏的天的哲學之二——方法問題

仲舒上述的天的性格，即所謂天道，究係如何建立起來？又如何證明「天人一也」，由此以貫徹於政治人生之上，這便關涉到他所用的方法問題；玆將這一方面的材料簡錄於下，以便加以考察。

㈠「求天數之微，莫若於人。……以此觀天之數，人之形，官之制，相參相得也。」（官制象天第二十四）

㈡「夫目不視，弗見；心弗論，不得；雖有天下之至味，弗嚼弗知其旨也；雖有聖人之至道，弗論，不

知其義也。」（仁義法第二十九）

㈢「欲合諸天之所以成物者，少霜而多露也。其內自省以是，而外顯不可以不時……故義不義者，時之合類也。而喜怒乃寒暑之別氣也。」（天容第四十五）

㈣「天亦有喜怒之氣，哀樂之心，與人相副；以類合之，天人一也。……故爲人主之道，莫明於在身之與天同者而用之……」。（陰陽第四十九）

㈤「慶賞刑罰，與春夏秋冬，以類相應也，如合符。……天有四時，王有四政。四政若四時，通類也。天人所同有也」。（四時之副第五十五）

㈥「乍視乍瞑，副晝夜也。乍剛乍柔，副冬夏也。乍哀乍樂，副陰陽也。心有計慮，副度數也。行有倫理，副天地也。此皆暗膚著身，與人俱生，比而偶之弇合。於其可數也副數，不可數者副類；皆當同而副天，一也。是故陳其有形，以著其無形者；拘其可數，以著其不可數者，以此言道之，亦宜以類相應；猶其形也，以數相中也」。（人副天數第五十六）

㈦「故氣同則會，聲比則應，其驗皦然也。試調琴瑟而錯之，鼓其宮，則他宮應之；鼓其商，則他商應之：五音比而自鳴：非有神，其數然也。美事召美類，惡事召惡類：類之相應而起也，如馬鳴則馬應之，牛鳴則牛應之。……物各以類相召也。」（同類相動第五十七）

(八)「故陽益陽，而陰益陰。陽陰之氣，固可以類相損益也。天有陰陽，人亦有陰陽。天地之陰氣起，而人之陰氣應之而起。人之陰氣起，天地之陰氣亦宜應之而起，……非獨陰陽之氣，可以類進退也；雖不祥禍福所從生，亦由是也。無非已先起之，而物以類應之而動者也。故聰明神聖，內視反聽……」(同上)

(九)「典禮之官，常嫌疑莫能昭昭明其當也。今切以爲其當與不當，可內反於心而定也。堯謂舜曰，天之曆數在爾躬，言察身以知天也」。(郊祭第六十七)

(十)「天無所言，而意以物。物不與羣物同時而生死者，必深察之。是天之所以告人也。」(天地五行第七十八)

(十一)「推物之類，以易見難者，其情可得。治亂之氣，邪正之風，是殺天地之化者也。生於化而反殺化，與運連也。」(如天之爲第八十)

(十二)「天道施，地道化，人道義。聖人見端而知本，精之至也。得一而應萬，類之治也。」(天道施第八十二)

董氏的天的哲學是一個大綜合；他所用的方法，也是一個大綜合。更略加分析如下：

第一，(一)的「目不視弗見，心弗論(判斷)不得」，這是認知的基點，也是使用各種方法的共同基礎。

這也可以說是合理的基礎。問題是在「見」與「論」的關連是否密切。

第二，「以類相推」的「類推」方法，在中國大概應用得很早：論語孔子說「溫故而知新」，可能是指類推的能力而言。又說「舉一隅，不以三隅反，則不復也」，是指缺乏類推能力而言。荀子更發揮了類推的意義。類推的效果，在於類的建立是否眞確。董氏非常重視類。他立論的大前提是「天人同類」。而天人同類其重點乃安放在由人而推之於天，認爲人是如此，天也是如此。㈠的「求天之微，莫若於人」；㈥的「故陳其有形，以著其無形者；拘其可數，以著其不可數者」，㈩的「推物之類，以易見難者，其情可得。」都是說的以人推天；人是如此，天也是如此。由此而得出㈣的「天人一也」，㈤的「天人所同有也」。同時也有時由天類推到人。既然「天人一也」，天人是同類，便進一步强調㈣的「以類合之」，㈤的「以類相應」，㈦的「類之相應而起」，㈧的「可以類相損益」。董氏言類的重點，不在於「類推」，而在於「類感」，由此以言「天人相與之際，甚可畏也」（註七十四），而將人與天連在一起。這是漢代言災異的總根據。

第三，由類感以言災異，猶是天與人的消極的關係。董氏旣認定天人是同類，更有一積極的意義，即是要求㈣的「莫明於在身之與天同者而用之」，以要求天道在政治人生上的實踐；這便可以把天貫通到政治人生的各方面。

第四，在董氏的方法中，提出「數」的觀念，以補助類的觀念。㈥的「於其可數也副數」，即是認爲若兩者在數字上相同，則兩者更爲同類，更可以相感。人副天數第五十六，即是以人的身體各部份的數字，與天可以數得出來的數字，有如時，月、日等數相合，以證明人是副於天，而是「天人一也」的；董氏覺得這樣便把天人的關係，扣得更緊。大概到戰國中期前後，我們先民對於數，尤其是數中的乘法，發生一種神秘的感覺；周易由此而在卦爻上加上「六」「九」兩個符號（註七十五）。由周易的流行，而更增數的神秘性，認爲數是天道的一種表現；這一點完全由董氏所繼承。

第五，由類及由數以建立「天人一也」的觀念，不論是由人推向天，或由天推向人，都是㈥的「陳其有形以著其無形」，「拘其可數以著其不可數」，在「有」與「無」之間，沒有邏輯中的含蘊關係，而只能出之以想像。簡言之，董氏以及兩漢思想家所說的天人關係，都是通過想像所建立起來的。這種想像，不是具體與具體的連結，而是一端是「有」，另一端是「無」，通過想像把有形與無形，把人與天要在客觀上連結起來，這中間便沒有知識的意義。所以他們都具備了哲學系統的形式；但缺乏合理的知識內容去支持此一形式。所以不僅是董氏，漢人的這類的哲學系統，不能受合理主義的考驗。

第六，雖然是如此，但董氏的重點，是由人推向天；正如㈨所說的「察身以知天」。察身能不能知天，固然是一個問題；但在此一前提之下，董氏的基本立足點，依然是人而不是天。因爲他的基本立足點依然是人而不是天，人是具體而眞實的；所以在他的哲學系統中，依然是以具體而眞實的事物作基礎。西方由推理所建立的形而上學，在理論形式上，遠較董氏的系統爲純淨；但他們完全是觀念遊戲的戲論；而董氏則在戲論中有其眞實性。例如他說「禍福所從生」，「無非已先起之，而物以類應之而動者也」㈧；物是否以類相應，是另一問題；但禍福是由已先起之，即是禍福由人自己負責，這是眞實而合理的。並且最後的判斷，還是㈢的「其內自省以是，而外顯不可以不時」，及㈨的「內反於心而定」，此時便解脫了天人關係的糾纏，而回到㈡的合理基礎之上。因此，在董氏的龐雜牽附的哲學系統中，可以使合理的與不合理的並存，也正是來自他在方法上合理與不合理並存的緣故。

一〇、董氏的天的哲學之三——天人關係

⑴ 天人一也

人爲天所生，因而圓顱方趾象天地，這是很古老的傳統。董仲舒繼承此一傳統，而特加以具體化，詳密化；他以爲這便加强了「天人一也」的說服力量。觀德第三十三：「天地者萬物之本，先祖之所出也」。順命第七十：「天者萬物之祖，萬物非天不生」。這都是泛說。下面節錄若干具體的材料。

㈠「求天數之微，莫若於人。人之身有四肢，每肢有三節，三四十二，十二節相持而形體立矣。天有四

時，每時有三月，三四十二，十二月相受而歲終矣」。（官制象天第二十四）

㈡「爲生（蘇：爲牛者父母）不能爲人，爲人者天也。人之人（註七十六）本於天。天亦人之曾祖父也。此人之所以乃上類天也。人之形體，化天數而成。人之血氣，化天志而仁（註七十七）。人之德行，化天理而義。人之好惡，化天之暖清。人之喜怒，化天之寒暑。人之受命，化天之四時。人生有喜怒哀樂之答，春夏秋冬之類也。喜，春之答也。怒，秋之答也。樂，夏之答也。哀，冬之答也。天之副在乎人，人之情性有由天者矣」。（爲人者天第四十一）

㈢「天之大數畢於十（註七十八）……是故陽氣以正月始出於地，生育長養於上；至其功必（畢）成也而積十月。人亦十月而生，合於天數也。是故天道十月而成，人亦十月而成，合於天道也。」（陽尊陰卑第四十三）

㈣「夫喜怒哀樂之發，與清暖寒暑，其實一貫也。喜氣爲暖而當春；怒氣爲清而當秋；樂氣爲太陽而當夏；哀氣爲太陰而當冬。四氣者天與人所同有也。非人所能畜也，故可節而不可止也。節之而順，止之而亂。人生於天而取化於天。喜氣取諸春，樂氣取諸夏，怒氣取諸秋，哀氣取諸冬。四氣之心也。四肢之答各有處如四時。寒暑不可移若肢體。肢體移易其處謂之壬人。寒暑移易其處謂之敗歲。」（同上）

㈤「春，愛志也。夏，樂志也。秋，嚴志也。冬，哀志也。故愛而有嚴，樂而有哀，四時之則也。喜怒之禍，哀樂之義，不獨在人，亦在於天。而春夏之陽，秋冬之陰，不獨在天，亦在於人。人無春氣，何以博愛而容衆。人無秋氣，何以立嚴而成功。人無夏氣，何以盛養而樂生。人無冬氣，何以哀死而恤喪。天無喜氣，亦何以暖而春生育。天無怒氣，亦何以清而秋殺就。天無樂氣，亦何以疏（通也）陽而夏養長。天無哀氣，亦何以激陰而冬閉藏。故曰，天乃有喜怒哀樂之行，人亦有春秋冬夏之氣者，合類之謂也。匹夫雖賤，而可以見德刑之用矣。」（天辨在人第四十六）

(六)「天亦有喜怒之氣，哀樂之心，與人相副。以類合之，天人一也」（陰陽義第四十九）

(七)「故常一而不滅（註七十九），天之道。事無大小，物無難易，反天之道無成者……。一手畫方，一手畫圓莫能成……是故古之人，物（盧：疑物當作象）而書文，心止於一中者謂之忠；持二中者謂之患。患，人之中不一者也」。（天道無二第五十一）

(八)「天德施，地德化，人德義。天氣上，地氣下，人氣在其間……。天地之精，所以生物者，莫貴於人。人受命乎天也，故超然有倚（盧：「疑當從下文作『高物』兩字」）。物疢疾莫能爲仁義，唯人獨能爲仁義。物疢疾莫能偶天也，唯人獨能偶天地。人有三百六十節，偶天之數也。形體骨肉，偶地之厚也。上有耳目聰明，日月之象也。體有空竅理脈，川谷之象也。心有哀樂喜怒，神氣之類也。觀人之體，一何高物之甚而類於天也。物旁折，取天之陰陽以生活耳；而人乃爛然有其文理，……故所取天地少者旁折之；所取天地多者正當之。此見人之絕於物而參天地。是故人之首坌（盧：「當作坌，紆粉切，墳起之意」）而員，象天容地。髮象星辰也。耳目戾戾，象日月也。鼻口呼吸，象風氣也。胷中達知，象神明也。腹飽實虛，象百物也……天地之符，陰陽之副，常設於身，身猶天也。數與之相參，故命與之相連也。天以終歲之數成人之身，故小節三百六十六，副日數也。大節十二分，副月數也。內有五藏，副五行數也。外有四肢，副四時數也。乍視乍瞑，副晝夜也。乍剛乍柔，副冬夏也。」（人副天數第五十六）

㈨「天地陰陽木火土金水九，與人而十者，天之數畢也……人下長萬物，上參天地；故其治亂之故，動靜順逆之氣，乃損益陰陽之化，而搖動四海之內」。（天地陰陽第八十一）

在上面的材料中，可以得出五個特點：

第一，董氏爲了證明㈥的「人生於天而取化於天」，對「天副之在人者」，說得非常具體而詳盡，不使稍有遺漏，有如㈠㈡㈣㈤等，以得出㈦的「身猶天也」的結論。人的形體可以數計的，便使之與天之數相應，如㈠及㈨的「小節三百六十六」等，這卽是㈧所謂「於其可數也副數（副於天之數）」。以喜怒哀樂比春秋冬夏等，這都是㈦所說的「不數者副類比」。他所以如此，是要把人鑲在整個天的構造中，以確立人的不可動搖的地位，及不可逃避的責任。這些說法，現在看來近於兒戲，但董氏却是以非常嚴肅的態度說出來的。而在方法上，表面上是由天推到人，實際還是由人推到天的意味重。

第二，中庸「天命之謂性」，及孟子的人禽之辨，皆在道德上立論。而董氏的「命與之（天）相連」及「人之絕（超絕）於物而參天地」，則除在道德上立足外，更在人的形體上，人的生理上立論。若附會一點說，這一指向，或可與現代從科學的生理研究以解答人自身的問題，有連結之點。

第三，董氏以前的天，與人總會保持一個相當距離，這在人格神的天固然是如此；即在道德法則性的天，也是如此。人在道德的根源上是由天而來，是與天同質的，因而也可以說是平等的。但人的形氣，畢竟與天有一距離，因而受形氣之拘的道德，在實現上，除了聖人外，亦必與「純亦不已」的天道天德有一不能幾及的距離，而有賴人的永恒追尋。但董氏從形體生理上，把人說成與天是完全一致，這便把天與人的距離去掉了。此或為董氏自己所不自覺的特徵，而意義却非常重大。把董氏個人的突出情緒，及由天所莊嚴的人生，實際上加以褪色了。

第四，因為第二的特徵，便產生此處所說的特徵。董氏所說的天，雖然有「天志」「天心」；同時通過災異等，顯示對人君不德的警告，而人君應由災異以見天心。並且在郊祭第六十七中說「天者百神之大君也」；在祭義第七十六中說「祭之為言際也與！祭然後能見不見。見不見之見者，然後知天命鬼神」；則董氏所說的天，似乎回到古代宗教的人格神上面去了。我相信董氏常常會有宗教神的影像，往來於他的心目之中。但他的天的實體是氣；氣表現而爲陰陽四時五行；認眞地思考一下，把氣當作人格神來看待，是非常困難的事。因此，他在更多的地方，以很大的比重，從天到人，只當作是一個大的「有機體的構造」，而是可以互相影響的。因爲如此，他才可以講㈣的「哀樂之義，不獨在人，亦在於天」；及㈧的「故其治亂之故，動靜順逆之氣，乃損害陰陽之化，而動搖四海之內」的這一類的話。這類的話，是天人平等的話。並且㈧這類的話，是互相影響，互相決定，而由人決定天的意義更重。這是董氏及他以後言災異的理論基本構造。這固然和周以前由天以言禍福的大不相同；因爲周以前，人的禍福，完全是由帝、天的人格神所決定，而人完全處於被決定的地位。即使由周初開始，帝、天的人格神對人的禍福，退居於監督的地位，把決定權讓給各人自己的行爲；但人類行爲的好壞，只由人類自己領受應有的結果，斷不能影響到人格神的自身。凡是宗教中的最高人格神，他只能影響人，決不可受人的影響；否則便會由神座上倒了下來。但董氏的天，是與人互相影響的，天人居於平等的地位，於是董氏㈧的「天地陰陽木火土金水九，與人而十」的構造，乃是一個大有機體的構造。㈦的「天氣上，地氣下，人氣在其間」，同樣表明是一有機體的構造。這是以陰陽言天道的必然結果。在此一有機體構造中，天人感應，成爲由想像所建立起來的平列的因果法則。而把董氏以宗教虔誠之心來說「道之大原出於天」，要求人君當天父的孝子的願望，在實質上打了折扣。災異之說，只在極短極小的範圍內發生一點效果；此後此外，便完全變成虛文，畢竟不能發揮宗教的力量，其原因在此。可以說董氏以氣爲基底的天的構造，與他建立天的哲學的宗教情緒，是含有很大的矛盾，而他未嘗自覺。他之所以如此，乃在加强人的責任。尤其是要加强人君的責任。所以他在賢良對策的第一策中强調，「故治亂廢興在於己，非天降命不可得反」；「刑罰不中，則生邪氣。邪氣積於下，怨惡畜於上，上下不和，則陰陽繆戾而妖孽生矣，此災異所緣而生也」。這樣，所言者雖是表現天心的災異，而實質所講的是人君行爲的過失，這樣才把災異能緊緊地扣住人君身上。其矛盾處，乃在由人間「邪氣」之所積而成災異，則所謂「天心」云者，亦是由「邪氣」所積而見，則天心是被動的氣體，沒有眞正超越而純一的天心了。

第五，按照(八)的「天之數畢於十」的構造中，言天人的關係，五行也應居於重要的地位。但在上引的材料中，除了(七)中有「內有五藏，副五行數也」一語外，其他多就陰陽尤其是多就四時以立言；而四時的性格，及人與之相應的性情，全本於呂氏春秋的十二紀紀首；此外幾乎沒有提到五行；這在思想的發展上，也有特別的意義。因爲十二紀紀首，雖然把五行配到四時四方加中央裏面去了，但除「盛德在木」這類的一句話外，看不出五行有太大的作用。董氏雖對五行觀念有了很大的發展，但他既承十二紀紀首以言政治及天人關係，重點完全落在四時上面。四時是少陽太陽，少陰太陰；而如前所述，五行雖然是氣，可是並沒有融入到陰陽二氣中，這便不能不把五行放在一邊。所以㈧的「天地陰陽木火土金水九」沒有提到四時，固然含有湊足十的數字的用心；但陰陽可以代表四時而不能代表五行，也是一個重大原因。這與後來言天人關係時，五行必居於重要地位，可作一明顯的對照。

⑵ 天與心性

作爲人的本質的心、性，董氏的重點是放在性上面。

董氏重視心，這是先秦儒、道兩家自孟、莊以後的通義。但對心的內容的認定，則受其天的哲學的影響。通國身第二十二「氣之淸者爲精……治身者以積精爲寶……身以心爲本……精積於其本，則血氣相承受……血氣相承受則形體無所苦……故治身者務執虛靜以致精……能致精，則合明而壽」。這段話，是承戰國末期道家養生之說來說心的。身之養重於義第三十一，則是站在儒家的立場來談養心的：「天之生人也，使人之生義與利。利以養其體，義以養其心。心不得義不能樂，體不得利不能安。義者心之養也；利者體之養也。體莫貴於心，故養莫重於義。」這裏應注意到董氏此處所說的「義以養其心」，雖然是站在儒家的立場，但他既不同於孟子，也不同於荀子。孟子是從道德的立場去把握心，而義由心出，爲心所固有。所以孟子只說「養心莫善於寡欲」；站在孟子的立場，只要能寡欲，則心固有之義便會呈現，流露出來。因此，他只說「禮義之悅我心」而不說「義以養心」。義以養心，是義與心爲二，孟子認爲這是「義外」，是「由外爍我者也」。荀子則從認知能力的方面去把握心；而「虛一而靜」的認知本體，爲心所固有。所以孟子的心，在道德上有其主宰性。而荀子的心，在認知方面，也有其主宰性。董氏的心，沒有從認知的方面顯出來，也沒有從道德方面顯出來，較之孟、荀，都缺乏主宰的力量。何以會如此？這是受他的天的哲學的影響。在他的天的哲學中，兩有陰陽之氣，陰惡而陽善；「人受命乎天」（人副天數第五十六），即承受了陰陽之氣於天。雖然承受了陽之善，也承受了陰之惡。於是心的作用是「栣（註八十）衆惡於內，弗使得發於外者心也。故心之爲名栣也。人之受氣，苟無惡者，心何栣哉。吾以心之名，得人之誠。人之誠，有貪有仁。仁貪之氣，兩在於心」。所以要靠心去栣。由此可知董氏所認定的心的作用，只在「任制」衆惡於內，自然在道德與知識兩方面，都缺乏積極的主宰的意義。這和他對人性的看法也有關係。

董仲舒的人性論，是通過三個途徑所建立起來的。三個途徑，經董氏把它交織在一起。第一個途徑是通過由他所誇張的春秋的正名思想；所以他正面所提出的人性論，便安放在深察名號第三十五裏面，再繼之以實性第三十六。他在深察名號篇中說「今世闇於性，言之者不同；胡不試反性之名。性之名非生與？如其生之自然之資，謂之性。性者質也。詰性之質，於善之名，能中之與？既不能中矣，而尚謂之質善，何哉？性之名不得離質。離質如毛（如毛之細），則非性矣。」按性字從生，是表示生而即有的本能；亦卽此處之「如其生之自然之資」；若扣緊此點以作判斷，則以告子的性無善無不善，最爲合理。但仲舒在此處，只在由性字的正名，實卽由性字的訓詁，以否定性善之說，不同於告子的判斷。因爲董氏認爲性是既有善，又有惡的。上引「故心之爲言枉也」，是以心枉聲近作心的訓詁；這在他是由正名以得其義。又說「民之號取之瞑也。使性而已善，則何故以瞑爲號……效天所爲，爲之取號，故謂之民。民之爲言，固猶瞑也。隨其名號以入其理，則得之矣。」這是以聲同義同作民的正名；再由民的正名，以否定性善之說，更是出於牽强附會。所以由文字上的正名，實卽由文字的訓詁，以解答有思想性的重大問題，都是先有了主觀的成見，再在訓詁上作傅會的。這是最壞的方法。

第二個途徑，是通過他的天的哲學。他說「天兩有陰陽之施，身亦有貪仁之性。天有陰陽（劉師培：陽衍文）禁，身有情欲栣，與天道一也。是以陰之情不得干春夏，而月之魄常厭於日光，乍全乍傷。天之禁陰如此，安得不損其欲而輟其情以應天？」（深察名號）。又「天地之所生謂之性情，性情相與爲一瞑（註八二），情亦性也（此性指「生而卽有」言，意謂情亦生而卽有）。謂性已善，奈其情何。故聖人莫謂性善，累其名也。……身之有性情也，若天之有陰陽也。言人之質而無其情，猶言天之陽而無其陰也。窮論者無時受也」（仝上）。按在董氏以前的儒家，性內而情外，性向外發爲情。性情雖有內外之不同，但在性格上是相同的。所以若主張性善，則情亦善。若認爲性惡，則情亦惡。莊子德充符有「惠子謂莊子曰，人故無情乎？莊子曰然」的一段問答，則係將情與德（卽外篇之所謂性）相對立，已有性善情惡之意。至董氏則顯然將性與情分開，認爲性善而情惡；此一分別對後來言性的，發生了很大的影響。董氏這種性與情的分別，雖然來自他的陽善而陰惡的天的哲學，但性情與陰陽的關係，只是「比擬性質」的關係，決不曾說性由陽生，情由陰生。但孝經鉤命訣謂「情生於陰，欲以時念也。性生於陽，日以就理也。陽氣者仁，陰氣者貪，故情有利欲，性有仁也」。孝經援神契，「性生於陽，以理執情。情生於陰，以繫念。」此乃由董氏之說而更向前發展一步；此亦爲緯書多受董氏思想影響之一證。白虎通情性篇，「性者陽之施，情者陰之化也」。乃孝經緯之說，得到官式的承認。許氏說文十下，「情，人之陰氣，有欲者」。「性，人之陽氣，性善者也」。將陰陽納入於人生命之內以言情性；則其說更推進一步；而其發端皆始於董氏。

第三個途徑，是出於對政治的要求。自戰國中期以來，儒家言治道之隆，期於能移風易俗；此意在西漢特爲盛行。董氏則更進一步指出移風易俗之根源在於民性之善；而民性之善，乃來自良好的政治環境。盟會要第十，「天下者無患，然後性可善。性可善，然後清廉之化流。清廉之化流，然後王道舉，禮樂興」。正貫第十一，「故明於性情，乃可與論爲政」。天地陰陽第八十一，「世治而民和，志平而氣正，則天地之化精，而萬物之美起。世亂而民乖，志僻而氣逆，則天地之化傷，氣生災害起（盧：

氣上疑脫一字）」。這幾句話雖然主要是說治化所及於天地之影響，但亦說明了治亂與民性的關係。因此，董氏把性善性惡的問題，一方面視爲若陰陽之所固有，一方面又視爲可由政治治亂所左右；領導政治的王，對民性之善惡，負有很大的責任。所以他在深察名號中强調：「性如繭如卵。卵待覆而爲雛，繭待繅而爲絲，性待敎而爲善。此之謂眞天。天生民，性有善質而未能善，於是爲之立王以養之，此天意也。民受未能善之性於天，而退受成性之敎於王。王承天意以成民之性爲任者也。今案其眞質而謂民性已善者，是失天意而去王任也。萬民之性苟已善，則王者受命，尙何任也。……今萬民之性，待外敎然後能善，善當與敎，不當與性。」在過去，人性的展出受政治的影響，有如今日受社會環境的影響相同；由此以加强政治領導者的責任，這是可以站得住脚的。他在賢良三策中，特別强調學校敎育的重要性，皆由此而來。但由性向外展出的情形，以推論性的內存在的性格，便不十分妥當。

在上述三個途徑中，都加入有董氏個人的體驗及對社會的觀察在裏面，所以卽使在不合理中，依然含有合理的根據，並非全係戲論。由上述三個途徑所建立的人性論，有一個總的目的，卽是否定孟子的性善說。但嚴格加以分析，問題是相當夾雜的。

從積極方面把握董氏的性論，應當從兩端着手。

第一，董氏對性的基本認定，是善的而不是惡的。玉杯第二「人受命於天，有善善惡惡之性」。竹林第三，「正也者，正於天之爲人性命也。天之爲人性命，使行仁義而羞可恥。非若鳥獸然，苟爲生，苟爲利也」。玉英第四，「凡人之性，莫不善義。然而不能義者，利敗之也」。這都是立基於性善以爲言，與孟子性善之說，並無大差異。順着董氏性善而情惡的理路，若認定性是內而情是外，則性善的前提可以保持不變。但他站在「如其生之自然之資謂之性」的立場，便說「情亦性也」。於是性與而情，是並列並存的關係，而不能如後儒分作內外先後來看待。因此董氏雖將性與情分而爲二，而在用辭爲一，於是他因「情亦性」，而不得不變動他的性善的前提。這是第一個夾雜。他又說：

「故性比於禾，善比於米。米出禾中，而禾未可全爲米也。善出性中，而性未可全爲善也」。（深察名號第三十五）

上面的話，又見於實性第三十六；這與前引的卵雛繭絲之喻，在董氏認爲是性質相同的比喻。但嚴格的說，「禾未可全爲米」，「性未可全爲善」，這是說禾中除米以外尚有與米相對的非米；性中除善以外，尚有與善相對的非善。但就「繭有絲而繭非絲也，卵有雛而卵非雛也」（深察名號第三十五）；及「禾雖出米，而未可謂米也，性雖出善，而性未可謂善也。米與善，人之繼天而成於外也」（實性第三十六）的話來分析，繭與絲，卵與雛，性與善，只是工夫上的成長的問題。卵非雛，只是工夫未到，不可謂卵中含有與雛相對的異質成分。「性未可謂善」，也只是工夫未到，不可謂性中含有與善相對的異質成分。所以這與「性未可全爲善」的內涵，並非完全相同。董氏自己未必作過這種分析，而只是當作相同的命題；然則他到底是側重在「性未可全爲善」，而把情包括在性之內呢？抑是側重在「性未可謂善」，並未認性中含有與善相對的異質分子呢？從全文看，董氏是略過這種夾雜而側重後一說法的意義。所以他說：「或曰，性有善端，心有善質，尙安非善」（深察名號第三十五）。在這一假設的「或曰」中，他承認了性有善端，心有善質。又說「性有善端，動之愛父母，善於禽獸，則謂之善。此孟子之善。」孟子以四端言性善（註八二），也是說性有善端；董氏和孟子在這種地方，並無不同；而董氏由天的陰惡陽善的哲學以言「人亦有貪仁之性」，並以情與性相對而言性，皆不應存在。但董氏却轉一個彎以迴護自己「性未可全爲善」的主張，認定孟子所說的善於禽獸之善，即是善端之善，不能算善，而必須以聖人之所謂善才算是善。以聖人之所謂善才算是善，當然可以說「性未可謂善」。他繼承上引的一段話說：

「循三綱五紀，通八端（未詳）之理，忠信而博愛，敦厚而好禮，乃可謂善，此聖人之善也……非善於禽獸則謂之善也。使動其端善於禽獸則（卽）可謂之善，善奚爲弗見也？夫善於禽獸而不得名善，猶知於草木而不得名知……聖人以爲無王之世，不敎之名，民莫能當善。善之難當如此，而謂萬民之性皆能當之，過矣。質於禽獸之性，則萬民之性善矣。質於人道之善，則民性弗及也……孟子下質於禽獸之所爲，故曰性已善。吾上質於聖人之所善，故謂性未善」。（深察名號第三十五）孟子立言之主旨，在啓發人之自覺自信，所以就四端以言性善。就四端以言性善，並非如董氏所說的「性已善」，而是說「性是善」。因性是善，則一切之善，皆由此擴充而出。孟子並不是忽視政治，尤其是經濟對人性展現的影響；他再三强調「若夫民苟無恆產，斯無恆心」；而主張行王政「以制民之產」（註八三）。但人性的善端，縱然因政治經濟的壓迫而受阻抑，其善的根苗終不可得而泯滅；否則人類的社會生活不可能建立起來。董氏立言的主旨，則在强調王者對人性所負的責任，要由此以實現他的建立學校教化的理想，此在賢良對策中曾再三强調這一點，於是他在這裏便說「性未可謂爲善」，善有賴於王者之教。因爲「性者天質之樸也。善者王教之化也。無其質（善端），則王教不能化。無其王教，則質樸不能善（聖人之所謂善）」，（實性第三十六）。人性的善端，是怎樣也不能否定的。這樣一來，在性論起基的地方，他與孟子並無分別；他的由天的哲學而來的「貪仁之性」的說法也自行否定了。

第二，董氏在實性第三十六中，除强調上述的「性雖出善，而性未可謂善」的論點以外，更提出「聖人之性，不可以名性。斗筲之性，又不可以名性，名性者中民之性。中民之性，如繭如卵，卵待覆二十日而後能爲雛。繭待繅以涫湯而後能爲絲。性待漸於教訓而後能爲善。」在上述一段話中，除了他繼續强調教化的功用外，實際是把性分爲上中下三等。上等之性不待教，下等之性雖教無益。中等之性，有善之端，須待教而成。若擺脫由正名以論性，由天的哲學以論性，董氏性論的歸趨，與淮南子中儒家的性論，沒有很大的出入，這可能是當時儒家一般的看法。

(3) 天與倫理

在董氏天的哲學下的倫理構造，除了在「天之性格」一節中，引有五行對第三十八言「忠臣之義，孝子之行，取之土」，及五行之義第四十二言五行乃父子關係外，玆更略引有關資料如下：

(一)「天出至明，衆知類也，其伏無不炤也。地出至晦，星日爲不敢闇。君臣父子夫婦之道取之此」。(觀德第三十三)

(二)「勤勞在地，名一歸於天……故下事上，如地事天也，可謂大忠矣。」(五行對第三十八)

(三)「丈夫雖賤皆爲陽。婦人雖貴皆爲陰。陰之中，亦相爲陰，陽之中，亦相爲陽。諸在上者皆爲其下陽；諸在下者各爲其上陰。陰猶沉也。何名何有(言陰無名無有)，皆并於一陽(陰將自己之名及其所有，皆歸并於陽)，昌力而辭功……上善而下惡。惡者受之；善者不受」。(陽尊陰卑第四十三)

(四)「是故春秋君不名惡，臣不名善。善皆歸於君，惡皆歸於臣。臣之義比於地。故爲人臣者，視地之事天也。爲人子者，視土之事火也。雖居中央，亦歲七十二日之王，傳於火，以調和長養，然而弗名者，皆并功於火，火得以盛，不敢與父分功美，孝之至也。是故孝子之行，忠臣之義，皆法於地

也」。（王道通三第四十四）

㈤「凡物必有合……陰者陽之合。妻者夫之合。子者父之合。臣者君之合。物莫無合，而合各有陰陽。陽兼於陰，陰兼於陽。夫兼於妻，妻兼於夫。父兼於子，子兼於父。君兼於臣，臣兼於君。君臣父子夫婦之義，皆取諸陰陽之道。君爲陽，臣爲陰。父爲陽，子爲陰。夫爲陽，妻爲陰。陰道無所獨行。其（陰）始也不得專起。其終也不得分功，有所兼之義。是故臣兼功於君，子兼功於父，妻兼功於夫，陰兼功於陽，地兼功於天」。（基義第五十三）

㈥「是故仁義制度之數，盡取之天。天爲君而覆露之，地爲臣而持載之。陽爲夫而生之，陰爲婦而助之。春爲父而生之，夏爲子而養之，秋爲死而棺之，冬爲痛而喪之；王道之三綱可求於天。」（仝上）

㈦「父者子之天也。天者父之天也。……萬物非天不生。獨陰不生，獨陽不生，陰陽與天地參，然後生。故曰父之子也可尊，母之子也可卑。尊者取尊號，卑者取卑號。故德侔天地者，皇天右而子之，號稱天子。其次有五等之爵以尊之，皆以國邑爲號。其無德於天地之間者，州國人民」。（順命第七十）

㈧「天子受命於天，諸侯受命於天子。子受命於父，臣妾受命於君，妻受命於夫。諸所受命者，其尊皆天也，雖謂受命於天亦可」。（同上）

由上面的材料，可以了解董氏把人倫的關係，都配入到天地陰陽五行中去，將先秦儒家相對性的倫理，轉變爲絕對性的倫理；甚至如㈧中以爵位代表德，卑視「州國人民」爲「無德於天地之間」，這是他在文化上所遺留的無可原諒的鉅大毒害。這是與董氏的初心完全相反的。在董氏以前，不論在內容上，在名詞上，絕無三綱之說。只有董氏，在深察名號第三十五及基義第五十三，開始提出「三綱」一詞；據㈥所謂三綱，是指君臣夫婦父子各盡其分而言，並非指的「君爲臣綱，父爲子綱，夫爲妻綱」。「君爲綱，夫爲妻綱」之說，出於緯書含文嘉。此又爲緯書多演繹自董氏之一證。含文嘉之說，被白虎通所採用，遂成爲後儒所奉的天經地義。覆按白虎通三綱六紀篇的內容，人倫間尚保持先秦儒家相對義務之意義，在過去的社會結構中，仍有團結而非相壓制的意義，較之董氏以陽貴陰賤，陰善陽惡來配入人倫關係的新說爲勝。而在現實上說，人羣相處，爲了建立秩序，必有人爲之綱，有人爲之紀；綱紀之說，又何可廢棄？但後世的暴君頑父惡夫，對臣子妻之壓制，皆援三綱之說以自固自飾，且成爲維護專制體制，封建制度的護符，而其端實自仲舒發之。立言之不可不愼，學術趨向之不可或偏，矯枉之不可過正，中庸之道之所以爲人道之坦途，皆應於此得其啓發。

⑷　天與養生

呂氏春秋中的道家思想，特致力於養生；而秦漢之際，方技之徒，神仙之說，尤以養生爲修練之事。仲舒受時代風氣及戰國末期道家的影響，亦重視養生，前面已經提到。但他養生之說，雖取自道家，但亦套在他的天的哲學裏以作其根據，反轉來又給後來道敎言養生者以影響。

循天之道第七十七全篇，及天地之行第七十八的前（註八四）一段，都是言養生之道。歸納他的要旨，乃在循天的中和之道以養氣。而氣的突出表現爲男女性交；故須按陰陽之合以節男女之欲。氣來自飲食，故須由五行生剋之理以選擇適於養氣的食物。循天之道第七十七一開始便說，「循天之道，以養其身，謂之道也」。天之道是什麼呢？「天有兩和，以成二中……北方之中，用合陰（陽合於陰）而物始動於下；南方之中，用合陽（陰合於陽）而養始美於上。其動於下者，不得東方之和不能生，中春是也。其養於上者，不得西方之和不能成，中秋是也」；這是以北方（冬）南方（夏）爲天之「二中」；東方（春）西方（秋）爲天之二和；陽氣合陰氣於北方之中，向東移動而與東方陰陽之和相合，物由動於下而生。東方之和以中春爲準。陰氣合陽氣於南方之中，向西移動，而與西方陰陽之和相合，物由養於上而成熟。西方之和，以中秋爲準。接着說「中者天地之所終始也。而和者天地之所生也。夫德莫大於和，而道莫正於中……能以中和養其身者，其壽極命」。這應算是他的養生的總論。他又說：「故養生之大者乃在愛氣。氣從神而成，神從意而出。心之所之謂意」。「意勞者神擾；神擾者氣少。氣少者難久矣。故君子閑欲止惡以平意，平意以靜神，靜神以養氣。氣多而治，則養身之大者得矣」。他所說的「神擾者氣擾」，指情緒及居處而言。因爲他認爲「泰實則氣不通，泰虛則氣不足。熱勝則氣□，寒勝則氣□，泰勞則氣不入，泰佚則氣宛（盧：宛讀爲鬱，下同）；怒則氣高，喜則氣散，憂則氣狂，懼則氣懾。凡此十者氣之害也。而皆生於不中和。故君子怒則反中（反於中）而自悅以和，喜則反中而收之以正，憂則反中而舒之以意，懼則反中而實之以精，夫中和之不可不反如此。」使情緒保持中和的狀態，是養氣養生之要，這是可以成立的。但與董氏所說的由北東南西的方位，冬春夏秋的季節，以言陰陽運行的中和，不僅毫無關係；而陰陽運行中和的一套說法，顯然是爲了給人的中和精神狀態以天的根據所建立起來的。

大概董氏認爲男女的房事，乃氣的突出表現，與養氣有密切關係，所以在循天之道七十七中，特提出加以說明。他說「男女之法，法陰與陽。陽氣起於北方，至南方而盛，盛極而合乎陰。陰氣起乎中夏，至中冬而盛，盛極而合乎陽。不盛不合。是故十（當作六）月而壹俱盛，終歲而再合」。男女之事，以此爲法，「使男子不堅壯不家室，陰（女）不極盛不相接」。「天地之陰陽當男女，人之男女當陰陽」。「鬻秋冬而陰來，鬻春夏而陰去。是故古之人，霜降而迎女，冰泮而殺（減少）內（房事）……天地之氣，不致盛滿，不交陰陽。是故君子愛氣而游（盧：游上當有謹字）於房，以體天也。氣不傷於以盛通，而傷於不時天并（蘇：案並卽屏字，言爲天所屛棄）……君子治身不敢違天。是故新壯十日（錢：當作六日）而一遊於房。中年者倍。新壯始衰者倍，中年中衰者倍。始衰大衰者，以月當新牡之日

（六月行房一次），而上與天地同節矣。此其大略也」。漢室自朝廷以至諸侯王及一般權貴，在男女關係上的荒淫無度，由廿二史劄記卷三「漢諸王荒亂」條，可見一般。董氏兩相驕王，對各種荒淫情形，當然耳熟能詳，所以他把此一問題安放在他的天的哲學中去加以補救。

天地之行第七十八的前一段，董氏是就食物以言養生的。他說「是故春襲葛，夏居密陰，秋避殺風，冬避重漯（盧：疑是濕），就其和也。衣欲常漂（疑當作溧），食欲常飢，體欲常勞，而無長佚居多也」。這是就一般的生理養生而言，是有經驗上的根據的。但他接着便套入五行厭勝（剋）中去求服食的根據了。「凡天地之物，乘以（於）其泰而生，厭於其勝而死。四時之變是也。故冬之水氣，東加於春而木生，乘其泰也。春之生，西至金而死，厭於勝也。生於木（春）者至金（秋）而死（金剋木）。生於金（秋）者至火（夏）而死（火剋金）。……飲食臭味，每至一時，亦有所勝，有所不勝之理，不可不察也。四時不同氣，氣各有所宜。宜之所在，其物代美，而芥以夏成，此可以見冬夏之所宜服矣。冬水氣也，薺甘味也。乘於水氣而美者，甘勝寒也。……夏火氣也，芥苦味也。乘於火氣而成者，苦勝暑也。天無所言，而意以物。物不與羣物同時而生死者，必深察之，是天之所以告人也。故薺成告之甘，芥成告之苦也……是故當百物大生之時，羣物皆生，而此物獨死；可（可上作有其字讀）食者，告其味之便於人也；其不食者告殺穢除害之不待秋也。當物之大枯之時，羣物皆死，如（而）此物獨生，其可食者益食之……其不可食，益畜之……君子察物之異以求天意，大可見矣」。在這段話中，是以一部份經驗爲基礎，而附以五行厭勝之說。此一說法，也常被醫者藥性的說明所採用。但他在此處，沒有提藥物問題，在事實上還是比較平實的。

一一、天與政治

董氏的天的哲學，實際是爲支持他的政治思想而建立的。政治的統治者是人，被統治者也是人。所以上面所說的天與人的關係，在政治問題中，也成爲基本的因素。但政治是人與人的關係中很突出的部面；下面略述董氏把政治問題拿到他的天的哲學中所作的處理。

(1) 聖人、君道

聖人是理想性的君主。而「聖人不則天地不王，」（奉本第三十四）「聖人視天而行，」（天容第四十五）「聖人之道，同諸天地，」（基義第五十三），「聖人副天之所以爲政」（四時之副第五十五），「行天德者謂之聖人。」（威德所生第七十九）；可見聖人與天是不可分的。

在天與君主的關係上，董氏首先强調了「君權神授」說。「人之得天得衆者，莫如受命之天子」（奉本第三十四）；「受命之君，天意之所予也；故號爲天子者，宜視天如父，事天以孝道也」（深察名號第三十五)，「故德侔天地者，皇天右而子之，號稱天子」(順命第七十)，這都是君權神授說。而人主在政治中的地位，由下面的話，卽可了解其居於決定性的絕對權威性的地位。「海內之心，懸於天子。」(奉本第三十四)「君者民之心也，民者君之體也。」「天地人主一也」。(爲人者天第四十)「人主立於生殺之位，與天共持變化之勢」(王道通三第四十四)；「一國之君，其猶一體之心也。隱居深宮，若心之藏於胷。至貴無與敵，若心之神無與雙也」(天地之行第七十八)。「爲人主者，居至德之位，操殺生之勢，以變化民。民之從主也，如草木之應四時也」。(威德所生第七十九)上面的說法，也可以算作是大一統專制下的君權反映。因爲董氏把君權提得這樣高，於是他不知不覺的，接受了一部份戰國末期的道家思想及法家思想，將人君加以神秘化。立元神第十九「君人者國之證(徵)也，不可先倡，感而後應」。「故爲人君者謹本詳始，敬小愼微。志如死灰，形如委木，安精養神，寂寞無爲；休形無見影，掩聲無出響。虛心下士，觀來察往」。保位權第二十「爲人君者，居無爲之位，行不言之教。寂然而無聲，靜而無形。執一無端，爲國源泉」。這是道家而實已通向於法家的思想。立元神第十九，「爲人君者，其要貴神。神者不可得而視也，不可得而聽也。是故視而不見其形，聽而不聞其聲。聲之不聞，故莫得其響。不見其形，故莫得其影，莫得其影，則無以曲直也。莫得其響，則無以淸濁也。無以曲直，則其功不可得而敗。無以淸濁，則其名不可得而度」。這便是法家由尊君而將君權神秘化之實。但在神秘化的後面，必須賴威權加以支持。所以保位權第二十說「國之所以爲國者德也。君之所以爲君者威也。故德不可共，威不可分。德共則失恩，威分則失權。失權則君賤，失威則民散。」這更是與儒家君道相反的法家面目。董氏所以有此夾雜，來自他把人君的權威提得太高。人君既有這樣高的權威，誰能對他加以控御而納之於正軌呢？這種控御人主的力量，在地上是找不出來的，於是董氏只好想出由君權神授，而要求人主知天法天，把人主的行爲，納入於他所主張的與天道相配合的君道之中。如天之爲第八十：

「夫王者不可以不知天。……天意難見也，其道難理；故明陽陰入出實虛之處，所以觀天之志。辨五行之本末順逆小大廣狹，所以觀天道也。天志入（錢學源云：天志入，當是天志仁），其道也義。爲人主者，予奪生殺，各當其義，若四時。列官置吏，必以其能，若五行。好仁惡戾，任德遠刑，若陰陽；此之謂配天」。

上面一段話，可以說是人主法天的總綱領。不過由陰陽五行的動向以知天，只是知天的一個方面。此外董氏更提出另一面的知天方法是「爲人主也，道莫明，省身之天，如天出之也。使其出也，若天之出四時，而必忠其受也」（爲人者天第四十一）。「爲人主之道，莫明於在身之與天同者而用之，使喜怒必當義乃出，如寒暑之必當其時乃發也。使德之厚於刑也，如陽之多於陰也」（陰陽義第四十九）。下面的話，都是要求人主法天以成君道的。

㈠「天地之數，不能獨以寒暑成歲，必有春夏秋冬。聖人之道，不能獨以威勢成政，必有敎化。故曰，先之以博愛，敎以仁也。難得者君子不貴，敎以義也。雖天子必有尊也，敎以孝也。必有先也，敎以弟也。此威勢之不足獨恃，而敎化之功，不亦大乎？」（爲人者天第四十一）

㈡「明王正喜以當春，正怒以當秋，正樂以當夏，正哀以當冬。上下法此以取天之道；是故春喜夏樂，秋憂冬悲。悲死而樂生；以夏養春，以冬喪秋，大人之志也。是故先愛而後嚴，樂生而哀終，天之當（常）也：而人資諸天，大德而小刑也。是故人主近天之所近，遠天之所遠；大天之所大，小天之所小。是故天數右陽而不右陰，務德而不務刑。刑之不可任以成世也，猶陰不可任以成歲也。爲政而任刑，謂之逆天，非王道也」。（陽尊陰卑第四十三）

㈢「古之造文者，三畫而連其中，謂之王。三畫者天地人也。而連其中者通其道也。取天地與人之中以爲貫而參通之，非王者孰能當是？故王者惟天之施。施（疑當作法）其時而成之，法出命而循之諸人，法其數而以起事，治其道而以出法，治其志而歸之於仁。仁之美者在於天，天仁也……人之受命於天，取仁於天而仁也。……天常以愛利爲意，以養長爲事，春夏秋冬，皆其用也。王者亦常以愛利天下爲意，以安樂一世爲事，好惡喜怒而備用也……天出此物（㬉凊寒暑）者時，則歲美。不時則歲惡。人主出此四者義，則世治；不義則世亂。是故治世與美歲同數，亂世與惡歲同數；以此見人理之副天道也」。（王道通三第四十四）

㈣「是故天以陰爲權，以陽爲經。…經用於盛，權由於末。以此見天之顯經隱權，前德而後刑也。……是故人主之大守，在於謹藏而禁內，使好惡喜怒，必當義乃出……如春夏秋冬之未嘗過也，可謂參天矣。深藏此四者而勿使妄發，可謂天矣」。（仝上）

㈤「天之道，春煖以生，夏暑以養，秋清以殺，冬寒以藏；暖暑清寒，異氣而同功，皆天之所以成歲也。聖人副天之所行以爲政，故以慶副暖而當春，以賞副暑而當夏，以罰副清而當秋，以刑副寒而當冬。慶賞刑罰，異事而同功，皆王者之所以成德也。慶賞刑罰，與春夏秋冬，以類相應也，如合符。故曰，王者配天，謂其道。天有四時，王有四政，通類也，天人所同有也」。（四時之副第五十五）

上述以陰陽言任德而不任刑，以四時言喜怒哀樂，必當於義乃發，使四政皆得其當。而其總的歸結則在於仁，在於敎化；此意又見於天容第四十五，天辨在人第四十六，陰陽位第四十七，陰陽終始第四十八，陰陽義第四十九，天道無二第五十一，煖燠孰多第五十二，基義第五十三，威德所生第七十九，如天之爲第八十。叮嚀反復，這是仲舒的主要政治思想。

(2) 五行與官制

在上述主要政治思想中，除了五行順逆第六十，言各行政令所宜，及失宜失德而引起災變外，沒有用上五行的觀念。五行的觀念，只用到列官置吏方面。如天之爲第八十「列官置吏，必以其能，若五行」。五行相生第五十八，正爲適應五行而建立五官的：

「東方者木，農之本，司農，尚仁。進經術之士，道之以帝王之路……下知地形肥磽美惡。立事生則因地之宜，召公是也。親入南畝之中，觀民墾草發淄（菑），耕種五穀，積蓄有餘，家給人足，倉庫充實，司馬食穀。司馬，本朝也。本朝者火也，故曰木生火」。

「南方者火也。本朝司馬，尚智。進賢聖之士……至忠厚仁，輔翼其君，周公是也……天下既寧，以安君官者司營也。司營者土也，故曰火生土。」

「中央者土，君官也，司營，尚信。卑身賤體……以厲主意……執繩而制四方，至忠厚信，以事其君，據義割恩，太公是也……威武强禦以成大理者司徒也。司徒者金也，故曰土生金。」

「西方者金，大理司徒也。司徒尚義。臣死君而衆人死父……至廉而威，質直剛毅，子骨（胥）是也。……伐有罪，討不義……寇賊不發，邑無獄訟，則親安。執法者司寇也。司寇者水也，故曰金生水」。

「北方者水，執法司寇也，司寇尚禮。君臣有位，長幼有序……據法聽訟，無有所阿，孔子是也。

爲魯司寇，斷獄屯屯（盧：疑卽肫肫），與衆共之，不敢自專，是死者不恨，生者不怨，百工維時，以成器械。器械旣成，以給司農。司農者田官也。田官者木，故曰水生木」。

在五行相勝第五十九中，又用五行相剋的觀念，說明表徵木的司農失職，則由表徵金的「司徒誅之」。表徵火的司馬失職，則由表徵水的司寇誅之。表徵土的司營失職，照「木勝土」的觀念，應由表徵木的司農誅之；但董氏也覺得司農尙仁，司營又是「君之官」，所以只引楚靈王在乾谿被弒的故事，而結之以「故曰木勝土」，並沒有明說司農誅之。表徵金的司徒失職，由表徵水的司馬誅之。表徵水的司寇失職，則由表徵土的司營誅之。以五行配五官，牽强到荒謬的程度。而五官之說，或出自管子。管子幼官第八「善習五官」，五行第四十一「然後具五官於六府也」。「然後作立五行以正天時，五官以正人位」。此外在其他典籍中，似乎沒有出現過五官的官制。惟管子五行第四十一所說的五官，一是「春者土司也，夏者司徒也，秋者司馬也，冬者李（獄官）」，而未見中央。另一則木是士師，火是行人，土是司徒，金是祝宗、司馬，水則無之，大概水是司馬，蓋簡策錯亂之故。

董氏在官制象天第二十四，演禮記王制（註八五）王者制官，三公九卿二十七大夫八十一元士之說，而多方與天之三月爲一時，四時十二月而成歲的數字，以牽强的方法互相副合，由此而證明「以此見天之數，人之形，官之制，相參相得也」；王制所提出的官制，本是文帝時的博士們，由數字乘法的神秘化而來，本無現實的意義。再經董氏與「天數」相副合，這只可視作數字遊戲，與上述的以五官配五行，同樣沒有一點意義。爵國第二十八，言五等之爵，言軍制，言井田制度，在古代史的研究上，有參考的價值。但他依然要說「故治天下如視諸掌上，其數何法以然？曰天子分左右五等，三百六十三人，法天一歲之數，五時色之象也。通佐，十上卿與下卿，而二百四十人，天庭之象也……」，便把中間所含的歷史意義大大地擾亂了。惟與官制密切相關的考功名第二十一，沒有與天相副合，所以在他陳述的原則上顯得深切篤實；在他所陳述的方法上，或反映了當時，或影響到後來的考績制度。

一二、餘論——賢良三策

董氏的著作，在西漢所發生的鉅大影響有三：第一是他對公羊傳的特殊見解，一轉手而出現了許多有關的緯書，宏揚擴大，在何休解詁以前，殆已成為公羊傳的定論；一直流傳到近代治公羊學的人，都未發現與公羊傳本義天壤懸隔。而公羊學又是曾經盛極一時的今文學派的支柱。此一影響，對仲舒而言，雖然是間接的，但確是眞實而鉅大的。第二是因他言陰陽災異，經劉向劉歆父子而形成漢書的五行志，成為爾後史學中非常怪特的一部分，使不經之談歷二千年而不絕。第三，因為他把陰陽五行的思想，牽附到春秋與洪範中去，以構成他的天的哲學中的一部分，由此以言天人感應與災異，便引發出眭孟、夏侯始昌、夏侯勝、京房、翼奉、李尋這一批人，各傳其所學以組成奇特的天人災異之說，這是經學發展的一大轉折。漢書眭兩夏京奉李傳贊謂：

「幽贊神明，通合天人之道者，莫著乎易、春秋。然子貢猶云，夫子之文章，可得而聞；夫子之言性與天道，不可得而聞已矣。漢興，推陰陽言災異者，孝武時有董仲舒、夏侯始昌。昭宣則眭孟、夏侯勝，元成則京房、翼奉、劉向、谷永，哀平則李尋、田終術。此其納說時君著明者也。察其所言，彷彿一端；假經設義，依托象類，或不免乎億則屢中。仲舒下吏，夏侯囚執，眭孟誅戮，李尋流放，此學者之大戒也。京房區區，不量淺深，危言刺譏，構怨强臣，罪辜不旋踵，亦不密以失身，悲夫！」

由上面的話，可以了解：㈠「假經設義」以言災異，仲舒實爲首倡；所以才說他是「始推陰陽爲儒者宗」（漢書五行志），「爲羣儒首」（漢書董仲舒傳贊）。眭孟是他的再傳弟子，固不待說；夏侯始昌們當然也是聞風興起的。㈡班固修漢書，雖列有五行志，但在上引贊語中，已露出仲舒所建立的天的哲學，在方法上，在徵驗上，在結果上，至西漢之末，已不復爲學術界所完全信服。仲舒在歷史中所直接發生的深遠影響，並不來自他的規模龐大的著作；而係來自漢書本傳所錄的三篇賢良對策，亦即後人所稱的天人三策。所以在這裏應稍稍提到。

仲舒的賢良對策，係應册問所提出的，故不能不受册問所提問題的限制。但大體上說，它是春秋繁露的拔萃，或者可以說是一種「濃縮」本。在春秋繁露中，許多地方，是以構成他的奇特的哲學體系爲主，使讀者不容易接受，反而掩沒了他許多寶貴的思想內容。賢良對策則以現實政治問題爲主，他的天的哲學，在力求簡括中反退居於不太重要的地位，反容易爲人所接受。

第一策的要點：㈠應「勉强」以實行「所繇適於治之路」的道；而道的具體內容是「仁義禮樂」。並指出作樂的功效乃來自天下洽和。而天下洽和的原因，乃在勉强實行仁義禮樂之教。這是針對武帝徵聚俗樂，擴充樂府的情形來說的。㈡强調「故治亂廢興在於己，非天降命不可得反」；並指出「受命之符」，「皆積善累德之效」。更指出「廢德教而任刑罰，刑罰不中，則生邪氣；邪氣積於下，怨惡畜於上，上下不和，則陰陽繆戾而妖孽生矣，此災異所緣而起也」。其目的在加强武帝自身的責任，不可推向天命。這可視爲仲舒言災異的本旨。㈢言人性之壽夭仁鄙，主要來自政治。「故堯舜行德則民仁壽，桀紂行暴則民鄙夭」。更應用他的天的哲學而說「以見天之任德不任刑」，由此指出「今廢先王德教之官，而獨任執法之吏治民」，「而欲德教之被四海，故難成也」。在這段話中，指出了當時政治上的眞正問題，和他針對此問題的政治主張。三策中一切議論，都是環繞此一主張而展開的。㈣承上文而言「德教」之內容，一在「爲人君者正心以正朝廷；正朝廷以正百官，正百官以正萬民，正萬民以正四方」，必如此而始可招致祥瑞。另一則强調應以教化防奸；而所謂教化，乃在「立大學以教於國，設庠序以化於邑，漸民以仁，摩民以義，節民以禮，故其刑罰甚輕而禁不犯者，教化行而習俗美也」。按「大學」一辭，始見於呂氏春秋卷四尊師篇之「天子入太學祭先聖」；禮記中大學一篇，亦應成立於此一時代前後。繼見於賈誼及賈山。這是自孔子以來，重視教育的具體發展。仲舒在對策中正式提出，卒由理想而成爲現實，在中國教育史上有重大意義。㈤仲舒提出了「更化」的要求以貫徹他的政治主張。「更化」與「改制」完全不同。改制沒有政治上的實質意義；「更化」則是要把漢所繼承秦代以刑爲治的政治方向與內容，完全改變過來，而「脩飾」「仁義禮智信」「五常之道」。亦卽是他要把大一統專制政治的方向與內容，加以澈底的轉換。在他主張的後面，對漢代現實政治，實作了根本的批評甚至是否定。由此可以看出仲舒的人格與氣慨。而「五常」一詞，恐怕是在此處第一次出現，給爾後思想史以很大的影響。

第二策的要點：㈠「臣聞堯受命，蓋以天下爲憂，而未以位爲樂也」。接着指出堯、舜、禹、文王，皆由「務求賢聖」以致治。此乃反駁册問中「蓋聞虞舜之時，游於巖郎（廊）之上，垂拱無爲而天下太平」的一段話。㈡「臣聞聖王之治天下也，少則習之學，長則材諸位；爵祿以長其德，刑罰以威其惡，故民曉於禮義而耻犯其上。武王行大誼，誅殘賊；周公作禮樂以文之。至於成康之世，囹圄空虛四十餘年，此亦教化之漸，而仁義之流」。「至秦則不然，師申商之法，行韓非之說」，結果「是以刑者甚衆，死者相望，而姦不息」。他認爲武帝憑藉甚厚；「然而功不加於百姓者」，只是沒有「因用所聞，設誠於內而致之」；意思是說，聞古人之治道而不誠意實行，便沒有意義。仲舒說武帝也是「堯舜之用心」，但未獲堯舜的效果，是因爲吏治所用非賢。吏治何以所用非賢，是因爲平日不注重養士；士是官吏的來源。「夫不養士而欲求賢，譬猶不琢玉而求文采也。故養士之大者莫大虖太學。太學者賢士之所關也，教化之本源也……臣願陛下興太學，置明師，以養天下之士」。再接着指出「郡守縣令，民之師帥」；乃用非其人，以致「暴虐百姓，與奸爲市」。朝廷縱有良法美意，到地方上完全變了質。何以用非其人，是因爲儲備長吏的「郎中中郎吏」（按屬於光祿勳，一面供宿衞，一面作爲人才的儲備所）多來自「二千石子弟選郎吏，又以富貲，未必賢也」。這與養士是反其道而行。他主張改革吏治的結構，既以太學養士，又使「諸列侯郡守二千石，各擇其吏民之賢者，歲貢各二人，以給宿衞（按郎上述的光祿勳中的「郎吏」），且以觀大臣之能。所貢賢者有賞，所貢不肖者有罰」；如此「則天下之士，可得而官使也」。再改正考績的方法，「毋以日月爲功，實試賢能爲上；量才而授官，錄德而定位，則廉恥殊路，賢不肖異處矣」。此段話的重大意義有三。一是對於統治階層的預備軍，主張以學校所養之士，代替勲閥豪富子弟。二是以鄉擧里選的「貢士」，打破統治結構中勲閥集團的固定勢力，進一步向天下平民開放政權。三是考績中的重視實際效能。

第三策的要點：㈠重申他以仁爲內容的天的哲學，而認爲「聖人法天而立道，亦溥愛而無私。布德施仁以厚之，設誼立禮以導之。……古者脩教訓之官，務以德善化民……今世廢而不脩，亡以化民，民以故棄行誼而死財利，是以犯法而罪多……以此見古之不可不用也。」「天令之謂命，非聖人不行。質樸之謂性，性非教化不成。人欲之謂情，情非度制不節。是故王者上謹於承天意，以順命也。下務以教化民，以成性也。正法度之宜，別上下之序，以防欲也。脩此三者，而大本舉矣」。接着說明人之所以「超然異於羣生」，是因爲有倫理，知仁義；所以是可以教化的。但必須「以漸而至」，不能求急效。按仲舒之所謂天與古，都有被限定的思想內容，不應當作空泛的了解。㈡强調「道之大原出於天。天不變，道亦不變。」「故王者有改制之名，亡變道之實」，「道者萬世無弊，弊者道之失也。先王之道，必有偏而不起之處，故政有眊而不行；舉其偏者以補其弊而已。」「今漢繼大亂之後，若宜少損周之文致，用夏之忠者」。按若以道爲政治的大原則，大方向；此原則、方向，卽在政治以人民爲主體，只教、養而不壓迫，則「道不變」的話，是可以成立的。而在實行時，因時因俗，「舉偏」補弊，依然是一種進步的歷史觀，與孔子的歷史觀，大體相合，所以他在這段話中，便引論語「孔子曰，殷因於夏禮，所損益，可知也。周因於殷禮，所損益，可知也。其或繼周者，雖百世，可知也」的話作證明。但孔子的話，似乎重在「損益」，而仲舒的話，重在「無變道之實」。總之，這決不是一般所說的復古主義。㈢仲舒認爲「迹之古」「返之於天」之實，在於禁止當時統治階級，憑藉權位以取得經濟上的特殊利益，剝削人民的情形；使「利可均布而民可家足」。仲舒的天與古，至此而更有切實的內容。即是以均調的原則，解決人民的生活問題。他說：「夫天亦有所分予。予之齒者去其角……是所受大者不得取小也。古之所予祿者不食於力……與天同意者也……身寵而戴高位，家溫而食厚祿；因乘富貴之資力，以與民爭利於下，民安能如之哉？是故衆其奴婢，多其牛羊，廣其田宅，博其產業，畜其積委，務此而亡已，以迫蹙民，民日削月朘，寖以大窮。富者奢侈羨溢，貧者窮極愁苦……此刑罰之所以蕃，而奸邪不可勝者也。故受祿之家，食祿而已，不與民爭業，然後利可均布，而民可家足。此上天之理，而亦太古之道；天子之所宜法以爲制，大夫之所當法以爲行也。」按漢由侯王制而有造成政治分裂的危險，這是文帝以來所努力克服的。由列侯制所造成的經濟特權的嚴酷剝削情形，縱然不是得到鼓勵，也是得到放任。上文中的「大夫」，實指的是這批列侯及朝廷公卿而言。仲舒這種意思，詳見於春秋繁露度制第二十七。但度制二十七有一段比較更概括性的話，比對策中說得更周衍。

「孔子曰，不患貧，而患不均。故有所積重，則有所空虛矣。大富則驕，大貧則憂。憂則爲盜，驕則爲暴，此衆人之情也。聖者……制人道而差上下也，使富者足以示貴而不至於驕；貧者足以養生而不至於憂，以此爲度而調均之，是以財不匱而上下相安，故易治也。今世棄其度制而各從其欲……則富者愈貪利而不肯爲義，貧者日犯禁而不可得止，是世之所以難治也」。

仲舒在爵國第二十八中，更强調了井田制的理想，這都說到了政治中的最根本問題。㈣仲舒說，「春秋大一統者，天地之常經，古今之通誼也。今師異道，人異論，百家殊方，指意不同，是以上無以持一統。法制數變，下不知所守。臣愚以爲諸不在六藝之科，孔子之術者，皆絕其道，勿使並進。邪辟之說滅息，然後統紀可一，而法度可明，民知所從矣。」上面這段話，實佚出於册問之外。亦爲春秋繁露中所未見。但從士不遇賦對當時縱橫之士嫉惡之深，可知仲舒平日蘊蓄此意甚久，特假此機會正式提出，遂成爲學術史上一大公案。按仲舒此一建議的出發點，是爲了保證大一統的完整與效率，要求作爲政治指針的學術思想，有一個統一的內容與方向。而在今日可以看到的諸子百家中，也只有「六藝之科，孔子之術」，可以在政治上擔當此種責任；因爲這代表了人道主義的大方向，且含容性較大而流弊較少。加以仲舒所說的「勿使並進」，並不是勿使流通，勿使研究，而是指朝廷不爲其立博士。因爲漢承秦後，朝廷所立的博士，可以稱爲「雜學博士」；秦、漢方士盛行，所以博士中也雜有這一類的人。仲舒的建議，只是在「六藝之科，孔子之術」的範圍內立博士，換言之，將雜學博士變爲「經學博士」或「儒學博士」。僅從政治着眼，也不算有大的差錯。且由漢書藝文志看，西漢時學術流通的情形頗爲宏富，對學術的態度也頗爲公允，並未受建元五年立五經博士的影響。而魏、晉玄言，六朝佛學，皆凌駕儒家而上之。今人對我國學術不發達的原因，不歸之於專制政治而一歸之於仲舒，尤非事理之平。然仲舒此議，有很大的流弊，則無可諱言。第一，統治者決不因獨尊孔氏而卽實行孔子之教；徒授以由權勢把持學術，歪曲學術的途轍；開宋、明、清制義八股之先河；使孔子之教，因受到政治權勢的利用、歪曲，而腐濫殆盡。第二，在專制時代，政治力量，壓倒一切。得立爲博士的，藉朝廷之力，假「師法」之名，以凌壓未得立博士之部門；同爲六藝，亦妨嫉排擠，無所不至，藉以保持其獨佔的地位與利益；於是在博士之狹隘範圍內，亦少眞誠從事學術研究之人，學術反因此而更空虛敗壞。所以概略言之，立五經博士以後的博士，其水準反不如未立五經博士以前的博士。通觀古今中外，學術與現實政治，必有一相當距離，使其能在社會上生根，學術乃有發展可言，政治乃能眞得學術之益。所以仲舒一時的用心過當，終於是貽害無窮的。

附　註

註一：本文以四部備要盧文弨所校春秋繁露爲底本，再參以皇清經解續編凌曙春秋繁露注本，及蘇輿春秋繁露義證本。

註二：按墨子言詩書而反禮樂。且其後學亦離詩、書而成「別墨」。其他諸子百家，皆僅偶及六藝，不似儒家以六藝爲基本教材。

註　三：按孟子：「孔子懼，作春秋，春秋，天子之事也」（滕文公下）「王者之迹熄而詩亡，詩亡然後春秋作」（離婁下）；兩處言春秋，其義皆甚閎深。

註　四：詳見拙文陰陽五行及其有關文獻的研究，收入中國人性論史先秦篇附錄。惟易傳尚無天地乃由陰陽二氣所構成之思想。以天地爲陰陽二氣所構成，始明見於淮南子中的天文訓。此一觀念之形成，恐遲至秦、漢之際。附此說明。

註　五：詳見拙文陰陽五行及其有關文獻的研究。

註　六：醫、卜、命、相，無不以陰陽五行爲依據，爲解說。

註　七：胡適淮南王書手稿影印本序中談他「寫成油印的中古思想史長編，共有七章」；「第八章是董仲舒，我改寫了幾次，始終不能滿意，後來就擱下了」。由此也可知他感到處理的因難。他死後，胡適紀念館印行他的遺稿，其第四種爲中國中古思想小史，內三五—四二頁，略述董氏之說，態度較之他寫王充的論衡一文時的口氣，要落實得多。

註　八：漢書補註引齊召南「今直隸棗强縣」。按在今河北省冀縣東南。

註　九：董仲舒對策之年，通鑑載於建元元年（前一四〇年），漢書武帝紀載於元光元年（前一三四年），齊召南以爲在建元五年（前一三六年），王先謙則以元光元年之說爲是。具見本傳補注。蘇輿仲舒年表，堅持建元元年之說，其論證有二：㈠史記本傳「今上即位，爲江都相」，「是爲相在建元元年，對策即於其時審矣」。按史公上文「即位」一辭乃泛說。並非確指「即位之年」，此不足爲堅證。㈡蘇氏以「建元六年遼東高廟災，生（董）

且下吏。若如武紀，在對策前（元光元年之前一年爲建元六年），則名尙未顯，主父偃何自嫉之？」按言災異者，除應詔廷對、上書者外，皆就過去所發生之災異，作陰陽五行之解釋。此在漢書五行志所記甚明。董生言高廟災，非廷對或上書，而係私人著作中援引及此；則言高廟災之年，必遠在高廟災之後。所以漢書本傳對此事是「先是遼東高廟……殿災」，「先是」兩字，表意甚明，無可懷疑。漢書武帝紀於元光元年，記武帝策問之文，甚爲明備；不以此爲斷定董生對策之年的基準，而另作摸索，將皆流於穿鑿。蘇氏春秋繁露義證一書，用力勤而識解不足，多此類。

註一〇：蘇輿春秋繁露義證卷首有董子年表，推定仲舒生於文帝初年之乙丑（前一七六），卒於武帝太初元年丁丑（前一〇四年），凡七十三歲。楊樹達漢書窺管卷六則以「仲舒之卒當在元狩五、六年及元鼎元年間（前一一八—一一六）也」。

註一一：胡適在王充的論衡一文中說「漢代是一個騙子時代」，董氏應當是騙子頭兒了。

註一二：王應麟漢書藝文志考證董仲舒百二十三篇條下，「後漢明德馬后，尤善董仲舒書」。

註一三：楚莊王第一，「有知其陽陽而陰陰」。精華第五，以陰陽釋「大旱雩祭而請雨，大水鳴鼓而攻社」。十指第十二，「木生火，火爲夏；則陰陽四時之理，相受而次矣」。三代改制質文第二十三，「明此，通天地陰陽四時日月星辰山川人倫」。

註一四：深察名號第三十五，實性第三十六，其中涉及春秋與陰陽觀念，而皆不重要。

註一五：順命第七十只言天，言天命；但在性質上，應屬於此一部分。

註一六：此篇盧校本僅殘存一百十四字，此處用四部叢刊縮印武英殿聚珍本。

註一七：詳見拙文陰陽五行及其有關文獻的研究。

註一八：此非出自仲舒一人的創意，夏侯始昌們也做了這一工作，而內容有出入，所以我用「時代」兩字，而不歸之於某一人。

註一九：朱元晦在漢儒中甚推董仲舒。但僞書通考引朱子語錄「尤延之以書（春秋繁露）爲僞，某看來，不似董子書」。

註二〇：如史記自序引董氏之言：「子曰，我欲載之空言，不如見之於行事之深切著明也」。兪序第十七，「孔子曰：吾因其行事而加乎王心焉。以爲見之空言，不如行事博深切明」。自序：「故有國者不可以不知春秋。前有讒而弗見，後有賊而不知」。兪序第十七，「故衞子夏言，有國家者不可不學春秋。不學春秋，則無以見前後旁側之危」。自序，「春秋辯是非，故長於治人」。玉杯第二，「春秋正是非，故長於治人」。自序，「春秋之中，弒君三十六，亡國五十二，諸侯奔走不得保其社稷者不可勝數。察其所以，皆失其本矣」盟會要第十一，「患乃至於弒君三十一（六），亡國五十二，細惡不絕之所致也」。

註二一：胡毋，或書作母者誤。胡毋生之「生」，乃「先生」之生，非名毋生。他是姓胡名毋字子都。

註二二：史記自序，「上大夫壺遂曰，昔孔子何爲而作春秋哉？太史公曰，余聞董生曰……」。

註二三：「公孫弘亦頗受焉」，必在景帝時始有可能。

註二四：請參閱商務印書館黃暉論衡校釋頁一〇六三—四黃注。按此讖當出於東漢光武之末年。

註二五：何休解詁中受有董生影響，而不及一字，蓋另有原因，見後。

註二六：徐彥自稱為「解」，而未嘗自稱為「疏」。今稱「徐彥疏」云者，此疏字乃後人所加，或卽為唐人所加。一般謂徐彥為唐人，但亦有以為係六朝人的。詳見陳立公羊義疏解題下。

註二七：漢書藝文志敍，「會向（劉向）卒，哀帝復使向子侍中奉車都尉歆卒父業，歆於是總羣書而奏其七略。故有輯略，有六藝略，有諸子略，有詩賦略，有兵書略，有術數略，有方技略，今刪其要，以備篇籍」。

註二八：漢書三十六楚元王傳後劉歆傳。

註二九：魯桓六年及魯宣五年。

註三〇：左氏所言之禮，多出自賢士大夫之口；禮之內容與範圍，已較周初以宗法為中心的封建禮制，大有發展。公羊傳言禮，則多由傳者引用封建禮制以衡斷是非；其內容較春秋賢士大夫所言之禮為狹。

註三一：春秋繁露以「楚莊王」為篇名第一，雖未必出於董生原著的次第；但董生之推重楚莊，則實本於公羊傳。

註三二：隱五年公羊傳「登來之也」注，「登讀言得來（衍文），得來之者，齊人語也」。桓五年傳「曷為以二日卒之㤜也」注，「㤜者狂也，齊人語」。桓六年傳「化我也」注，「行過無禮謂之化，齊人語」。成公二年傳「踊於棓而窺客」注，「凡無高下有絕加躡板棓，齊人語」。

註三三：史記儒林列傳。

註三四：春秋繁露凌注，將春秋經文及公羊傳文皆詳細注出。其僅引經文，未引傳文者，卽係春秋繁露詳傳之所略。

註三五：盧校注，「漢藝文志有世子二十一篇，名碩。七十子之弟子。此所引卽其人也」。

註三六：史記仲尼弟子列傳，「公孫龍字子石，少孔子五十三歲」。

註三七：按以文王爲受命之王，乃周人的傳統說法。所以文王乃周室第一代之王。「謂文王也」，乃溯周受命之初而言，並非有特別意義。

註三八：例如隱公三年「秋武氏子來求賻」傳「武氏子來求賻，何以書？譏。何譏爾？喪事無求賻，非禮也。蓋通於下」何注「云爾者，嫌天子財多，不當求。下財少，不可求」。

註三九：按詩汎歷樞、說苑奉使篇、困學紀聞，均曾引此三語。而後兩者皆有出入。使奉篇作「詩無通故，易無通吉，春秋無通義」；「通」「達」「故」「詁」，可以互訓；「吉」乃占之誤；以「通義」易「達辭」，不妥；義由辭而見，辭所以表義；「無達辭」，是說同一義，可以用不同的辭作表現；而同一辭，也可以表現不同之義。「通辭」「通義」，在層次上不同，所以這種改易是不妥的。困學紀聞引作「易無達吉」，吉乃爲占之誤。「詩無達詁，春秋無達例」；以「例」易辭，這是以後來的觀念改易以前的觀念。董氏只言「辭」而未言「例」。辭是由文字所構成的一句話。例是歸納許多同類的話而得出概括性的條理，同時卽以某一句話爲規範，概括其他相當的話。這是由辭以了解春秋的進一步的發展。

註四〇：盧校「人當作天」者是。凌注本無人字，蓋誤失。

註四一：論語「興於詩」。

註四二：孟子說孔子作春秋是「其文則史，其義則丘竊取之矣」；按「文」卽「辭」。可知孔子所紀錄之辭，一本於史；其褒貶之義，則孔子自加判斷，而講授之於其門弟子；因而成爲「褒貶之辭」。昭十二年公羊傳，「其詞，則丘有罪焉耳」，褒貶之辭，應與紀錄之辭，相關而不相混。此乃褒貶之辭。但口頭上一傳再傳之後，遂以紀錄之詞，卽視爲褒貶之詞，成爲傳世的公羊傳的形式，故遂有拘滯而難通之弊。或孟子所述者乃得孔子立言之實；而公羊傳旣以孔子之褒貶，卽見於孔子紀錄之詞，故不稱「其義」而稱「其詞」。

註四三：見春秋繁露卷一玉杯第二論春秋書「晉趙盾弑其君」事。據宣六年左氏傳，書趙盾弑其君者乃晉史；孔子因晉史之書法以爲文，決無仲舒所謂「重累責之，以矯枉世而直之」之意。

註四四：蘇輿義證「賢方猶賢法」，以法釋方。按周禮硩蔟氏「以方書十日之號」注「版也」。中庸，「布在方策」。此處「載天下之賢方」者，乃記載天下之賢者於方版之上，以備進用之意。

註四五：按蘇輿義證對此二句之解釋「踰疑作論。言幽隱之與顯明，不相論也。而聖人智究天人，亦可引而近之，以致其密」。疑不相應。「幽隱」似指遠方之國而言。「而近之則密矣」卽「來遠」之意。

註四六：按諱卽是認爲「這是見不得人的事」，所以也是貶的一種方式。

註四七：請參閱拙著周秦漢政治社會結構之研究中漢代專制政治下的封建問題。

註四八：兪序第十七，「覇王之道，皆本於仁。仁，天心；故次以天心」。

註四九：蘇輿義證對此句解釋爲「猶云爲後王立義耳」；蓋不以仲舒之孔子受命作春秋以當新王之說爲然，故在注中爲仲舒求得解脫，有失仲舒本旨。

註五〇：仲舒說「親周」，何休注公羊則改爲「新周」；殆因宣十六年「夏，成周宣謝災」，傳有「新周」一辭。但此處之新周，僅指「成周」而言，與何休之所謂新周，意義全別。而由仲舒思想之系統言，既有「新王」「王魯」之觀念，則與周之關係，只能說「親」而不能說新。何休既襲用仲舒王魯之說，卽不應易「親周」爲「新周」。

註五一：漢書六十四下嚴安傳，「以故丞相史上書曰，臣聞鄒衍曰，政教文質者，所以云救也。當時則用，過則舍之，有易則易也」。此當爲以質文遞變言世運之始。

註五二：盧云，錢疑志字衍者是。蘇輿「志字當有；猶言知立元之意也」，嫌迂曲。

註五三：按此二句之意，在說明春秋之所甚貴者乃在「以元之深，正天之端」數句，因爲那是從根源上解決政治問題。故以由災異圖安危，爲非春秋所甚貴。

註五四：公羊傳隱元年疏引演孔圖，「丘攬史記，援引古圖；推集天變，爲漢帝制法，陳敍圖錄」。又「丘水精治法，爲赤（漢）制功」。此以孔子作春秋，乃爲漢立說所自出。然實係推法之演仲舒之意。

註五五：此雖借用易乾文言之文，實與仲舒說元「乃在天地之前」的用意相通。

註五六：據日人安居香山中村璋八所輯緯書集成春秋上。

註五七：同上。

註五八：見王充論衡實知篇及案書篇。王充對此讖在實知篇中力闢其妄；而在案書篇中又謂「蓋孔子言也」；王氏每多此矛盾之論。

註五九：詩大雅桑柔「哀恫中國」。

註六〇：書武成「華夏蠻貊」；左定十年「夷不亂華」。

註六一：余據隸釋略記其習詩而記明某家者，計：從事武梁碑「治韓詩」。中常侍韓君之碑「治韓詩」。山陽太守祝睦後碑「脩韓詩」。車騎將軍馮緄碑「治………韓詩」。郎中馬江碑「通韓詩經」。廣漢屬國都尉丁魴碑「治易韓詩」，得六人。司隸校尉魯峻碑「治魯詩」。執金吾丞武榮碑「治魯詩」。得二人。其中無一言治毛詩者，此處數字，或有遺漏，然大致如此。

註六二：論語泰伯「曾子曰，可以寄百里之命，可以托六尺之孤，臨大節，而不可奪也。君子人與？君子人也」。孟子亦特言曾子之勇，其他類似之言論亦多。

註六三：如犖經室一集卷十性命古訓，即其一例。

註六四：論語衞靈公「義以爲質，禮以行之」。

註六五：按春秋時代，在進步的貴族間，天已由宗教的意義演變而爲禮的根源的意義，此爲儒家所承，而成爲道德的最高根據。這當然是價值的意義。墨子以兼愛爲天志，是價值的意義；即老子的虛靜，虛無，依然是價值的意義。

註六六：按仲舒此處係以五行相尅之順序排列，故「火爲一端」下應爲「水爲一端，土爲一端，木爲一端，金爲一端。」此傳寫中偶誤。

註六七：禮記禮器「居天下之大端矣」注「本也」。

註六八：易繫辭下，「陽一君而二民，君子之道也。陰二君而一民，小人之道也」；此乃以卦中之君臣失位而言君子小人之道，非就陰陽之本身而言君子小人之道。

註六九：論語陽貨，「子曰，天何言哉？四時行焉，百物生焉，天何言哉？」

註七〇：原作「春居上」，依陶鴻慶董子春秋繁露札記校改。

註七一：如陰陽應象大論第五，言陰陽之各種作用，極爲圓到；乃由整理已成熟之陰陽觀念而來。而其文從字順，或竟出於東漢時期。

註七二：易傳之「兩儀生四象」，乃指春夏秋冬之四季而言。宋人注易，每於此援太陰少陰太陽少陽以爲解，實誤。

註七三：請參閱拙著中國人性論史先秦篇五七六—九頁。

註七四：見漢書董仲舒傳賢良三策的第一策。

註七五：皇清經解續編卷百三十二惠棟易例（二）九六義「古文易上下本無初九初六及用九用六之文。………說者謂初九初六，則漢人所加。然夫子十翼，于坤傳曰（按即所謂小象）『六二之動』；大有傳曰：『大有初九』；則初九，初六，用九，用六之名，夫子時已有之，當不始於漢也」。按十翼不出於孔子而係出於孔門後學，殆已成定論。故以九、六作陽爻陰爻之符號，當在戰國中期前後。

註七六：按此句盧謂疑當作「人之爲人」似不妥。其意乃謂「人所生之人」。

註七七：本意是說人之血氣由陰陽而來。但重陽而抑陰，此乃天志之仁。所謂「化天志」者，血氣雖稟陰陽之氣，但對陰陽的態度，一本於天志；故謂「化天志而仁」。

註七八：原文「天之大數畢於十旬」。劉師培以「旬」爲衍文者是。

註七九：按此文上言「陰陽相反之物也，故或出或入」；陽出則陰入，故此時是一於陽。「陰出則陽入」，故此時是一於陰。一於陽之時，陰雖入而隱伏不見，但並非滅絕。一於陰時亦然。故謂「常一而不滅」。

註八〇：盧文弨謂，「栣說文作栠，如甚切，弱貌。蓋惡強則肆見於外，故欲由馴之使無暴也」。劉師培以爲「栣當作任，訓當；猶言捍禦衆惡也。」蘇輿引「兪云，栣疑衽」。又云，「今按衽者衣襟也。襟有禁禦之義……釋名釋喪制，小要又謂之衽，衽，任也，任制際會，使不解也。……栣衆惡於內，弗使得發於外，正取任制之義」。按蘇說與劉說同，似可從。

註八一：按上文「民之爲言瞑也」；此處之「性情相與爲一瞑」，或係指性情二字之音，合在一起，近於瞑。或指此處瞑字係承上文「民之爲言瞑也」而言，實卽指的是民。

註八二：見孟子公孫丑上「人皆有不忍人之心」章。

註八三：見孟子梁惠王上「齊宣王問曰，齊桓、晉文之事，可得聞乎」章，及滕文公上「滕文公問爲國」章。

註八四：凌曙注本將此段移歸循天之道第七十七。

註八五：郊事對第七十一董氏引有「王制曰……」。

揚雄論究

一、漢書揚雄傳及其若干問題

揚雄一生的學術活動，可以代表西漢學術風氣演變的三大階段。由文帝經景帝到武帝中期，學術風氣的主流是辭賦。這是揚雄「少而好賦」的階段。由景末武初的董仲舒開其端，到武帝中期以後迄於宣元而極盛的學術風氣主流是附會經義，以陰陽術數講天人性命的合一。這是揚雄中年後草玄的階段。從成帝時起，開始有人對由術數所講的天人性命之學發生懷疑，漸漸要回到五經的本來面目，以下開東漢注重五經文字本身了解的訓詁學，並出現了以桓譚爲先河的一批理智清明的思想家，此在西漢末期，雖未能成爲學術風氣的主流，但實開始了一個新的階段。揚雄末年的法言，擔當了開闢此新階段的責任。而他以餘力所成的輶軒使者絕代語譯別國方言（簡稱方言），給清代及現代語言學以莫大影響，成爲三百年來的顯學。假定講漢代思想史而不及揚雄，我覺得便沒有掌握到兩漢思想演變的大關鍵。

漢書八十七上下的揚雄傳，在「贊曰」以前，都是採用揚雄的自序；這是了解揚雄的基本材料，特簡錄於後（註一）。並應將班固及後人所加上去的若干問題，首先加以澄清。

「揚雄字子雲，蜀郡成都人也。其先出自有周伯僑者，以支庶初食采於晉之揚（註二），因氏焉，不知伯僑周何別也。揚在河汾之間。周衰而揚氏或稱侯，號曰揚侯。會晉六卿爭權，韓、魏、趙興，而范中行知伯弊。當是時，逼揚侯，揚侯逃於楚巫山，因家焉。楚漢之興也，揚氏遡江上，處巴江州。而揚季官至廬江太守。漢元鼎間，避仇復遡江上，處嶓山之陽曰郫，有田一壥，有宅一區，世世以農桑爲業。自季至雄，五世而傳一子，故雄無他揚於蜀。」

「雄少而好學，不爲章句，訓詁通而已，博覽無所不見。爲人簡易佚蕩，口吃不能劇談，默而好深沉之思，清靜無爲，少耆欲，不汲汲於富貴，不戚戚於貧賤，不脩廉隅以徼名當世。家產不過十金，乏無儋石之儲，晏如也。自有大度，非聖哲之書不好也；非其意，雖富貴不事也。顧嘗好辭賦。」

「先是時，蜀有司馬相如，作賦甚弘麗都雅，雄心壯之，每作賦，常擬之以爲式。又怪屈原文過相如，至不容，作離騷，自投江而死，悲其文，讀之未嘗不流涕也。以爲君子得時則大行，不得時則龍蛇；遇不遇命也，何必湛身哉。乃作書，往往摭離騷文而反之，自嶓山投諸江流以弔屈原，名曰反離騷。又旁離騷作重一篇，名曰廣騷；又旁惜誦以下至懷沙一卷，名曰畔牢愁。畔牢愁、廣騷文多不載，獨載反離騷，其辭曰……」

「孝成帝時，客有薦雄文似相如者，上方郊祠甘泉泰時，汾陰后土，以求繼嗣，召雄待詔承明之庭。正月（元延二年），從上甘泉，還奏甘泉賦以風（諷），其辭曰……」

「甘泉本因秦離宮，既奢泰，而武帝復增通天，高光、迎風。……，遊觀屈奇瑰瑋……且其爲已久矣，非成帝所造，欲諫則非時，欲默則不能已，故遂推而隆之，迺上比於帝室紫宮，若曰此非人力之所能，黨(儻)鬼神可也。…賦成奏之，天子異焉。其三月，將祭后土，上迺率羣臣……迹殷周之墟，眇然以思唐虞之風。雄以爲臨川羨魚不如歸而結網，還，上河東賦以勸，其辭曰……」

「其十二月羽獵，雄從。……文王囿百里，民以爲小；齊宣王囿四十里，民以爲大；裕民之與奪民也。武帝廣開上林；……周袤數百里。穿昆明池象滇河……非堯、舜、成湯、文王三驅之意也。又恐後世復興前好，不折衷以泉臺，故聊因校獵以諷。其辭曰……

「明年（元延三年），上將大誇胡人以多禽獸，秋，命右扶風發民入南山，西自　斜，東至弘農，南敺漢中，張羅罔罝罘，捕熊羆豪豬虎豹狖玃狐菟麋鹿，載以檻車，輸長楊射熊館。以罔爲周阹，縱禽獸其中，令胡人手搏之，自取其獲，上親臨觀焉。是時，農民不得收斂。雄從至射熊館，還，上長楊賦，聊因筆墨之成文章，故藉翰林以爲主人，子墨爲客卿以風。其辭曰……」

「哀帝時，丁傅董賢用事，諸附離之者或起家至二千石。時雄方草太玄，有以自守，泊如也。或嘲雄以玄尚白，而雄解之，號曰解嘲。其辭曰……

「雄以爲賦者，將以風也，必推類而言，極麗靡之辭，閎侈鉅衍，競於使人不能加也。旣迺歸之於正，然覽者已過矣。往時武帝好神仙，相如上大人賦，欲以風，帝反縹縹有陵雲之志。繇是言之，賦勸而不止，明矣。又頗似俳優淳于髡，優孟之徒，非法度所存，賢人君子詩賦之正也，於是輟不復爲。而大潭思渾天……（太玄本於渾天，）……玄文多，故不著；觀之者難知，學之者難成，客有難玄大深，衆人之不好也，雄解之，號曰解難。其辭曰……。」

「雄見諸子各以其知舛馳，太氐詆訾聖人，卽爲怪迂，析辯詭辭，以撓世事，雖小辯，終破大道而或（惑）衆，使溺於所聞而不自知其非也。及太史公記六國，歷楚漢，訖麟止，不與聖人同是非，頗謬於經，故人時有問雄者，常用法應之，譔以爲十三卷，象論語，號曰法言。法言文多不著，獨著其目……（按卽法言卷十三之法言序）」

「贊曰：雄之自序云爾。初，雄年四十餘，自蜀來至游京師，大司馬車騎將軍王音奇其文雅，召以爲門下史，薦雄待詔。歲餘，奏羽獵賦，除爲郎，給事黃門，與王莽、劉歆並。哀帝之初，又與董賢同官。當成、哀、平間，莽、賢皆爲三公，權傾人主，所薦莫不拔擢，而雄三世不徙官。及莽簒位，談說之士用符命稱功德獲封爵者甚衆，雄復不侯，以耆老久次轉爲大夫，恬於勢利乃如是，實好古而樂道，其意欲求文章成名於後世。以爲經莫大於易，故作太玄。傳莫大於論語，作法言。史篇莫善於倉頡，作訓纂，箴莫善於虞箴，作州箴；賦莫深於離騷，反而廣之；辭莫麗於相如，作四賦：皆斟酌其本，相與放依而馳騁云。用心於內，不求於外，故時人皆曶（忽）之，唯劉歆及范逡敬焉，而桓譚以爲絕倫。王莽時，劉歆、甄豐皆爲上公，莽既以符命自立，即位之後，欲絕其原以神前事，而豐子尋、歆子棻復獻之。莽誅豐父子，投棻四夷，辭所連及，便收不請。時雄校書天祿閣上，治獄使者來，欲收雄，雄恐不能自免，乃從閣上自投下，幾死。莽聞之曰：『雄素不與事，何故在此？』間請問其故，乃劉棻嘗從雄學作奇字，雄不知情，有詔勿問。然京師爲之語曰：『惟寂寞，自投閣；爰清靜，作符命』。

雄以病免，復召爲大夫。家素貧，耆酒，人希至其門。時有好事者載酒肴從游學，而鉅鹿侯芭常從雄居，受其太玄、法言焉。劉歆亦嘗觀之，謂雄曰：『空自苦！今學者有祿利，然尚不能明易，又如玄何？吾恐後人用覆醬瓿也』。雄笑而不應。年七十一，天鳳五年卒，侯芭爲起墳，喪之三年。時人司空王邑、納言嚴尤聞雄死，謂桓譚曰，『子嘗稱揚雄書，豈能傳於後世乎？』譚曰：『必傳。顧君與譚不及見也。凡人賤近而貴遠，親見揚子雲祿位容貌不能動人，故輕其書。昔老聃著虛無之言兩篇，薄仁義，非禮學，然後世好之者尚以爲過於五經，自漢文景之君及司馬遷皆有是言。今揚子之書，文義至深，而論不詭於聖人，若使遭遇時君，更閱賢知，爲所稱善，則必度越諸子矣』。諸儒或譏以爲雄非聖人而作經，猶春秋吳楚之君僭號稱王，蓋誅絕之罪也。自雄之沒至今四十餘年，其法言大行，而玄終不顯，然篇籍具存。」

揚雄答劉歆書，其中有可補自序之不足的，節錄於下：

「……又敕以殊言（卽方言）十五卷，君何由知之。……雄少不師章句，亦於五經之訓所不解。嘗聞先代輶軒之使，奏籍之書，皆藏於周秦之室。及其破也，遺棄無見之者。獨蜀人有嚴君平，臨卭林閭翁孺者，深好訓詁，猶見輶軒之使所奏言。翁孺與雄外家牽連之親，又君平過誤，有以私遇少而與雄也。君平財有千言耳，翁孺梗概之法略有。翁孺往數歲死……而雄始能草文。先作縣邸銘，王佴頌，階闥銘，及成都城四隅銘。蜀人有楊莊者，爲郎，誦之於成帝，成帝好之，以爲似相如，雄遂以此得外見（註三）……雄爲郎之歲，自奏少不得學，而心好沉博絕麗之文。願不受三歲之奉（俸），且休脫直事之繇，得肆心廣意，以自克就。有詔可不奪奉，令尙書賜筆墨錢六萬，得觀書於石室。如是後一歲，作繡補靈節龍骨之銘，詩三章，成帝好之，遂得盡意。故天下上計孝廉及內郡衞卒會者，雄常把三寸弱翰，齎油素四尺，以問其異語，歸卽以鉛摘次之於槧，二十七歲於今矣。……少而不以行立于鄉里，長而不以功顯於縣官，著訓於帝籍。但言詞博

覽翰墨爲事，誠欲崇而就之，不可以遺，不可以怠……」（全漢文卷五十二）

❀　❀　❀

本傳中的第一個問題是揚雄的揚字，到底是從手還是從木？這應當是很早存在的問題，經段玉裁、王念孫，朱駿聲（註四）諸人，從考證的立場，皆主張應從木以後，今人汪榮寶的法言義疏及楊樹達的漢書窺管，皆用「楊」而不用「揚」，似乎已得到了一個結論。事實上並非如此。

按段、王、朱三家的考證，皆從揚雄的世系著眼，認爲揚雄自述的世系，皆作楊而不作揚，則揚雄本人之姓，亦應承其世系作楊，而不應作揚。但我應首先指出，從世系上考查，並不能爲段、王諸人之說作證。古揚楊常通用，這是大家所承認的。但古籀補僅收石鼓及古鉢文各一從木的楊字，古籀補補僅收古匋一個從木的楊字。而古籀補收有二十四個從手的揚字，古籀補補收有五個從手的揚字，金文編收有六十三個從手的揚字，殷墟文字中亦收有兩個。（註五）由此可以推知，從手的揚字，較從木的楊字爲早出。並且在西周時代，揚字實更有勢力。以從木的楊字爲姓，至西漢而始大行，可能在古典上本爲從手的揚字，被人於不經意中改爲從木的楊字。左傳襄公二十九年「虞郭焦滑霍揚韓衞，皆姬姓也。」阮元校記「諸本作揚。石經初刻楊，後改從才。段玉裁云，初刻作楊是也。」按所謂石經，指唐開成石經而言。唐石經校文敍例「石經……有隨刻隨改，及磨改字跡，文誼並佳者，蓋唐玄度覆定」。楊與揚，在上引一句中，沒有訓釋上的問題，唐玄度們若無根據，何以會把已刻爲楊改爲揚？段玉裁又以何爲根據，認初刻爲是？又昭二十八年「晉殺祁盈及楊食我」校記謂「石經楊字木旁模糊」，殆因勒改之故。毛誼父六經正誤謂「揚字作楊誤。」以上例推之，毛說亦必可信。而正義引五年傳「謂伯石爲楊石」，「在銅鞮楊氏之間」，據校記，宋本楊皆作揚。」由此應該可以了解，段玉裁們據揚雄所自述世系，謂在典籍上皆作楊而非作揚，因而推論揚雄之姓，應是楊而不是揚（註六），都不能成立。

再從有關的文獻中略作考查。日本京都帝國大學文學部景舊鈔本（據判斷爲晚唐之鈔本）本漢書揚雄傳殘卷末，日本靜嘉堂宋刋太平御覽，四部叢刋中宋紹興本溫國文正司馬集卷七十四辨揚。元刋本風俗通義序，明刋本直講李先生文集卷二十九弔楊子，明刻本西京雜記卷三楊子雲條，明鈔本華陽國志卷十楊雄，四庫備要明刻本集注太玄，陳本禮太玄闡秘外篇引晉范望解贊等皆從木作楊。

經趙萬里楊明照判斷爲中唐草書的文心雕龍殘卷辨騷第五，銓賦第八，銘箴第十一，誄碑第十二，哀弔第十三、雜文第十四，揚雄之揚皆從手。今日可以看到最早的北宋景祐（一〇三四——三七）本漢書，胡刻宋淳熙本重雕文選，中華書局影印宋理宗端平乙未朱熹孫刻楚辭集注楚辭後語卷第二，揚雄或揚子雲之揚，皆從手。四部叢刋影印宋刋本六臣註文選，宋刋本資治通鑑卷三十八，石硯齋翻宋治平監本揚子法言，元刋本元豐類稿卷三十六答王深甫論揚雄書，元刋本朱文公校昌黎先生集卷之十一讀荀子，揚字皆從手。

目錄書自漢書藝文志以下揚雄之揚皆從手。此亦猶正史編年史中提及揚雄時，其姓皆從手，是一樣的情形。亦有一書中從手從木互見的。四部叢刊影印明通津草堂刻本論衡命祿篇之揚子雲從手，超奇篇則從木。縮印明刊本文心雕龍銓賦第八「王楊騁其勢」從木。此外稱及「揚雄」的，則皆從手。

臺灣國立圖書館明代成化年江西藩府覆刊宋咸淳六年導江黎民本朱子語類一三七卷，問揚雄條揚字從手，立之問揚子條，楊字又似從木。日本三都發行書肆摹刻明萬曆本朱子語類卷百三十七「揚雄揚子雲皆從木，但卷百三十九稱「班揚」之揚又從手。蓋寫刻者，不知班揚是指班固揚雄，所以保留從手之揚，而寫刻到揚子雲，則以爲並無從手之揚姓，遂改成從木之楊姓。明刊本文心雕龍的情形，正與此相反。他知道揚雄的揚從手，但並不知道「王揚」即是王褒與揚雄，所以又從木。此事極富於啓發性。

上面只就手頭材料稍一清理，可知自唐以來，子雲之姓，從木從手，早已紛歧不一，而以從手的佔絕對優勢。若謂揚楊本可通用，故子雲之姓，有楊揚歧出互用的情形，則何以其他以楊爲姓的人，從未歧出爲從手之揚？所以從木從手，必作一是一非的判斷，而不應探融通，實卽混淆之論。

由金文加以考查，在西周乃至在東周前期，從手的揚字絕對佔優勢，但春秋末期以後，正式出現以楊爲姓，則除間或有「陽」姓外，皆爲從木之楊，至漢而尤著；殆早爲社會所共許。段玉裁謂「貢父所見雄自序，必是唐以後僞作。」蓋段氏之意，雄姓從手，出於宋劉貢父所見的揚雄自序。此自序，雄之姓從手，所以大家把本是從木的楊字亦改爲從手的揚字，而段氏斷定此自序是假的。按段氏對所謂「唐以後僞作」，蓋指自序的寫本而言。若劉貢父所看到的揚雄自序寫本是唐以後人所僞造的，但僞造者將姓氏上本是最通行的從木的楊字，改爲在姓氏上最不通行的從手的揚字，這是很可怪異的情形。更由此而推測鈔本與版本中楊揚互見的情形，還是由最通行的從木的楊姓，訛爲極少見的從手的揚姓？或是由極少見的從手的揚姓，訛爲最通行的從木的楊姓？那一種的可能性最大呢？常識判斷，將不經見的揚姓，順手改爲耳濡目染的從木的楊姓的可能姓要大得多。雄若不自署其姓爲從手之揚，他人不得改從木之楊爲從手之揚。陳本禮太玄闡秘外編引明郭子章漢揚雄墓記「予入郫，進諸生……間揚裔，曰……郫無後揚子者。予曰，揚子五世獨傳一子，宜不蕃。今海內亦鮮揚姓者，微獨郫也。」由此可知郫縣之楊姓及天下之楊姓，皆不與揚雄同姓，則子雲之姓爲從手之揚而非從木之楊，更可斷定。段又謂「廣韻揚字註不言姓，楊字註則云姓。」但同屬十陽之「湯」，「方」，註亦皆未言姓，由此而可推論世不應有湯姓方姓嗎？我的推測是，追溯到受氏之祖，應爲揚而非楊。楊姓成立大盛以後，應爲楊而非揚。揚雄在漢，本姓從木之楊。因「漢元鼎間，避仇復遡江上處嶓山之陽曰郫」時，始改從木之楊爲從手之揚。蓋漢代復仇尋仇的風氣特盛。因避仇而改姓，而改姓的方式，多採用由原字稍加變更，或採字異音同的方式，這是中國社會中極常見的事情。何況又與子雲世系之本爲從手之揚相合。改楊爲揚，乃出自其五世祖楊季的晚年。因避仇改姓的關係，所以不便與郫縣的其他楊姓通族，揚雄便寫上「故雄無它揚於蜀。」段王諸人皆忽視本傳中「避仇」的意義，以致自相糾擾。雄旣承其五世祖改楊爲揚，後人便不必代他再改過來。因爲他未改姓以前本是姓楊，所以楊修不妨稱「吾家子雲」。並且因門第觀念，附會名人，從無嚴格的限制。而王念孫所看到的鄭固碑中所稱「君之孟子，有楊烏（揚雄之子）之才。」漢碑用字最不嚴格，此觀隸釋所收各碑，卽可證明，不必能爲王氏之說作證。說文解字十二上「揚，飛擧也」，揚雄號子雲，或亦出於「飛擧」之義。

本傳中的另一問題是揚雄到長安的時間年齡問題。在談論此一問題時，應先把握一個定石，卽是傳贊中所說的「年七十一，天鳳五年（西紀十八年）卒」。由此上推，雄生於宣帝甘露元年（西紀前五三年），這是無可懷疑的。問題是發生在本傳贊中下面的幾句話。「初雄年四十餘，自蜀來至游京師，大司馬車騎將軍王音奇其文雅，召以爲門下史，薦雄待詔，歲餘，奏羽獵賦，除爲郎，給事黃門。」王音爲大司馬車騎將軍，爲陽朔三年己亥（西紀前二十二年），雄年三十二歲。永始二年丙午（西紀前十五年）王音死，雄年三十九歲。元延二年庚戌（西紀前十一年）雄年四十三，奏甘泉賦羽獵賦。若揚雄游京師時先爲大司馬車騎將軍王音的門下史，則雄到長安應在雄年三十二到三十九歲之間，不得言「雄年四十餘，自蜀來至游京師。」資治通鑑考異卷一在「揚雄待詔」注謂「時（雄待詔奏賦之時）王音卒已久，蓋王根也。」司馬光的意思，王音死後，王根接著當大司馬車騎將軍，所以便將王音改爲王根，以孚合「雄年四十餘自蜀來至游京師」的說法。補注引周壽昌謂「案古四字作亖，傳寫時由三字誤加一畫。應正作三十餘始合。」此是將「年四十餘」改爲年三十餘，以符合曾爲王音門下史的說法。由上面兩種改動，可以證明一點，即是班固說法的自身，含有無法調和的矛盾。今人董作賓方言學家揚雄年譜（註七）即定雄游京師爲三十二歲，這是根據周壽昌的說法。但董氏何以能斷定是三十二歲，而不是從三十二歲到三十九歲中的任何一歲呢？上面的問題實際只歸結到一點，即是大家到底是相信揚雄自己的話呢？還是相信班固含有矛盾的話？揚雄自己說：「孝成帝時，客有薦雄文似相如者，上方郊祠甘泉泰畤，汾陰后土，以求繼嗣，召雄待詔承明之庭。」據他答劉歆書，此處所說的「客」，即是「蜀人有楊莊者爲郎」的楊莊。自武帝以來，皇帝有重要的巡遊祭祀，輒命辭臣作賦頌以將其事。因爲成帝正準備郊祠甘泉，所以楊莊擇在此一時機推薦。也因爲這種時機的需要，所以一推薦便召待詔承明之庭。且自序在敍述客有薦雄一句下，緊接着「上方郊祀……」一句，「方」字對時間性表示得非常淸楚。資治通鑑卷三十二元延「二年春正月上行幸甘泉郊泰畤，三月行幸河東祠后土。」三年「上將大誇胡人以多禽獸……」與自傳「正月從上甘泉……其三月將祭后土……明年上將大誇胡人以多禽獸」之時間正合。故待詔承明之庭，不能早於延元元年，時年四十二歲，此時王音已死去三年。楊莊是直接向成帝推薦的，若楊莊的推薦未生效，揚雄便無緣到京師。若生效，何以不直接與朝廷發生關係，却轉到王音門下。若在王音門下當了幾年門下史，則他在此期間做了些什麼？何以自序中了無痕跡？揚雄對王氏一家素無惡感，而在作自序及答劉歆書時，正王莽快要當皇帝的時候，若他出自王音或王根之門，他何嫌何忌，不肯說出，却要借重於一個楊莊呢？由此可以斷言，班固這一事實的記載，乃是由訛傳而來的誤記。

❀　❀　❀

第三個問題是自序止於何處的問題。顏師古在「贊曰，雄之自序云爾」下註謂「自法言目之前，皆是雄本自序之文」，法言目錄，終於「贊曰」前的「孝莫大於寧親……撰孝至第十三」，顏注的原意，應當與班氏的原意相同。乃汪榮寶在法言義疏一「法言」下謂：

「漢書藝文志，『揚雄所序三十八篇』入儒家。班自注云，『太玄十九，法言十三，樂四，箴二』，則法言在漢世乃與太玄樂箴同爲一書，初不別出單行。此子雲所自爲詮次以成一家之言者，故謂之『揚雄所序』，序者次也。其自序一篇，當在此三十八篇之末，爲揚書之總序。漢書揚雄列傳，卽全錄此序爲之……惟傳末『法言文多不著，獨著其目』以下云云，乃班氏所增益。故顏師古注云『自法言目之前，皆是雄本自序之文也。』蓋自序既爲揚書三十八篇之總序，則法言十三，卽在本書。何有更著其目於序末之理……」

按序與敍通，詩衞風氓序「序其事以諷焉」疏，「故敍此自悔之事」。國語晉語「紀言以敍之」注「敍、述也」。由此可知漢書藝文志的「揚雄所序三十八篇」，是說揚雄所述三十八篇，此乃班氏總括揚雄著述之辭，亦如上文「劉向所序六十七篇」一樣。劉向六十七篇包括「新序、說苑、世說、列女傳頌圖(班氏原註)」，斷非由劉向自己序次爲一書，「初不別出單行」。則汪氏對「揚雄所序三十八篇」之解釋，乃出於虛構。且觀於本傳贊「自雄之沒，至今四十餘年，其法言大行，而玄終不顯，然篇籍具存」之語，法言太玄及樂箴之非「同爲一書」，至爲顯然。更由此而知揚氏本傳，乃揚雄三十八篇「總序」之說，完全無成立之餘地。若如汪氏之說，自序乃揚雄爲三十八篇所作的總序，則自序中自述其著作，首爲辭賦，何以不在此三十八篇之內?而三十八篇中的樂四箴二，在總序中又無一言齒及?本傳中揚雄所自錄著述，分三大部門。一爲辭賦，既述其作賦之由，又錄入甘泉、河東、校獵、長楊四賦。二爲太玄，既錄解嘲以著其「默然獨守吾太玄」之由，又簡述太玄的基本構造，更錄解難一文以解答「客有難玄大深，衆人之不好。」三爲法言，因「文多不著」而「獨著其目」，乃與敍辭賦，太玄部份之分量相稱。由此可知此必爲揚雄自序所固有。汪氏之說，可謂徒增糾葛。

二、揚雄的時代

漢宣帝追摹武帝，漢書五十八公孫宏卜式兒寬傳贊，即以宣帝得人之盛，與武帝相比，而謂「亦其次也。」

宣帝起自微庶，在吏治方面的成就，似過於武帝。但西漢政治的風氣及國運，到他的兒子元帝，開始爲之一變。漢書卷九元帝紀說他

「八歲，立爲太子。壯大，仁柔好儒。見宣帝所用多文法吏，以刑名繩下，大臣楊惲、蓋寬饒等坐刺譏辭語爲罪而誅，嘗侍燕從容言：『陛下持刑太深，宜用儒生。』宣帝作色曰：『漢家自有制度，本以霸王雜之，奈何純任德教，用周政乎！且俗儒不達時宜，好是古非今，使人眩於名實，不知所守，何足委任！』迺嘆曰：『亂我家者，太子也！』」

班彪作元帝紀贊（註八），謂元帝「少而好儒。及即位，徵用儒生，委之以政，貢（禹）、薛（廣德）、韋（賢、玄成）、匡（衡）迭爲宰相。而上牽制文義，優游不斷，孝宣之業衰焉。」西漢用人，至元帝而儒生取得進用的優勢。乃國運之衰，亦始於元帝。但班彪不願把此責任加之於儒生，而加之於

元帝的「優游不斷」。

揚雄生於宣帝甘露元年，到元帝即位的初元元年爲五歲，成帝即位的建始元年爲二十二歲。到成帝死的綏和二年爲四十七歲。可以說，成帝在位二十五年中，他正經歷着由青年時代而完成他的壯年時代。他四十二歲應召到京師，四十三歲獻賦爲郎，地位雖很低，但他對朝廷的各種情形，有耳聞目見的機會。所以他的學問的基礎及人格的形成，都可說是在成帝時代奠定的。這是與他最親切的時代背景。

就成帝本人說，漢書卷十班彪的成帝紀贊，說得相當公道：

「臣（班彪）之姑充後宮爲婕妤，父子昆弟侍帷幄，數爲臣言成帝善修容儀，升車正立，不內顧，不疾言，不親指。臨朝淵嘿，尊嚴若神，可謂穆穆天子之容者矣。博覽古今，容受直辭，公卿稱職，奏議可述。遭世承平，上下和睦。然湛於酒色，趙氏亂內，外家擅朝，言之可爲於邑（顏注：短氣貌）。建始以來，王氏始執國命。哀、平短祚，莽遂篡位。蓋其威福所由來者漸矣！」

由上面的話，可知西漢之亡，實釀成於成帝。但從歷史看，比成帝遠爲荒唐而未嘗亡國的，實在也不少。尤其是成帝所用的宰相，多爲一時儒林之選，但終無救於西漢之亡，於是班固在匡張孔馬傳贊（卷八十一）中謂：

「自孝武興學，公孫宏以儒相。其後蔡義、韋賢、玄成、匡衡、張禹、翟方進、孔光、平當、馬宮及當子晏，咸以儒宗居宰相位，服儒衣冠，傳先王語，其醞藉可也。然皆持祿保位，被阿諛之譏。彼以古人之跡見繩，烏能勝其任乎？」

班固之意，上面這些「儒宗」，沒有盡到扶傾救亡的責任，這當然也說到了一個側面。鮑宣曾以諫大夫上書中有謂「朝臣亡有大儒骨鯁白首耆艾魁壘之士，論議通古今，喟然動心，憂國如飢渴者」。（註九）揚雄解嘲中說：「故當其有事也，非蕭、曹、子房、平、勃、樊、霍則不能安；當其亡事也，章句之徒相與坐而守之，亦亡所患。故世亂，則聖哲馳騖而不足；世治，則庸夫高枕而有餘。」正是反映這一側面。但成帝時代，實權操在大司馬手上，宰相徒擁虛名，這一點也應該考慮到。

可是這些儒宗裡面，乃至沒有被列入裡面的劉向、周堪、張猛、貢禹、師丹、李尋、鮑宣、杜欽、谷永之徒，言論風骨，求之異代，蓋百千年而難遇其一二。而在西漢末季，却一時並出。若不繩以過高之論，實亦無愧於得人之盛；然終無救於西漢之亡，這是很不易解釋的。王船山對此，有三點可以反映比較深刻的看法。他說：「元帝詔四科取士，即以此第郎官之殿最。一曰質樸，二曰敦厚，三曰謙遜，四曰有行。蓋孱主佞臣，憊蕭（望之）周（堪）張（猛）劉（向）之骨鯁，而以柔惰銷天下之氣節也。」（註十）在元帝這一套四科舉士的技巧下，能使社會由沉滯而痲木而腐爛，揚雄所當的正是郎官，對於這一套「以柔惰銷天下之氣」的手法，當然不屑以作僞或降志的方式去參與競爭的行列。他在解嘲中下面

「當今縣令不請士，郡守不迎師，羣卿不揖客，將相不俯眉；言奇者見疑，行殊者得辟（罪）。是以欲談者宛（卷）舌而固（同）聲，欲行者擬足而投迹。鄉（嚮）使上世之士處乎今，策非甲科，行非孝廉，擧非方正，獨可抗疏時道是非，高得待詔，下觸聞罷，又安得青紫？」

的一段話，正是反映此一情勢的。

船山又提出第二個問題：「成哀之世，漢豈復有君臣哉，婦人而已矣」（註十二）。自武帝剝奪宰相職權，由大司馬主政。成帝時代，趙飛燕趙合德姊妹們在宮庭內的荒淫殘毒，所謂「燕啄皇孫，知漢室之將盡」，這是大家都知道的。他一卽位，便以王鳳爲大司馬大將軍領尙書事，王鳳專政十一年。鳳死，以王音爲大司馬車騎將軍。王音死後是王根。王根死後是王莽。這都是元帝皇后卽所謂「元后」的一家。哀帝卽位，外戚的另一支傅喜丁明爲大司馬，最後加入一個孌童董賢。哀帝一死，王太后立卽以王莽爲大司馬領尙書事。漢室政治權力的核心，始終握在「婦人」的手上。當時爲丞相或居高位的儒臣，實同於「婦人」政權的傀儡。自劉向起，大家窮力盡氣以爭得失的，主要都是環繞著這種「婦人」問題，此外便無所謂國家大政，也不能有國家大政。明堂辟雍，虛文緣飾，這眞是兒戲之局。此時，天下表面太平，但有如一個龐大的軀體，缺少眞正的骨幹去加以支持。

船山更提出第三個問題，可以說是思想問題。他說：

「以全盛無缺之天下，未浹歲而遷，何其速也。上有闇主而未即亡，故桓靈相踵而不絕。下有權奸而未即亡，故曹操終於魏王……唯至於天下之風俗，波流簧鼓而不可遏，國家之勢，乃如大隄之決，不終旦潰以無餘。故王莽之簒，如是其速者，合天下奉之以簒……莽之初起，人即仰之矣。折於丁傅，而訟之者滿公車矣……夫失天下之人心者，成哀之淫悖為之；而蠱天下之風俗者不在此。宣元之季，士大夫以鄙夫之心，挾儒術以飾其貪頑；故莽自以為周公，則周公矣；自以為舜，則舜矣。周公矣，舜矣，無惑乎其相驚如狂而戴之也……而且經術之變，溢為五行災祥之說。陽九百六之數，易姓受命之符，甘忠可雖死而言傳，天下翕然信天命而廢人事；乃至走傳王母之籌，而禁不能止。故莽可以白雉黃龍哀章銅匱惑天下，而愚民畏天以媚莽，則劉向實為之俑，而京房李尋，益導之以浸灌人心，使疾化於妖也……故龔勝邴漢梅福之貞，而無能以死衞社稷，非畏禍也，畏公議之以悖道違天加己也……古之聖人，絕地天通以立經世之大法，而後儒稱天稱鬼以疑天下。雖有世主以矯之使正，而人氣迷於恍惚有無之中以自亂……漢之偽儒，詭其文而昧其眞，其淫於異端也，巫史也，其效亦旣章矣……」（註十二）

船山上面的話，意義深遠，但說得有點偏激，應稍加條理。

船山所說的由學術而來的風俗，是由兩條線索所形成的。第一條線索是孔子天下為公的思想，（註十三）經戰國而更爲明朗，在呂氏春秋中得到大力的提倡，所以說苑至公篇載博士鮑令白對秦始皇亦謂「天下官則讓賢」。西漢大思想家，殆無不秉承此義。轅固生申張湯武的放伐，董仲舒、司馬遷，亦無不以家天下爲下德。漢書卷七十七蓋寬饒傳，「寬饒奏封事曰，方今聖道寖廢，儒術不行……又引韓氏易傳言五帝官天下，三王家天下。家以傳子，官以傳賢。若四時之運，功成者去。不得其人，則不居其位。」蓋寬饒位居九卿，而竟援韓嬰之說，諷令宣帝退位讓賢，卒以此「自剄北闕下」，此與睦弘援董仲舒之說，要求「求索賢人，禮以帝位」，卒以此被誅。（註十四）的情形，先後同符。由此不難窺見此種思想影響的深至。王莽早先既被認爲是儒家思想的代表人物，則漢室德衰，由王莽取而代之，乃儒家「天下爲公」的理想之實現。

另一線索，則是船山所說「經術之變，溢爲五行災祥之說」，將天下爲公的理想，組入於陰陽消息，五行生剋的龐大有機體的構造中，將理想化爲由天道運行而來的定命論，更以災祥符瑞，爲此定命論的證驗，於是王莽取漢而代之，乃天命使然，無可反抗。

上面兩條線索，交混在一起，便形成「合天下奉之以篡」之局。這裏不是論漢室興亡的問題，此問題是我們所不關心的。而只在指出，由東漢所開始形成的君臣間的凝固的關係，由宋儒所强調的君臣大義的關係，在西漢知識分子中，是相當地稀薄。揚雄生於此一大的時代背景之中，自然影響到他對現實政治的態度。朱元晦在他的綱目裏面寫下「莽大夫揚雄死」以爲誅責，後人又斷斷爲揚雄爭辯（註十五），都是大可不必的。

但揚雄對王莽的關係則相當複雜。在王莽未篡漢以前是一種態度，對王莽篡漢以後另是一種態度。法言孝至篇「周公以來，未有漢公之懿也，勤勞則過於阿衡。」如後所述，法言中有許多批評王莽的話，而在不得不稱頌一兩句以求自全時，他也只能稱頌王莽爲安漢公的時代。劇秦美新，當作於投閣之後，意在免死而已。孝至篇另有一段有意義的話。「漢興二百一十載而中天，其庶矣乎。辟雍以本之，學校以教之，禮樂以容之，輿服以表之，服其井刑，勉（免）人役，唐（大）矣哉。」按劉邦以已亥年二月即皇帝位，時爲西紀前二〇二年。至孺子嬰初始元年，爲西紀八年，西漢至是爲二百一十年。王莽於元始元年（西紀一年）賜號安漢公。是年「天下女徒已論（判罪），歸家（使之歸家）顧山錢月三百（但每月出三百錢代入山伐薪），又「秋九月赦天下徒」，又四年「婦女非身犯法及男子年八十以上，七歲以下，家非坐不道，詔所名捕，他比無得繫」，殆即此處之所謂「勉人役」。元始二年「安漢公四輔三公卿大夫吏民爲相困乏獻其田宅者二百三十人，以口賦貧民」，顏師古曰「計口而給其田宅。」又「起官寺市里，徙貧民，縣次給食，至徙所，賜田宅什器，假與犂牛種食。又起五里於長安城中，宅二百區，以居貧民。」「冬中二千石舉治獄平一人」（以上皆見漢書平帝紀）。殆即所謂「服其井刑」。

「三年夏安漢公奏車服制度吏民養生送終嫁聚奴婢田宅器械之品，立官稷及學官。」四年「安漢公奏立明堂辟雍」(同上)。殆卽此處之所謂「辟雍以本之……輿服以表之」。揚雄此處所述，皆王莽在平帝時代的設施，雄視此爲漢室之「中天」，卽視爲漢室極盛之時，是他此時不以爲王莽會有篡漢的陰謀。王莽於元始五年(西紀五年)五月加九錫。五百篇「彤弓盧矢，不爲有矣。」彤弓盧矢，乃九錫中用以象徵權力的物品之一，揚雄說「不爲有矣」，是說這些東西並沒有什麼意義，很顯明的，是對加九錫的一種批評。由此可以推知，他無爲漢死節之義，亦無爲漢引避之心；但對王莽之篡，在心理上並非以爲當然。而對王莽篡位後的各種作法，尤使雄大爲失望。這是他和劉歆們很大的區別。在班固的傳贊中也已說得淸淸楚楚、「恬於勢利乃若是」，這是揚雄出汚泥而不染的人格的表現，朱元晦實不足以知之。

三、揚雄的人生形態

兩漢特出的知識分子特性之一，是道德感的政治性，或者也可以說是政治性的道德感，非常强烈。這些人物的形態，可以槪略地稱爲「道德地政治形態」，或稱爲「政治地道德形態」。揚雄在這一大傾向中，却主要是以好奇好異之心，投下他整個生命去追求知識。他當然也談到政治問題，道德問題；但他都是以知識人的態度去談，有點近於冷眼旁觀，而不將自己介入的去談。所以他是一個「知識型」

的人生形態，近於西方所謂「智者」形態的人物。這在兩漢是非常突出的形態。法言問明篇「或問人何尚？曰尚智」；這正是他自己性格及趣向的表明。這是了解他的基點。

揚雄上述人生形態的形成，有思想上與現實生活上的重大因素。道家思想，在兩漢始終是思想中有力的一支，不過它的內容相當複雜。在西漢的前期，似偏在清淨無爲的政治方面。西漢的後期，似偏在恬淡養性知足不辱的方面。漢書卷三十六楚元王傳「德字路叔，（少）修黃老術」，又「德常持老子知足之計」。劉德是劉向的父親，據漢書藝文志，向著有說老子四篇，是劉向亦曾治老子。漢書卷七十一疏廣傳「廣謂受曰：吾聞知足不辱，知止不殆，功遂身退，天之道也。」漢書七十二王貢兩龔鮑傳敘「……其後（商山四皓之後）谷口有鄭子眞，蜀有嚴君平，皆修身自保，非其服弗服，非其食弗食。……君平卜筮於成都市，……各因勢導之以善……裁日閱數人，得百錢足自養，則閉肆下簾而授老子。博覽無不通，依老子、嚴周之指，著書十餘萬言。揚雄少時從遊學……及雄著書稱此二人。其論曰：『……蜀嚴湛冥，不作苟見，不治苟得，久幽而不改其操，雖隨（隨侯之珠）和（和氏之璧）何以加諸？舉玆以旃，不亦寶乎！』」由此可以了解子雲受嚴君平影響之深，亦卽受老子思想影響之深。他除推重鄭子眞、嚴君平外，更推重四皓及蜀人李仲元（註十六）。他論人的微尚，正是他的性格之所存。他自述「清靜無爲，少耆欲；不汲汲於富貴，不戚戚於貧賤，不修廉隅以徼名當世。」他作反離騷以弔屈原的動機是「

以爲君子得時則大行，不得時則龍蛇，遇不遇命也，何必湛身哉。」這正是他說李仲元「不夷不惠，可否之間」的態度。也是他一生中基本的人生態度。他在五十一歲前後所作的解嘲中說：「攫挐者亡，默默者存；位極者宗危，自守者身全。是故知玄知默，守道之極。爰淸爰靜，游神之庭。惟寂惟寞，守德之宅。」又說「故爲可爲於可爲之時則從；爲不可爲於不可爲之時則凶」，這都是他所說的李仲元「不夷不惠，可否之間。」的人生態度。他生當漢室由盛而衰，由衰而快要改朝換代的時候，對禍福存亡之機，特別敏感。太玄賦開始兩句是「觀大易之損益兮，覽老氏之倚伏。」這是他草玄的根本動機。他縱然不是淡泊成性，他的這種禍福損益倚伏的敏感，自然加强他對現實政治的疏離態度。

再加上他的黃門郎的四百石的職位，地位雖甚低微，但有機會耳聞目睹最高政治活動的朝廷實況。他在法言五百第八中說「昔者齊魯有大臣，史失其名。曰，何如其大也？曰，叔孫通欲制君臣之儀，徵先生於齊魯，所不能致者二人。曰，若是，則仲尼之開迹諸侯也非也？曰，仲尼開迹，將以自用也。如委己而從人，雖有規矩準繩，焉得而用之。」他把不肯參加叔孫通制朝儀的魯兩生稱爲大臣，則他把叔孫通所制的朝儀，及由這一套莊嚴威武的朝儀所烘托出的皇帝和以皇帝爲中心的政治活動，看作一錢不值，是可以斷定的。而成帝的荒淫，哀帝的變態，都是他可以深切感受到的。至於「官天下」的觀念，他斷無加以拒絕之理。這些因素，和他由老子而來的人生態度組織在一起；更加强他對政治的旁觀冷漠。

既是如此，他何以不像鄭子眞、嚴君平們一樣，當一個閭巷或山林的隱士？而要當一個久次不遷的儀衞隊中的執戟之臣？這就逼回到他的基本人生形態的問題；如上所述，他是知識型的人生形態；他的老子之敎，他的時代背景的感觸，使他可以疏離現實政治，但並不能疏離他的求知欲望。相反的，他對政治的疏離，正爲了便於追求知識的目的。也可以說，對政治的疏離，是一個眞知識人所必需具備的條件。從老子的根本精神來說，求學求知，爲體道者所不許。但漢人皆截取道家之一體以爲修養及處世的資具，所以他們的道家思想，可以與其他思想及生活，並行而不悖；不可以宋明理學家對儒、道兩家辨析於微茫之際，不容稍有夾雜，來看兩漢人接受道家思想者的情形。揚雄甘爲執戟之臣，只是爲了追求知識的便利。京師不僅爲名利角逐之場，亦爲視聽之樞機，知識之所滙聚。在答劉歆書中說「雄爲郎之歲，自奏少不得學，而心好沉博絕麗之文。願不受三歲之奉（俸），且休脫直事之繇（役），得肆心廣意，以自克就。有詔可不奪奉，令尚書賜筆墨錢六萬，得觀書於石室。」這卽可爲上說作證。而在同書中述叙他著法言的經過是「故天下上計孝廉，及內郡衞卒會者，雄常把三寸弱翰，齎油素四尺，以問其異語，歸卽以鉛摘次之於槧，二十七歲於今矣。而語言或交錯相反，方覆論思，詳悉集之」，這種對資料點滴的收集，反復地考查辯證，積二十七年之久而無所間斷，正反映出一個知識人追求知識的情態。

另外有兩件事，也可反映出他求知的熱忱。北堂書鈔未改本一百三十桓譚新論「揚子雲好天文，問之於黃門作渾天老工曰，『我少能作其事，但隨尺寸法度，殊不曉達其意，然稍稍益愈。至今七十，乃甫適知已。又老且死矣。今我兒子愛學作之，亦當復年如我，乃曉知已，又且復死焉。』其言可悲可笑也」。桓譚認爲可悲可笑，但實刻劃出了「爲知識而知識」的老死不悔的一個求知者的心情。漢書叙傳「家（班氏之家）有賜書，內足於財。好古之士，自遠方至。父黨揚子雲以下，莫不造焉。」這反映出揚雄不慕榮利，但決不放過求知的憑藉。

他並不是不要做官，只是聽其自然，不把做官，及作爲做官手段的名譽，當作追求的目的。他獻賦是爲了做官。可是他所獻的賦裏面，所含的政治意味，較之司馬相如子虛賦中所含的政治意義，可以說輕微得太多了。他更不會寫司馬相如那種政治意味深切的哀二世賦乃至感情鬱勃的長門賦。他在自序中對自己的賦所作的政治性的解釋，乃是事後爲自己裝點門面的解釋。當時政治的問題很多，由元帝經成帝到哀帝，出現了不少的痛陳時政的好奏章，但揚雄除寫了諫勿許單于朝（見漢書匈奴傳）一疏外，再沒有涉及現實政治問題。而主張允許單于入朝，這是最輕鬆而決不會引起自己麻煩的言論。漢廷對他既無知遇，他對漢廷亦無感情；漢亡莽興，他雖因此而看出了王莽過去的一套虛言誑語，是一個「大佞人」，心理有受騙的感覺，但不會因此而引起「臣節」的責任感，這是可以斷言的。劇秦美新之作，雖出於不得已，但在他，依然是可以忍受的事情。文心雕龍封禪篇謂劇秦美新是「詭言遯辭，故兼包神怪」，這眞反映出揚雄寫此文欲逃避而不得之苦心。以久次而遷爲大夫，是出自王莽，並且由劇秦美新的「諸吏中散大夫臣雄稽首再拜」的話看，他並不是普通的大夫，而是加官（註十七）的大夫，即是王莽特別加以尊重可以直接與王莽接觸的大夫。假定王莽做皇帝後的作法，不是如此的乖張怪誕，使雄過於失望，則他之參與王莽的政治，在他也認爲是當然的。但王莽的所作所爲，使他除了獻劇秦美新一文，及奉命寫元后誄詞外，並未作諸吏散騎的活動，而依然是校書天祿閣，依然是貫澈他的求知活動，後人對「莽大夫」的紛紜，對揚雄來說，是全不相干的。

知識型的性格，在近代以前（註十八）的知識活動中，常表現爲好奇，好勝，好深，好博。子雲的特性，首先是表現在好奇方面。不僅由輯佚所能看到的蜀王本紀，完全是神話的纂集，這是出於好奇的興味，他的「嘗好辭賦」，「心好沉博絕麗之文」，因而作蜀都賦，縣邸銘玉佴銘階闥銘及成都城四隅銘，出於好奇好勝的要求，大過於文學心靈的活動。文學心靈的活動，應表現在人生的要求方面，所以像反離騷，逐貧賦這類作品，可視爲子雲由文學心靈活動而來的作品。像蜀都賦這類搜奇鬭異，只能說是出於好奇而又加上好勝的心理。以二十七年的時間纂輯方言，沒有好奇心的驅使，幾乎是不可能的。冒時人譏笑而草太玄，這也是好奇好深心理的合作。桓譚知音，曾爲王莽典樂大夫，謂「揚子雲才大而不曉音」（註十九）。以桓譚對子雲的推服，此言當極可信，但他偏偏著有琴清音一卷。就漢書揚雄傳贊所述，子雲著作的情形是「以爲經莫大於易故作太玄……辭莫麗於相如，作四賦」，這並不是他的才力不够，必須依傍模仿；而是要在各類著作之中，選定居於第一位的目標，與古人相角逐。這正是好奇，好博，好勝的綜合表現。

四、揚雄的辭賦

西漢文學，以辭賦爲代表。辭賦盛於景帝及漢武初年。但以元狩元年（西紀前一二二）淮南之獄爲一斷限，則已呈衰竭。「宣帝時修武帝故事，講論六藝羣書，博盡奇異之好。徵能爲楚辭，九江被公，召見誦讀。益召高材劉向、張子僑、華龍、柳褒等，待詔金馬門。」（註二十）又「上（宣帝）令褒與張子僑等並待詔，數從褒（王褒）等放獵，所幸宮館，輒爲歌頌，第其高下，以差賜帛。議者多以爲淫靡不急。上曰，不有博奕者乎，爲之猶賢乎已。辭賦大者與古詩同義，小者辯麗可喜。辟（譬）如女工有綺縠，音樂有鄭衞，今世俗猶皆以此虞（娛）說（悅）耳目，辭賦比之，尚有仁義風諭，鳥獸草木多聞之觀，賢於倡優博奕遠矣」（註二十一）。這可以說是辭賦再度被朝廷重視的時代。上述諸人中，漢書藝文志錄有光祿大夫張子僑賦三篇（亡）劉向賦三十六篇（殘），王褒賦十六篇（殘），漢中都尉丞華龍賦二篇（七）；除劉向以學術顯外，辭賦的成就，不能與景武辭賦盛時相比擬。蓋漢武時，辭人多罹慘禍。而五經博士，賢良方正，士人已有固定進身之階。諸侯王的地方統治勢力，又蕩然無存；公卿列侯，亦不敢養士；辭賦失掉了活動的天地。元、成時代，除漢志上錄有「蕭望之賦四篇」外，殆成絕響。所以子雲作賦，已不關時代的風氣，也不關政治的出身；而眞是出於他個人由好奇心而來的嗜好。他到京師後，向成帝所獻四賦，乃是仿武、宣時代的例行故事，非全爲自己謀進身之階。從這點說；他應算是一個眞正的文學愛好者。上爲西漢辭賦的殿軍，下啓東漢辭賦的先路（註二十二）。因此，不論對他的辭賦作何評價，但從文學史上看，應佔一重要地位。他在法言吾子篇中，雖謂「壯夫不爲」，但在自序中錄有反離騷，獻成帝四賦及解嘲解難諸作，佔了自序四分之三的位置，由此可知，這些作品，他到了晚年，依然是非常珍視的。

漢書藝文志詩賦略在「陸（陸賈）賦之屬」中錄「揚雄賦十二篇」。王應麟漢書藝文志考證「本傳，賦莫深於離騷，反而廣之（原注：又旁惜誦以下至懷沙一卷，名曰畔牢愁）。辭莫麗於相如，作四賦（原注：甘泉、河東、校獵、長楊）。志云，入揚雄八篇，蓋七略所略（取）止四賦也。古文苑有太玄，蜀都，逐貧賦。文選注有覈靈賦」。按王氏之意，劉歆所錄止甘泉等四賦，班固所入八篇，應爲反離騷、廣騷、畔牢愁及太玄蜀都、逐貧、覈靈等賦。然王氏僅指出七賦，於是後人有補入都酒賦（註二十三）的，究亦無所據。蓋雄所作者不止十二篇，而班氏所增入的八篇，早已不能完全確指。

我在西漢文學論略中曾謂漢賦形式，可分爲兩個系列；一爲新體詩的賦，一爲楚辭體的賦。漢賦內容，亦可分爲兩條路線，一是炫耀自己才智的賦，一是發抒懷抱感情的賦。並說一個人，可以同有兩種形式內容不同的賦。揚雄也正是如此。兩種不同系列的形式，在發展中可以互相滲和。兩條不同路線的內容，則始終不可得而混。揚雄追模司馬相如的賦，正是新體詩的炫耀自己才智的賦。而由讀離騷，「未嘗不流涕」所引出的賦，正是楚辭體的發抒自己懷抱感情的賦。他的蜀都、甘泉、河東、校獵、長楊等賦，是屬於前者；這是「必推類而言，極麗靡之辭，閎侈鉅衍，競於使人不能加也」的賦；這種賦的特色，只能看到作者的才智活動；但沒有才智後面的生命感情。今日可以看到的反離騷，是屬於後者；這是在「未嘗不流涕」的心情下所寫出的；他只是寫出在運命壓抑下的眞實感受；裏面所表現的不是「使人不能加也」的才智，而是作者的生命感情的實感。他作賦的動機，應當是來自離騷所給予他的感動。吾子篇「或問屈原智乎？曰，如玉如瑩，爰變丹青；如其智，如其智。」即是他在屈原的作品（丹青）中，發現了如玉如瑩的屈原人格；這可謂眞能了解屈原。由屈原而轉向相如，是由文學心靈轉向知性的活動。

在以辭賦得名，與揚雄時代較近，也與他同爲蜀人的，還有王襃。但在今日可以看到的揚雄著作中，幾乎沒有提到王褒的名字。他之所以獨推重相如；我的推測，不僅是作品的高下問題，也有人格的感應問題在裏面。司馬相如「少時讀書，學擊劍……慕藺相如之爲人也，更名相如。以訾（貲）爲郎事孝景帝爲武騎常侍」。因喜歡梁孝王的賓客鄒陽枚乘們，便「因病免，客游梁」，眞可謂倜儻不羈之士。爲中郎將失官後「常稱疾閒居，不慕官爵」（註二十四），也表現他人品的高潔。王褒在「既爲刺史作頌，又作其傳」（註二十五）中，自比於「螽[illegible]」；而在僮約及責虵髯奴辭中，則狠戾苛刻，以奴僕的痛苦，爲自己的快樂。兩人品格高下，也成爲揚雄仰慕相如而屏棄王褒的一個因素。

本傳「蜀有司馬相如，作賦甚宏麗溫雅，雄心壯之，每作賦常擬之以爲式。」西京雜記「子雲曰，長卿賦不似人間來，其神化所至耶。」宏麗與溫雅，在文體上是常不能並存的。宏麗而能溫雅，則其賦由揮灑而來，醞藉而出，無絲毫斤斧之跡，非秉才至大，積學至深，不能得此成就。「神化之所至」，揚雄可謂深於知相如。又藝文類聚五十六桓子新論曰：「余素好文，見子雲工爲賦，欲從之學。子雲曰，能讀千賦，則善爲之矣。」，此可反映出揚雄少時學賦用力之勤。又「余（桓譚）少時見揚子雲麗文高論，不量年少，猥欲建及；常作小賦，用（因）精思大劇，而立感動發病。子雲亦言，成帝上甘泉，詔使作賦，爲之卒暴，倦臥，夢其五藏出地，及覺，大少氣，病一歲。」，由此可知他作賦時用力之苦。

揚雄的文學活動，給劉彥和以莫大影響。如文心雕龍詮賦篇「此揚子所以追悔於雕蟲，貽誚於霧縠者也。」雜文篇「然諷一勸百，勢不自反；子雲所謂先騁鄭衞之音，曲終而奏雅者也。」神思篇「相如含筆而腐毫，揚雄輟翰而驚夢。」知音篇「自稱心好沉博絕麗之文，其事（註二十六）浮淺，亦可知矣。」程器篇「相如竊妻而受金，揚雄嗜酒而少算（註二十七）」。揚雄有關文學的言論，皆成爲彥和論文的準繩。揚雄與文學生活有關的斷片，彥和心目中皆爲文壇的掌故。揚雄的各種作品，文心雕龍中無不論到。我認爲最能了解揚雄文學的，古今無如彥和。所以下面略引彥和之說，以作了解揚雄的導引。

因揚雄是追跡相如的，凡是同時提到相如的，也錄在一起，以便比較。

文心雕龍體性篇「長卿傲誕，故理侈而詞溢。子雲沉寂，故志隱而味深。」時序篇「子雲銳思於千首」。才略篇「相如好書，師範屈宋，洞入夸艷，致名辭宗。然覆取精意，理不勝辭。故揚子以爲文麗用寡者長卿，誠哉是言也。……子雲屬意，辭人最深。觀其涯度深遠，搜選詭麗；而竭才以鑽思，故能理贍而辭堅矣。」又「然自卿（長卿）淵（子淵、王褒字）已前，多役才而不課學。雄（揚）向（劉）以後，頗引書以助文。此取與之大際，其分不可亂者也。」這都是概括的評論。詮賦篇「相如上林，繁類以成艷……子雲甘泉，構深瑋之風。」銘箴篇「至揚雄稽古，始範虞箴，作卿尹州牧二十五篇。及崔（駰瑗）胡（廣）補綴，總稱百篇（註二十八）……信所謂追清風於前古，攀辛甲於後代者也。」誄碑篇「揚雄誄元后，文實煩穢；沙麓撮其要，而摯疑成篇（註二十九），安有累德述尊，而闊略四句乎。」哀弔篇「自賈誼浮湘，發憤弔屈，體同而事覈，辭淸而理哀，蓋首出之作也。及相如之弔二世，全爲賦體。桓譚以爲其言惻愴，讀者歎息。及平（卒）章要切，斷而能悲也。揚雄弔屈，思積功寡，意深文略。故辭韻沉膇。」雜文篇「揚雄覃思文濶（閣），業深綜述。碎文瑣語，肇（紹）爲連珠，其辭雖小，而明潤矣。」。「揚雄解嘲，雜以諧謔，迴環自釋，頗亦爲工。」封禪篇「觀相如封禪，蔚爲首唱。爾其表權輿，序皇王，炳元符（天符），鏡鴻業，驅前古於當今之下，騰休明於列聖之上，歌之以禎瑞，讚之以介邱，絕筆玆文，固維新之作也……及揚雄劇秦……影寫長卿。詭言遯辭，故兼包神怪。然骨掣靡密，辭貫圓通，自稱極思，無遺力矣。」書記篇「子雲之答劉歆，志氣盤桓，各含殊采。」以上是劉彥和對揚雄各類文章的評論。在上述評論中，看可不可以抽出揚雄文學方面的特性。

彥和上面所說揚雄的「沉寂」「銳思」「意深」「覃思」「極思」，都說出了揚雄在創作時的基本精神狀態。這種基本精神狀態，揚雄在自序中已說過「默而好深沉之思」；班固也早已經提到，漢書叙傳說揚雄是「淵哉若人，實好斯文。初似相如，獻賦黃門。輟而覃思，草法纂玄。」在賓戲中說「揚雄覃思，法言太玄。」這都說明眞正知識型的人物，也必然是思考型的人物。他以覃思、極思而「草法纂玄」：也同樣以這種基本精神狀態而作賦及其他文學作品，若將相如和揚雄兩人加以比較，兩人在創造的歷程中，相如是「含筆而腐毫」，子雲是「輟翰而驚夢」，動筆得很遲，進展得很慢，這是相同的。

同時，我在西漢文學論略中曾指出，相如的句型，非常富於變化；子雲在甘泉等賦的句型，也是非常富於變化。但我假定，相如的創作，是以天才地想像爲主；而子雲的創作，則是以學力地思索爲主。在文學創作過程中，既不能是純想像力的發揮；也不能是純思索力的運用。常常是在想像中有思索，在思索中有想像。所以，中國常以一個「思」字加以統攝。但在想像與思索中，也可以分別出輕重之不同。想像多半是由感情或興會的鼓蕩；而思索則常是探奇搜密的鑽研。浪漫主義是想像多於思索，而自然主義則常是思索多於想像。試將相如的子虛，上林，與子雲題材略爲相近的校獵，長楊，略加比較，則前者的規模濶大，而後者的結構謹嚴。前者散文的成分多於駢文，而後者的駢文成分多於散文。前者的文字疏朗跌宕；而後者的文字緊密堅實。蓋天才地想像，在空間中拓展，有如天馬行空；而學力地思索，在事物上揣模，有如玉人琢玉。所以一個是壯濶，一個是精深。相如在醞釀成熟以後，盡揮斤八荒之能；而子雲在覃思極慮之餘，以綿密地安排，窮盡搜鑱刻之巧。若以畫品相比配，則相如之賦爲縱逸，而子雲之賦爲精能。相如誇誕的性格，因其氣勢之勃盛，神采的飛揚，皆凸顯於文字之中。子雲沉寂的性格，使他常氣凝而神鬱，傳中四賦，反不如反騷，解嘲，有他自己的生命在文字中躍動。王弇州藝苑巵言「子虛上林，材極富，辭極麗，運筆極古雅，精神極流動，意極高，所以不可及。子雲有其筆。却不得其精神流動處」；可謂知言。至於在摹寫景物上，兩人異曲同工。但相如在子虛、上林中，對女人皆有一段出色的描寫；而子雲則對女人每避而不肯著筆，甚至在校獵賦中說出「鞭洛水之宓妃」的話；此或因子雲針對成帝的沉迷女色，不肯揚波激流。或亦因相如對女人的興趣特隆，而子雲對女人也沖懷泊志，不願多費筆墨。同時，在賦中諷諫的意義，子雲實不如相如，這在前面已經提到。而在校獵賦中由「於玆虖鴻生鉅儒」到「太古之覲東嶽，禪梁基，舍此世也，其誰與哉！上猶謙讓而未俞（允）也」一段，實流露出他鄙視當時偷合苟容的儒學之臣的心境。王安石臨川先生文集卷三十二有詩謂「儒者陵夷此道窮，千秋只有一揚雄。當時薦口終虛語，賦似相如却未工」。「未工」二字，若指他學相如，而不及相如，或係平情之論。這也可以說是思索型的人，在文學創作上的限制。但卷三十四又有詩謂「千古雄文造聖眞，渺然幽思入無倫，」則荆公亦未嘗不爲之折服，所以畢竟是未可輕議的。

揚雄是以覃思極思的態度作賦，這是他在四十三歲以前的主要學術活動。本傳自述「輟不復爲」的原因有二，一是「賦勸而不止」，失了諷諫的本義。二是「又頗似俳優淳于髡優孟之徒」，有損人格的尊嚴。加以此時，賦的風潮已經衰退；而把思索用在作賦的一面，也不適合思索本性的要求，形成精力的浪費。法言吾子篇「或問吾子少而好賦，曰然。童子雕蟲篆刻，俄而曰，壯夫不爲也。」這裏更反映出他對作賦的反省。但他所悔而不爲的，乃是作給皇帝看的這一類的賦，並不是悔自抒懷抱的賦；所以他以後還寫了解嘲，解難，太玄賦。從他「詩人之賦麗以則，辭人之賦麗以淫」（法言吾子篇）的話看，他由反省而加以否定的是「淫」而不是麗。文學是他基本嗜好之一，一直到暮年，他也不曾輕視文學的意義。法言問神篇「言不能達其心，書不能達其言，難矣哉……通諸人之嚍嚍（乖違）者莫如言，彌綸天下之事，記久明遠，著古昔之㫚㫚，傳千里之忞忞者莫如書。故言，心聲也，書，心畫也。聲畫形，君子小人見矣。聲畫者，君子小人之所以動情乎！」這段話是說明語言文字的重要性。其要求通於論語的「辭達而已矣」。吾子篇「或問君子尚辭乎，曰，君子事之爲尚。事勝辭則伉（枯涸之意），辭勝事則賦，事辭稱則經。足言足容，德之藻矣。」這是要求內容與形式能保持平衡。也通於論語的「文質彬彬，然後君子。」又「聖人虎別，其文炳也。君子豹別，其文蔚也。辯人貍別，其文萃也。貍變則豹，豹變則虎。」又寡見篇「或曰，良玉不彫，美言不文，何謂也？曰，玉不雕，璵璠不作器。言不文，典謨不作經。」這都表示對文辭藝術性的重視。吾子篇「或曰，女有色，書亦有色乎？曰有。女惡華丹之亂窈窕也，書惡淫辭之淈（亂）法度也。」這都說明經過作賦的反省後，對文學的平實見解。

揚雄的州箴官箴，皆意在借各州中的歷史興亡之跡，各官典守之常，以盡諷諫之義；較之四賦，文字典實而富有政治意義。其中的光祿勳，一面是供警衞傳達，同時也是爲了儲備人才。揚雄在這裏長期供職，情態既熟，感喟自深；所以光祿勳箴有一段話，把當時龍蛇混雜的情形，作深刻的反映。「郎雖執戟，謁者參差。殿中成市，或室內鼓鼙。忘其廊廟，而聚其逋逃。四方多罪，載號載呶。內不可不著，外不可不淸……」揚雄雜在這樣一個逋逃藪中二十多年，對漢室的命運，早經看透了。

五、揚雄的太玄

(1) 草玄的動機

揚雄獻四賦，是他四十三歲及四十四歲時代，也卽是成帝的元延二年（紀前十年）三年（紀前九年）。再過兩年多一點，成帝於綏和二年（紀前七年）三月死去。本傳「哀帝時，丁傅董賢用事，諸附離之者，或起家至二千石。時雄方草太玄，有以自守，泊如也。」由此可以了解，他獻長楊賦以後的主要學術活動，是集中在太玄上面。這代表了他的知識型的性格的基本活動。而草玄的動機，有消極的一面，也有積極的一面。揚雄在草玄的過程中，寫了三篇文章，以自寬自解。解嘲和太玄賦的內容，都說明他深受老子思想的影響，惕於人生禍福之無常，借用心於玄，以免向外馳騖而得禍。所以他的草玄，在動機上，實在是隱於玄。他對禍福無常的觀念如此深刻，除了來自他的冷觀專制之朝，並無客觀是非標準以外，在思想上也受了嚴遵（君平）的影響。全漢文卷四十二錄有嚴遵座右銘謂「夫疾行不能遁影，大音不能掩響。默然託蔭，則影響無因。常體卑弱，則禍患無萌。口舌者禍福之門，滅身之斧。言語者天命之屬，形骸之部。出失則患入，言失則亡身……」，由上，可知嚴遵是非常注意禍福問題的。揚雄則進一步指出禍福常相倚而生；尤其是福中有禍，所以不應和世人一樣的去追求福，而應常安處於無福無禍之地。閉門草玄，正是自處於無禍無福之地，有符於老子之教。因此，從消極方面說，草玄可算是他「自守」的一種方法，是他精神的一種寄托。解嘲說：「且吾聞之也，炎炎者滅，隆隆者絕。觀雷觀火，爲盈爲實。天收其聲，地藏其熱。高明之家，鬼瞰其室。攫拏者亡，默默者存。位極者宗危，自守者身全。是故知玄知默，守道之極。爰清爰靜，游神之廷。惟寂惟寞，守德之宅。」這裏所說的道德，都是指老子的所謂道德而言，同時，他也表明，他並不是反對建功立業，但他所處的時代，與過去許多英傑不同，不容許他去建功立業。所以便以「吾誠不能與此數公者（蕭何諸人）並，故默然獨守吾太玄」二句作結。

在古文苑卷四所錄太玄賦中，上述思想表達得更清楚。太玄賦：「觀大易之損益兮，覽老氏之倚伏。省憂喜之共門兮，察吉凶之同域……若飄風不終朝兮，驟雨不終日……自夫物有盛衰兮，況人事之所極。奚貪婪于富貴兮，迄喪躬而危族。豐盈禍所棲兮，名譽怨所集……聖作典以濟時兮，驅蒸民而入甲（章樵注：謂納諸法令之中）。張仁義以爲綱兮，懷忠貞以矯俗。指尊選以誘世兮。疾身沒而名滅。豈若師由（許由）聃兮，執玄靜於中谷。……亂曰，甘餌含毒，難數嘗兮。麟而可羈，近犬羊兮。鸞鳳高翔，戾青雲兮。不掛網羅，固足珍兮。斯（李斯）錯（暈錯）位極，離大戮兮。屈子慕清，葬魚腹兮。伯姬（宋伯姬）曜名（火災時待傅姆不至，被火焚死），焚厥身兮。孤竹二子，餓首山兮。斷跡屬婁（伍子胥），何足稱兮。辟斯數子，智若淵兮。我異於此，執太玄兮。蕩然肆志，不拘攣兮。」

易損卦象傳「損益盈虛，與時偕行。」老子五十八章「禍兮福之所倚，福兮禍之所伏。」揚雄此處把易與老子說在一起，實則二者精神完全不同。損卦象曰「君子以懲忿窒欲」，益卦象曰「君子以見善則遷，有過則改。」當損益盛衰之際，在道德上站穩一個立足點，這是儒家的精神。因禍福無常，互相倚伏，便採以柔退爲趨避之方，這是老子的態度。揚雄在作太玄的動機上，顯然是以老子的態度爲出發點，並形成太玄構造的骨幹。但他和老子不同之點是，他之所以趨避於禍福之際，是因爲要由此而放手追求知識。所以在法言問明篇「辰（時）乎辰！曷來之遲，去之迅也。」又「君子謹於言，愼於好，亟於時。」是確切的說明。在他最後著法言時，有意從道家轉回到儒家，其中問明篇，特珍重於進退出處之際，多發揮孔子「用之則行，舍之則藏」（論語）之義，亦可反映出揚雄托身於末世朝廷的微祿，依然有深迫地危機意識。以上是他草玄的消極的動機。

解難是因爲「客有難玄大深，衆人之不好」而作。解難與太玄賦不同。太玄賦是從禍福趨避的消極方面說明草玄的動機；而解難則在表示他在積極方面所追求的「馳騁於有無之際，而陶冶大鑪，旁薄羣生」，「發而爲閎言崇議，幽微之途，蓋難與覽者同也」，此乃「勢不得已」，而希望有如「師曠之調鐘，竢知之在後。」僅有消極的動機，則他不必草玄。太玄的成立，更有他知識上的積極動機。

(2) 西漢思想大勢及卦氣說的出現

要從積極方面說明揚雄草玄的意義，首先應了解西漢思想發展的大脉絡。由曹參援蓋公以言治道，迄於文景，朝廷上是黃老與法家相結合的時代。在社會上，當然也有道家和法家思想的各別流行。儒家則於焚坑之餘，忙於先秦緒餘的整理，及典籍的輯綴。陸賈賈山賈誼之徒，開以儒術言政治之端；而景帝時淮南王安的賓客中，已有水準很高的儒家思想集團。河間獻王，則更有意於搜集儒家典籍，倡導儒家禮樂之治。但這兩個龐大的地方文化集團，終由朝廷所消滅和壓抑。此外，鄒衍五德運轉之說，在文帝時，表現爲張蒼、賈誼、公孫臣等漢德應屬土或應屬水之爭；文帝雖未曾因此改制，但公孫臣因此得進用爲博士，這當然也反映出當時思想上的一支勢力。更重要的是，由長期測候經驗所積累的天文學，在春秋戰國時，已發展到很高的程度。此重要學問部門，因太史的專管，且不受現實政治的影響，一直傳承發展，在漢初學術中，當然居於有力的地位。此觀於武帝改曆以前所用的四分曆，實繼承先秦之舊；且到改曆以後，依然保持它的崇高地位，故東漢卒有恢復使用之舉，而可得到明確證明。淮南王劉安及其賓客們，曾經努力把西漢初年流行的學術，組成一個龐大的系統，這卽是今日可以看到的淮南子。但這是由拼湊而成的系統，全書缺乏內在的關連，因而全書也缺乏貫通的線索。他們中的道家，曾努力以原道訓的道，假眞訓的眞，作爲貫通的綱維；但不僅不能被其中的儒家集團所接受，對其中的天文地形的融結力也不强。及董仲舒發展呂氏春秋十二紀紀首的思想，以陰陽在四時四方中的運轉言天道，並將此天道貫通於人生政治社會全面活動之中，以建立天人貫通的龐大思想體系，並將公羊春秋加以特別解釋，組入於此思想體系之中。又主張推明孔氏，屈折百家，設五經博士，而西漢思想爲之一變。第一，自武帝中期以後，學術活動，以五經爲骨榦，此與武帝以前各家平流競進的情形，大異其趣。第二，儒生以陰陽五行之說，各附會一經（註三十），以言天人合一。並由此而言災異及政治問題。第三，作爲天道內容的陰陽，更作方技性的推演，其含融更廣，其立說更趨龐雜。第四，以天象及律曆爲天道的具體表現，並即視爲儒家所言天道的具體內容。漢書七十五翼奉傳「奉奏封事曰，臣聞之於師曰，天地設位，懸日月，布星辰，分陰陽，定四時，列五行，以示聖人，名之曰道。聖人見道然後知王治之象，故畫州土，建君臣，立律曆，陳成敗，以視賢者，名之曰經。賢者見經，然後知人道之務，則詩書易春秋禮樂是也。」翼奉這段話，實可概括由董仲舒發展到元帝時代的主要而共同的觀點。

在傳會的五經中，以易居於最有利的地位。書只能附會洪範。翼奉的「詩有五際」，難得確解，即可知其附會的不易。春秋只能附會災異。惟有易，卦爻自身，本是象徵的符號，而其起原是憑「神以知來」，由天道以言人事。許多地方是直接談到天道與人事關連的。在上述的新的學術風氣中，以京房的卦氣說最爲成功，所以影響也最大，不是沒有理由的。揚雄的太玄，是卦氣說的發展。

漢書七十五京房傳「京房字君明，東郡頓丘人也。治易，事梁人焦延壽。延壽字贛。贛貧賤，以好學得幸梁王，王共（供）其資用，令極意學。旣成，爲郡史，察擧補小黃令，以侯司（伺）先知，奸邪盜賊不得發。愛養吏民，化行縣中……卒於小黃。贛常曰，得我道以亡身者，必京生也。其說長於災變。分六十四卦，更直用事，以風雨寒溫爲候，各有占驗，房用之。尤精好鍾律，知音聲。」漢書八十八儒林傳「孟喜字長卿……父號孟卿，善爲禮春秋……以禮經多，春秋煩雜，乃使喜從田王孫受易。喜好自稱譽，得易家候陰陽災變書，詐言師田生且死時，枕喜膝，獨傳喜，諸儒以此耀之。同時梁丘賀疏通證明之曰，田生絕於施讎手中，時喜歸東海，安得此事？又蜀人趙賓好小數書。後爲易，飾易文……云受孟喜，喜爲名之。後賓死，莫能持其說，喜因不肯仞（認）……」又「京房受易梁人焦延壽。延壽云，嘗從孟喜問易，會喜死。房以爲延壽易卽孟氏學。翟牧白生不肯，皆曰非也。至成帝時，劉向校書，考易說，以爲諸易家說，皆祖田何楊叔丁將軍，大誼略同。唯京氏爲異党。焦延壽獨得隱士之說，託之孟氏，不與相同。」

新唐書卷二十七上歷志載僧一行「卦議曰，十二月卦出於孟氏章句，其說易本於氣，而後以人事明之。京氏又以卦爻配朞之日。」今日可以考見孟易之內容者僅此。若一行之說可信，則京氏所得於焦延壽者乃「候司先知」之術，所得於孟氏者爲「十二月卦」，即以十二月之卦，表現一年中陰陽的消長。京氏更由此加以發展，以卦爻配一年三百六十五又四分之一日，這便成爲漢易中最有特色，也最有影響力的卦氣說。

所謂十二月卦，亦卽十二月消息卦，虞仲翔注易繫辭「變通配四時」謂「變通趣時者，謂十二月消息也。泰、大壯、夬、配春。乾、姤、遯配夏。否、觀、剝、配秋。坤、復、臨、配冬。謂十二月消息相變通，而周於四時也。」又干寶注乾六爻曰「陽在初九，十一月之時，自復來也（按復卦卽配十一月，下類推）。初九甲子（原注：納甲）乾天正之位，而乾元所始也。陽在九二、十二月之時，自臨來也。陽在九三、正月之時，自泰來也。陽在九四、二月之時，自大壯來也。陽在九五、三月之時，自夬來也。陽在上九，四月之時也（原注：四月於消息爲乾）。」又注坤六爻曰，「陰氣在初，五月之時，自姤來也。陰氣在二，六月之時，自遯來也。陰氣在三，七月之時，自否來也。陰氣在四，八月之時，自觀來也。陰氣在五，九月之時，自剝來也。陰在上六，十月之時也（原注：十月於消息爲坤）」（註三十一）陽由陰生爲息，陰由陽生爲消。以十二卦配十二月，表現陰陽之氣，在一年十二月中運轉消息的情形。以圖表之於左：

卦	卦象	支	月
復	䷗	子	十一月
臨	䷒	丑	十二月
泰	䷊	寅	正月
大壯	䷡	卯	二月
夬	䷪	辰	三月
乾	䷀	巳	四月
姤	䷫	午	五月
遯	䷠	未	六月
否	䷋	申	七月
觀	䷓	酉	八月
剝	䷖	戌	九月
坤	䷁	亥	十月

董仲舒承呂氏春秋十二紀紀首，以少陽太陽少陰太陰，配一年的四時，尚未與易發生關連。至孟喜則從六十四卦中選出由復到坤的十二卦，配入於一年十二月之中，於是每一月皆可表現陰陽運轉之跡，

這較仲舒爲更進一步。但此十二卦以外，其他五十二卦，是否亦能表現此種意義？最低限度，今日無法明瞭。只有京房進一步所成立的卦氣說，成爲「漢易」的主流。

四時十二月是天道運轉的表現。但由長期積累，以三百六十五又四分之一日爲一周的四分歷，這才眞正是天道極完整而精密的表現。易是表現天道，京氏便以爲易應進一步與四分歷取得一致。於是便由以卦配月，進而爲以爻配日的卦氣說。但六十四卦有三百八十四爻，如何配得好？他便先提出坎離震兌爲四正卦，以配四時及四方。又以坎當冬至，離當夏至，震當春分，兌當秋分。此四卦有二十四爻，以當一年的二十四氣。剩下的六十卦，每月配五卦，每卦六爻，主六日七分。四分歷以八十分爲一日，所謂六日七分，是說每卦主六日又八十分之七日（$6\frac{7}{80}$），每爻主一日多一點點。六十卦，三百六十爻，主三百六十五日又四分之一日。卦氣，據鄭康成的解釋是指陽氣而言，這是受董仲舒尊陽絀陰的影響。陽氣始於冬至子時，京氏以中孚卦當之，故卦氣起於中孚（註三十二）。京氏依然保持孟氏的十二消息卦；不過，此十二消息卦，既各主一月，同時又兼主六日七分，而此十二卦的七十二爻，又主一年的七十二候。京氏認爲這樣，便使卦與歷合，亦即是卦與天道合，由此以言人事的吉凶休咎。

易有六十四卦，何以特以十二卦當十二月？易始於乾坤，終於未濟；卦氣始於中孚，終於頤。結構不同，乃來自意理的不同。所以梁丘賀否定孟喜於田王孫死時所獨傳之秘，而孟喜的弟子翟牧白生不肯承認京房所承受的焦延壽易(實則還加上卦氣新說)，不肯承認焦氏易卽是孟氏易。而劉向校書，明指出京氏不同於孟氏，因而不屬于田何楊叔丁將軍的系統。京氏易對周易來說，是一種攪亂。而以卦傅歷，無當於測候之實，更是一種攪亂。卦自卦，歷自歷，離之雙美，合之兩傷。然董仲舒言天人之合一謂「於其可數也副數」(註三三)，意思是說天以數而表現，如四時十二月三百六十六日(註三四)；人也以數而表現，如四肢，大節十二，小節三百六十六等。天與人，在數上的相合，卽可證明天人是合一的。天文經長期的測候，把結果紀錄在渾天儀上，以數字表其度數，以度數表星象運行的位置，使渾天儀的運轉，與天象相應。更由此以製歷，定出季節及日數，使農業社會的生活秩序得以建立起來，這是非常有意義的。在天文上本是把數字用作表記天體的符號。大約到了戰國時期有人轉而認定數字卽是天體自身的表現。更將自然性格的天體，與傳統的天命及天道的價值觀念，混而爲一，於是再一轉而將數字也誤認爲是價值實體的表現，認爲由數字卽可表現價值，卽可通向天道的價值感應，乃至與之爲一體。數的神秘性，尤以數中乘法的神秘性，卽由此而來。易本來用的是二兩種不同符號(此兩種不同的符號，一直在春秋時代，還未被稱爲陰與陽)，開始在以三爲基數(三畫)，進而以六爲基數(六畫)，參互變化，由八卦成爲六十四卦，三百八十四爻，所構造起來的。大約到了戰國中期前後，開始把兩種不同的符號稱爲陰與陽，更以六的數字表徵陰，以九的數字表徵陽。而上述參互變化的歷程，也可以說是一種數字乘積的活動。但易的成立，原是認定在這些符號後面，有神的存在或天的存在，天藉此參互變化以表示自己的意志，指示人以吉凶禍福的。因此，這批符號，也可說是天道的符號。並不是天的自身。既早有人把價值系統的符號，與自然物系統的符號，混而不分，於是京房把由卦所表現的天道的數字，與由歷所表現的天道的數字，傅合起來，以成爲天道的統一系統，由此以加强易的說明性，這比董氏所作的天與人在數上的傅合，更有說服力。

(3) 太玄的思想線索

僧一行所述「易本於氣」的孟氏易的觀念，經京房將卦爻與歷的日數相傅合後，雖然易所本之氣，固然表明得更爲精密，但數的觀念，也因此而特別凸出。於是，漢書律歷志便說「自伏羲畫八卦，由數起」。這實際是一種新說。律歷志是抄劉歆的三統歷，劉歆說八卦由數起，等於說易由數起，這是由京氏易的一種演進。三統歷及太玄，皆成立於此一演進之上。

揚雄作太玄以準易，據本傳贊「諸儒或譏以爲雄非聖人而作經，猶春秋吳楚之君，僭號稱王，蓋誅絕之罪也。」的話來着，在當時已受到批評，於是後人有的爲他辯解，說他並不是擬易的（註三五）。其實，傳贊中的所謂「諸儒」，乃當時博士系統中迂腐之儒，揚雄從不把他們看在眼下。而作玄以準易，在揚雄認爲是理所當然，無所謂僭不僭的問題。法言問神篇「或曰，經可損益與？曰，易始八卦，而文王六十四，其益可知也。詩書禮春秋，或因或作，而成於仲尼，其益可知也。故夫道非天然，應時而造者，損益可知也。」這分明是暗示他的太玄乃「應時而造」以益易的。又「書不書，非經也。言不經，非言也。言書不經，多多贅矣」（同上），這分明是說明他的著作，乃以經爲準的。又「或曰，述而不作，玄何以作。曰，其事則述，其書則作。」（同上）這分明是以作者自居而不愧。揚雄的作玄以準易，這是不能，也不必爲他辯解。他所定的「首」（在易稱爲卦，在玄則稱爲「首」）名，皆由卦名稍加變化而來，如「中」首本於「中孚」卦，「周」首本於「復」卦之類（註三六）。即其明證。但他所準的易，正如焦循在易略圖論卦氣，六日七分下第九所說「太玄所準者卦氣也，非易也。」即他所準的不是由易傳所傳述的易。並且卦氣說，提出了坎離震兌四正（辟）卦，實際只有六十卦發生作用。揚雄以首準卦，便也只準六十卦，將四正卦棄之不顧。卦氣說是以「歷」爲天道的準繩，再將卦去傅合。太玄也正是如此。本傳自述作玄要旨謂「於是輟不復爲（不再作賦），而大覃思渾天……其用自元推，一晝一夜，陰陽數度，律歷之紀，九九大運，與天終始。」正說的是作玄乃以歷爲準據。所以八十一首的次序，即是卦氣說的六十卦的次序。卦氣說起於中孚，終於頤，太玄起於「中」，終於「養」。其中有以一首準易一卦的，有以二首準易一卦的（註三七）。不過，卦氣說所準據的是四分歷，而太玄所準據的是太初歷。兩歷最顯著不同之點，在於四分歷以八十分爲一日之數，太初歷則以八十一分爲一日之數。他的八十一首，如後所述，是由數推演而來，又恰與太初曆以八十一分爲一日之數相合，於此可見其用心的巧密。

但揚子雲的太玄，有的地方有較卦氣說爲合理，有的地方是卦氣說的發展，有的地方則加上了揚子雲思想的特色。

所謂較卦氣說爲合理的是：卦氣說以易去準歷，既變亂了易原有的結構，且與歷結合得非常牽强，例如四正卦十二辟卦的特別提出，只是爲了湊數，毫無道理可言。因爲在作易的過程中，本是與歷無關的。揚雄則另外創造一套符號系統，另外形成一套數的演算系統；而成爲他創構動機與準據的，一開始便是以渾天，太初歷爲藍圖，如是玄對易而言，只是增益了原有的易，並沒有破壞原有的易。而玄與歷的結合，較易與歷的結合，遠爲自然。

所謂有的地方是卦氣說的發展，乃指的是自劉安及其賓客和董仲舒們起，西漢學術的趨向，都在努力組成貫通天人，包含萬類的哲學（或者說是思想）系統。卦氣說乃在此一大趨向下的產物之一。太玄雖準卦氣說而作，但較卦氣說所能包涵的更廣，例如將音律洪範等也包括在裡面。

所謂有的地方加上了揚子雲思想的特色，指的是就今日可以看到的卦氣說，除了「風雨寒溫爲候」，以言休咎外，沒有「思想性」，或思想性不明顯。揚雄則在贊詞（等於易的爻辭）中，吸收洪範五事的

「一曰思」，因而將思與福、禍並列，以爲占驗的骨幹。更以道家之玄（實卽道家之道），爲太玄得以形成之主體，將其與儒家之仁義，結合在一起。法言問道篇「老子之言道德，吾有取焉耳。及搥提仁義，絕滅禮學，吾無取焉耳。」又問神篇「或曰，玄何爲？曰爲仁義。」本傳也說「擬之以道德仁義禮智」。揚雄有取於老子的言道德，首先他是挹取老子道德觀念中的一部份以爲自己人生處世的立足點，這在前面已經提到。而最重要的是以老子的道德觀念，卽是所謂「玄之又玄」（老子一章）的玄，爲貫通天人的基本原理。太玄乃所以表現此一原理，或者他認爲太玄是玄自身的展現。用另一名言表達，可以說他的太玄是以老子的道德爲體，以儒家的仁義爲用所建立起來的。這樣的體與用是否連結得上，乃另一問題，但這種道儒兩家思想的結合，也表明西漢思想的一個傾向。而據嚴君平道德指歸說目謂老子的「下經爲門，上經爲戶。智者見其經效，則通乎天地之數，陰陽之紀，夫婦之配，父子之親，君臣之義，萬物敷矣。」（註三八）是嚴君平已有把老子與歷數及儒家倫理，統合成一個系統的企圖，這也未始不是太玄的一個影子。以下對玄的構造略加解釋。

(4) 太玄的構造

晉書天文志上「古言天者有三家，一曰蓋天，二曰宣夜，三曰渾天，漢靈帝時蔡邕於朔方上書言，宣夜之學，絕無師法。周髀術數具存，考驗天狀，多所違失。」揚雄所涉及的爲蓋天渾天。晉書天文志二記有桓譚謂揚子雲，「因衆儒之說天，以爲天如蓋轉，常左旋，日月星辰，隨而東西。圖畫形體行度，參以四時歷數昏晝夜，欲爲世人立紀律，以垂法後嗣」，因桓譚的論難而「立壞無所作」的故事。由此故事推測，他開始所作的，可能是以蓋天爲根據的。隋書天文志一，及開元占經二，記有揚子雲難蓋天八事。法言重黎篇下面的一段話，更說明揚氏在此方面的態度：「或問渾天，曰，下閎營之，鮮于妄人度之，耿中丞象之，幾乎幾乎，莫之能違也。請問蓋天，曰蓋哉蓋哉，應難未幾也。」這裡不牽涉到渾天蓋天的得失問題，而只在指出他認爲渾天較蓋天更合於天象的眞實。大約四分歷與太初歷，都用的是渾天。他所以不用四分歷而用太初歷，因爲太初歷乃當時所用之歷。且太初歷因落下閎把音樂的律組入到裡面去了，這更適合於包羅萬有的「體系哲學」的要求。

漢書二十一上律歷志，「至武帝元封七年，漢興百二歲矣。大中大夫公孫卿壺遂，太史令司馬遷等言歷紀壞廢，宜改正朔……遂詔卿，遂，遷，與侍郎尊，大典星射姓等議造漢歷……已得太初本星度新正，姓等奏不能爲算。願募治歷者更造密度，各自增減，以造漢太初歷。乃選治歷鄧平……及與民間治歷者凡二十餘人；方士唐都，巴郡落下閎與焉。都分天部。而閎運算轉歷。其法以律起歷。曰，律容一龠，積八十一寸，則一日之分也……迺詔遷用鄧平（及落下閎）所造八十一分律歷。」按前文有「五聲之本，生於黃鐘之律，九寸爲宮。」補注引「朱載堉律呂精義云，淮南太史公所謂黃鐘長九寸者，以九分爲寸，九寸乃八十一分也，漢志以十分爲寸，九寸乃九十分也。」又引「蔡忱律呂新書云，大要律書用相生分數。相生之法，以黃鐘爲八十一分。」所謂「相生」，即今日之所謂乘法。大約自戰國中期以來，以相生之數，爲道或天地生化萬物的歷程，所以特別賦與以神秘的意味。黃鐘律的八十一分，與歷本無關係，亦即是天文與音樂，本無關係。史公雖參與了改歷的工作，但他並不贊成落下閎的滲雜。所以史記律書與歷書，分而爲二，雖然此兩書已有後人的滲雜，非史公原書之舊，但其不以音樂之律合歲時之歷，則甚爲顯然。而史記歷書所記者爲四分歷，並非新改的太初歷，這是史公的卓識。落下閎把四分歷的八十分爲一日之數，改爲以八十一分爲一日之數，不是出於實測推算的結果，而是出於要把音律組入在一起的，牽強傅會，對歷而言，不僅毫無意義，且是一種擾亂。其所以如此，原因有二。一則乃承董仲舒之風，將歲時之歷；賦予以哲學的意味，盡可能的組成一個大的系統。音律自先秦以來，尤其是自荀子呂氏春秋以來，在教化功用上佔了很重要的地位。能將樂律組入到歷中去，在他及當時一般知識分子心目中，這便增加了新歷的意義。劉歆的三統歷，是順此趨向所完成的時歷與哲學，測候與理想的更進一步的大綜合系統。太玄則爲順此一趨向的另一形式的綜合。劉歆和揚雄所努力作的，本應算是同一性質的工作。三統歷即將易傳合於歷中。劉歆所以譏太玄爲「吾恐後人用覆醬瓿也」，不僅因太玄之難解，實亦對用心同，方向同，但在思辯與形式上却不相同的揚雄，多少含有妬意。二則他們以歷爲天道的直接表現，黃鐘的八十一分，由九九相乘而得，即是以生數而得，與天道的生化功能相應。太玄的構成，主要用的是生數。九九八十一的黃鐘律，與揚雄用的數式相合。

易的基本符號— --，玄的基本符號是— -- ---。但易之兩基本符號，乃各象徵固定之物，— 象徵陽，-- 象徵陰，通六十四卦而其義不變。但玄的三基本符號，僅是爲了便於錯綜變化，並不固定象徵某一物。在首辭測辭中皆無甚意義。這是太玄因要以他的符號含宏萬有，反而在使用時一無著落的最大弱點。老子「道生一，一生二，二生三，三生萬物。」在揚雄看來，道本身即含有「三」，玄是道，所以玄本身即含有三。上述三個基本符號，由上而下（易係由下向上數），是玄所含的天、地、人。易重三畫爲六畫而爲一卦，玄則四畫（或稱四重）而爲一首。由三個基本符號，又加上一畫爲四畫以成一首，也猶易由兩個基本符號再加上一畫，以變化成爲八卦，是相同的，只是爲了增加變化的緣故。易由兩個基本符號再加上一畫，才可變化成爲八卦。再由三畫加上一倍成爲六畫，才可變化成爲六十四卦。玄由三個基本符號再加上一畫，以成一首，因爲較易多了一個符號，便可變化成爲八十一首，以與太初歷的八十一分的日數相準。我推測，這是基本的原因。至於說加的一畫是表示天地人上面的玄，這是附加上去的理由。但揚子雲又另出心裁，說這由上而下的四畫，是表徵方、州、部、家的。方是方伯，州是九州，部是郡縣，家是家族。這便把政治社會的劃分，也組入到裡面去了。於是這四畫，一方面是玄及玄所含的天地人，同時又是方、州、部、家。但天地人也好，方、州、部、家也好，在首的運用時，都無實質的意義。八十一首，本是由四畫的符號反復變化而來，但揚雄一定要由三的數字的推演來達到八十一首的與日分相合的數字，才認爲可以表現玄的功用。如前所說玄的本身是含有三的。方、州、部、家的方，既由玄而出，則由玄而出之方，便應爲三方。而一方含有三州，三方便應爲九州。每州含有三部，九州便應有二十七部。每部含有三家，二十七部，便應有八十一家。以家爲起點，八十一家便成爲八十一首。以與八十一分爲日數相符，亦卽是與曆的日數相符。

太玄的贊，等於易的爻。易每卦六畫，一畫一爻，所以每卦六爻。準此，則太玄每首應爲四贊。但這樣便首先脫離了三的生數。三的生數（自乘數）是九，此卽所謂「分爲三，極於九，」於是每首不得不有九贊，始與玄的三的生數相合。而由四畫爲一首所表現的方、州、部、家，實際沒有作用。司馬光說玄謂「玄首四重者非卦也，數也。故易卦六爻，爻皆有辭。玄首四重，而別爲九贊以繫其下。然則首與贊分道而行，不相因者也。」卽指此而言。八十一首，每首九贊，所以玄有七百二十九贊，一贊爲晝，一贊爲夜，二贊合爲一日，七百二十九贊，當爲三百六十四日半，以合一歲的日數。但一歲的日數爲三百六十五又四分之一日，贊的日數，對一年之日數而言，尚差四分之三日，於是揚雄在七百二十九贊外，另設「踦」「羸」二贊以補足之。但「踦」「羸」二贊共爲一日。若加上踦羸二贊的一日，則較一年的日數，又多出四分之一日。四歲卽多出一日。所以蘇洵說「率四歲而加之，千載之後，吾恐大冬之爲大夏也。」（註四〇）歷之日數，由測候而得，或多或小，一決於測候之實。太玄之數，由三數之推演而得，與歷本不相干。而必欲强之以與歷相合，揚雄在此等處構思雖巧，仍不能逃蘇氏之所譏。且踦贏二贊，實來自三數推演之外，這正說明欲通過數以合二物爲一物，在形式上也有不能突破的難局。

同時應指出由三數的推衍以求人事與天道相合，最明顯的是文帝時由博士編造的王制中所定的官制，三公、九卿、二十七大夫、八十一元士的官制，卽由三的生數的神化而來，這必曾給揚雄以啓發。由三的生數而來的九贊的九，在太玄的實際應用上，有更大的意義。玄所含的是天地人，九贊便分別表徵爲天的始、中、終；地之下、中、上；人的思、福、禍；合而爲九。在以人爲中心而加以實用時，九贊之九，便可成爲思內思中思外，福小福中福大，禍生禍中禍極，又合而爲九。首辭說明陰陽二氣之消長。首從「中」到「應」，共四十一首屬陽。從首「迎」到「養」共四十首屬陰。首贊的奇數爲晝爲陽，贊的偶數爲夜爲陰。玄測謂「陽推五福以類升，陰幽六極以類降。」司馬光謂「凡玄之贊辭，晝夜相間。晝辭多吉，夜辭多凶。又以所逢之首及思福禍述其休咎，此玄之大旨也。」（註四一），奇偶不是以一首爲單元計算，而是由第一首順次計算下去的。陽是善是福，陰是惡是禍。五行配入九贊中是一六爲水，二七爲火，三八爲木，四九爲金，五十爲土。太玄沒有十數，「說者以爲土君象也，水火木金四

者是當先後於土者也」。（註四二）

揚雄的用心是認爲玄起於三，由「生」，即由三數的推演，說明玄的生化作用，以與歷相合。更由此以定行爲的準則，並測出休咎。揚雄認爲數是來自律，玄攡所說「日月往來，一寒一暑。律則成物，歷則編時，律歷交通，聖人以謀」者，蓋指此。但這與仁義實在關連不上，而揚雄却說他的作玄是「爲仁義」，這又怎樣解釋呢？因爲天、地、人皆出於玄。玄圖說「夫玄也者，天道也，地道也，人道也。兼三道而天名之，君臣父子夫婦之道。」是人道爲玄所固有，亦即仁義爲玄所固有，這是揚雄以儒合老，在他認爲是補老子之所不足的地方。又謂「晝夜相丞（指贊之一晝一夜而言），夫婦繫也。終始相生，父子繼也。日月合離，君臣義也。孟季有序（指四時），長幼際也。兩兩相闔（指贊的奇偶），朋友會也。」這是說在太玄中所展出的天道的運行現象，同時即反映出人道，由此可見天人本是合一的。所以在玄告中說「故善言天地者以人事，善言人事（者）以天地。」且漢書律歷志第一上「數者一十百千萬也。所以算數事物，順性命之理也。」以數的合理性，可以順性命之理，這不是劉歆一人的思想，而實代表當時若干學者的共同觀念。揚雄的太玄，在他認爲是天、地、人通過數，而將不能把握的玄，成爲能把握的玄，這是以數順玄之理，順天地人之理，也即是順性命之理。所以玄攡說「仰以觀乎象，俯以視乎情，察性知命，原始見終。」天之象，人之情，皆以數表見於太玄之中。觀象觀情，即是察性知命。性命之理卽是仁義。不過如實的說，草玄的精神，當然不是反對仁義的精神，而是遠於仁義的精神。太玄的產生，正來自揚雄的知性的要求，表現揚雄的知性活動，所以他眞正所契入的不一定是仁義，而是知性。玄告「天以不見爲玄，地以不形爲玄，人以心腹爲玄。天奧西北，鬱化精也。地奧黃泉，隱魄榮也。人奧思慮，含至精也。」司馬光注謂「九贊之事，三極之道也。天奧西北，則化精冥於混沌無端。地奧黃泉，則信無不在乎中，萬物精氣藏焉。……玄象如此，而人將造之，非遺物離人，精思超詣，則不能入。」所以揚雄只是以「思」作爲人的徵表，作爲玄的作用。仁義之於玄，實際是揚雄爲了求儒道的結合而硬加上去的。卽使是如此，這只表示草玄的人的知性活動所建立的一套符號系統，並不是說玄的自身含有什麼理性的實體，也等於玄的自身，不會含有仁義一樣。一切都是作者自己的主觀硬加上去的。

從漢書律歷志看，漢初以四分歷爲基幹，尙有黃帝，顓頊、夏、殷、周及魯歷，可知由先秦以迄漢初，歷是一門顯學。黃帝、顓頊、夏、殷、周五歷，雖出僞托，但當爲戰國末期以迄漢初人所造。惟魯歷杜預釋例謂「今世所謂魯歷，不與春秋相符，殆好事者爲之，非眞也。」按魯有獨立性的歷，乃由董仲舒親周王魯的孔子改制新說而來，其出現當在武、宣之際。而武帝募治歷者，在朝廷以外，尙有民間治歷者二十餘人，更可知這一專門知識流傳之廣。但在儒道思想盛行，政治壓倒一切的學術風氣之下，這些人只被視之為「伎」（註四十四），在學術上沒有什麼地位。落下閎援律入歷，而使六藝中的樂與歷發生關係；京房援易附歷，而使漢武以後，視為「六藝之原」的易與歷連在一起。揚雄更加上道家思想及尚書洪範。劉歆的三統歷，更集綜貫的大成。其好處是把歷在學術中的地位提高了，於是東漢有成就的知識分子，很少不兼治歷的。知識分子與歷遠隔，蓋在科舉制度盛行之後。在學術上有成就的知識分子也兼治歷，因文化水準的關係，在歷的推進上，總有某方面的成就。即如為人所詬病的三統歷，經近人研究，認為「以實地觀測為基礎，詳細記述五星現象的歷法，始於三統歷。中國歷不僅止於氣朔的推步，實廣包日月食，五星等的現象、運行，可以說是具有『天體歷』的內容，也是天體歷好的開端。」並且由他們觀測所得的會合周期的數值，「得到可與今日的精密值作充份比較的結果（註四十五）」。即其一例。但從另一方面說，也阻擾了律，歷等正常的發展。因認為「歷生於律」，便不能不把本是調音審度的律，賦予以神秘的意義，失去它正常的作用。晉書卷十六律歷志上「漢章帝元和元年（西紀八七年），待詔候鍾律殷彤上言，官無曉六十律以準調音。故待詔嚴崇，具以準法教子男宣。願召宣補學官主調樂器。詔曰……聲微妙，獨非莫知，獨是莫曉……試宣十二律，其二中，其四不中，其六不知何律。宣遂罷。自此律家莫能為準。」一直擾攘到晉泰始十年（西紀二七四年）荀勗張華們，從御府裡清出銅竹律二十五具，「視其銘題尺寸，是笛律也。」換言之，神秘化了的律呂觀念，不可能在現實音樂中得到證明，反而阻擾了現實音樂應有的進展。從禮記樂記看，中國音樂，曾達到那樣高的成就，漢以後却劇歸絕歇，常要靠胡樂燕樂來加以塡補，其主要原因在此。又唐書卷二五歷志「至漢造歷，始以八十一分爲統母（按指太初歷），其數起於黃鐘之龠，蓋其法一本於律矣。其後劉歆又以春秋易象推合其數，蓋傅會說也。至唐一行，始專用大衍之策，則歷術又本於易矣。蓋歷起於數，數者自然之用也，其用無窮而無所不通（因數是純抽象的），以之於律於歷，皆可以合也。然其要在於候天地之氣，以知四時寒暑，而仰察天日月星之行運，以相參合而已。」這段話的意思，在說明律與易，實皆與歷不相干，全靠抽象的數以相傅合，對三者都是干擾。後人認僧一行的大衍歷相當精密，只是不應拉上易的「大衍之數五十」的這一套。但落下閎，劉歆、僧一行們，都是以歷爲基石，再以律、易傅合。所以在律、易方面是假知識，但在歷上，依然有眞知識。而揚雄另創一套符號數式，把它看成是玄的展現，而將儒、道、律、易、歷組成一個大系統，這只表現當時學術的風氣，及他的知識型的性格，向未知世界的熱心探求。但在知識上是全盤落空的。但從思想史上看，西方許多人在哲學上的成就，不能受今日知識的考驗，一直到近代的萊布尼玆、斯賓諾塞、黑格爾等。但他們求知的精神及其運思的方式，哲學史家不能不承認他們在思想史上的地位。準此，儘管太玄這一大系統，在知識上是虛假的，但他運思的旣精且密，不是西方許多形而上學家中的本體論者所能企及。所以不應因其知識的虛假性，而否定揚雄此一辛勤工作在思想史上的意義。桓譚稱其不僅爲「西道孔子，亦爲東道孔子。」（註四十六）。張衡稱其「竭己精思」與五經「相似」（註四十七）。在宋代思想中，又再發生鉅大影響（註四十八），不是偶然的。

(5) 董仲舒以下之所謂「數」，與古希臘畢達哥拉斯學派之所謂「數」的異同問題

當我開始接觸到卦氣說及其以後的發展時，首先想到的是由董仲舒起之所謂數的一連貫發展，與古希臘畢達哥拉斯（Pythagoreas，約紀前五三二／一年——四九七／六年）數論派，有沒有相同之點。經過一番考查後，覺得將數加以神化的方向，雖然相同，稍稍進入到具體內容時，便會發現相同的地方太少。從背景方面說，畢達哥拉斯的主要活動，是相信輪迴，禁止肉食，生活戒律很嚴的宗教活動。這是受了古埃及和印度宗教的影響，到了紀元二世紀出現新畢達哥拉斯學派時，已經把畢氏昇到神格的地位。這種宗教精神，不能不影響到他對數的觀念。京房們雖然講災異，揚雄劉歆們雖然講休咎，但他們沒有宗教的組織、生活乃至精神。第二、畢氏是希臘人「學問地數學」的創始者，也是最初談到「德」的人。中國則在西漢時代，已出現了周髀、九章、許商算術等書，對數的了解，已積有長期的經驗。而在周初已經把「德」的問題，當作政治人生中的重大問題，形成中國學問的大傳統。兩者在背景上的不同是很明顯的。再就數的自身來說、第一，畢氏們以數爲萬物的本質，將數的要素安放在質料的種類之中。因爲他們認爲數是內存的東西，存在是由數所成立，所形成的。中國對於數與萬物的關係，是由左

傳魯僖公十五年晉韓簡所說的「物生而後有象，象而後有滋，滋而後有數」的觀念所代表。這很明顯地認定物先數後，物非由數所生。到了董仲舒以下逮揚雄們，只進一步認爲天地及萬物會表現而爲數，故通過數可以把握天道及萬物的活動。但天地萬物的本質，在他們看來是陰陽五行之氣，是由氣所形成的。因此數只是外部的呈現，是氣運行的秩序，並不是內存的。第二，畢氏們雖然思考到地球與「對地星」的問題，他們只是作爲「世界形像」去加以把握，與京房們以歷爲依歸，完全不同。他們雖由音樂悟入數學，以音樂的調和爲數的調和，以數的調和爲宇宙萬物的調和，這與落下閎們以黃鐘律的八十一分附會爲一日的日數，也完全不同。東漢四分歷的恢復，便把八十一分的日數改回八十分的日數，依然律與歷沒有關係。第三，他們以「四數」「十數」有特殊的意義，有四數的誓辭，稱十爲「聖的十數」。中國雖也重視十，但在先秦時代已開始最重視「三」及三的生數。他們以「數的系列順序」象徵造物的階段順序，中國則以生數（乘法）爲造物生化的歷程。第四，他們提出有限與無限，奇數與偶數，一與多，右與左，男性與女性，靜與動，直線與曲線，光與闇，善與惡，正方形與長方形等十個對立觀念。其中夾著一個善與惡的倫理觀念，相互間沒有一貫的統一原理，可能是隨便地，偶然地湊足他們的「聖的十數」。但由京房們起，數皆準歷而成爲一個完整的系統。第五，他們以平方數爲正義，中國則以陽爲善。陽是氣而不是數。（註四十九）

馮友蘭的中國哲學史第三章的「㈡所謂象數之學」的註中簡略敘述了畢達哥拉斯派之後，作下結論說「中國之象數之學，與希臘哲學中畢達哥拉斯派之學說，頗多相同處。吾人試一比較，卽見其相同處之多，令人驚異。易繫辭曰，易有太極，是生兩儀。畢氏學派亦以爲一生二。試觀畢氏學派所說有限無限等之十項分對，則可見有限卽中國易學所謂之陽，無限卽中國易學所謂之陰……」（頁五五一）。馮氏還不知道易的太極，有時可稱爲一，如老子的「一生二」的一，但此時之所謂一，乃指道或氣，尚未分化之狀態而言，並不同於數字觀念中一二三四之一。太極生兩儀之兩，指的是天地或陰陽，與畢氏學派所說一生二，乃純抽象地數的觀念，兩者眞是天壤懸隔。有限無限是數量，陰陽是兩種性格不同之氣。可以用有限無限去說明陰陽存在的狀態，但不能以此說明陰陽存在之自身。中國易學中，在什麼地方可以說陽是有限而陰是無限？像馮氏對兩方思想缺乏起碼理解能力所寫的一部書，當時竟被捧爲名著，馮氏亦因而被視爲中國哲學的代表人物，他自己且以正統自居而不疑，於此眞可以想見近代中國學術的墮落。

六、揚雄的法言

⑴ 法言的文體與構成

如前所述，揚雄主要的著作活動，可分三大階段。四十四歲以前是辭賦，四十四歲以後到五十七、八歲之間是太玄。而寫法言的時間，可能開始於他五十八歲前後，即平帝元治元年（西紀一年）前後；應完成於新莽始建國二年（西紀十年），他投閣之前，即在他六十四歲以前。經過投閣以後，大概即以校書爲他避禍、並消磨歲月的方法。但一直到天鳳五年（西紀十八年）他死去以前，還不斷在修補。因爲如後所述，法言中有許多話是諷刺王莽當眞皇帝以後的情形的。從辭賦到太玄，這是他的思想向前的伸展。從太玄到法言，則不表示思想的直線伸展，而是表現思想的大反省。此一反省只有經過對王莽的大希望轉而爲對王莽的大失望，才能引發的。孝至篇「周公以來，未有漢公之懿也。」這是爲了避禍所作的掩飾之辭。不能因此便輕率判定法言是完成於王莽居攝（居攝元年，西紀六年）之前。我寫此文的初稿，便是作此輕率判斷的。不過，他在投閣以後，便沒有更積極地學術活動，這也是事實，所以他的自序便終於法言序目。

法言由學行第一、吾子第二、修身第三、問道第四、問神第五、問明第六、寡見第七、五百第八、先知第九、重黎第十、淵騫第十一、君子第十二、孝至第十三等十三篇構成，另有序目以述各篇大旨。惟序目的文字因力求簡括，反晦澀而亦未能達到概括的目的。班固在傳贊中謂「傳莫大於論語，作法言」，法言是擬論語而作的。從全書的文體看，他是力追論語的文體，也和太玄力追易的經與傳的文體一樣。但論語除極少數文句外，皆溫潤圓滿，明白曉暢，這是短章散文中的極品，或者可稱之爲神品。所以今日只應當用白話作講疏，不少人用白話譯本文，眞是佛頭著糞的蠢事。揚雄中年後雖自悔作賦，但在作賦時對文句所用的功力既深，所以在寫太玄寫法言時，雖然力圖擺脫賦體的鋪排繁縟，但用奇字，造新句，不使稍近庸俗的文學家習性，依然發生主導的作用。因此，法言字句的結構長短，儘管與論語極爲近似，但奇崛奧衍的文體，與論語的文體，實形成兩個不同的對極。若說論語的語言，與人以「圓」的感覺，法言的語言，卻與人以「銳角」的感覺。法言在著成後大行，至韓昌黎而提出與荀子相提並論（註五十），奠定法言在思想史的地位。而韓文的用字造句，也受了法言相當大的影響，似乎沒有人注意到。

法言實由兩大部份所構成。一部份是擬論語，另一部份則在用心上是擬春秋。雖然前一部份文字的份量遠超過後一部份，但爲了眞正了解他的思想，以及後一部份所給與班氏父子所作漢書的鉅大影響，決不應把它忽略過。很遺憾的是，後一部份，却從來沒有人檢別出來。在兩漢任何一部思想性的著作中，找不出一部像法言這樣以大量篇幅來品評人物的。他是力追孔子。孔子的思想人格，不僅表現在論語上，更表現在春秋上。孔子作春秋，以褒貶爲萬世立人極，好勝的揚雄，斷沒有不嚮往之理。但「春秋，天子之事也。」（五十一），他的這一野心，只能用間接的方式表達出來，當時及後人便被他瞞過

了

他自述作法言的動機，實際有二。由「雄見諸子各以其知舛馳」到「使溺於所聞而不自知其非也」的這段話，好像說的是先秦的情形，其實主要是針對他所面對的思想形勢。由董仲舒所引發的許多方技讖緯，怪誕不經之說，有如漢志中所錄諸子略中的陰陽家，兵書略中的兵陰陽，數術略中的天文（主要以星象占吉凶），五行著龜，雜占，方技略中的房中，神僊等，給思想文化以極大的擾亂。但他們幾乎皆依附各種傳說性的古人以及孔子以自重。不過當時王莽諸人，正欲憑讖緯符瑞以取天下，故法言在消極方面，以扼要鈎玄的方式，破除了不少的怪迂之說。在積極方面，闡揚了他所把握得到的以孔子爲中心的思想。這便構成法言的第一部份。接著他說「及太史公記六國，歷楚漢，記（訖）麟止，不與聖人同是非，頗謬於經。」這是說史公所作史記，對歷史人物的是非，不合於孔子所作春秋的褒貶，「頗謬於經」的「經」，是指春秋而言。由此一動機所寫出的，是屬於法言的第二部份。

法言中的觀點有無價值，是另一問題。但首先應指出的是，他的觀點皆是出於他的認識所及，而不是像許多西漢人的著作，多來自展轉抄襲，這在西漢的著作體裁中，也有劃時代的意義。法言所涉及的範圍頗廣，但大體上，都表現出他的個性與學術的特色。下面順著足以表現他的特色之點，略加陳述。

(2) 法言思想的骨幹及對五經博士系統的嚴厲批評

揚雄在自序中說「故人時有問雄者，常用法應之」，因此便稱爲法言。從全書看，他之所謂法，是以孔子五經爲中心所樹立的作人與立言的標準。這是法言一書的大綱維。可以說，這是順著董仲舒推明孔氏，罷黜百家，立五經博士的大方向而來的。但他的貢獻是把當時附會到孔子及五經上面的許多駁雜的東西，都澄汰乾淨了。要在混亂的時代中，建中立極。學術篇「仰聖人，而知衆說之小也。」吾子篇「舍五經而濟乎道者末矣……委大聖而好乎諸子者，惡睹其識道也。」「好書而不要諸仲尼，書肆也。好說而不要諸仲尼，說鈴也。」「萬物紛錯，則懸諸天。衆言淆亂，則折諸聖。或曰，惡覩乎聖而折諸？曰，在則人，亡則書，其統一也。」問神篇「大哉天地之爲萬物郭，五經之爲衆說郛。」寡見篇「說天者莫辯乎易，說事者莫辯乎書，說體者莫辯乎禮，說志者莫辯乎詩，說理者莫辯乎春秋。捨斯辯，亦小矣。」全書中這類的語句甚多。

揚雄在孔門弟子中，特推重顏淵，强調孔顏的關係，並特提出顏淵的樂處，這在兩漢是非常特出的。

「或問世言鑄金，金可鑄與？曰，吾聞覿君子者問鑄人，不問鑄金。或曰，人可鑄與？曰，孔子鑄顏淵矣……」（學行篇）

「晞（希望成爲）驥之馬，亦驥之乘也。晞顏之人，亦顏之徒，或曰，顏徒易乎？曰，晞之則是。曰

（疑衍文）昔顏嘗睎夫子矣……」（同上）

「或曰，使我紆朱（綬）懷金（印），其樂不可量也。曰，紆朱懷金者之樂也外。或曰，請問屢空之樂？曰，顏不孔，雖得天下不足以爲樂。然亦有苦乎？曰，顏苦孔之卓之至也。或人瞿然曰，玆苦也，祇其所以樂也歟。」（同上）

全書言顏淵者約十二次以上，且特設淵騫一章。孔顏並稱，在不確定的意味上，殆始於莊子。在確定的意味上，殆始於揚雄。爲學須以孔顏爲鵠的，亦即以聖人爲鵠的，也始於揚雄。這給宋理學家周敦頤以相當大的影響。（註五十二）

其次，就西漢初期思想的大勢說，荀子的影響，實大於孟子。趙岐孟子題辭謂孝文時「欲廣遊學之路，論語、孝經、孟子、爾雅皆置博士。」恐未可盡信。拔孟子於諸子之上，以爲不異於孔子的，也是始於揚雄。韓愈說「因揚書而孟氏益尊。」（註五十三）這是可信的。

「古者楊墨塞路，孟子辭而闢之，廓（空如也，與塞相對。）如也。竊自比於孟子。」（吾子篇）

「或問勇，曰軻也。曰，何軻也？曰，軻也者孟軻也。若荆軻，君子盜諸。請問孟軻之勇，曰，勇於義而果於德。不以貧富貴賤死生動其心，於勇也其庶乎。」（淵騫篇）

「或問孟子知言之要，知德之奧。曰，非苟知之，亦允蹈之。或曰，子小諸子，孟子非諸子乎？

曰，諸子者以其知異於孔子也。孟子異乎不異。」（君子篇）

他之所以稱孟子爲勇，而自比於孟子，這反映出法言中實合有强烈地時代批評性。而當時的博士系統，正是他所批評的對象之一。孔子、顏淵、孟子及五經，這是揚雄在寫法言時思想的骨幹。這似乎與博士系統的學風無異。但在兩點上他與博士系統劃清了界線。一是他主張先博而後約，並主張有所創造。博士系統的人，對五經尚不能該通，更墨守師說，所以是固步自封。另一點是他要在孔子，五經中求得人生立足之地，而博士系統的人，只是爲了利祿。學行篇說「書與經同，而世不尚，治之可乎？曰，可。或人啞爾笑曰，須(奚)以發策決科？曰，大人之學也爲道，小人之學也爲利。子爲道乎？爲利乎？或曰，耕不獲，獵不饗，耕獵乎？曰，耕道而得道，獵德而得德，是穫饗已。吾不睹參辰之相比也。是以君子貴遷善。遷善者聖人之徒與！百川學海而至於海，丘陵學山而不至於山，是故惡夫畫也。」當時學者以五經博士爲師，即以五經爲發策決科的標準，於是五經以外的諸子，漸少人研究，這正是當時因博士的學術專利以致學術日趨固陋的情形。此處的「書」與「經」相對而稱，書乃指五經以外之書，實即指的是諸子之書。揚雄爲破當時博士系統固陋之弊，及他們以利祿爲求學動機之可羞，故在此處特加點出。他在吾子篇說「多聞則守之以約，多見則守之以卓。寡聞則無約也，寡見則無卓也。」也是這種意思。但揚雄之意，諸子是星辰，五經，孔子之言是日月。治學應由諸子而歸宿到孔子，歸宿到五經。只要精進不已，自然歸宿到此。此即所謂「百川學海而至於海」。寡見篇的一段話，也是針對當時博士系統的情形而加以碱砭的。

「或問，司馬子長有言曰，五經不如老子之約也，當年不能極其變，終身不能究其業。（按此誤以司馬談論六家要旨之言爲司馬遷之言）。曰，若是，則周公惑，孔子賊。古之學，耕且養（按當爲讀），三年通一（藝）。今之學也，非獨爲之華藻也，又從而繡其鞶帨，惡在老不老也。或曰，學者之說可約耶？曰，可約，解科。」

因五經博士知識活動之範圍狹隘，而又獲獨占的地位，便只好在狹隘範圍之內，玩弄語言魔術，以自欺欺人。在性質上與後世科舉制度下的八股並無分別。漢書藝文志六藝略謂「說五字之文（按當指堯典「若稽古帝堯」五字），至於二三萬言，後進彌以馳逐。」桓譚新論謂「秦近（延）君能說堯典篇目，兩字之說，至十餘萬言』。但說『曰若稽古，三萬言」，此即揚雄所謂「繡其鞶帨」。博士壟斷五經，五經大義反爲之隱晦，故揚雄主張對這些博士系統下的一堆語言魔術，加以省約。李軌以「但當得其義旨，不失其科條」，釋「解科」兩字，恐不妥當。「解科」與前引「發策決科」的「決科」相對。漢廷試士，將題目書之於策，此即所謂「策問」。被試者取策應答，此即所謂「發策」。科是甲乙的等第，決科是指由應答的情形以決定其等第。此處之所謂「解科」，殆指免除以博士們所繡的帨鞶，作爲決定考試的等第而言。換言之，揚雄一面尊崇五經，一面要求把五經從固陋貪鄙的博士系統中解放出來，有如馬丁路德，要求把新舊約的解釋權，由教庭的壟斷中解脫出來一樣。

由上可知，揚雄的推崇孔子，五經，一方面固然是來自董仲舒以後的學術大勢，同時也批判了由仲舒所引發的繞環五經的迂怪之說，也批判了博士系統中的固陋貪鄙之習，及繳繞汗漫的語言魔術（解釋）。他的推崇孔子、五經，實出自他在時代的衝激中，體驗出孔子與五經對人類生存所發生的維護的鉅大作用。吾子篇：

「震風陵（暴）雨，然後知夏屋之爲帡幪也。虐政虐世，然後知聖人之爲郛郭也。」

學行篇「孔子，習周公者也；顏淵，習孔子者也。」聖人與五經不可分，所以上引一段話中之所謂「聖人」，指的是周公孔子。周、孔之言，一方面爲生民捍禦暴政，同時指示人生社會以方向，因而與人生社會以安頓歸宿。虐政虐世，即使參與到統治集團之內的人，尚且在相伺相噬的機括之中；生民的精神與肉體，更被置於刀砧之上。聖人的人格及由人格所流露出的溫厚中正的語言，自然成爲黑暗中的光明，刀劍下的衽席。揚雄這幾句話的意味，實在是太眞切深遠了。這是在二千多年的歷史中可以得到證明的。

(3) 法言中對孔子把握的限制

揚雄在法言中，完全擺脫了太玄的格套，不把陰陽五行及律歷的數式，夾雜到法言中的聖人和五經上面來，這是來自他對典籍的客觀而忠實的態度，及在激盪時代中所作的深切反省。在激盪的時代中，還要堅持一套游離於現實之上的「玄」，這只證明學者「個人興趣」的極端自私。揚雄的這種態度，較之董仲舒以下的許多經學家遠爲理智清明而有時代感覺。但因他建立太玄這種形而上的系統，不知不覺的會從形上的觀點去了解孔子，了解聖人，不能從中庸之道的庸言庸行中去把握孔子的偉大，甚至有時想把孔子定位在形上的地位，以表現孔子，聖人的偉大。於是他所描述的孔子，多少使人感到空廓而缺乏生命實感。中庸讚誦孔子是「仲尼祖述堯舜，憲章文武，上律(法)天時，下襲水土。辟(譬)如天地之無不持載，無不覆幬，辟如四時之錯行，如日月之代明……」以聖人比天地只是「辟如」的說法，實則聖人並不是天地。又「大哉聖人之道，洋洋乎發育萬物，峻極於天，」這說的是聖人與天地萬物爲一體的精神，無所不至，所以便可上而峻極於天。「峻極於天」一語的根據，依然聖人是聖人，天是天。而聖人實際的內容，乃在「故君子尊德性而道問學，致廣大而盡精微，極高明而道中庸，溫故而知新，敦厚以崇禮。」是來自學問、工夫，對生命之光輝充實。在極力頌讚孔子的法言中，缺少這種把工夫落實於生活生命之上的叙述。問道篇「……或問衆人，曰，富貴生。賢者？曰，義。聖人？曰神……觀乎天地，則見聖人。由於禮義，入自人門。由於獨智，入自聖門。」問神篇」聖人存神索至，成天下之大順，致天下之大利，和天下之大際，使之無間也。」「或問聖人之經，不易使易知與。曰、不可。天俄而可度，則其覆物也淺矣。地俄而可測，則其載物也薄矣……」問明篇「聰明其至矣乎。不聽，實無耳也。不明，實無目也。敢問天聰明？曰昡昡（幽遠貌）乎惟天爲聰，爲天爲明……」五百篇「聖人有以擬天地而參諸身乎？」「聖人之言遠如天，賢人之言近於地。」「或問聖人占天乎？曰，占天地。若此則史也何異？曰，史以天占人，聖人以人占天。」君子篇「或曰，聖人之道天。天則有常矣。奚聖人之多變也。曰，聖人固多變……聖人之書、言、行、天也。天其少變乎？」「通天地人曰儒。通天地而不通人曰伎。」「聖人之材，天地也……」從論語看，孔子有時感到天的存在，感到自己與天的關連，但這都是感情上的眞感。易傳中所引的「子曰」，總是把古人由占筮所顯示的禍福，轉到人的行爲上加以解釋。論語中引用了易恒卦的「不恒其德，或呈之羞」的爻辭，但沒有孔子從事於著龜的痕跡。他說過：「四時行焉，百物生焉。」的極常識的話。但看不出他曾以人去占天，更看不出「占天地」，更看不出擬天地而參諸身。孔子也沒有把「通天地人」作爲儒者的要求。揚雄草太玄，認爲這是「占天地」，認爲這是通「天地人」，而不能了解這只是假「占」假「通」。便把自己的「存神索至」，把自己以太玄「通天地人」的工作，套到聖人身上去。聖人也只是「由於禮義」，無所謂「由於獨智」。聖人立言，只是求「言忠信」「辭達而已矣」。在聖人語言中的無窮意味，乃來自人我同在的偉大人格中流露出來，便透入到每一個正常人生命生活中的眞實裡去，決非如揚雄所說的不可使易知。例如孔子說「言忠信，行篤敬，雖蠻貊之邦行矣，言不忠信，行不篤敬，雖州里，行乎哉。」，體會到這幾句話的人，會把個人和社會整個生活動態，及由這些動態所發生的因果循環，用作這幾句話的證驗，而感到它的意境是如此的深遠無窮，而不是「聖人之言遠如天」的空話。揚雄之推崇孔子，是出於他的誠意。但他是背負著太玄的形上學架子，不知不覺的加在孔子的身上去，結果，只成爲外在的摸索，而不能透入到孔子的生命，人格裡面去。

正因爲如此，凡是這種型態的學者，可以了解西方哲學，很難接近孔子，了解孔子。

揚雄雖然從論語文字中提出了顏淵的突出地位，但顏淵之所以爲顏淵，他並沒有眞正了解。顏淵對於他，只是抽象的存在。這和上面所說的關連在一起，是更值得注意的問題。

修身篇「或問仁義禮智信之用？曰，仁，宅也。義，路也。禮，服也。智，燭也。信，符也。處宅，由路，正服，明燭，執符，君子不動，動斯得矣」。這是由孟子「仁，人之安宅也，義，人之正路也。」（離婁上）的話，敷演而來。問道篇「道德仁義禮譬諸身乎。夫道以導之，德以得之，仁以人之，義以宜之，禮以體之，天也。合則渾，離則散，一人而兼統四體者其身全乎。」按揚雄雖道德仁義禮智信並陳，這只是承襲儒家的通義。但他對於道，因夾纏著老子之所謂道的觀念，而又知道老子之所謂道，不同於儒家之所謂道，所以便把道加以空洞化。問道篇：「或問道。曰，道也者，通也，無不通道。曰，道若塗若川，車航混混（往來不絕之意），不捨晝夜。或曰，焉得直道而由諸？曰，塗雖曲，而通諸夏，則由諸。川雖曲，而通諸海，則由諸。或曰，事雖曲，而通諸聖，則由諸乎！」由他上面的話，可知「道」並沒有確定的內涵，而可將善惡混在一起，這或來自易泰、否兩卦的「君子道長，小人道消」，「小人道長，君子道消。」韓愈原道「由是而之焉之謂道」，「道與德爲虛位」，蓋由此而來。但這固不同於老子之所謂道，也不同於孔子之所謂道，因爲兩者都有確定的內涵。而儒家之所謂道，或係仁義之總稱，或以爲係仁義之所自出。中庸「率性之謂道」，包括了智仁勇及人倫關係。孔子「朝聞道，夕死可矣」，決非揚雄所說的空洞之道。

至於仁義禮智信，揚氏眞有所得的是智，這在後面還要提到。其次，凡是從外面可加以規定的，揚氏便說得相當恰當，所以他對禮的意義，雖無特別發揮，但陳述得相當恰當。而他把握得最淺的是仁，因爲仁是一種精神狀態，要由內心體驗而出，而不是由外面可加以規定的。他在政治方面提到仁時，因爲有客觀的事實作對比，有時也說得深切。但就立身行己上，有的乾脆不提，有的則說些不相干的話，這與論語、中庸、孟子上的情形成一個顯明的對照。他在修身篇開宗明義說「修身以爲弓，矯思（强力地思）以爲矢，立義以爲的，奠（定）而後發，發必中矣。」與孔子所說的「君子無終食之間違仁」（

論語里仁）及「依於仁」（論語述而），大異其趣。但他這幾句話的可貴，在於是他說出了自己體悟所到的眞話。君子篇「或問君子之柔剛，曰，君子於仁也柔，於義也剛」，這大概是從易說卦「是以立天之道，曰陰與陽。立地之道，曰柔與剛。立人之道，曰仁與義」來的。但以柔說明仁，與孔子的「剛毅木訥近仁」（論語子路），天壤懸隔了。君子篇又說「……自愛，仁之至也。」這流露出他是一個恬淡自愛的人，這種意思爲仁的精神所含有，但何足以言「仁之至」。正因爲揚氏沒有眞正把握到仁，而顏淵之所以爲顏淵，正在「其心三月不違仁」（註五十四），所以他並不能眞正了解顏淵。這要到宋代二程才能指點出來。

(4) 法言中的人性論及其教育思想

揚雄推尊孟子，但在心性的根源之地，却全未受孟子由心善以言性善的影響，而另創爲新說。因此，其論學多本於荀子而遠於孟子。

修身篇「人之性也善惡混。修其善，則爲善人。修其惡，則爲惡人。氣也者，所以適善惡之馬也與。」按「善惡混」，指善惡同在，其說蓋綜合孟子性善、荀子性惡之論，直承董仲舒「人之誠，有貪有仁。仁貪之氣，兩在於身。天有陰陽之施，身亦有貪仁之性，與天道一也。」（註五十五）的說法。但仲舒認爲天道是任陽而抑陰，陰的作用，遠不如陽的作用大，所以究其極，董氏實際還是主張性善的。

揚雄則知孔子未嘗言陰陽，故在言性上斥陰陽觀念而不用，亦不受董氏任陽而抑陰的影響，故斷言之曰「善惡混」。又董仲舒謂「身之有性情也，若天之有陰陽也。」（註五十六），是董氏以情屬陰而性屬陽，情惡而性善。揚雄學行篇「鳥獸，觸其情者也……人而不學，雖無憂，如禽何！」。又修身篇「……天下有三門，由於情欲，入自禽門……」是揚氏亦以情爲惡。揚氏若順着董氏的理路，則既以情爲惡，即應以性爲善，而不應言「善惡混」。或者揚氏也如董氏樣，就生而即有的本能言情，情亦可謂之性，故「人之性也善惡混」的「人之性」，實已把情包括在裏面。而單就惡的一面言，又不得不將情別出於性之外。在上引的一段話中，「氣也者，所以適善惡之馬也與？」這裏之所謂氣，蓋就人由生理各部份所發生的綜合力量而言，有如孟子志與氣相對而稱之氣（註五十七）。揚雄認爲性中的善與惡，都是潛存狀態。由潛存狀態轉而爲一念的動機，再將一念的動機加以實現，便須靠人由生命所發出的力量——氣。氣的本身是無所謂善惡的，只是像一匹馬那樣，載着善念或惡念向前走。但問題乃在善惡同在的性，是由什麼東西來作善或惡的選擇呢？董仲舒是要靠政治上的教化，揚氏則說是要由學由師。但怎樣能決定並選擇學與師，而肯對之勉力與信服呢？這是揚雄的性論所不能解答的，也即是他的性論的弱點。

孟子以仁義禮知之端，爲心的實體。荀子則以「虛一而靜」的心，可以「知道」，將以此救性惡說之窮。揚雄則以由心所發的作用以言心。問神篇「或問神（神妙不測）。曰，心。請問之。曰，潛天而天，潛地而地。天地神明，不測者也。心之潛之，猶將測之，況於人乎，況於事倫乎？敢問潛心於聖，曰，昔者仲尼潛心於文王矣，達之。顏淵亦潛心於仲尼矣，未達一間耳。神在所潛而已。」按以「精」言心的實體，以「神」言心的作用，因而出現「精神」一詞，蓋始於莊子。揚雄對莊子毫無契合，但他冥思作賦，極意草玄，對自己「認識心」的活動，確有一番體認。這裏所描述的心，實反映出他草玄時的精神狀態。但心的此種狀態的本身，只能說明心的探索認知的能力，並無善惡可言。所以儘管揚氏在治道上說「四海為遠，治之在心」（孝至篇）；在友道上說「朋而不心，面朋也，友而不心，面友也」（學行篇）；在文字表現上說「故言，心聲也；書，心畫也」（問神篇），都體認到心在各方面所發出的決定性的作用，但他依然不能說出像荀子解蔽篇中所說的心的主宰性的程度。這樣一來，人對於自己生命的價值，在生命的自身，沒有可以信賴的依據，於是人要能站起來，很難由自身的自覺，而特須外力的塑造，這樣便形成揚氏的教育思想。

法言第一篇是學行，這與論語以「學而時習之」為首章，荀子以勸學篇為第一篇，用意相同，表示他對學的特別重視。學行篇，一開始是「學，行之上也。言之，次也。教人，又其次也。咸無焉，為衆人。」這裏所說，好像是儒家的通義。但當時的博士，是學術的中心。博士的經常業務是教授「弟子員」。揚雄有許多話，是針對當時博士們說的。「教人又其次也」，含有貶低當時博士在學術上壟斷的意味。又「天之道，不在仲尼乎？仲尼駕說（已死之意）者也（註五十八），不在茲儒乎？如將復駕其所說（意謂使仲尼之道再顯於世），則莫若使諸儒金口而木舌」，這裏的「諸儒」，也是指博士而言。」金口而木舌」，卽論語「天將以夫子爲木鐸」的木鐸，意卽應使博士們不要「務碎義逃難，便辭巧說」（漢志六藝略），而應言孔子之所言。又說「師者人之模範也。模不模，範不範，爲不少矣。」這都是碱砭當時博士教授的情形。在談到揚雄的教育思想時，先把他對當時壟斷教育學術的博士系統的能力與學問所作的批評揭擧出來，對五經博士成立以後在學術與教育上的了解，應當有相當的意義。

下面的話，是揚氏所說的教育的功用：

㈠「或曰，學無益也，如質何？曰，未之思矣。夫有刀者礲諸，有玉者錯諸。不礲不錯，焉攸用（何所用）？礲而錯諸，質在其中矣。否則輟。」（學行篇）

㈡「螟蠕之子殪（隱翳），而逢蜾蠃，祝之曰，類我類我，久則肖之矣。速哉七十子之肖仲尼也。」（同上）

㈢「或問世言鑄金（按指方士鍊金之術），金可鑄與？曰，吾聞覿君子者問鑄人，不問鑄金。或曰，人可鑄與？曰，孔子鑄顏淵矣……」（同上）

㈣「學者所以修性也。視聽言貌思，性所有也。學則正，否則邪。」（同上）

㈤「師哉師哉，桐（侗）子（未成年之人）之命也。務學不如務求師。師者人之模範也。模不模，範不範，爲不少矣。」（同上）

㈥「一鬨之市，不勝異意焉。一卷之書，不勝異說焉。一鬨之市，必立之平。一卷之書，必立之師。」（同上）

按㈣正與「善惡混」的性論相符應。㈡㈢所說的「類我」「鑄人」，完全是由外力對一個人的改造，當然這裏不含有强迫的意思。因不能憑藉自身覺悟之力，決擇之功，則僅「務學」不能端正學的方向，及學的途徑，所以便說務學不如務求師。並且在當時，學是靠典籍，而師則是有知識有意志力的具體的人。教育既是對人的改造，便須要外在的力量。由典籍所發生的力量，當然不及由具體的人所發生的力量。上面的說法，皆係由荀子的「化性而起僞（人爲的努力）」（性惡篇）及「莫要得師」（修身篇）而出。

至於爲學的方法，也大體上來自荀子。

㈠「學以治之，思以精之，朋友以磨之，名譽以崇之，不倦以終之，可謂好學也已矣。」（學行篇）

㈡「孔子習周公者也，顏淵習孔子者也。……」（同上）

(三)「習乎習。以習非之勝是也，況習是之勝非乎。於戲！學者審其是而已矣。或曰，焉知是而習之？曰，視日月而知衆星之蔑也。仰聖人而知衆說之小也。」（同上）

(四)「或問進。曰，水也。或曰，為其不捨晝夜與？曰，有是哉，滿而後漸者其水乎……」（同上）

(五)「有教立道，無止，仲尼。有學術業，無止，顏淵……」（同上）

(二)(三)的所謂「習」，實同於荀子之所謂「積」。但(四)之所謂「漸」，不同於荀子之所謂「漸」，荀子之所謂「漸」（勸學篇），實同於揚雄之所謂習。揚雄言學的功效及所言治學之方，雖來自荀子，然荀子之言，在規模與意境上，遠較揚雄為深遠廣大，此亦兩漢學術不及先秦之一端。但從下面的材料，則可見揚雄一生治學的積極精神，老而不倦。這在對揚雄的了解上，也是相當重要的。

(一)「天下之通道五，所以行之一，曰勉。」（孝至篇）

(二)「或曰，孔子之道，不可小與？曰，小則敗聖，如何！曰，若是則何為去（去魯）乎？曰，愛日（愛惜光陰）。曰，愛日而去，何也。曰，由羣婢（齊人送女樂）之故也。不聽正諫而不用，噫者（疑衍文），吾於觀庸邪，無為飽食安坐而厭觀也。由此觀之，夫子之日亦愛矣。或曰，君子愛日乎？曰，君子仕則欲行其義，居則欲彰其道。事不厭，教不倦，焉得日（何得有暇日）。」（五百篇）

(三)「辰乎辰！（註五十九）曷來之遲而去之速也。」（問明篇）

(四)「君子謹於言，愼於好，亟於時。」(同上)

(五)「或曰，子於天下則誰與？曰，與夫進者乎！……」(君子篇)

(5) 智性是揚雄眞正的立足點，及其對當時迷妄的批評

揚雄承述儒家仁義禮智信之通義，然其眞正有得者乃在「智」的這一方面，因爲他一生的努力，都可以說是智性的活動。試看下面的材料：

(一)「學以治之，思以精之……」(學行篇)

(二)「視聽言貌思，性所有也……」(學行篇)

(三)「修身以爲弓，矯思以爲矢……」(修身篇)

(四)「智也者知也。夫智，用不用，益不益，則不贅虧矣。」(問道篇)

(五)「或問明，曰微。或曰，微何如其明也？曰，微而見之，明其詩乎。」(問明篇)

(六)「聰明其至矣乎。不聰，是無耳也。不明，是無目也……」(同上)

(七)「或問，小每知之，可謂師乎？曰，是何師與？是何師與？天下小事爲不少矣，每知之，是謂師乎？師之貴也，知大知也。小知之師，亦賤矣。」(同上)

(八)「或問人何尙，曰尙智……」(同上)

(九)「吾寡見人之好假者也。邇文之視，邇言之聽，假則偭焉。」（寡見篇）

(六)與(八)說出他自己是眞正以智爲安心立命之地。(六)的「聰明」卽是智的實際活動。由「聰明」更進一步便是「思」，所以(一)(二)(三)所說的思，也是智的活動。(四)的意義最爲深切，但歷來注解家未能把它解釋淸楚。「智者知也」，知是對智的對象的理解。智所不及的客觀世界，對於人而言，都是一團渾沌。實際則是生命自身在此一方面的一團混渾。在此渾沌中，不能把握客觀世界，不能在主體與客體之間駕一道確切連結的橋樑，於是客觀與人的主體，成爲不相干的存在，主體的自身也不能確定自己存在的位置。人在此一階段的存在，是因渾沌而飄浮窘縮的存在。所以人的進步，必首先表現在知的方面。因智是把本爲人所不知的東西，變爲被人所知的東西，於是可發生一種功效，卽是把本來不爲人所用的東西，變成爲人所用的東西；把本來無益於人的東西，變成於人有益的東西，此卽(四)所說的「用不用」，「益不益」。雖然揚氏此處所說的用與益，並不一定是就物質上的生活而言，但他的這一說法，推到人的物質生活上以說明智的功效，依然是很有意義的。(五)(七)(九)說明智所追求的目標是「微」是「大」，是「假」（遠），這說明了西漢學術所追求的目標，乃天人性命的貫通一體，亦卽是以天人合一爲智所追求的最高目標。揚雄的草玄，就他來說，卽是實現此一目標。用現在語言來說，他們智的活動對象是哲學而不是科學，儘管裏面也概括了一部分科學的內容（如歷）。這樣，揚雄的重智，畢竟不能對中國古代的科學有所貢獻。

雖然如此，但因揚雄有「智」的自覺，所以他和董仲舒這一系列的人相較，他的智性活動，較爲純淨而少夾雜。他在方法上，把握到非常符合理智活動的要求。他說「幽必有驗乎明，遠必有驗乎近。大必有驗乎小，微必有驗乎著。無驗而言之謂妄。君子妄乎？不妄。」（問神篇）科學的目的，本是要把不可視，不可量的東西，變成爲可視可量的東西，這樣才能不斷的進步。以證驗將幽明大小遠近連接起來，雖智的活動對象不同，也未嘗沒有這種意味。在揚雄的立場來說，他的太玄，以符號、數式，把天道的運行表達出來，並落實在人事的善惡吉凶之上，正是他上面所說的一段話的實現。假定太玄的目的，不在善惡吉凶上落脚，則在他的形而上系統中，也會含有科學的意味。這一點，似乎未嘗不可以用到董仲舒、京房、劉歆他們整個地努力上。但他們把追求存在的眞實，與追求價值的眞實混淆在一起，便使他們整個的企圖都落空了。現代科學史家，以「鉅視」與「精視」，作爲古代與近代科學努力方向不同的分別。所以西漢人要把握到天道，把握到宇宙，在時代上說，並不爲過。同時就太玄、三統歷來說，除「歷」的部份是眞實的知識以外，其他的都是假知識。但假知識是通過一套理智的活動所建立起來的，這也可以說是通過合理主義的活動所建立起來的，便也和西方形而上學樣，假知識並不等於迷信。相反的，揚雄以他的理智精神、合理精神，批評了自戰國末期以來，至董仲舒以後，而大盛的一批誇大乃至迷信的說法，這似乎是很少人注意到的。下面簡錄點這類的材料。

(一)「或問堯將讓天下於許由，由恥，有諸？曰，好大者爲之也。顧由無求於世而已矣……」(問明篇)

(二)「或問五百歲而聖人出，有諸？曰，堯舜禹，君臣也，而竝。文武周公，父子也，而處。湯孔子數百歲而生。因往以推來，雖千一，不可知也。」(五百篇)

(三)「或問星有甘石，曰，在德不在星。德隆則晷(測)星。星隆則晷德。」(同上)

(四)「象龍之致雨也難矣哉。曰，龍乎龍乎？」(先知篇)

(五)「或問黃帝終始，曰，托也。昔者姒氏(禹)治水土，而巫步多禹。扁鵲，盧人也，而醫多盧。夫欲讎(售)僞者必假眞。禹乎！盧乎！終始乎！」(同上)

(六)「或問趙世多神，何也？曰，神怪茫茫，若存若亡，聖人曼(無不)云。」(同上)

(七)「樗里子之知也，使知國如葬(註六十)，則吾將以疾爲蓍龜。」(淵騫篇)

(八)「或問人言仙者，有諸乎？吁！吾聞伏羲神農沒，黃帝堯舜殂落而死，文王畢(葬於畢)，孔子魯城之北，獨子愛其死乎？非人之所及也……或曰，世無仙，則焉得斯語。曰，語乎者非囂囂也與？惟囂囂爲能以無爲有。……」(君子篇)

(九)「或問壽可益乎？曰德。曰，回牛之行，德矣，曷壽之不益也？曰，德故爾。如回之殘，牛之賊也，

焉得爾。曰，殘賊或壽。（殘賊之人，有時而壽）。曰，彼妄也。君子不妄。」（同上）

(十)「有生者必有死，有始者必有終，自然之道也。」（同上）

(一)「好大者爲之也」一語，可以解釋許多被誇大了的傳說。孟子和董仲舒，都是揚雄所敬重的人。(二)是駁孟子「五百年必有王者出」之說。(四)是駁董仲舒以土龍致雨之事。(三)駁先秦以來所流行的占星術。(五)不僅駁流行甚盛的五德終始之說，且駁了巫醫中的假傳。(六)所駁斥的趨世多神，實卽駁斥王莽爲了企圖篡漢所提倡的符瑞讖緯之說。(七)中的故事，乃史記所紀錄。他了解史記中所錄的，必有根據，不便正面加以否定，故特減輕其意義。在揚氏上述的批評中，充滿了合理主義的精神，受他的影響最大的桓譚、張衡也是如此。王充則有此一傾向，而學養不足，故不足與此三人相倫比。

(6) 學術性的人物批評

上面概略敍述了揚雄的思想輪廓。這裏看他在法言中的人物批評。法言中的人物批評，可分爲兩部份，一部份是站在學術性的立場所作的批評，另一部份是站在政治的立場所作的批評。在前一部份的批評中，卽是他所作的「小諸子」的批評。而他在淵騫篇中提出了批評的標準。他說「妄譽，仁之賊也。妄毀，義之賊也。賊仁近鄉原。賊義近鄉訕。」此一標準，他認爲是貫通於兩種批評之中。

揚雄立孔子爲宗極，把孟荀提到諸子之上，這在前面已經說到。他從嚴君平所受的影響是老子，他寫反離騷逐貧賦解嘲等作品時的思想底子是老子，他的太玄的最高根據是「玄」，亦卽是老子。但他在法言中，却對老子，作了一番有所取捨的批評。

㈠「老子之言道德，吾有取焉耳。及搥提仁義，絕滅禮樂，吾無取焉耳。」（問道篇）

㈡「聖人之治天下也，礙（凝）之以禮樂。無則禽，異則貉。吾見諸子之小禮樂也，不見聖人之小禮樂也……」（同上）

㈢「或問無爲。曰奚爲哉！在昔虞夏襲堯之爵，行堯之道，法度彰，禮樂著，垂拱而視天下民之阜也，無爲矣。紹桀之後，纂紂之餘，法度廢，禮樂虧，安坐而視民之死，無爲乎？」（同上）

㈣「或問太古塗（塞）民耳目，惟其見也，聞也。見則難蔽，聞則難塞。曰，天之肇降生民，使其目見耳聞，是以視之禮，聽之樂。如視不禮，聽不樂，雖有民，焉得而塗諸。」（同上）

㈤「或問新敝。曰，新則襲之，敝則益損之。」（同上）

㈥「惠以厚下，民忘其死。忠以衞上，君念其賞。自後者人先之，自下者人高之，誠哉是言也。」（寡見篇）

㈦「天道勞功（勞而有功）。或問勞功？曰，日一曰勞，考載曰功。或曰，君逸臣勞，何天之勞？曰，於事則逸，於道則勞。」（孝至篇）

㈠㈡㈢㈣㈦，都是從實際政治上批評老子無爲思想，愚民思想的有所不足，亦卽是不合實際。㈦駁老子天道君道的主張，尤爲深切。㈤是反駁老子十五章「夫唯不盈，故能蔽（敝）不新成」的，也是就政治上說。㈥的重點在「惠以厚下」一句，這是對專制之主，翹然高出於人民之上，對人民作無限要求而說的。上面的批評，都非常平實。尤其我注意到他對老子的批評，不曾把老子和其他諸子關連在一起，這與下面將諸子作連帶的提出，是揚雄實際也把老子提高到諸子之上。

在其他諸子的批評中，有時把莊周與韓非並稱，頗爲奇特。「或問，有人倚孔子之牆，弦鄭衞之聲，誦韓莊之書，則引諸門乎？曰，在夷貉，則引之；倚門牆則麾之……」（修身篇），這裏是將「韓、莊」並稱。「莊周申韓，不乖寡聖人，而漸諸篇，則顏氏之子，閔氏之孫，其如臺。」（問道篇），這裏又是莊周申韓並稱。不過應注意到，當他把申、韓與莊周並稱時，則對申、韓多恕辭。單獨稱到申、韓時，乃切就現實政治而言，則非常嚴正深刻。這將另作論述。當他說「或曰，人有齊生死，同貧富，等貴賤，何如？曰，作此者其有懼乎。信死生齊，貧富同，貴賤等，則吾以聖人爲囂囂」（君子篇）。說莊子「其有懼」，則他亦未嘗不知莊子。又「或曰，莊周有取乎？曰，少欲。鄒衍有取乎？曰，自持。（歸於仁義）。至周，罔君臣之義，衍無知於天地之間。雖鄰不覿也」（問道篇）。「或問鄒莊有取乎？曰，德則取，愆則否。何謂德愆？曰，言天地人，經，德也。否，愆也。愆語君子不出諸口」（

問神篇)。此處批評莊周罔君臣之義，對於莊周思想來說，是全不相干的。批評鄒衍無知於天地之間，是認爲衍所談的天及大九州說，於「經」無據，而太玄所言的天、地、人，乃以易爲準。不過，由現在看來，太玄雖由數式推演而出，鄒氏則多來自想像，其在知識上的不能成立，是沒有兩樣的。至於他說「莊楊蕩而不法，墨晏儉而寡禮，申韓險而無化，鄒衍迂(濶)而不信」，則相當地平實。但由漢書藝文志所著錄的鄒衍著作及由鄒衍所流演出來的著作看，鄒衍之說，在西漢學術中，發生很大的影響，這種影響都是不好的。揚雄對鄒氏無所假借的批評，是表示對此一影響的抗拒。

(7) 哲學家與史學家對蹠之一例

重黎、淵騫兩篇，則意在準春秋以補正史記的缺失，這可以說是他的「史觀」。要評價他的史觀，先看他對司馬遷的評價。

(一)「或曰，淮南，太史公者，其多知與！曷其雜也。曰，雜乎？雜。人病以多知爲雜。惟聖人爲不雜。」(問神篇)

(二)「或問，司馬子長有言曰，五經不如老子之約也。當年不能極其變，終身不能究其業。曰，若是，則周公惑，孔子賊……」(寡見篇)

(三)「或問周官，曰立事。左氏，曰品藻。太史遷，曰實錄。」(重黎篇)

㈣「淮南說之用，不如太史公之用也。太史公，聖人將有取焉。淮南，鮮取焉耳。必也儒乎。乍出乍入，淮南也。文麗用寡，長卿也。多愛不忍，子長也。仲尼多愛，愛義也。子長多愛，愛奇也。」（君子篇）

有一件很奇怪的事情，是史記自序史公所錄論六家要旨，分明說是出於司馬遷的父親司馬談，但揚雄却認定是代表司馬遷的思想。班彪受此影響，用到司馬遷傳讚中去，這是沒有討論的價值。㈢說史記是實錄，是說史記所紀錄的都有文獻及事實的根據。由此可知崔適誇張何休公羊解詁的謬說，著史記採原，眞是妄誕之尤。這裏值得討論的是：揚雄將淮南與史公並稱，因爲在西漢時代，淮南子與史記，實爲最龐大的著作，不是其他著作可以比擬。揚氏在法言中沒有特別提到其他西漢人的著作而只特別提到淮南、史記，這說明他對此兩著作的重視。他雖稱讚「董仲舒之才之邵（美）也」（修身篇），但對董氏的學術，只說「災異，董相夏侯勝京房」（淵騫篇）。在互相比較之下，更顯得揚氏在評斷西漢學術時的鉅眼。但這並不說明他眞正了解兩人的著作。

揚氏把淮南子的價值，安放在史記的下位，這是適當的。但說聖人對淮南「鮮取焉耳」，只能就淮南子中道家的思想，尤其是其中莊子的思想而言。但其中儒家思想之純之大，以及言法言禮之精且深，正不能因其「乍出乍入」而聖人無所取。至於㈠㈣以「雜」以「好奇」批評史公，正說明一個賦有哲學家的性格的人，無法對一位偉大地史學家，作相應的了解。

哲學家的特點，尤其是形上學者的型態，雖然要把各種事物、觀念，組成一個大系統，自己坐在大系統的頂尖上，以滿足學術上權力意志的要求；但當他們將各種事物、觀念加以組織時，實際是拿自己的觀念作一根直線，同時又作一副刀斧，把各種事物、觀念，作毫不留情的「斧削」，以鎔入到自己的直線中去。凡不能鎔入的都斧削掉了，並加以貶斥。因此，形上學家所建立的系統，常常是客觀世界的萎縮，是形上學家自己觀念直線的膧大。這在顯發某種理念的意義，及理性操運的歷程，使它自然融入於歷史文化巨流之中，有其適當的價值。但以此來談具體的歷史，必定遺棄或歪曲具體的歷史，而代替以自己膧大了的直線。所以在黑格爾哲學的堂皇建築中，最沒有意義的是他的歷史哲學。實際是受黑格爾的影響而將歷史中的某一因素擴大而成什麼史觀或什麼歷史哲學的，其解釋歷史的某一部分之功，終不能抵阻擾亂客觀探求歷史眞實之過。

歷史是由人的具體生活積累而成。人的具體生活，由原始階段進入到文化階段，生活的形態，由簡單而日趨複雜；有合理的一面，有不合理的一面；有既非合理，也非不合理的一面，更多的是合理與不合理混在一起的一面。而所謂合理，不合理，也分化爲各種各樣的情態，不可以一端論，不能以一格拘。所以「雜」與「好奇」，正是一個偉大史學家能與具體歷史相應的心態與能力。司馬遷繼孔子的春秋著史，以孔子爲西周幽厲後的歷史運命所寄，此種基本精神，貫通於全書。從此一角度說，史記乃一有統貫之著作，不能謂之雜。但史公所把握的孔子，是活的，富有創動性，富有社會性的孔子，與揚雄所把握者已大異其趣。所以史公在資料上，既「考信於六藝」，但猶貫穿百家之言。對古代傳說及當時口語，亦不輕加放棄。雖尊重孔子及六經，但凡有著作之人物，幾無不爲之立傳或附傳，幾無不言及其著作。在人物上，既有準春秋以褒貶之意，但又承認各種形態之人物，而都與以適當的評價。史記中附載着有許多小人物小故事，因而可以反映社會之某一面，乃至可以暴露事實之眞相，非其感觸之敏，與趣之廣且高，決不能及此。從這些角度看，可以說史公是雜，史公是好奇。但史公的雜，正如一個偉大文學作品樣，複雜中有統一，統一中有複雜。他的好奇，乃感人之所不能感，見人之所不能見，了解旁人之所不能了解，也正是史公所以是一位偉大史學家的條件。哲學家常看不起史學家，因爲他們只看得起歷史中的某一點，而看不起歷史中的全面。

揚雄是一個思索型的人。中年以後草玄，走上形上學哲學之路。他既不足以了解史公，則他在重黎淵騫兩篇中所表現的「史觀」，乃是以在他手中硬化了的孔子作爲一條貫通歷史人物的史觀。這並不是完全沒有意義，但多數表現他所把握的歷史，是生硬的歷史，不能像司馬遷這樣接觸到活生生的歷史生命。

(8) 揚雄對歷史的了解及對歷史人物的批評

歷史批評的後面，必潛伏有對自己所處的時代的批評，或實際即是指向自己的時代。這種批評，不僅是政治性的，同時也反映出他對歷史的了解。但在揚雄的處境中，他所作的批評不能不出之以特別的隱密。重黎篇一開始是「或問南正重司天，北正黎司地，今何僚也？曰，近羲近和。孰重孰黎？曰，羲近重，黎近和。」汪疏「自平帝元始以來，即有羲和之官，始終皆劉歆爲之，乃太史之長，主管律歷。至莽始建國元年，更定百官，改大司農曰羲和，則與前劉歆所任之羲和，名同實異。由大司農更名之羲和，在天鳳中又更名爲納言。更將羲和分爲羲仲、羲叔，和仲、和叔之官，分屬四府。」王莽好紛更而流於混亂，大率類此。揚雄此條，可能是借歷史上黎與重本來職掌是近羲近和，加以指出，以諷刺王莽官制之亂。否則沒有方法可以了解此條的意義。在當時借古以立官制的風氣下，揚雄便只好由古的陳述以達到他批評王莽的目的。

五德終始之說，成爲歷史遞禮的哲學解釋。漢自文帝時起，紛擾近兩百年。所以重黎一條之後，便是「或問黃帝終始。曰，托也」一條，以澄清對歷史了解的障礙。接着是「或問渾天」一條，表明他贊成渾天，反對蓋天的主張。他認爲「歷」是人所能確切把握到的天道，這是形成歷史的骨幹，所以也在這裏鄭重加以提出。此後則進入歷史人物的批評。

史記越王勾踐世家，史公謂「范蠡三遷，皆有榮名，名垂後世。」並特爲伍子胥立傳，大其爲父復仇之義。說他是「棄小義，雪大耻，名垂於後世。」「隱忍以就功名，非烈丈夫孰能致此哉。」揚雄在「或問子胥種蠡孰賢」一條，譏子胥「破郢入楚」之所作所爲，「皆不由德」；對文種范蠡，先「不強諫而山棲，俾其君詘社稷之靈而童僕，又終斃吳，賢皆不足卲（美）也。」這些批評，都是針對史公的觀點而發的。史公之美子胥，實據公羊春秋以立言，揚氏似未受公羊春秋的影響。

史公爲陳涉（勝）立世家，在事實的敍述中，亦未嘗諱言其短。但謂「陳勝雖已死，其所置遣諸侯王將相竟亡秦，由涉首事也。」不沒其首事之功。且在自序中謂「桀紂失其道而湯武作，周失其道而春秋作。秦失其政而陳勝發迹……」是史公以陳勝揭竿而起的歷史意義，可比之於湯武及孔子之作春秋，此種卓識巨眼，眞越度千古。乃揚雄針對史公而在「或問陳勝吳廣」條，而斥之「曰亂」。

「或問六國竝（並存），其已久矣，一病一瘳，迄始皇，三載而咸（皆屬秦）；時激，地保，人事乎？」一條，始皇以二十六年并天下，此云「三載而咸」，兪樾以爲王莽居攝三年而即眞，「然則所謂始皇三載者，其文則指始皇，其意則在新莽………其旨微，其言曲矣。」兪氏之說，較汪疏「疑三載乃三十載之誤，舉成數言，故曰三十載」之說爲可信。因另一條揚氏分明言「嬴政二十六載天下擅秦」，無所謂擧成數之說。

「或問秦伯列為侯衞，卒吞天下，赧曾無以制乎」條，揚雄推原周亡秦興之故，在秦「文宣靈宗，興鄜密上下（作鄜時密時上下時）事四帝，而天王不匡，反致文武胙。」此實本於史公六國年表序。序謂「太史公讀秦記，至大戎敗幽王，東周徙洛邑，秦襄公始封為諸侯，作西時，用事上帝，僭端見矣……今秦雜戎翟之俗，先暴戾，後仁義，位在藩臣，而臚於郊祀；君子懼焉。」，這段話在史公只是因事發端，而歸結於「蓋若天所助焉。」以見在政治上秦無可以得天下之理，這是對秦歷世所用的權變詐力，澈底加以否定。揚雄執此一端以論周秦興亡之故，無多大意義。

「或問嬴政二十六載，天下擅秦」條，以「天」與「人」論六國、秦、楚（項羽）、漢、興亡之故。他所說的天，是指「周建子弟」，以封建而得延長國祚。「六國蚩蚩，為嬴弱姬。」「故天下擅秦」。秦「罷侯置守」，而項氏暴强，改宰侯王，「故天下擅楚。」「有漢創業山南，發迹三秦，追項山東，故天下擅漢。天也。」他的所謂「人」是「兼才、尚權、（右計），左數（不離計數之中），動謹於時，人也。」而歸結於「天不人不因，人不天不成」，似乎說得很圓到。但史公在史記中之所謂天，乃指不能以行為因果法則作合理解釋的情勢而言，實同於一般所說的命運，乃至近於今日所謂「歷史地偶然」。揚氏以「制度」為天，實不可解。更重要的是：歷代興亡的因素，是相當的錯綜複雜。而在錯綜複雜的因素中，又有最主要的因素。史公既把許多錯綜複雜的因素，條理於各本紀及世家中，以事實作客觀而具體的說明。復引賈誼過秦論以作總的解釋；賈生此論所表現的識量宏大深遠，遠非揚氏所及。史公復於項羽之亡，斷之以「自矜功伐，奮其私智，而不師古。」於漢之興，特著劉邦「此三人（張良、蕭何、韓信）皆人傑也。吾能用之，此吾所以取天下也。項羽有一范增而不能用，此其所以為我擒也」（史記高祖本紀）之語，以顯其主要的因素。揚雄則將複雜的因素，加以簡單化，這是離開活的歷史以論史。但他在「人」的因素上，沒有擺出儒家的一套準繩，這一方面說明他對漢之所以興，未嘗加以誇大粉飾。且可能暗示莽之所以能篡漢，並不是來自他所標榜的儒家理想，那不過是用來騙人的。實際上不過是「兼才尚權，右計左數」等因素而已。

「或問楚敗垓下」條，以「漢屈（盡）羣策，羣策屈羣力；楚憞（悖）羣才而自屈其力。」論楚漢興亡，與史公意不相出入。「或問秦楚既為天典命矣」條，以「秦楚彊倪震撲，胎（怠）藉（棄）三正，播其虐於黎苗，子弟且欲喪之，況於民乎，況於鬼神乎。」以答復「興廢何速乎」之問，僉以為「此論秦楚而秦楚無子弟欲喪之事……蓋為王莽發也。莽子宇非莽隔絕衞氏……莽執宇送獄飲藥死。其後皇孫公崇公宗，坐自畫容貌，被天子衣冠自殺……事在天鳳五年，亦揚子所及見也。然則所謂子弟且欲喪之，殆以是而發乎。」我覺得此說可以成立。

「或問義帝初矯（立）……設秦得人如何？曰，人無為秦也。喪其靈（威靈）久矣」條，汪疏以為此乃針對史公引賈誼過秦論「借使子嬰有庸主之材，而僅得中佐，山東雖亂，三秦之地，可全而有」而說的。班固典引謂「復責小子云，秦地可全，所謂不通時變者矣」，蓋本揚氏以立說。揚氏此處的看法，是可以成立的。

史公寫黥布淮陰侯兩列傳，充滿了尊敬與同情之心。並在蕭相國世家贊中，暗示韓信彭越黥布之功，實遠在蕭何之上。但揚氏在「韓信黥布，皆劍立南面稱孤」一條，以「無乃勿（昏亂）乎」加以抹煞。並謂其「忠不終而躬逆。」此昧於史實，缺乏史公所富有的歷史地良心。漢書三十四韓彭英盧吳傳贊謂「吳芮彭越黥布臧荼盧綰與兩韓信，皆徼一時之權，以詐力成功……卒謀叛逆，終於滅亡。」將他們的才智，功勳，寃屈，一概置之不論，這是受了揚雄的影響。

對淳于越（諫始皇不分封功臣子弟）、茅焦（諫始皇使親迎其母）、蔡生（漢書作韓生，說項羽都咸陽）、酈食其、蒯通各人的批評，皆迂腐而無關宏旨。責李斯以「焉用忠」，這是對的。但不如史公引李斯「人之賢不肖，譬如鼠矣」的小故事，寫出足以概括李斯一生的基本性格。至於他稱贊霍光「始元之初，擁少帝之微，摧燕（燕王旦）上官之鋒，處廢興之分，堂堂乎忠，難矣哉」，這分明是針對王莽而發。

「或問馮唐面文帝」一條，謂文帝能用頗牧，因而稱道文帝的「罪不孥，宮不女，館不新，陵不墳。」這與史公的態度，是大抵相同的。

「或問交，曰仁」一條，論及張耳陳餘及竇嬰灌夫的交誼問題，無深意。學行篇謂「頻頻（比周）之黨，甚於鶗斯，亦賊夫糧食而已矣。朋而不心，面朋也。友而不心，面友也。」由此可以推知揚雄友道上的遭遇，甚爲難言，故特有感於張陳竇灌之事。史公在史記中，對友道也不斷發出深重的感喟。

「或問季布，忍（忍辱爲奴）焉可爲也。曰，能者爲之，明哲不爲也……明哲不終項仕。如終項仕，焉用避？」條，是針對史記季布列傳贊而加以貶抑的。季布列傳贊，以季布爲項將而「以勇聞於楚……可謂壯士。然被刑戮爲人奴而不死……彼必自負其材，故受辱而不羞，欲有所用其未足也，故終爲漢名將。」在這一點上，史公以自己的用心去原季布的用心，實能得其神髓。而季布之所以爲季布，乃在其「終爲漢名將」，而揚雄竟以不應避死責之，實爲迂濶。「或問賢，曰，爲人所不能」條，以顏淵黔婁四晧韋玄爲賢人，這是就能安貧及不汨沒於權勢這一點來說的。此與問神篇讚嘆「谷口鄭子眞，不屈其志，而耕乎巖石之下」；及問明篇讚嘆「楚兩龔之絜，其淸矣乎。蜀莊（嚴遵）沈冥……久幽而不改其節」，同樣反映出揚氏居昏亂之朝，欲隱而未能果決的心理。同條以藺相如之屈於廉頗，欒布之不倍彭越，朱家之不以救人爲德，直不疑之不校同舍誤疑其盜金，韓安國之陰往長安釋景帝對梁孝王之疑忌，皆稱許其爲「長者」。及「或問臣自得」「自失」條，論石慶金日磾張安世丙吉爲自得，

（自己謹厚獲知於主），以李廣利田廣明，韓延壽趙廣漢爲自失，議論未嘗不當，然皆無關鴻鉅。

「楊王孫倮葬以矯世」，謂「矯世以禮」而不應以倮，此係以儒家尺度衡斷道家人物。

淵騫篇主要係評論個人，玆選其主要者加以敍述。「或問淵騫之徒，惡乎在」條，實本史公伯夷列傳之意。「或問信陵平原孟嘗春申益乎」條，斥他們爲「奸臣竊國命」，此乃暗於當時歷史背景。史公以「好客」「養士」爲中心，反映當時遊士的風氣，並附帶敍出其中的若干特出人物，遠有歷史意義。

「周之順赧」條，認爲「周也羊，秦也狼……羊狼一也；」此一觀點，甚有意義。侵暴他人是罪惡，自己孱弱以誘人的侵暴，也是罪惡。

「魯仲連偒（蕩）而不制」條及「或問鄒陽」條，對兩人的批評，與史公在魯仲連鄒陽列傳中的觀點不相出入，而史公特言之親切。

「或問呂不韋」條，責不韋爲「穿窬之雄」，與史公在呂不韋列傳贊中「孔子之所謂聞者，其呂子乎」之言，大異其趣。而史公的評斷，遠較揚雄爲深切。

「秦將白起不仁」條，以不仁責白起，未嘗不當。史公則在白起列傳中從「料敵合變，出奇無窮，聲震天下」的方面去把握白起。

「或問要離非義者與」條，以「實蛛蝥之靡（爲）也」評要離，以「實壯士之靡也」評聶政，以「

實刺客之靡也」評荆軻，皆斥其「焉可謂之義也」。要離事見呂氏春秋忠廉篇及吳越春秋闔閭內傳；聶政荆軻，則見於史記刺客列傳。要離請吳王戮其妻子以求見信於王子慶忌，然後從而刺之江中，太不近人情。與專諸之養母，及聶政之護姊，絕不相侔。史公未將其收入刺客列傳，恐不一定是出於遺漏。史公在刺客列傳贊中謂「自曹沫至荆軻五人，其義或成或不成，然其立意較（明白）然，不欺其志，名垂後世，豈妄也哉。」揚雄的話，當然是針對史公而發。

「或問儀（張儀）秦（蘇秦）」條，斥儀秦爲「詐人」，並以一在「解亂」，一在「富貴」，爲子貢與儀秦的分別，都很得當。但史公在張儀列傳贊中既斥「此兩人眞傾危之士哉」，同時「列其（蘇秦）行事，次其時序，毋令獨擅惡聲焉。」在貶斥中亦賦予以同情。

「美行園公綺里」條，以「美行」評四皓，以「言辭」評婁敬陸賈。以「執正」評王陵申屠嘉，以「折節」評周昌汲黯，以「守儒」評轅固申公，以災異評董仲舒夏侯勝京房，皆不失爲平實。

「或問蕭曹條，評到了蕭何曹參滕公灌嬰樊噲酈商叔孫通爰盎晁錯及酷吏貨殖循吏游俠佞倖。其中有值得特別注意的是：「叔孫通，曰，槧人也。」李軌釋以「見事敏疾」。或釋作「簡牘之人」。或以槧當爲鏨，銳進之意，因叔孫急於作禮樂。（皆見汪疏所引）。汪氏則以槧讀爲憸，憸險之人。皆無據。按說文六上「槧，牘樸也。」段注「槧謂書版之素，未書者也。」叔孫通雜采秦儀以制漢儀，與古禮乖異，揚氏以叔孫實不知禮。則所謂槧人者，叔孫通在秦時雖「待詔博士」，又爲漢太常，實乃未讀書之人，猶槧本以作書而尚未書。

「晁錯，曰愚」，蓋他爲太子家令時，「太子家號曰智囊」，卒被斬東市，故揚氏特以「愚」目之，以其不知進退存亡之義。

「貨殖，曰蚊。」這是對史記貨殖列傳中的人物所作的批評。認他們有如蚊一樣，吸他人之血以自飽。此乃反駁史公貨殖列傳之觀點。史公貨殖列傳之觀點，最能剖視社會現實，兼把握經濟發展之法則與其重要性。這是在西方，要一直到十七、八世紀才能出現的思想，眞可謂千古卓識。而揚氏以「蚊」的一面抹煞貨殖人物的全部作用。班固受此影響，在漢書貨殖傳中，强調由政治力量所加於社會生活的等差，阻遏經濟自由發展之趨向，謂貨殖中人「運其籌策，上爭王者之利，下錮齊民之業，皆陷不軌奢僭之惡。」並責史公「述貨殖，則崇勢利而羞貧賤。」完全沒有了解史公眞意所在。把史公突出進步的思想加以阻遏了。

在「貨殖，曰蚊」一句下是「曰，血國三千，使捋（采）疎（疏）飲水，褐博，沒齒無愁也（耶）？」俞云「漢書王莽傳，始建國四年，授諸侯茅土，諸侯之員千有八百，附城（附庸）之數亦如之，是合諸侯與附城凡三千六百國。血國（吮血之國）三千，依莽制言之，擧成數耳。揚子此文，蓋亦有識焉。是時圖籍未定，未授國邑，且令受俸都內，月錢數千，諸侯皆困乏。……今天下建國三千，彼得國者亦將血之以自肥也。乃使之捋疏飲水褐博，沒齒無愁邪?」如兪說可信，則揚雄因貨殖對社會之剝削，而感嘆及王莽妄行封建所能引起的政治對社會的剝削，此又不能不佩服揚氏的卓識。惜乎班氏沒有理解揚氏這一方面的意義。

「游俠，曰，竊國靈也。」此乃反駁史公游俠列傳中的觀點。在史公心目中，游俠是救人緩急，爲人打不平的社會勢力。在專制政治下，「以中材而涉亂世之末流，其遇害何可勝道」，「而布衣之徒，設取予然諾，千里誦義，爲死不顧世，此亦有所長，非苟而已也，故士窮窘而得委命，此豈非人之所謂賢豪間者邪。」史公把侵凌孤弱，役貧自快的暴豪之徒，與游俠劃清界線。「余悲世俗不察其（游俠）意，而猥以朱家郭解等，令與暴豪之徒，同類而共笑之也。」史公在政治力量以外，尚承認應有經濟與游俠的社會勢力。揚雄則只知有政治力量，而忽視社會勢力，故以游俠爲竊國威福之柄（靈）。班固受此影響，在漢書游俠傳中，大倡「民服事其上，而下無覬覦」的政治等級命定論，認爲「郭解之倫，以四夫之細，竊殺生之權，其罪已不容於誅矣。」並責史公爲「退處士而進奸雄」，這都是發揮揚雄的義旨。

「或問近世社稷之臣」條，歷舉張良陳平周勃霍光四人之所長，而謂「終之以禮樂，則可謂社稷之臣矣」，此蓋不認漢有社稷之臣。評董仲舒是「欲爲而不可得」，評公孫宏是「容（苟且求容）而已」，尙屬平實。

「或問近世名卿」條，擧張釋之雋不疑尹翁歸王尊等之一節以當之，此皆無關鴻鉅。至以衞青霍去病爲名將，則係未讀通史公衞青霍去病列傳之故。二千年中，竟無人眞能讀通此傳。

「世稱東方生之盛也，言不純師，行不純表。其流風遺書，蔑如也」條，主要是反駁褚少孫補史記滑稽列傳所錄東方朔傳的。史公滑稽列傳，對淳于髡這班人能以智術口才，自抒其志於統治者之前，頗爲欣賞，所以傳贊中說「豈不偉哉」。史公用的「偉」字，只有把一般士大夫在統治者面前的卑躬折節，與淳于髡們的伸眉肆志，兩相比較，才可以領略得到。但滑稽列傳中沒有收東方朔。索隱引仲長統桓譚對此曾加以非難之言。但史公未傳東方朔，恐係另有爲今日所不能明確判定的原因，決非出自輕視。大約東方朔的生前，尤其是在其死後，盛爲人所稱道，所以在褚少孫「復作故事滑稽之語六章」中，以記東方朔者最爲出色。中有一段是：

「朔行殿中，郎謂之曰，人皆以先生爲狂。朔曰，如朔等所謂避世於朝廷間者也。古之人，乃避世於深山中。時坐席中，酒酣據地歌曰，陸沉於俗，避世金馬門。宮殿中可以避世全身，何必深山之中，蒿廬之下。」

揚雄針對上述東方朔的話，極力不許其爲「朝隱」。在上條中。貶斥了東方朔之言行著作後，接着說：「或曰隱者也。曰，昔之隱者吾聞其語矣，又聞其行矣（按此乃不承認東方朔是隱者）」。或曰，隱道多端。曰固也。聖言聖行，不逢其時，聖人隱也。賢言賢行，不逢其時，賢人隱也。談言談行而不逢其時，談者隱也………或問東方生，名過實者何也？曰，應諧不窮，正諫穢德。應諧似優，不窮似哲，正諫似直，穢德（不修細行）似隱。請問名（應以何名稱之）？曰詼達惡比，曰非夷尚容（註六一），依隱玩世，其滑稽之雄乎！或問柳下惠非朝隱者與？曰君子謂之不恭（註六二）。古者高餓顯，下祿隱。」

上面的話，主要是說東方朔不配稱爲隱者。萬一算是朝隱祿隱，也是爲古人所卑視（「下」）的。從東方朔誡子書中「明者處世，莫尚於中」，「聖人之道，一龍一蛇」等話來看，東方朔處世的態度及其處境，與揚雄並不相遠。而揚雄的解嘲，實仿自東方朔的客難。揚雄何以特對東方朔作此酷評，實不可解。可能的解釋是因爲他自己是「口吃不能劇談，默而好深湛之思。」所以特別不喜歡東方朔這種型態的人。或者因爲「朔上書陳農戰彊國之計………其言專商鞅韓非之語也。」（註六三），與揚雄的老、儒思想，大相刺謬，而又負有盛名，故特加以貶責。揚雄對東方朔的態度，在漢書東方朔傳中已有所改正。如說「朔雖詼笑，然時觀察顏色，直言切諫，上常用之。自公卿在位，朔皆敖（傲）弄無所爲屈。」但依然受了揚雄很大的影響。因爲揚雄說東方朔不配稱爲隱者，所以前引褚少孫補傳中的一段重要材料，班氏棄而不錄。褚氏「仕元成之間」，時代較與東方朔爲接近。他由「好讀外家傳語」所得的材料，不能謂爲無據。而班氏更詳錄揚雄上條的話，以爲東方朔傳贊，僅在文字上，稍有異同增減。他自己在贊的前後所加的幾句話，亦皆爲貶抑之辭。更由此可證明揚雄的觀點，對漢書作者所發生的鉅大影響。揚、班既皆以東方朔爲「其滑稽之雄乎」，史公則以「偉」字贊滑稽列傳中諸人，亦必以「偉」字評東方朔。此亦史漢觀點不同的一端。

大概子雲對他三世不遷的以執戟爲務之郎，有深刻地屈辱感。所以除在他自序中，提到「待詔承明之庭」外，却無一字提到他自己的官職，班固只好在傳贊中補出。由這種屈辱感的反射，在以評論人物爲主的騫淵篇，由「或曰淵騫之徒惡乎在」開一篇之端，以「不屈其意，不累其身……不夷不惠，可否之間也」的蜀人李仲元，爲一篇之殿，蓋所以寄其微尙。同時，他對其他勢利可以淡泊，但對名譽則看得很重，在上引一條中說「高餓顯」，是尊貴窮餓而名顯的。「或問淵騫之徒惡乎在，曰寖（湮沒不彰）。此蓋以「騫淵之徒」自居，而深悲身名之不顯。又「或曰，淵騫曷不寖？曰，攀龍鱗，附鳳翼……如其寖，如其寖。」此卽史公在伯夷列傳中所感嘆的「伯夷叔齊雖賢，得夫子而名益彰。顏淵雖好學，附驥尾而行益顯。巖穴之士，趣舍有時，若此類，名堙滅而不稱，悲夫」一段話的意思。於是他在「

或問子蜀人也」條中，爲李仲元著實宣揚了一番，說他是「世之師也」。本條凡二百四十三字，殆法言中字數最多的一條，由此可見揚氏鄭重叮嚀之意。但觀高士傳及華陽國志蜀郡士女讚所記，仲元乃一矯情不識大體之人，不足副子雲所稱。班氏漢書未曾提及，可知班氏於受影響之中，仍有裁斷之力。

形而上性格的揚氏，他似乎不是從具體生活及社會生活的曲折中去把握歷史；所以概括地說，他對歷史的事象與人物所給與的評價，對歷史變革期所給與的評價，較史公爲狹爲少。

七、揚雄的政治思想

兩漢知識分子的一切活動，無不歸結到政治問題之上，這是因爲由政治暴流而來的對一切人的鉅大衡激壓力，始終無法使其得到「安瀾」的途徑；尤其是自大一統的專制政治成立後，政治的壓力對任何人來說，皆無所逃於天地之間。西漢知識分子對此特爲敏感。揚雄是最重視人生禍福的人，也是對政治較爲疏離的人。他以草玄來逃避政治，但太玄中依然反映出他對當時政治問題的批評。玆以八十一首中的第四首「閑」爲例。因爲我以爲這完全是反映哀帝時的政治問題的。哀帝卽位（紀前六年），防嫌王氏權勢太甚，令王根就國，免王況爲庶人，旋罷王莽大司馬使就國，寵信董賢，卒用爲大司馬。然此時王莽之姑王元后，雖外爲歛抑，而自成帝以來，培養王氏外戚勢力，已根深蔕固，實虎視眈眈，隨時要奪回權力。所以哀帝一死，王元后立刻召王莽主喪事，逼董賢自殺，王莽再以大司馬領尙書事主政。

揚氏設「礥」（音賢，艱險之意）「閑」兩首，皆所以準易的屯卦的。閑，說文十二上，「闌也。」王筠說文句讀「養牛馬圈也。引伸其義爲防閑」。由「養牛馬圈」之本義，亦應引伸爲禁閉保護等義。「閑首」兼用此兩引伸義。下面的解釋，略去象數這一方面的說法。

「閑，陽氣閑（禁閉）於陰，礥然物咸見閑。」

按上卽所謂首辭，猶易之卦辭。陽氣閑於陰，言皇權被奪於外戚，卽被奪於王氏。形勢艱險，一切都受到外戚權力的拘附。蓋自成帝以來，卽是如此。

「初一，蛇伏於泥，無雄有雌，終莫受施。」

按此卽所謂贊辭，猶易之爻辭。王元后在幕後主政，外戚專權，皇帝失了眞正的統治權，猶龍變爲伏於泥中之蛇，此時只有王元后而無皇帝，故「無雄有雌」。王氏極力收買人心，但綱紀大壞，故天下終莫受其施。以上乃說哀帝卽位時之大勢。

「測曰，蛇伏於泥，君不君也。」

測辭猶易之小象。

「次二，閑（保護）其藏，固珍寶。」

「測曰，閑其藏，中心淵也。」

按上乃指哀帝即位後，王元后「詔王莽就第，避帝（哀帝）外家」（王莽傳）而言。

「次三，關無鍵，舍（捨）金管（鑰匙）。」

「測曰，關無鍵，盜入門也。」

按上乃指當時丞相虛設，以大司馬主政而言。大司馬屬於皇帝的內朝，人選勢須落入於外戚之手。

「次四，拔我輗軏，小得利，小征。」

「測曰，拔我輗軏，貴以信也。」

「次五，碈而閑而，拔我姦而，非石如石，厲（凶）。」

「測曰，碈閑如石，其敵堅也。」

按上乃指防閑王氏，而用外戚丁傅，又寵用董賢，以賢爲大司馬衞將軍，直同兒戲。王氏並非難去。但哀帝的措施如此，便使本不是石的却變成如石之堅了。

「次六，閑黃埃（音雉，五堵城也）；席（藉）金第（床版）。」

「測曰，閑黃埃，以德固也。」

按上所說的似指王太后所憑藉之固。

「次七，跙跙（音疽，行不正）閑於蘧篨（傳舍），或寢之廬。」

「測曰，跙跙之閑，惡在舍也。」

按上乃指哀帝以不正之方法欲防閑王氏於外，而王元后實得而納之室內。

「次八，赤臭播（布）闢，大君不閑，克國乘（取襲）家。」

「測曰，赤臭播闢，恐入室也。」

按赤臭指董賢。哀帝建平二年（西紀前五年）「待詔夏賀良等言赤精子之讖。漢家歷運中衰，當再受命，宜改元易號。」補注引齊召南曰，「讖字始見於此……赤精子之說，亦起於此。」而哀帝因寵賢，至欲傳之以位，故揚氏斥之爲赤臭。元壽元年（西紀前二年）十二月，以董賢爲大司馬衞將軍，時賢二十二歲，以這種「赤臭」部署（播）在鞏衞朝廷的職位（闢）上，大君當然不能得其防閑，以招致國爲所勝（克），家爲所取（乘）之禍。

「上九，閑門以終虛。」

「測曰，閑門以終虛，終不可實也。」

按漢書哀帝紀贊謂哀帝「睹孝成世祿去王室，權柄外移，是故臨朝屢誅大臣，欲強主威，以則武宣」，是其欲防閉於門。但因舉措乖方，反促成王莽篡漢之勢，豈非欲閑於門而終歸於虛嗎？

太玄中當然還有許多反映當時政治現實與揚氏的政治見解。但過去的人，都認爲只是刺莽而不會刺漢，以表白揚氏對漢室之忠。據自序，他草玄正當哀帝丁傅董賢用事之時，其中縱有刺莽之意的，但更主要的是以成哀時爲對象。並且在揚雄，可能只談政治的是非，而沒有忠於漢或不忠於漢的問題。

太玄係草於丁傅董賢用事之時，而法言則應當是著筆於王莽得勢之日，寫成於王莽篡漢之後。當朝代興替之際，對漢室，可在回顧中作較完整的反省；對新室，則在遞變的適應中，也可作較深切地展望。此二者皆可令揚雄談到政治的根本問題。同時在法言中譏刺漢室的很少，因爲這已成爲過去。譏刺王莽的反較多，因爲這是他面對的現實。法言中譏刺王莽的部份前面已略曾提到。下面只提到法言中比較根本的政治觀點。

儒家在政治思想上有一個大傳統，政治是爲了現實而具體活着的大多數人民。法家的法，在兩漢中依然保持有系統的傳承。但兩漢較好的知識分子，沒有不反對法家的。這不是抽象地思想鬬爭，當時也很少有人對法家思想作全面的檢討。而只是秦國早雜西戎之俗，風俗比較野蠻，建國第二代的文公「法初有三族之罪」。在中原殺人殉葬，早經絕跡的時代中，史記秦本紀便紀錄有兩次大規模殺人殉葬的事。一是秦武公卒，「從死者六十六人」，這約略當於魯莊公十六年。秦繆公卒「從死者百七十七人」，秦之良臣奄仲等三人，亦在從死之列，時爲魯文公六年。秦孝公用商鞅變法，將戰時戰場所用的法，作爲平時治民之法，積累至始皇而愈酷愈烈。漢代政治，不曾接受法家之所長（註六四），只承法家刑罰的酷烈，給人民以莫大的災禍。漢儒的反秦反法，皆針對此一現實而言。王莽打着當時居於思想主導地位的儒家以簒漢，但其性格的殘酷與躁妄，人民所受的殘害，如水益深。揚雄面對此種現實，所以他的政治思想，首先表現在反法家方面。問道篇「申韓之術，不仁之至矣。若何牛羊之用人也！若牛羊用人，則狐狸螻螾，不膢臘也與（註六五）。或曰，刀不利，筆不銛，而獨加諸砥，不亦可乎？曰，人砥，則秦尚矣。」按法家思想最大的毒害，不是以國家富强爲具體人民的工具，而是以具體人民爲國家富强的工具，與二十世紀的納粹、法西斯同途合轍。揚雄親見人民所罹的荼毒，有如三十年代西方許多人士所歷納粹、法西斯的慘酷，是同樣的心境。所以他才說出了這樣深悲鉅痛的話。此與第二次世界大戰後反納粹、反法西斯，全無二致。法家及法西斯的藉口，認爲不如是，政治便沒有效能，不能達到國家的崇高目的，所以只好嚴刑峻罰去加以砥礪，或人「刀不利」之問，卽是這種意思。揚雄的答復是，把人拿到磨刀石上去磨（人砥），則秦國正是這樣做，你去尊重秦好了。因爲西漢人都是反秦的。五百篇說申韓「險而無化」的話，也說得很深刻。法言中提到申韓凡有七條，最有意義的是上面所引的。五百篇「周之人多行（有好的品行），秦之人多病（瑕疵）。行，有（同右，尊重之意）之也。病，曼（同慢，輕慢之意）之也。周之士也貴，秦之士也賤。周之士也肆，秦之士也拘（多拘忌）。」這雖不是對申韓思想而言，但與申韓思想有密切關係。這種由實際生活體驗所說出的話，眞是意義深遠。

法言中有的話，是反映當時現實的。先知篇「或問民所勤（苦），曰民有三勤……政善而吏惡，一勤也。吏善而政惡，二勤也。政吏駢（並）惡，三勤也。禽獸食人之食，土木衣人之帛，穀（農）人不足於晝，絲人（織婦）不足於夜，之謂惡政。」先知篇「法無限，則庶人田侯田，處侯宅，食侯食，服侯服，人亦多不足矣。」漢書七十二貢禹傳，「元帝初卽位，徵禹爲諫大夫……禹奏言……今大夫僭諸侯，諸侯僭天子，天子過天道，其日久矣……方今齊三服官，作工各數千人，一歲費數鉅萬。蜀廣漢主金銀器，歲各用五百萬，三工官費五千萬。東西織室亦然。……今民大饑而死，又不葬，爲犬豬所食，人至相食，而廄馬食粟，苦其大肥……諸侯妻妾，或至數百人。豪富吏民，畜歌者至數十人。」揚雄上面所說的，正指由朝廷豪侈所引起的政治社會問題。漢代列侯，是政治中最大的封建結構，是社會中專憑特殊身份的殘酷剝削者。在揚雄「田侯田，處侯宅」的幾句話中，似乎認爲豪富的庶人不可作這種享受，「侯」則是應當的，未免有些奇怪了。

先知篇「或苦亂，曰綱紀……大作綱，小作紀。如綱不綱，紀不紀，雖有羅網，烏得一目而正諸。」這很明顯是指成帝以來的情形說的。先知篇「或問政核（實效），曰眞僞。眞僞（辨別眞僞）則政核。如眞不眞（自稱爲眞者並不眞），僞不僞（指人爲僞者並非僞），則政不核。」這分明是指王莽各種作僞的情形說的。孝至篇「或問忠言嘉謀，曰，言合稷契之謂忠，謀合臯陶之謂嘉。」這可能是指王莽僞裝周公輔成王，而自謂忠言嘉謀來說的。又「堯舜之道皇兮。夏殷周之道將兮。而以延其光兮……堯舜以其讓，夏以其功，殷周以其伐。」這分明是揭穿王莽托儒家的政治理想，而實則完全與之相反的情形來說的。又「或問泰和。曰，其在唐虞成周乎！觀書及詩溫溫乎，其和可知也。」又先知篇「甄陶天下者其在和乎？」這是針對王莽篡漢後的乖戾陰毒，弄得當時危揑不安的情形說的。若了解他說話的背景，便可了解法言中這一類的話，並非迂濶之談。

揚雄論政，在原則上重禮樂，並重法度，尊二帝三王，更重隨時因革。

(一)「允治天下不待禮文與五教（註六六），則吾以黃帝堯舜疣贅」。（問道篇）

(二)或問八荒之禮，禮也樂也，孰是？曰，殷（隆）之以中國。或曰孰爲中國？曰，五政（即五教）之所加，七賦（李軌注：五穀桑麻）之所養，中於天地者爲中國。過此而往者人也哉。」（同上）

(三)「聖人之治天下也，礙（凝）之以禮樂。無則禽，異則貉……」（同上）

(四)「川有防，器有範，見禮敎之至也」。（五百篇）

(五)「吾見玄駒（螘）之步，雉之晨雊也，化其可以已哉。」（先知篇）

(六)「或曰，太上無法而治，法非所以爲治也。曰，鴻荒之世，聖人惡之。是以法始於伏羲而成乎堯。匪伏匪堯，禮義哨哨（猶曉曉），聖人不取也。」（問道篇）

(七)「或曰，因秦之法，清而行之，亦可以致平乎？曰譬諸琴瑟，鄭衞調，俾夔因之，亦不可以致簫韶矣。」（寡見篇）

(八)「秦之有司，負（背）秦之法度。秦之法度，負聖人之法度……」（同上）

(九)「爲國不廸（蹈）其法，而望其效，譬諸算乎。」（先知篇）

(十)「或問道，有因無因乎？曰，可則因，否則革。」（問道篇）

(十一)「爲政日新。或人散問日新？曰，使之利其仁，樂其義，厲之以名，引之以美，使之陶陶然，之謂日新。」（先知篇）

(十二)「或曰，以往聖人之法治將來，譬猶膠柱而調瑟，有諸？曰，有之。曰，聖君少而庸君多，如獨守仲尼之道，是漆也。曰，聖人之法，未嘗不關盛衰焉。昔者堯有天下，舉大綱，命舜禹。夏殷周屬其子，不膠者卓矣。唐虞象刑惟明，夏后肉辟三千，不膠者卓矣。堯親九族，協和萬邦。湯武桓桓，征伐四克，由是言之，不膠者卓矣。禮樂征伐，自天子所出。春秋之時，齊晉實與（孔子實嘉許齊桓晉文），不膠者卓矣。」（先知篇）

按由㈠到㈣，都是强調禮樂在政治中的重大意義，㈤則在點出人民之可以教化，而禮樂的功用便在於教化。㈡承認中國以外的八荒也有禮樂，但應以中國的禮樂爲準繩，加以調飾，這是反映當時「四夷賓服」的中國在世界中的崇高地位，但與淮南子齊俗訓中，以中國與外夷之禮俗，在價值上是平等的思想，可作强烈地對照。因兩者在此問題上的思想不同，故劉安諫伐南越，而揚雄則美漢的恢宏疆宇。㈥和㈨特提法的重要性。道家好言「太上」，揚雄特指出所謂「太上」，只不過是「鴻荒之世」，而「鴻荒之世，聖人惡之」，其中含有進化及重視文化的意義。無法而空言禮義（禮義哨哨），爲聖人所不取，這是很落實的說法。但這裏我們應當注意的是，揚雄的所謂法，主要是就政治制度及政治綱紀而言，故又稱法度（㈧）。這是由論語堯曰章「謹權量，審法從」而來。與「律令」之法並不相同，亦即與僅就刑罰以言法，並不相同。所以提到律令時，他總是出之以貶抑的態度。如先知篇「或曰，君子不可不學律令。曰，君子爲國，張其綱紀，謹其教化。導之以仁，則下不相賊。莅之以廉，則下不相盜。臨之以正，則下不相詐。修之以禮文，則下多德讓。此君子所當學也。如有犯法，則有司在。」此處所說的綱紀、教化，即揚氏之所謂法。又「載使子草律，曰吾不如弘恭。」這也是反映出律不是揚氏的所謂法。

㈩的「或問道」的道是指包括法在內的治道。治道所以適應人民的要求。人民的要求，隨時隨地而變，並非一律，所以治道必須有所因，也要有所革。這是本於孔子的因革損益的歷史觀（註六十七）。太玄玄瑩下面的話，說得更清楚。

「夫道有因有循，有革有化（變化）。因而循之，與道神之。革而化之，與時宜之。故因而能革，天道乃得。革而能因，天道乃馴（順）。夫物不因不生，不革不成。故知因而不知革，物失其則。知革而不知因，物失其均。革之匪時，物失其基。因之匪理，物喪其紀。因革乎因革，國家之矩範也，矩範之動，成敗之效也。」

揚氏處朝代交替之際，而王莽又是主張「矯枉者過其正」的人（註六十八），所以對權衡於因革之際，特致其鄭重。(十一)的「爲政日新」，乃指因革得宜，切合人民的現實需要而言。把仁義當作一個抽象的理想，要人民削足適履地去適合此理想，則人民必以仁禮爲害爲苦，政治亦必停滯枯萎。仁義卽是人民需要的實現，此外無所謂仁義。如此，人民乃以仁爲己之利，以義爲己之樂。再賞罰得當，而激勵之以名，文之以禮樂，而引之以美，使百姓歡欣鼓舞（陶陶然），大家感到「日月光華」，而不是陰風苦雨，這才算是政治的日新。揚氏的話，乃針對着王莽專政以後的陰霾氣象而言。

(十三)是完全針對王莽的情形說的。王莽與劉歆們根據自己的想法，雜揉若干古禮、古傳說及漢制，以編造出一部周官，說這是周公致太平之書，以此爲最高根據，照本宣科地大事改革；一方面是革而不因，另一方面對周官而言，又是膠柱鼓瑟，弄得天下大亂，使今日讀王莽傳的人，懷疑他在發神經病。而在他自己，則認爲他是在實現政治最高理想。揚雄當時並不知道周官是王莽劉歆們所玩弄的一套假把戲，而只指出「不膠者卓矣。」

先知篇「或問何以治國？曰立政。曰，何以立政？曰，政之本，身也，身立則政立矣。」孝至篇「或問大，曰小。問遠，曰邇。未達。曰，天下爲大，治之在道，不亦小乎！四海爲遠，治之在心，不亦邇乎！」政治要由統治者的生活（身）思想（心）處立根基，這是直承大學的系統。先知篇，「或問爲政有幾（要），曰，思（爲民所思）斁（爲民所厭）……或問何思（民何所思）何斁（民何所厭）？曰，老人老，孤人孤，病者養，死者葬，男子畝（男子能安於田畝），婦人桑（婦人能安於蠶桑），之謂思。若汙人老，屈人孤，病者獨，死者逋（棄），田畝荒，杼柚空，之謂斁。」此處之所謂「思斁」，即大學之所謂「民之所好好之，民之所惡惡之」的好惡，揚雄只是變一個說法。以人民的好惡決定政治的方面，這是千載不磨之論。

孝至篇「君子者務在殷（富）民阜財，明道信義。」要殷民阜財，便必須改革田制和稅制。所以他在先知篇「什一（十分取一），天下之中正也。多則桀，寡則貊。」又「井田之田，田也。肉刑之刑，刑也。田也者與衆田之。刑也者，與衆弃之。」這都反映出當時土地兼併，人民受到各方面剝削的事實。

在中國的疆域問題上，揚雄一方面主張保持漢武以來的成就，另一方面反對無限制的擴張，及減少人民因此所受的犧牲，但決不許「蠻夷猾夏。」孝至篇「漢德其可謂允懷矣。黃支（在日南之南）之南，大夏之西，東鞮（會稽海外之國）北女（不詳），來貢其珍（註六十九）。漢德其可謂允懷矣。世鮮焉。」這是對中國成爲當時世界中心的讚美。又「芒芒聖德，遠人咸慕，上也。武義璜璜，（同洸洸，武也），兵征四方，次也。宗夷猾（註七十）（亂）夏，蠢迪（妯，動也），王人，屈國喪師，無次也。」哀帝建平四年（西紀前二年）匈奴單于上書請朝，公卿以虛費府帑，可且勿許。單于使辭去，揚雄上書諫，以爲「夫百年勞之，一日失之，費十而愛一，臣竊爲國不安也。」「惟陛下稍留意於未亂未戰，以遏邊萌之禍。」乃從揚雄言許之。孝至篇「或曰，訩訩北狄，被我純繢，帶我金犀，珍膳寧（當作曼，美也）餬（言賞賜之盛），不亦享（俞：厚，字之誤）乎？曰，昔在高文武，實爲兵主（爲用兵之主要對象）。今稽首來臣，稱爲北蕃，是爲宗廟之神，社稷之靈也。可不享（厚）？」即指此而言。又孝至篇「龍堆以西，大漠以北，鳥夷獸夷，郡勞王師，漢家不爲也。」「朱崖之絕，捐之之力也（註七十一）。否則介鱗易我衣裳（衣裳之民）。」不勞民以事邊遠，這是漢代儒生的共同見解。然朱崖之叛，及以後來東漢河西諸羌的擾攘，主要是來自地方政治的殘暴。賈捐之揚雄未探及此一問題之本源，只以罷郡爲得計，非立國之道。此將另有論述。

附註

註一：採用王先謙漢書補注本兼參用香港中華書居一九七〇年印行的標點校勘本。以下簡稱中華本。又本文所用太玄，係據四部備要司馬光集注本，參以四部叢刊縮印明萬玉堂翻宋本。「法言」用汪榮寶義疏本。

註二：補注本作「楊」，宋景祐本及殿本作「揚」。中華本依此將下文注原作「楊」者並校改。本文從中華本。

註三：文選甘泉賦注「見」字上無「外」字

註四：段王兩氏之說見補注。朱氏說文通訓定聲揚字下謂「又爲楊之誤字。漢書揚雄傳，字從手，說者謂子雲好奇，特自標異。按雄反騷自序世系，當卽左傳楊食我之後。三國楊德祖云，修家子雲，老不曉事，則其氏從木可知。

註五：此暫用說文解字詁林楊揚兩字下所徵引。

註六：皆見補注引王念孫轉引段玉裁之說。

註七：此文刋出於中山大學語言歷史研究所周刋第八十五至八十七期合刋。按揚雄卽使是三十餘游京師，董氏何以能斷定卽在王音任大司馬車騎將軍之始年？譜中將揚雄草太玄，作解嘲解難，定爲揚雄五十二歲，亦此類。

註八：應劭曰，「元成帝紀，皆班固父彪所作。」

註　九：漢書卷七十二鮑宣傳。

註一〇：讀通鑑論卷四。

註一一：同上卷五。

註一二：同上。

註一三：論語中孔子以堯舜爲最高的政治理想人物。同時稱泰伯三以天下讓。且以他的學生雍也可使南面，這都是出自天下爲公的要求。

註一四：漢書七十五睦弘傳。

註一五：例如丹鉛錄「孫明復曰，揚子雲太玄非準易……蓋疾莽而作也。」清人陳本禮著太玄闡秘的主旨便在說明「子雲作玄，義在刺莽」（例言一），「以抒忠憤」（自序）。

註一六：高士傳謂「李弘字仲元，蜀人也。成都里中化之，班白不負擔，男女不錯行。」華陽國志蜀郡士女贊「仲元抑抑，邦家儀形。」

註一七：據漢書百官公卿表上，諸吏散騎，皆加官。「諸吏得擧法，散騎並乘輿車。」

註一八：近代以科學爲主的知識活動，常趨向分工，趨向專門化。但近代以前，則常以全知全能爲目標。

註一九：見全後漢文卷十五。

註二〇：漢書六十四下王褒傳。

註二一：同上。

註二二：東漢辭賦，當首推班固張衡。不僅兩人皆特推重揚雄，且班氏的兩都賦，張氏的三都賦及思玄賦，皆直接受有揚氏的影響。

註二三：全漢文卷五十二酒賦下「案漢書題作酒箴，御覽引漢書作酒賦，北堂書鈔作都酒賦，都酒者酒器名也，驗文當目都酒爲長。」按子雲嗜酒，觀其文意，聊賦此以爲滑稽，序謂「漢孝成皇帝好酒，雄作酒賦以諷之」，乃後人以意妄指。

註二四：皆見漢書五十七上下司馬相如傳。

註二五：即文選所收的「四子講德論」。

註二六：楊明照謂事字下疑奪「不」字者是。

註二七：楊明照引桓譚新論揚雄歸喪兩子於蜀「不能以義割恩，自令多費，而致困貧。」所謂少算者指此。

註二八：見後漢書胡廣列傳。

註二九：黃叔琳注謂此句有脫誤。李詳補註引札迻云「此謂揚雄作元后誄，漢書元后傳僅舉揚四句（「沙林鹿之灵」上下四句）……摯當即虞摯……撰文章流別，遂疑全篇只此四句。故彥和難以累德述尊，必不如此濶略也。文無脫誤。」

註三〇：可參閱漢書七十五睦兩夏侯京翼李傳贊。

註三一：參閱皇清經解續編卷百二十八惠棟易例二，十二消息條。

註三二：請參閱皇清經解續篇卷一百三十九惠棟易漢學一卦氣圖說。皇清經解卷一千一百二十六焦循易略圖論卦氣六日七分上第八及下第九。皇清經解卷一千二百三十八張惠言易義別錄周易京氏。惟惠氏將卦氣說歸之於孟喜則非是。

註三三：見春秋繁露人副天數第五十六。

註三四：此依董氏所述概略之數。

註三五：如丹鉛總錄引「孫明復曰，揚子雲太玄非準易。乃明天人始終之理，君臣上下之分，蓋疾莽而作也。桓譚曰，是書也，可以大易準。班固曰，經莫大於易，故作太玄。使子雲被僭經之名，二子之過也。」

註三六：宋李覯直講李先生文集卷四删定易圖論五「太玄所以準易者也，起於冬至。其首曰中，……於易中孚。……其次曰周，於易則復。……」稍後邵雍有準易圖。王薦有玄圖發微太玄擬卦圖，皆可參證。

註三七：同上。

註三八：見全漢文卷四十二。

註三九：司馬光太玄經集注玄首引陸績語。此語最爲重要。

註四〇：嘉祐集卷第七太玄論上。

註四一：司馬光太玄總例九贊。

註四二：司馬光著太玄經集注卷一中首上九注。

註四三：玄圖「圖象玄形，贊載成功。」

註四四：法言君子篇「通天地而不通人曰伎」，此卽含有輕蔑之意。

註四五：見於日本能田忠亮藪內清共著的漢書律歷志研究七六頁。是書出版於昭和二十二年（一九四七）。能田忠亮博士在當時是天文曆算研究室主任。

註四六：全後漢文卷十四引意林。

註四七：皆見與崔瑗書。

註四八：宋代學風是一個「窮理」的學風。窮理的自然傾向，總是想在感官所及的後面，找出事物的根據。所以太玄在宋代發生的影響最大，司馬光邵雍，是其中最著的。

註四九：以上主要根據日譯 Friedrich üeberweg 大哲學史古代篇上第十三節一五三—一八一頁，並參考日譯 Karl V.orländer (1860—1928) 西洋哲學史第七版，第一卷第一章第三節三四—四四頁。

註五〇：韓昌黎文集卷十一讀荀「孟氏醇乎醇者也。荀與揚大醇而小疵。」

註五一：見孟子滕文公下。

註五二：太玄以「思」代表人的特性，並由思與其他條件配合而言吉凶。周敦頤通書思第九「故思者聖功之本 而吉凶之機也」，疑受有太玄影響。又通書志學第一「聖希天，賢希聖，士希賢。」又「志伊尹之所志，學顏子之所學」，此處之「希」字，即法言之「睎」字，其受法言影響，至爲明顯。近思錄卷二引程明道謂「昔受學於周茂叔，每令尋顏子仲尼樂處，所樂何事。」當亦由法言所啓發。朱元晦以君臣之義，責揚雄甚苛。但在語類中論及揚雄時則每多恕辭。

註五三：同註五。

註五四：論語中所說的仁，不僅是說「愛人」，最重要的是「無私的無限向上的精神」，「愛人」在此處始有其根據。此意宋儒也有的參悟未透，請參閱拙著中國人性論史先秦篇第四章頁六九—七一及九〇—一〇〇。

註五五：見春秋繁露深察名號篇。

註五六：同上。

註五七：見孟子公孫丑上。請參閱拙文孟子知言養氣章試釋。收入中國思想史論集。

註五八：汪榮寶義疏「說文：駕，車在軛中。方言，稅、舍車也。經傳多以說爲之……駕說也者，猶言既沒。」

註五九：按此辰字不僅指時間，實含有爲學的良好時機之意。

註六〇：史記卷七十一樗里子甘茂列傳「樗里子名疾……秦人號曰智囊……昭王七年，樗里子卒，葬於渭南章台之東，曰後百歲，是當有天子之宮夾我墓……至漢興，長樂宮在其東，未央宮在其西。」

註六一：東方朔誡子書中有「首陽爲拙」，故謂之「非夷」、「柳惠爲工」，故謂之爲「偷容」。

註六二：孟子公孫丑上「伯夷隘，柳下惠不恭。隘與不恭，君子不由也。」

註六三：漢書六十五東方朔傳。

註六四：法家在歷史中的最大貢獻，爲破除身份制的貴族封建的殘餘。

註六五：兪樾「尋揚子之意，直以申韓之法，則人死者多，屍相枕藉，狐狸螻蟥，得饜食其肉，如人遇膢（八月之節）臘，有酒食醉飽之樂。」

註六六：漢書百官公卿表云「離作司徒，敷五教。」應劭注「五教，父義、母慈、兄友、弟恭、子孝也。」

註六七：論語爲政「子張問十世，可知也？子曰，殷因於夏禮，所損益，可知也。周因於殷禮，所損益，可知也。其或繼周者，雖百世，可知也。」

註六八：漢書卷九上王莽傳「莽又令太后下詔曰：……故國奢視之以儉，矯枉者過其正。」

註六九：哀帝元壽二年（西紀前一年）正月，匈奴單于，烏孫大昆彌皆來朝。時西域五十國，佩漢印綬者者三百七十六人。平帝元始二年（西紀二年），黃支國獻犀牛。

註七〇　汪疏引曾廣鈞云「魏英義夫人碑書蠻作宗，與宗形近。此文本作宗夷，傳寫誤作宗耳。」

註七一：漢書賈捐之傳「元帝初元元年，珠厓又反，發兵擊之。諸縣更叛，連年不定。上與有司議大發興軍，捐之建議以爲不當擊……遂下詔罷珠厓郡。」揚雄蓋指此事而言。

王充論考

一、引言

一個人的思想的形成，常決定於四大因素。一爲其本人的氣質。二爲其學問的傳承與其功夫的深淺。三爲其時代的背景。四爲其生平的遭遇。此四大因素對各思想家的影響力，有或多或少的不同；而四大因素之中，又互相影響，不可作孤立地單純地斷定。氣質可以影響一個人治學的方向；而學問亦可變化一個人對氣質控御的效能，這是可以得到一般地承認的。處於同一時代，受到同一遭遇，因氣質與學問功力的不同，各人的感受、認取、心境，亦因之而各異。反之，時代及遭遇，對於人的氣質的薰陶，與學問的取向，同樣可以發生很大的影響，這也應當可以得到一般地承認。

切就王充而論，他個人的遭遇，對於他表現在論衡中的思想所發生的影響之大，在中國古今思想家中，實少見其比。此點後面還要特別提到。尤其是兩漢思想家的共同特性，是對現實政治的特別關心。所以在各家著作中，論政都佔有重要的地位。就論衡來說，不僅論政的比例佔得少。並且在內容上，除了以他自己的遭遇爲中心，反映了一部分地方政治問題外，對於當時的全般政治的根源問題，根本沒有觸到。在政治方面，他還有備乏、禁酒、政務三書，沒有傳下來；但就論衡中的對作自紀兩篇所陳述的三書內容，實屬政治上的枝葉問題，其意義恐亦微不足道。且論衡中以極大的分量，從事於歌功頌德，這在古今值得稱爲思想家中，實係最特出的現象。我的解釋，除了他過分力求表現的氣質以外，和他身處鄉曲，沉淪下僚，沒有機會接觸到政治的中心，因而也沒有接觸到時代的大問題，有不可分的關係。人情上，凡在追求想像中，不僅沒有得到，並且也沒有實際接觸到的事物，便自然是容易加以美化的事物。所以王充在政治方面寫下了繁複而異乎尋常的歌功頌德的文章，不必是他的品格上的問題，而實際是由他的遭遇限制了他展望時代的眼界。這種限制，也影響到他思想的其他方面。例如論衡中，許多是爭其所不必爭的文章；他以最大地自信力所開陳的意見，事實上許多直可稱爲鄉曲之見。因爲他個人的遭遇，對他的思想發生了這樣大的作用，所以對後漢書王充列傳中錯誤的考正，便不僅是故事性的考正，而且是了解他的思想的一個關鍵。

二、後漢書王充列傳中的問題

王充的生平，論衡中有他自己寫的自紀篇，作了有系統的陳述。他在自紀篇中說，「年漸七十，時可懸輿……乃作養性之書凡十六篇。……命以不延，吁嗟悲哉」。從這段話看，在自紀篇寫成以後，王充沒有其他重要的活動。再參稽論衡全書，凡直接間接關涉到他自己的生平時，亦無不與自紀篇所記的相符合。王充的性格，頗好誇矜矯飾；所以自紀篇中雖自稱「充性恬澹，不貪富貴」；但從全書看，他是一個非常重視名位的人，對於與名位有關的自己行跡，都紀錄了下來。他一生最高的名位，要算在他六十一歲左右，當了郡刺史的治中，即是郡守的幕僚，他自以為「材小任大，職在刺割」，等於郡守的總文案。由此我們可以推定，在他一生中如若有更大意義的經歷，他是不會遺漏的。

後漢書四十九王充列傳，略採自紀篇，而又雜錄謝承袁崧後漢書以成文。其中為自紀篇所無，且顯相抵迕者，均牽涉到他的思想的形成的問題。今人好言王充，而未嘗討論其列傳中之不實之處，故特先加以辨證。茲錄列傳原文於下：

> 王充字仲任，會稽上虞人也。（自紀篇：建武三年充生）其先自魏郡元城徙焉。充少孤，鄉里稱孝。後到京師，受業太學，師事扶風班彪。好博覽而不守章句。家貧無書，常遊洛陽市肆，閱所賣書，一見輒能誦憶，遂博通眾流百家之言。後歸鄉里，屏居教授。在郡為功曹，以數諫爭不合去。充好論說，始若詭異，終有理實。以為俗儒守文，多失其眞。乃閉門潛思，絕慶弔之禮。戶牖牆壁，各著刀筆。著論衡八十五篇，二十餘萬言，釋物類同異，正時俗嫌疑。刺史董勤，辟為從事，轉治中，自免還家。友人同郡謝夷吾，上書薦充才學。肅宗特詔公車徵，病不行。年漸七

十，心力衰耗，乃造性書十六篇。裁節嗜欲，頤神自守。永元中，病卒於家。」

以下把有問題的地方，逐一加以考查。

(1) 鄉里稱孝的問題

按「充少孤，鄉里稱孝」，惠棟等已引自紀篇證爲不可信。我這裏只特別指出，王充在自紀篇中所以詆及其祖與父，乃因爲在王充思想中，根本沒有孝的觀念。孝的觀念的形成，乃出於對父母生我的感恩報德之念。但王充在物勢篇中說：「夫天地合氣，人偶自生也。夫婦合氣，子則自生也，非當時欲得生子，情欲動而合，合而生矣。」他在這裏所說的，固係事實；但把父母生子完全作一種純事實的判斷，當然從這裏產生不出孝的觀念。他自己沒有孝的觀念，如何會有「鄉里稱孝」的事情。且如後所述，王充晚年因受到鄉里的譴責而避難他鄉，所以他正是「大不理於衆口」的人，更不會有鄉里稱孝的聲譽。「戶牖牆壁，各著刀筆」，亦爲情理所無。

(2) 受業太學師事班彪的問題

近人黃暉論衡校釋附編二，附有王充年譜。把王充受業太學，師事班彪，著記於光武建武三十年，時充二十八歲。胡適則在年譜光武建武二十年，王充十八歲下附記謂「王充在太學，約在此時；可能還更早。受業於班彪，也約在此時」。王充在自紀篇所述的學歷如下：

「六歲教書，恭愿仁順；禮敎具備，矜莊寂寧，有巨人之志。父未嘗笞，母未嘗非，閭里未嘗讓（責讓）。八歲出於書館。書館小童，百人以上，皆以過失袒責，或以書醜得鞭。充書日進，又無過失。手書既成，辭（請）師受論語尚書，日諷千字。經明德就，謝師而專門，援筆而衆奇。所讀文書，亦日博多。才高而不苟作，口辯而不好談論。非其人，終日不言。其論說始若詭於衆；極聽其終，衆乃是之。以筆著文，亦如此焉。」

從王充矜誇的口氣中，假定他曾受業太學，豈有不加敍述之理。班彪乃當時的「通儒上才」（註一），若王充曾出其門下，何以在自紀篇說自己「未嘗履墨涂，出儒門」呢？論衡一書，大約有九處提到班氏父子；其中特別提到班彪的如：

超奇篇：班叔皮續太史公書，百篇以上，義浹理備，觀讀之者以爲甲，而太史公乙。

佚文篇：班叔皮續太史公書，載鄉里人，以爲惡戒。

案書篇：孔子生周，始其本；仲舒在漢，終其末。班叔皮續太史公書，蓋其義也。

對作篇：太史公書，劉子政序，班叔皮傳，可謂述矣。

從上面的文字看，他把班彪的地位是看得很高的；但沒有絲毫師生的意味在裏面。至於他提到班固時，則欣羡之情，眞有雲泥分隔之恨。如別通篇「是以蘭臺之史，班固賈逵楊終傅毅之徒，名香文美，委積不絀」。又如案書篇「今尙書郎班固，蘭臺令楊終傅毅之徒，雖無篇章，賦頌記奏，文辭斐炳，賦象屈原賈生，奏象唐林谷永；比以觀好，其美一也」。乃謝承及司馬彪後漢書謂「班固年十三，王充見之，拊其背謂彪曰，此兒必記漢事」。（註二）極傅會荒唐之能事。

再從班彪方面說，王充受業太學，師事班彪，必須班彪與太學有關係。按漢書叙傳班固對其父的叙述是「河西大將軍竇融嘉其美德，訪問焉。舉茂材爲徐令，以病去官。後數應三公之召，仕不爲祿，所如不合」。可知他的一生，與太學並無關係。後漢書四十上班彪列傳，對其隨竇融入洛的行跡，叙述較詳。玆錄要如下：

「及融（竇融）徵還京師（建武十三年），光武問曰，所上章奏，誰與參之？融對曰，皆從事班彪所爲。帝雅聞彪材，因召入見，擧司隸茂材，拜徐令，以病免。後數應三公之命，輒去。」

「彪復辟司徒王況府。」（按建武二十三年王況爲司徒）

「後察司徒廉（孝廉），爲望都長，吏民愛之。建武三十年，年五十二，卒官。」

按望都在河北省。胡適所以反對黃暉把王充入太學師事班彪，繫在建武三十年下，乃因他發現了班彪是年死於望都長的官所。若王充此時入太學受業，不可能看得到班彪，所以便改繫在建武二十年下。殊不知在班彪入洛後的行跡中，根本與太學無緣；並且傳中詳細紀錄了班彪從事著作的情形，而未提到私人講學的情形。在後漢書中，是把私人講學當作一個人的重要行跡而常加以紀錄的。

王充既未嘗到京師，則傳中所有這段有關的紀錄皆不可信。至於說「後歸鄉里，屏居教授」，這在論衡全書中皆無痕跡可尋，且有強力的反證。王充在書解篇中，以「著作者爲文儒」的文儒自居，認爲文儒高出於說經的世儒。他假設「或曰，文儒不若世儒。世儒說聖人之經……故在官常位……門徒聚衆，招會千里。……文儒爲華淫之說，於世無補，故無常官。弟子門徒，不見一人……答曰不然，文儒之業，卓絕不循……業雖不講，門雖無人，書文奇偉，世人亦傳」。這不是很清楚說他不曾「屏居教授」嗎？

(3) 謝夷吾推薦的問題

列傳中說「友人同郡謝夷吾上書薦充才學」，亦絕不可信。

謝夷吾，後漢書八十二上列於方術列傳中。據傳，他是會稽山陰人。第五倫於建武二十九年爲會稽太守（註三），而夷吾由郡吏擢爲督郵。是時與地，皆可與王充相接。但謂因謝夷吾之薦而「肅宗特詔公車徵，病不行」，這便大有問題了。現在先就自紀篇，把他仕進的情形錄下：

「在縣，位至掾功曹。在都尉府，位亦掾功曹。在太守，爲列掾五官功曹行事。入州爲從事。」

上面是總的叙述。但就下面的話看，他的仕進並不順暢。

「見汚傷，不肯自明。位不進，亦不懷恨……得官不欣，失位不恨。」

「俗材因其微過，蜚條陷之，然終不自明，亦不非怨與人……。不鬻智以干祿，不辭爵以弔名……遭千羊勝，謂之無傷。」

「充性恬澹，不貪富貴。為上所知，拔擢越次，不慕高官。不為上所知，貶黜抑屈，不恚下位。比為縣吏，無所擇避。」

「充仕數不耦，而徒著書自紀。」

從上面的文字看，他是犯過「微過」，而被人汚傷，因而在仕途上是幾經波折的。他在文字上表現得很恬澹通達，好像不在是非得失上計較；但就論衡全書看，却恰恰相反，可以說是隱痛在心，隨處流露，這是了解他思想形成的一大關鍵，在後面還要提到。自紀篇：

「充以元和三年，徙家避難。詣揚州郡丹陽九江廬江。後入為治中。材大任小，職在刺割。筆札之思，歷年寢廢。章和二年，罷州家居。年漸七十，時可懸輿。」

據案書篇「建初孟年，中州頗歉，潁川汝南民流四散。聖主憂懷，詔書數至。論衡之人，奏記郡守，宜禁奢侈，以備困乏。言不納用，退題記筆，名曰備乏。酒糜五穀，生起盜賊……奏記郡守禁民酒。退題記草，名曰禁酒」。後漢書三章帝本紀，章帝於永平十八年八月即皇帝位。是歲「京師及三州大旱，詔勿收兗豫徐州田租」。明年改元為建初元年，兩次詔書恤農救乏。王充上文所指者正係此事。是王充在明帝之末，章帝之初，五十歲前後（建初元年五十歲）「在太守府爲列掾五官功曹行事」，向太守陳述了備乏禁酒的意見，未見採用，退而作備乏禁酒兩篇。接着大概就被人「蜚條陷之」，不爲太守所容，黜居鄉里。自紀篇下面的一段話，正說的是黜居鄉里的一段情形。

「俗性貪進忽退，收成棄敗。充升擢在位之時，衆人蟻附。廢退窮居，舊故叛去。志俗人之寡恩，故閒居作譏俗節義十二篇。冀俗人觀書而自覺。故直露其文，集以俗言。」

「充既疾俗情，作譏俗之書；又閔人君（註四）之政，徒欲治之，不得其宜，不曉其務；愁精苦思，不睹所趨，故作政務之書。又傷僞書俗文，多不誠實，故爲論衡之書。」

可知王充黜退鄉居的十年左右時間，他寫了譏俗政務兩書；而論衡雖屬稿於明帝永平之時；但成書實亦在此數年中事。尤其歌功頌德的無聊作品，皆成篇於此十年之內（註五）。他既以淺俗之文，譏彈了他的鄉里，必引起强烈地反擊，使他在故鄉住不下，所以在他六十歲（元和三年）的時候，便不得不「徙家避難」。又因爲他以太守爲對象，寫了政務之書，所以在避難中又有機會參與揚州刺史的幕僚工作。一直到他六十二歲的章和二年，罷州家居。

我們可以推定，從「在縣位至掾功曹」的「位至」兩字看，他開始的職位，當然比掾功曹低得多。他由縣掾功曹而至都尉府掾功曹，而至太守府的五官功曹行事，這是由走入仕途，到五十一、二歲時的官歷；在這段官歷中，斷無因謝夷吾之薦，被徵召而因病不起的事。由六十歲到六十二歲，避難徙家，充揚州刺史幕僚，此時若有徵召，在情理上也無「病不行」的可能。肅宗（章帝）卒於章和二年二月壬辰，是他在六十二歲時，已沒有被肅宗徵召的可能。六十二歲以後，更不待說。並且六十二歲，罷州家居以後，一直到他「年漸七十」寫自紀篇時，他還慨嘆於他的「仕路隔絕，志窮無如，事有然否，身有利害。頭白齒落，日月踰邁。儔倫彌索，鮮所恃賴」。說明他是上進無門，並且也沒有朋友；更可證明由六十歲以迄他之死，決無因薦被召的事。他在這段期間，「雖懼終徂，愚猶沛沛」，健康的情況良好，無「病」可言。而以他的性格，假定眞正被召，就是死在路上也是甘心的。只有從五十一、二歲，到六十歲這段時間，是因讒罷仕家居的這段時間，値得考慮。現在看他在這段時間情形如何：

如上所述，王充在五十一、二歲以後，廢黜家居，正是他大事著作之時。據黃暉考定，狀留、效力等篇，是章帝時所作。狀留篇有：

「世人怪其仕宦不進，官爵卑細」；及「長吏妒賢，不能容善，不被鉗赭之誅幸矣，焉敢望官位升舉，道理之早成也」。

這是他沉滯幕僚時所作。效力篇：

「文儒之知，有似於此。文章滂沛，不遭有力之將，援引薦舉，亦將棄遺於衡門之下，固安得升陟聖主之庭，論說政務之事乎。」

從「遺棄於衡門之下」一語觀之，此篇是作於廢黜家居的時候。超奇篇是同一時期前後的作品，裏面說：

「詔書每下，文義（按當作「章」字之訛）經傳四科。詔書斐然，郁郁好文之明驗也。上書不核實，著書無義指；萬歲之聲，徵拜之恩，何從發哉。……羣諸瞽言之徒，言事麤陋……不蒙濤沙之謫幸矣；焉蒙徵拜爲郎中之寵乎。」

須頌篇把他在這時期所寫的歌功頌德的文章的動機與目的略有說明。

「漢家功德，頗可觀見。今上（章帝）即命，未有褒載。論衡之人，爲此畢精，故有齊世、宣漢、恢國、驗符。」

「國德溢熾，莫有宣褒。使聖國大漢，有庸庸之名。咎在俗儒不實論也。」

「聖者垂日月之明，處在中州（中州指洛陽，當時的京師。此二句指皇帝而言。）隱於百里（此句有脫字），遙聞傳授；不實形耀，不實難論（此四句就王充自己不能直接依日月之明而言。）得詔書到，計吏至，乃聞聖政。是以褒功失丘山之積，頌德遺膏腴之美。使至臺閣之下，蹈班賈之跡，論功德之實，不失毫釐之微。……道立國表，路出其下。望國表者昭然知路。漢德明著，莫立邦表之言，故浩廣之德，未光於世也」

他這樣迫切地想見知於朝廷的目的，是認爲他到了朝廷以後，能更進一步的歌功頌德。而受知於朝廷以後想做的官，乃是俸祿一百石的蘭臺令史的芝麻綠豆大的官。所以上文的臺閣二字，乃蘭臺二字之誤。

他在別通篇說：

「或曰，通人之官，蘭臺令史（註六），職校書定字，比夫太史太祝（註十）職在文官……是以蘭臺令史班固賈逵楊終傅毅之徒……無大用於世。曰，此不繼（然）……令史雖微，典國道藏。通人所由進。猶博士之官，儒生所由興也。」

他在這段時間，寫了古今無出其右的歌功頌德的文章。甚至他在講說篇中再三以「鳳凰騏驎難知」，而斥以鳳凰等爲祥瑞的虛僞；這是他原來的觀點。但在最後却反轉來說「案永平（明帝年號）以來，迄於章和（章帝改元之年號，不及兩年而崩），甘露常降，故知衆瑞皆是，而鳳凰騏驎皆眞也」。他何以這樣地無聊呢？無非想由此而得到朝廷的知遇。在這段時間，豈有因薦被召而病不行之理？且當時薦士，只有兩條途徑。一是朝廷的三公九卿及分位略同的命官。二是本州本郡本縣的長吏。謝夷吾既未躋身朝列，亦未蒞長鄉邦，他是沒有資格推薦王充的。

三、王充的遭遇與思想的關連

因王充不理於鄉邦之口，晚年避難他徙，所以時間一久，鄉里對其平生便不知其詳。但得蔡邕的宣揚，到東漢末期，聲名雀起，鄉邦又引以爲榮。加以當時喜緣飾先賢以爲地方光寵的風氣盛行，於是把漢人認爲有面子的事情，塗飾到王充身上去，這便是後漢書王充列傳將他加以美化的許多錯誤之所由來。把上述美化的僞裝揭穿了，還原他爲一個矜才負氣的鄉曲之士，對他思想的了解，是一個大的幫助。鄉曲之士，要突破鄉曲之見以形成超越擴大的精神境界，有待於人格的特殊修養，及學問上特殊的成就；但王充並非其人。王充這一類型的鄉曲之士的特點，他所能反映的只是他所能接觸到的鄉曲的環境。因爲他的矜才負氣的關係，便首先將自己的才與氣，和鄉曲的環境對立起來，以建立他個人的思維世界。在他的思維世界中，對無現實權勢的學術問題，每有過份的自信，而其實，許多都是遼東之豕。對有現實權勢的政治問題，則又有過分的自卑，而朝廷便成爲他畢生夢想的天國。這種過分的自信與自卑，結合在一起，形成他的內心深刻的矛盾，便不能不運用他自身的才氣，來加以解除；在這種解除的說法中，取得自我精神的保護。這便是論衡一開始的逢遇、累害、命祿、幸偶、命義等諸篇所以成立的根源。由此而推演上去，便成爲他一套特殊地唯氣論地自然宇宙觀與人生觀。胡適氏在他所寫的王充的論衡一文中，不曾從根源地，全面地去把握王充的思想，而只採用摭摘片斷字句的方法，以建立自己的論點。對於他所完全不了解的兩漢思想，輕輕加上「騙子」兩字；而對於性格與他有些相近的王充，輕輕加上「科學」兩字。這恐怕不是以科學精神治思想史的態度。下面試就王充的遭遇對他的思想的關連，舉若干例證。

(1) 命運論的形成

自紀篇「充仕數不耦」。「涉世落魄，仕數黜斥」。「俗性貪進忽退，收成棄敗」。又「俗材因其微過，蜚條陷之」。所以逢遇篇便說：

「今俗人旣不能定遇不遇之論，又就遇而譽之，因不遇而毀之。各據見效，案成事，不能量操審才能也。」

累害篇：

「夫鄉里有三累，朝廷有三害。累出於鄉里，害發於朝廷。古今才洪行淑之人，遇多此矣。」

「夫不原士之操行有三累，仕宦有三害。身完全者謂之潔。被毀謗者謂之辱，官升進者謂之善，位廢退者謂之惡。完全升進，幸也，而稱之；毀謗廢退，不遇也，而訾之。用心若此，必爲三累三害也。」

「夫采玉者破石拔玉。進士者棄惡取善。夫如是，累害之人，負世以行；指擊之者，從何往哉」。

命祿篇：

「仕宦不貴，治產不富……，伐薪逢虎之類也。」

「故貴賤在命，不在智愚，貧富在祿，不在頑慧。」

幸偶篇：

「物善惡同，遭爲人用，其不幸偶，猶可傷痛。況含精氣之徒乎。」

命義篇：

「故人之在世，有吉凶之命，有盛衰之祿，重以遭遇幸偶之逢。獲從生死而卒其善惡之行，得其胸中之志，希矣。」

本來關於人的行爲與結果，偶然的因素很大。偶然的因素，不是人自身可以把握得了的。尤其是在封建與專制的政治社會結構之中，權勢常挾不合理的事情以强加於各種各樣的人的身上，貧賤富貴，更不易由行爲與結果的因果關係來加以解釋；所以在春秋時代，便已出現命運之命的觀念。接着便有骨相學的興起。至秦大一統的專制政治成立，一般人更成爲被動的存在，這些觀念，便更爲發展。但像王充這樣，爲了保護自己，而將此種觀念發展成爲一個理論的系統，以爲爾後命相學奠基礎，在思想家裡面，却是非常之少的。

(2) 對讒佞的痛恨

對佞人讒人的痛恨，這是應當的。但王充在這一點上不是作原則性的論述，而依然不出於他自身遭遇的直接反映。如答佞篇：

「問曰，佞人好毀人，有諸？曰，佞人不毀人。如毀人，是讒人也。何則？佞人求利，故不毀人……妬人共事，然後危人。其危人也，非毀之；而其害人也，非泊之。譽而危之，故人不知；厚而害之，故人不疑。」

「假令甲有高行奇知，名聲顯聞，將恐人君召問，扶而勝已；欲故廢不言（佞人欲藉故廢之，但不言於口，黃釋誤）。常騰譽之。薦之者衆，將議欲用，問佞人；佞人必對曰，甲賢而宜召也。何則？甲意不欲留縣，前聞其語矣。聲望欲入府。在郡則望欲入州。志高則操與人異；望遠則意不顧近。屈而用之，其心不滿；不則臥病。賤而命之則傷賢；不則損威……因耐下之，用之可也。自度不能下之，用之不便。夫用之不兩相益，舍之不兩相損。人君（按漢郡守與僚屬間稱君臣，故論衡中凡論時事而稱人君，皆指郡守或都尉。黃不知此義，以爲當作「將」，非是。）畏其志，信佞人之言，遂置不用。」

上面的話，可以推知王充在縣，曾經有人想推薦他，而爲妬嫉者以巧言所阻，因而須次甚久，幾經周折，乃能入郡尉府。又如言毒篇，說明「天下萬物，含太陽氣而生者，皆有毒螫。毒螫渥者在蟲則爲蝮、蛇、蜂、蠆……」；接着便說：

「其在人也爲小人。故小人之口，爲禍天下。小人皆懷毒氣。陽地小人，毒尤酷烈。故南越之人，祝誓輒效。」

「毒螫之生，皆同一氣，發動雖異，內爲一類。故人夢見火，占爲口舌；夢見蝮蛇，亦口舌。火爲口舌之象。口舌見於蝮蛇，同類共本，所稟一氣也。」

「辯口之毒，爲害尤酷。何以明之，孔子見陽虎，白汗交流……故君子不畏虎，獨畏讒夫之口；讒夫之口，爲毒大矣。」

因爲他是在會稽本郡曾受到「俗材因其微過，蜚條陷之」；會稽、古之南越，氣候較中原爲炎熱，便由此構出「含太陽氣而生者皆爲毒螫」………「陽地小人，毒尤酷烈」的一套理論。在他這套理論中，否定了陽善陰惡的漢儒的通說，同時也充滿了許多社會迷信。

(3) 儒生文吏之爭

當時地方政府的僚屬，由兩種人構成。一是儒生，一是文吏。王充以儒生進用，在簿書乃至政治實務上，大概不及同僚的文吏，他便寫下程才、量知、謝短、效力等篇，以與文吏較長挈短。程才篇說：

「論者多謂儒生不及彼文吏；見文吏便利，而儒生陸落（按迂闊貌），則詆訾儒生以爲淺短，稱譽文吏，謂之深長，是不知儒生，亦不知文吏也。」

「儒生有闕，俗共短之；文吏有過，俗不敢訾；歸非於儒生，付是於文吏也。夫儒生材非下於文吏也，又非所習之業，非所當爲也。然世俗共短之者，見將（郡將）不好用也。將之不好用之著，事多已不能理，須文吏以領之也。」

量知篇：

「文吏儒生，皆爲掾吏，並典一曹，將（郡將）知之者，知文吏儒生筆同；而儒生胸中之藏，尚多奇餘。不知之者，以爲皆吏，淺深多少同量；失實甚矣。」

謝短篇：

「程才、量知，言儒生文吏之材，不能相過。以儒生修大道，以文吏曉簿書。道勝於事，故謂儒生頗愈文吏也。」

儒生與文吏在地方政治中的對立，也算各地方政治中的一個問題；本來也可以提出來談談的。但王充却把「道」與「事」相對立的來談，而且談得這樣的叮嚀繁複，還是爲了自己的進身出路的問題。

他在謝短、效力兩篇後，接着是別通、超奇兩篇，辨解他既是儒生，爲什麼不能以經學名家呢？因爲他瞧不起專經之儒，而自己是通儒；並且他是能從事著作的超奇之儒；希望能「蒙徵拜爲郎中之寵」。接着是狀留篇，一開始便感慨的說：

「論賢儒之才，旣超程矣（按卽指他自己而言）。世人怪其仕宦不進，官爵卑細；以賢才退在俗吏之後，信不怪也。」

「賢儒俗吏，並在世俗，有類於此。遇闇長吏，轉移俗吏，超在賢儒之上；賢儒處下，受馳走之使。」

「夫賢儒所懷，其猶水中大石，在地金鐵也。其進不若俗吏者，長吏力劣，不能用也」。

像王充這種鄉曲之士，對問題不從客觀的把握上出發，而只從自己遭遇的反映上出發。因此，佔論衡很大分量的這類文章，實際不是由客觀的分析綜合以構成原則性的理論，而只是爲了辯解自己，伸張自己，所編造出的理由。我們要衡論他的學術，不僅應把這一部份劃出於學術範圍之外，而且應時時記著他的這一態度，影響到他的全部思想。他爲了伸張自己，不惜在定賢篇中，把當時一切衡定人品的標準，完全推翻，而祇歸於「立言」之上；因爲他除了立言這件事以外，一切都與當時論人的標準不合。正因爲他沒有進過太學，並與京師不能通聲氣的關係，所以當時學術上最大的五經同異的問題（註九），他都沒有觸到。而正說篇中所述的經學情形，亦多未可爲典要。他標榜「疾虛妄」，當時最大的虛妄是圖讖；他爲了想得到朝廷的青睞，只駁了有關孔子的兩條緯書，而對圖讖反以符瑞相傅會。他所疾的虛妄，除論死、訂鬼、薄葬數篇，有學術價值外，其他多係世俗迷信，及書傳中之神話乃至文學上常有的誇飾，辨之固然可以表示他很注意這些問題；但不辯的人，並非卽可證明在理知上是相信這一套。先把王充的「人」弄清楚了，再進而論其學術。

四、王充學術思想的特點

以下畧論王充在學術思想上的特點。

(1) 重知識不重倫理道德

王充所追求的學術趨向有二：一爲「疾虛妄」（註十），一爲求博通。這兩者皆出自求知的精神。兩漢思想家，多以人倫道德爲出發點，由人倫道德的要求以構成知識系統。王充則以追求知識爲出發點，順着知識的要求而輕視人倫道德。可以說，王充在「自我保護」時，常常提到人倫道德；但在他的人格中，在他的著作中，人倫道德的觀念，實際是很薄弱的。換言之，在王充的心目中，並沒有眞正地人倫道德的問題。要指出王充思想的特性，首先應當把握到這一點。自孔子以來，沒有不重知識的；但都是以知識爲達到人倫道德的手段，所以最後總是歸宿於人倫道德；連特別重視知識的荀子也不例外。我們就王充的平生以細讀他的著作，在兩漢思想中，確是一個例外。他有點近於揚雄；但求學的機緣及個人的才力，則遠爲不逮。謝短篇下面的一段話，最值得注意。

「夫儒生之業，五經也。南面爲師，旦夕講授章句，滑（熟）習義理，究備於五經可也。五經之後，秦漢之事，無不（不字衍文）能知者，短也。夫知古不知今，謂之陸沉。然則儒生所謂陸沉者也。五經之前，至於天地始開，帝王初立者，主者爲誰，儒生又不知也。夫知今不知古，謂之盲瞽。五經比於上古，猶爲今也。徒能說經，不曉上古，然則儒生所謂盲瞽者也。」

按王充上面的一段話，是把五經當作代表在古與今之間的一段歷史知識來看，亦卽是把經當作史來看。經與史的分別，本來不在典籍的自身，而在讀者所取的角度，及對它所提出的要求。從歷史知識的角度去看五經，以得到歷史知識爲目的去讀五經，則五經本來就是歷史資料。但五經經孔子的整理，經孔門的傳承，其目的不是在講歷史知識，而是在講文武之道，在建立政治、社會、人生之道。換言之，是出於人倫道德的要求，而不是出於歷史知識的要求。兩漢經學，不管在內容上雜入了許多駁雜的東西，但在精神上，乃是五經得以成立的原始精神的高度發揮。尤其是漢宣以後，以迄王充的時代，經過許多儒生的努力，漸漸把五經成爲規範朝廷政治行爲的大經大法。例如東漢外戚之盛，始於章帝。第五倫以后族過盛，上疏諫爭，認爲「不應經義」（註十一）。等於現代人說不合憲法。此種例子甚多。王充心目中的五經，實際只代表一段歷史知識。這可以說明兩點：第一點是在王充的精神中，倫理道德的根器至爲稀薄；但追求知識的欲望則極爲熱烈。第二點，這正是他不曾入過太學，不曾沾染到博士系統的學風，所以能不爲所囿限，而可自由活動的結果。所以他瞧不起當時之所謂師法。例如謝短篇「夫總問儒生以古今之義，儒生不能知，斯則坐守師法，不頗博覽之咎也」。

(2) 否定行爲與結果的因果關係

因重視倫理道德，必重視行爲。在漢代，倫理道德中的最大問題，爲大一統地專制政治中的皇帝的行爲問題。當時流行的天人感應之說，主要是說由皇帝的行爲而與天發生感應，終於得到或吉或凶，爲禍爲福的結果。在骨子裏面，依然是由統治者的行爲所招致的結果；這中間只加上由天的意志而來的災異，以作爲凶或禍的結果的預報，讓人臣有講話的機會，讓人君有改變行爲的時間。這種出於人倫道德對行爲善惡的要求，無所謂科學不科學。若謂天人感應之說不可信，由政治行爲以決定政治結果，這是政治、社會中的眞實，而不能不加以肯定。但因王充只有知識的要求，沒有人倫道德的要求，便不僅把漢儒控制皇帝已發生相當效果的感應說推翻，連由行爲善惡所招致的吉凶禍福的因果關係亦加以推翻了。

偶會篇：

「推此以論，人君治道功化，可復言也。命當貴，時適平。期當亂，祿遭衰。治亂成敗之時，與人興衰吉凶適相遭遇。」

「世謂韓信張良輔助漢王，故秦滅漢興，高祖得王。夫高祖命當自王，信良之輩時當自興，兩相遭遇，若故相求。」

這便把人君主動求賢任能的要求取消了。

異虛篇：

「故人之生死，在於命之夭壽，不在行之善惡。國之存亡，在期之長短，不在於政之得失。」

答佞篇：

「……儀（張儀）秦（蘇秦）排難之人也。處擾攘之世，行揣摩之術，當此之時，稷契不能與之爭計，禹皐陶不能與之比效。若夫陰陽調和，風雨時適。五穀豐熟，盜賊衰息，人舉廉讓，家行道德之功，命祿貴美，術數所致。非道德之所成也。」

治期篇：

「孔子曰，道之將行也與？命也。道之將廢也與？命也。由此言之，教之行廢，國之安危，皆在命時，非人力也。」

「人皆知富饒居安樂者命祿厚，而不知國安治化行者皆歷數吉也。故世治非賢聖之功，衰亂非無道之致。國當衰亂，賢聖不能盛；時當治，惡人不能亂。世之治亂，在時不在政。國之安危，在數不在教。賢不賢之君，明不明之政，無能損益。」

他上面的說法，把推動政治社會向善去惡的行爲動機與要求，一起推翻了。表面看，這是出於他的命相哲學；但其命相哲學之所以會這樣地推類至盡，正由在他的精神中缺乏人倫道德的眞實感。但他在非韓答佞程材謝短效力等篇中，有時又特別强調道德操行的重要，這說明他之所以能强自樹立，還有賴於在這種時代文化中有所感受；但此種感受，乃在他與僚屬中的文吏相對立，吃了文吏的虧，而須要加以抵抗、辯護時，才顯了出來；這可以說不是從根本中來。

(3)　反博士的學術系統

自漢武成立五經博士，並設立博士弟子員後，「專經」成爲朝廷的官學，「師法」又成爲官學的護身符；在專經與師法兩大口號交織之下，自然形成當時最有勢力的博士學術系統，及以章句爲主的學術風氣。但卓犖特出之士，多不以博士系統的學風爲然，要求在學術中得到更大的自由天地，以擴大知識的範圍。他們都尊經尊孔；但他們對經的態度，是主張通而不主張專，是主張義理而瞧不起章句；主張理性地判斷，而輕視師法的傳承。更重要的是，他們在經學之外，同時也重視先秦諸子，給先秦諸子以重要的地位。他們在人事的傳承及主張上，不一定成一個學派；但在反博士系統而主張學術開放的這一共同點上，我們不妨稱之爲自由學派。研究兩漢學術的重點，應當放在這一自由學派上面。但乾嘉以來，以迄王國維們，却都放在博士系統上面，乾嘉學術之固陋，其根本原因在此。屬於自由學派的人，當然受到博士系統通過朝廷政治勢力的壓迫，因而有許多人會泯沒不彰，或不願以學術自見。但在今日還可以看到的有如揚雄、劉歆、桓譚們，都是自由學派中的傑出人物，此當另有專論。王充在學術的成就上，在人品的規模氣象上，都不能與揚雄們相比；但因爲他沒有沾上博士系統的邊，且因爲他是知性型的人物，在學問上主要以追求知識爲主，則自然走上貴博貴通而輕視專經師法的一條路；因之，他應當算是草莽中的自由學派。在這一點上，我們應當肯定他在學術史上的地位。

王充論衡中之所謂儒生，範圍頗廣：「法律之家，亦爲儒生」（謝短篇）。但若僅就學術問題而言，則多指博士系統下的儒生而言。他在謝短篇中，已譏儒生爲陸沉，爲盲瞽。他代爲儒生之言曰，「上古久遠，其事闇昧，故經不載而師不說也」，卽係指出儒生爲經與師所封閉。又謂「儒生不能都曉高下，欲各別說其經（按卽指專經而言）；經事義類，乃以不知爲貴也？事不曉，不以爲短」。此言儒生的專經，也不能通其義類，把書上的章句和問題隔絕起來，遂不自知其短。接着向儒生提出五經本身的各種常識的問題以考驗儒生，而嗤笑其不能知；遂總結以「夫總問儒生以古今之義，儒生不能知；別名（各）以其經事問之，又不能曉；斯則坐守師法，不頗博覽之咎也」，「夫儒生不覽古今，何（所）知不過守信經文，滑（熟）習章句，解剝之錯，分明乖異」。按當時博士系統的學問的病根不僅在不博覽，但王充總算提出了許多病根中的一個重要病根。

他在別通篇中，更把儒生與通人作相對的論述。他說：

「夫富人不如儒生，儒生不如通人」。「章句之儒，不覽古今，論事不實。」

所謂「章句之儒」，指的卽是博士系統的儒生。通由博而來，他當然反對博士們的專經之業。他說：

「或以說一經爲是，何須博覽？夫孔子之門，講習五經，五經皆習，庶幾之才也。顏淵曰，博我以文……顏淵之曰博也，豈徒一經哉？不能博五經，又不能博衆事，守信一學，不好廣視，無溫故知新之明，而有守愚不覽之闇，其謂一經是者其宜也。」

下面的話，都是特別爲治學應由博而通來說的：

「故血脈不通，人以甚病。夫不通，惡事也。故其病變致不善……是故良醫服用也百病之方，治百人之疾。大才懷百家之言，故能知百族之亂。」（別通篇）

「倮蟲三百，人爲之長。天地之性人爲貴，貴其識知。今閉闇脂塞，無所欲好，與三百倮蟲何以異？……諸夏之人，所以貴於夷狄者，以其通仁義之文，知古今之學也。如徒作（任）其胸中之知以取衣食，經歷年月，白首沒齒，終無曉知，夷狄之次也。」（同上）

「世儒易爲，故世人學之多，非事可析第，故官廷設其位。文儒之業，卓絕不循；人寡其書，業雖不講，門雖無人，書文奇偉，世人亦傳。彼虛說，此實篇；折累二者，孰者爲賢？」（解書篇）

王充在超奇篇中，把當時的讀書人分爲四等；在四等中，以博士系統的儒生爲最下：

「故夫能說一經者爲儒生；博覽古今者爲通人；采掇傳書，以上書奏記者爲文人；能精思著文，連結篇章者爲鴻儒。故儒生過俗人；通人勝儒生；文人踰通人；鴻儒超文人。故夫鴻儒，所謂超而又超者也。以超之奇，退與儒生相料……其相過遠矣。」

在上面的話中，很顯然地他是以鴻儒自居，由鴻儒以卑視博士系統的儒生。他這種衡斷，雖然主觀的意味很重，但在客觀上，也可以成立。而鴻儒雖超過通人兩等，但鴻儒必由通人而來，是可斷言的。

他在書解篇中，却稱儒生爲世儒，稱鴻儒爲文儒。在二者對比中，也表現出卑視博士系統之業。「著作者爲文儒，說經者爲世儒。或曰，文儒不如世儒。世儒說聖人之經，解賢之傳……故在官常位，位最尊者爲博士；門徒聚衆，招會千里，身雖死亡，學傳於後……文儒爲華淫之說，於世無補，故無常官；弟子門徒，不見一人。身死之後，莫有紹傳……答曰，不然……。」

王充主張博，則求知的範圍，必由五經而推及諸子。他以能著作爲鴻儒，從事於著作者爲諸子。所以從這兩點上，他必推重諸子。超奇篇把谷永唐子高推許在博士儒生之上；把司馬遷劉向，推許在谷永唐子高之上；把陸賈董仲舒推許在司馬遷劉向之上；又把陽成子長的樂經，揚雄的太玄經，推許在陸賈董仲舒之上；因爲陸賈和董仲舒的著作，「淺露易見」，而樂經太玄經是「極窅冥之深」。總之，這些人都在「諸子」之列。他於是下評斷說：

「孔子作春秋以示王意，然則孔子之春秋，素王之業也。諸子之傳書，素相之事也。觀春秋以見王意，讀諸子以睹相指。」

他在書解篇，仲張諸子之意，更爲明顯：

「或曰，古今作書者非一，各穿鑿失經之實，違聖之質；故謂之蕞殘，比之玉屑。故曰蕞殘滿車，不成爲道；玉屑滿車，不成爲寶。……答曰……俱賢所爲，何以獨爲經傳是，他書記非，……他書與書（傳）相違，更造端緒，故謂之非……若此者韙是於五經；使言非五經，雖是不見聽。……今五經遭亡秦之奢侈，觸李斯之橫議，燔燒禁防。伏生之休（徒），抱經深藏。漢興，收五經，經書缺滅而不明，篇章棄散而不具；鼂錯之輩，各以私意分析文字，師徒相因相授，不知何者爲是……秦雖無道，不燔諸子。諸子尺書，文篇具在，可觀讀以正說，可采掇以示後人。後人復作，猶前人之造也。夫俱鴻而知，皆傳記所稱，文義與經相薄（近也），何以獨謂文書失經之實。由此言之，經缺而不完，書（諸子之書）無佚本；折累二者，孰與蕞殘？易據事象，詩采民以爲篇，樂須不（民）歡，禮待民平；四經有據，篇章乃成。尚書春秋，采掇史記。史記與書無異。以民事一意，六經之作皆有據。由此言之，書（諸子之書）亦爲本（因出自民間），經亦爲末。末失事實，本得道質。折累二者，孰爲玉屑。知屋漏者在宇下，知政失者在草野。知經誤者在諸子。諸子尺書，文明實是。說章句者終不求解明，師師相傳。初爲章句者，非通覽之人也。」

上面的話，實在把諸子推而置於六經之上；而以六經皆出於「民事」的要求，故「以民事一意」；在當時不僅是石破天驚的說法；並且在這種說法中，也表現出他的特識。而這種特識，只有身在草莽的人始可以發出的。

五、王充在學問上的目的

既已了解王充的學術特點，是在由博由通以追求知識，則爲學精神態度的崇疑、重證，以知性的判斷，代替偶像權威，並由此以立眞破妄，此皆順理成章之事。問孔篇：

「世儒學者，好信師而是古，以爲賢聖所言皆無非；精書講習，不知難問。夫賢聖下筆造文，用意詳審，尚未可謂盡得實。況倉卒吐言，安能皆是？不能皆是，時人不知難；或是，而意沉難見，時人不知問。案聖賢之言，上下多相違；其文，前後多相伐者；世之學者不能知也。」

這段話，很明顯地表明他不爲聖賢的偶像所蒙混，而必須憑知性的要求以追問到底，這是很難得的。

佚文篇：

「詩三百，一言以蔽之，曰思無邪。論衡篇以十數，亦一言也，曰疾虛妄。」

對作篇：

「是故論衡之作也，起衆書並失實，虛妄之言勝眞美也。虛妄之語不黜，則華文不見息。華文放流，則實事不見用。故論衡者所以銓輕重之言，立眞僞之平，其本皆起人間有非，故盡思極心，以譏世俗……若夫九虛三增，論死訂鬼，世俗所久惑，人所不能覺也。……冀悟迷惑之心，使知虛妄之分。實虛之分定，而華僞之文滅。華僞之文滅，則純誠之化，日以孳矣。」

「今論衡就世俗之書，訂其眞僞，辯其實虛。」

「況論衡細說微論，解釋世俗之疑，辯照是非之理……俗傳蔽惑，僞書放流……浮妄虛僞，沒奪正是。心濆涌，筆手擾，安能不論。」

上面的話，已可說明王充學術活動的積極目的，是在疾虛妄，求眞實，因而寫下了九虛三增之類的文章。這類的文章，應當代表他在學術上的正面的成就。但我首先應指出的是，疾虛妄，求眞實，是正常學術活動中的共同目的。歷史上許多殉教的人，今日認爲他所信的是迷信，但在他本人則認爲是絕對的眞實。眭孟京房等所言的術數，今人皆可謂其爲虛僞，但他們以生命殉其所信，在他們自己皆認爲是絕對的眞實。豈能如胡適樣，一口駡盡他們是騙子。並且知識上的眞實，道德上的眞實，文學藝術上的眞實，其對象，界域，各有不同；不可以知識上的眞實，否定道德文學藝術上的眞實。王充和一般人不同之點，在於他人的疾虛妄，求眞實，不一定像王充樣的，強烈標擧出來，而只在表出自己所信的一面。尤其是，有疾虛妄求眞實的目的，不一定便能得到疾虛妄求眞實的結果。結果如何，關係於所用的方法；而方法的效率，又關係於學問造詣的程度。亦卽是對問題的理解能力。方法可以限定理解能力，理解能力又可以限定方法運用的效能。後面是先對王充在學問上的理解能力作例證性的考查。

六、王充的理解能力問題

要查考王充的理解能力，首先我們注意到的，在王充的生命中，完全缺乏藝術感、幽默感；不僅文獻中凡稍帶有藝術氣雰的陳述，他都不能感受，有如語增、儒增、藝增諸篇中所爭辯的問題，皆屬於這一類。並且稍帶偶然性的，幽默性的紀錄，他也全不理解。例如問孔篇對論語「子之武城，聞絃歌之聲」的故事，提出了問難；但他全沒有注意到孔子「殺鷄焉用牛刀」的話，是在「莞薾而笑曰」的情形下所說的，是在歡欣中帶點幽默的話。論衡中此例不少。

對一般的理解能力，他也不算高明，試以問孔篇爲例。他問難孔子以「無違」答孟懿子問孝爲不明確，這是他不理解孔子敎誨弟子，特重啓發；貴介子弟，常輕問而輕忘。孔子希望以一聽不甚了解的「無違」兩字，激起他的發問，以加深他的印象。但他終於不問，所以孔子只好轉而告訴樊遲。我的推測，樊遲與孟懿子爲同門，是可以將孔子的話轉告的。

王充更以孔子「父母唯其疾之憂」答孟武伯問孝，答得比較明白，反以此來論難答孟懿子之是非，並推測是因爲「懿子權尊，不敢直言」；他全不了解孔子因材施敎之意。季康子的權，比列於門人之列的孟懿子尊得多了，但孔子對季康子問盜的答復是「苟子之不欲，雖賞之不竊」，這算不算直言呢？這種問難，可以說近於胡鬧了。

王充對論語「貧與賤，是人之所惡也，不以其道得之，不去也」，而大發議論說，「夫言不以其道得富貴，不居可也。不以其道得貧賤，如何？……去貧賤何之？……」他完全不理解：若是一個人不勤不儉，無學無才，因此而既貧且賤，這是理當貧賤，這是自己招致的貧賤，便應由勤儉及努力學問等以去掉得到貧賤的原因。若在自身無致貧賤之理，卽是「不以其道得之」；「不去也」，是不作非分之想，而安於貧賤。王充費了很大氣力與文字來問難，這說明了什麼呢？

對「公冶長、可妻也。雖在縲紲之中，非其罪也」的事，以爲「孔子不妻賢，妻寃」；因爲孔子之稱公冶長「有非辜之言，無行能之文；審不賢，孔子妻子，非也」，而加以非難。按「可妻也」三字，當然已把可妻的條件包括在裏面。「雖在縲絏之中」二句，乃解除社會的誤解。有普通理解力的人，對此不應引起非難。

對「子謂子貢曰，汝與回孰愈」的故事，而非難「孔子出言，欲何趣哉」；又謂孔子曾直言顏淵之賢，此處不當以子貢激之。殊不知論語稱子貢方人，「子曰，賜也賢乎哉，夫我則不暇」，孔子蓋以方人者常忽於自知；此處特在閒談中與子貢以激勵，而又嘉子貢之能自知；於此亦可見孔門師弟平日相與之樂，值得非難嗎？

對「宰我晝寢」，孔子責以「朽木不可彫也；糞土之墻不可汚也」的故事，而引「人之不仁，疾之已甚，亂也」的話，及「春秋之義，采毫毛之善，貶纖介之惡」的話，加以非難。把師弟間的關係，把師對弟子的要求，當作一般人的關係，當作對一般人的要求。更謂「人之晝寢，要足以毀行？毀行之人，晝夜不臥」，來作爲對孔子的反駁；却對孔子「發憤忘食」，「學如不及，猶恐失之」的爲學精神，及以此精神期望於門弟子的教育意義，全無理解。又謂「且論人之法，取其行，則棄其言，取其言，則棄其行」，以爲宰予作辯；對孔子要求言行一致的教義，也全無理解。胡適氏在這一條上面批道，「此章責孔子最有理」，這眞有點令我惘然了。

對孔子許令尹子文以忠而不許以仁，而謂「孔子謂忠非仁，是謂父母非二親，配疋非夫婦也」，王充不能了解孔子之所謂仁，並不足責；但他應當想到孔子除許顏淵「三月不違仁」以外，不許其他高弟以仁；自己也說「若聖與仁，則吾豈敢」，由這些地方稍知有所啓發，稍知有所用心，何至冒然出此無知之語。

對孔子嘆息顏回的「不幸短命死矣」，而認爲「言顏淵短命，則宜言伯牛惡命。言伯牛無命，則宜言顏淵無命」，像這類胡鬧的話，觸目皆是。玆再引胡適氏批爲「此問甚有理」的一條稍加考查，以作結束。

「子貢問政，子曰，足食足兵，民信之矣。曰，必不得已而去，於斯三者何先？曰，去兵。曰，必不得已而去，於斯二者何先？曰，去食。自古皆有死，民無信不立」這一段話，古來本多誤解；我曾寫一專文解釋。王充說「夫去信，存食，雖不欲信，信自生矣。去食存信，雖欲爲信，信不立矣」；在他上面的話中，除「信自生矣」一句，於事爲不通外，的確在他所有問孔諸條中，是比較合理的一條。但他已引有「子適衞，冉有僕」的故事，知道孔子本是主張先富後敎的；他却不能由此作文義的反省，由反省以導出正確的解釋。首先孔子所說的「足兵」，是就政府而言，因爲人民沒有兵；由此可以推知「民信之矣」的「之」字，必就政府身上說，即是「人民信任政府」，才可講得通順。這兩句既都是就政府身上說；卽可推定「足食」也是就政府身上說。去兵是去政府之兵，去食乃去政府之食，卽是停止徵收賦稅；則「民無信不立」，乃說的是人民不信任他的政府，則政府站不起來；豈不是文字與義理皆很條暢了嗎？

由上面王充對孔子所提出的問題，可以斷定他的理解能力是相當的低，而且持論則甚悍；並且他始終沒有把握到學術上的重要問題。他的刺孟篇所表現的內容，還不及問孔篇；因爲他未嘗不承認孔子的地位，所以對孔子所用的心，應較孟子爲多。

七、王充所運用的方法問題

現在要考查其疾虛妄所運用的方法問題，略條分如下：

1. 對作篇：「論則考之以心，效之以事。」

按這兩句話，應當是他所運用的方法的總綱。考之以心，是心知的合理思考、判斷。若傅會一點地說，這是合理主義的意義。效之以事，是客觀事物的證驗；若傅會一點地說，這是經驗主義的意義。把二者合在一起來運用，這可以說是基礎相當鞏固的方法論。

2. 薄葬篇：「事莫明如有效，論莫定於有證。」

審知篇：「道家論自然，不知引物事以驗其言行。」

這是發揮「效之以事」的論點，是絕對正確的。但王充應用起來，常把耳目直接所及的現象，拿來解釋本非耳目所能及的問題，有如說日篇的採證方法，這便反而阻塞了進一步去追求眞實之路。古希臘的自然學，出於冥想，因而啓發了科學的發展；他們是用冥想，以由耳目所及，追問耳目所不及的。其次，耳目所及的現成現象，不一定是眞確的現象；必須由設定的條件進行實驗，才能通向科學之路。經驗哲學之父的倍根，因自己把火鷄裝進冰雪，以試驗氣溫與物體腐爛的關係，因而感冒致死，他才是開近代科學之門。這本來不應以此責之於近兩千年前的王充，但近人却要把王充捧成科學家，所以不能不稍加分析。

3. 薄葬篇：「夫論不留精澄意，苟以外效立事是非，信聞見於外，不詮訂於內，是用耳目論，不以心意議也。夫以耳目論，則以虛象爲言。虛象效，則以實事爲非。是故論是非者，不徒耳目，必開心意。墨議不以心而原物，苟信聞見，則雖效驗章明，猶爲失實；失實之議難以教……此墨術之所以不傳也。」

按上面這段話，是發揮「考之以心」的。在這段話中，便發現了王充在方法上的便宜主義，而使他所運用的方法發生破綻。當心知的主觀判斷與經驗事實發生矛盾時，若無法前進一步去求解決，則還是依據主觀判斷以否定客觀事實呢？還是依據客觀事實以改變主觀判斷呢？這是科學精神與非科學精神的大分水嶺。站在王充的立場，應當屬於後者。但王充處理的問題，是反駁墨家明鬼；墨家明鬼的根據，是舉出杜伯這類的鬼故事。杜伯這類的鬼故事，正是由耳聞目見而來，換言之，是由耳目而來的經驗事實。王充對這種耳聞目見的鬼故事，不從這究竟是偶然地，不確定地，其本身卽不能再訴之於經驗證明去着想；而遽謂「雖效驗章明，猶爲失實」，這是他不能堅持經驗法則，在方法的運用上，表示了一個不應有的歪曲。

4.語增篇：「凡天下之事，不可增損。考察前後，效驗自列。自列則是非之實，有所定矣。」按由呈現在面前的客觀經驗，以作考察判斷，可適用於自然現象。用在政治社會問題方面，便感到不完全。應用到歷史問題上面去，更感到無能爲力。王充所提出的「考察前後」，卽是在行爲與結果的因果系列中，加以推演，以推定某歷史問題之眞僞。這是「效之以事」的方法，向歷史方面的轉用。這是正確的方法。但歷史的因果系列，不同於自然的因果系列。自然的因果單純，容易認定何者是因，何者是果。歷史則有遠因、近因、直接之因、間接之因、附加之因、疑似之因、橫入而偶然之因；所以確定某果是出於某因，乃極困難之事。但是王充把歷史問題都單純化了，所以對此一方法，運用得並不高明。例如語增篇駁世稱紂力能縮鐵伸鉤，及武王伐紂，兵不血刃兩事的自相矛盾，而謂「今稱紂力，則武德貶；譬武王，則紂力少；索鐵不血刃，不得兩立」，這是很合於邏輯中的矛盾律的論法。但他忘記了，紂與武王之戰，不是個人對個人的對打。又如實知篇斥「孔子將死，遺讖書曰，不知何一男子，自謂秦始皇；上我之堂，踞我之床，顛倒我衣裳，至沙丘而亡」，爲不可信，這判斷是絕對正確的；但他論證的方法是「案始皇本事，始皇不至魯，安得上孔子之堂……乎」；但始皇曾封泰山、禪梁父，何以能斷定他「不至魯」？我所以提出來，用意不在挑剔王充，而只想提醒處理與歷史有關的問題時，方法雖然對了，但運用起來却非易事。

5.實知篇：「凡聖人之見禍福也，亦揆端推類，原始見終。」「放象事以見禍，推原往事以處來事。」按直接「效之以」由耳聞目見的「事」，這不僅在當時沒有特別聞見工具的發明，而受到很大地限制；且在王充所討論批評的許多對象中，不是可以訴之於直接經驗的。於是只好採用間接採證的類推方法，卽是「效之以」間接之「事」。上面引的幾句話中，除「原始見終」，用的是由始以推演其終的演繹方法以外，都可用「推類」兩字加以概括。這是漢代講災異的人所通常運用的方法，也是論衡中用得最多的方法。於是這裏便發現一個奇妙的現象，對同一災異問題，正反兩面，都用的是同一的方法；這並不是由於那一方面用得高明或不高明，而是由於此一方法的自身，因不能建立確定的大前提，因而也不能建立確實的推理關係；換言之，方法的本身卽是混亂的。論衡中許多牽強傅會的論證，多由此而來。

6.雷虛篇：「人以雷爲天之怒，推人道以論之，虛妄之言也。」

按推人道以論天道，這是類推法的具體應用；也是漢人所普遍使用的方法。但一般由人道以論天道，多由兩點立論；（一）人之性乃由天所命，故人之性與天爲同類，因而由性德以推天道。（二）天與人同爲陰陽五行之氣，故人之氣與天爲同類，因而可由人之氣的活動以推論同爲一氣的關連感應。但王充的性格，總是要把較爲抽象的東西，換爲更具體的東西；於是由人道以推論天道，乃是從人的形體以推論天道；僅就人的形體說，何以能看出是與天同類呢？不能說明人的形體與天是同類，於是結果變爲異類間的推論，即是在不同的大前提下的推論。所以王充應用起來，便覺得幼稚可笑了。例如雷虛篇「審隆隆者天怒乎？怒用口……口之怒氣安能殺人？人爲雷所殺，詢其身體，若燔灼之狀也。如天用口怒，口怒生火乎？……天之怒與人無異，人怒聲，近人則聲疾，遠之則聲微。今天聲近，其體遠，非怒之實也」。他在自然篇中分明說「何以知天之自然也，以天之無口目也」。天的形體無口目，而人則有，如何能用人的怒用口，以推論天用口怒的情形？又說：「且夫天地相與，夫婦也，其卽民父母也。子有過，父笞之致死，而母不哭乎？今天怒殺人，地宜哭之。能聞天之怒，不聞地之哭。如地不能哭，則天亦不能怒」。又如自然篇「春觀物之生，秋觀其成，天地爲之乎，物自然也。如謂天地爲之，爲之宜用手，天地安得萬萬千千手乎？」我們可以承認王充的結論是正確的；但這是沒有方法作基礎的結論，是由事實直感而來的結論。他所運用的方法，反而沒有他的論敵的健全。論敵的感應說的不可信，乃是大前提中的實質問題，而不是大前提下的推演問題。凡不由正確方法所得的結論，結論雖對，只是偶然性的對，不能稱之爲出於科學。胡適在這種地方大大恭維王充的科學，我不能了解。

因爲王充在方法的運用上，有時是混亂拙劣；再加上他的理解能力，並不高明，所以他不能貫澈知性的要求，反而經常籠罩在各種偶像之下，不能自拔。政治對他是最大的偶像。爲了此一偶像，積極方面，因「頌漢」而不惜承認當代所出現的祥瑞的眞實性；又寫順鼓明雩兩篇，「爲漢應變」（註十三），公開違反他全盤的論點。消極方面，爲了解釋自己的何以不遇，而建立一套命相哲學的觀念上的大偶像。他並不能了解揚雄的太玄，但揚雄在他心目中是一個偶像，便給太玄以很高的地位。尤其是董仲舒在他的心目中，更是居於偶像的地位，他在超奇篇說「文王之文在孔子，孔子之文在仲舒」。所以特寫亂龍篇，爲仲舒「設土龍以招雨」的迷信作辯護。董氏的思想，有極合理的；有半合理的；有全不合理的；他所辯護的，恰是全不合理的。章太炎斥董仲舒爲「神人大巫」；而謂王充是「漢得一人焉，足以振恥」（註十四）。而不知此「一人」正是屈伏於大巫之下的一人。對古人典籍，不深究其實，而自足於依稀想像之辯，瞽說橫流，誠非無故。王充自謂「論衡者論之平也」；各人皆有其是，有其非，是還他一個是，非還他一個非；而不爲任何偶像所屈，此之謂「論之平」；這是理性主義的態度。王充站在理性主義的面前，實在有點「色厲而內荏」了。

八、王充疾虛妄的效率問題

現在再進一步考查王充疾虛妄的效率。首先引起我注意的是，疾虛妄即是破除迷信。越地本爲迷信特濃之地；而當時以行動破除迷信者爲第五倫。據後漢書四十一本傳，第五倫以建武二十九年爲會稽太守，王充時二十七歲。至永平五年「坐法徵」，時王充三十六歲；應當是王充在縣任吏職之年。論衡書中反復對郡將（註十五）的責難，第五倫當然也包括在內。第五倫不僅是東漢有數的賢太守，而且他破除迷信的情形是：

「會稽俗多淫祀，好卜筮，民嘗以牛祭神，百姓財產以之困匱。置其自食牛肉而不以薦祠者，發病且死，先爲牛鳴；前後郡將莫敢禁。倫到官，移書屬縣，曉告百姓。其巫祝有依托鬼神，詐怖愚民，皆案論之。有妄屠牛者吏輒行罰。民初頗恐懼，或祝詛妄言。倫案之愈急，後此遂絕，百姓以安。」

第五倫的作風，應與王充爲同調；但論衡書中，未嘗片字提及，可知他是一個澈底地「自我中心」論者，如此而欲論之平，是不容易的。

綜計王充的疾虛妄，有的是疾其可不必疾，這在前面已約畧提到。玆再畧作考查如下：變虛篇主要辯宋景公熒惑守心的故事之虛。書虛篇主要是辨延陵季子呼披裘而薪者拾路上遺金等故事之虛。感虛篇辯堯時十日併出，堯射去其九等故事之虛。福虛篇是辯楚惠王食寒葅而得蛭，因遂呑之等故事之虛。禍虛篇是辯曾子責子夏因喪子而喪明等故事之虛。以上皆係辯典籍中之虛。上面的這些故事，有的是出於傳說附會，有的則完全是神話。傳說故事中的性質，不可一概而論。本是歷史的眞實，如齊桓公有姑姊妹七人不嫁的故事，王充以桓公功業之盛而遽斷其虛，實際是以他當時的家族及社會觀念去看齊桓公時的家族及社會的觀念。桓公雖也同姓不婚，但沒有東漢時的嚴格，所以他對於齊桓公的故事的否定是輕率的。其次，本是事實，但在傳說中把偶然的因素，强調爲必然的因素。其次是本有一部分事實，在流傳中逐漸附會上些虛構的東西。還有傳的是毫無事實，只是適應人們好奇的要求，尤其是適應感情上的要求，由想像而造作出來的。這便是神話。這類東西，流傳於典籍之中，尤其是流傳於先秦諸子及韓詩外傳、淮南子、新序、說苑之中，並不是大家辯僞的能力不及王充，也不是他們存心好僞。而都是把某一故事作某種意義的象徵，作某種感情的象徵，而加以使用，以爲加强某種意義、感情之用。莊子並且隨手創造神話。他們對這類故事，不是在歷史事實上去認取眞實的，實際都是在某種意義感情上認取眞實。所以各民族的神話，不因科學的興起而歸於消滅。王充是道德感情，藝術感情，很稀少的一個人；他便只在象徵物的本身去著眼，而完全不從被象徵的東西上去着眼；並由象徵物的破壞，以破壞被象徵的東西；這不僅在學術史上並不代表什麼特別意義，並且王充的這種態度，只能使歷史中的「人的世界」，趨於乾枯寂寞。

道虛一篇，係辯斥神仙家的神話。龍虛雷虛等篇，是辯斥民間的迷信。在歷史中，對這類迷信的辯難，是表示合理主義的伸張，當然有其意義。但我國文化，自周初以來，一直是走着以合理主義消解原始宗教；以道德理性主義彌補宗教所留下之空缺的道路。兩漢雖陰陽五行之說大行，對這一套虛僞的宇宙架構，王充並不曾突破。而王充所突破的，只要順着中國文化中合理主義之流以看問題時，都很容易突破。最重要的是要看王充在消極的「破」以後，如何作積極的「立」，這才是衡量他的成就的尺度，這卽是他對問題所提出的解答。下面對這點畧加考查：

①書虛篇辯「舜葬於蒼梧，象爲之耕；禹葬於會稽，鳥爲之田」爲虛。他所作的解答是「蒼梧多象之地，會稽衆鳥所居……象自蹈土，鳥自食草；土蹶草盡，若耕田狀。壞靡泥易，人隨種之；世俗則謂爲舜禹田」。

②又辯「孔子當泗水之（而）葬，泗水爲之却流」之爲虛。他的解釋爲「是蓋水偶自却流。江河之流，有回復之處……則泗水却流，不爲神怪也」。

③變虛篇中他對宋景公時熒惑守心，景公不從子韋之言，而徙三舍，景公增年二十一的解說是「或時星當自去，子韋以爲驗，實動離舍，世增言之。旣空增三舍之數，又虛生二十一年之壽也」。

④感虛篇對「倉頡作書，天雨粟」的解釋是「夫雲出於丘山，降散則爲雨矣。人見其從上而墮，則謂之天雨水也……夫穀之雨，猶彼雲布之，亦從地起，因與疾風俱飄集於地。人見其從天落也，則謂之天雨穀」。

⑤福虛篇對楚惠王食寒葅而得蛭，因遂吞之，是夕蛭自後出，心疾亦愈的解釋是「或時惠王吞蛭，蛭偶自出……腹中熱也，初吞，蛭猶未死……蛭動作，故腹中痛。須臾蛭死腹中，痛亦止。蛭之性食血，惠王心腹之積殆積血也，故食血之蟲死，而積血之病愈」。

⑥雷虛篇對雷的解釋是「實說，雷者太陽之激氣也。何以明之。正月陽動，故正月始雷……盛夏之時，太陽用事，陰氣乘之。陰陽分事（爭），則相校軫；校軫則激射，激射爲毒，中人輒死……何以驗之，試以一汁水灌冶鑄之火，氣激鑿裂，若雷之音矣。或近之，必灼人體。天地爲爐火矣，陽氣爲火猛矣，雲而爲水多矣。分爭激射，安得不迅？中傷人身，安得不死」？

「何以驗之，雷者火也。以人中雷而死……中頭則鬚髮燒燋……臨其尸，上聞火氣，一驗也。道術之家，以爲（衍文）雷燒石色赤；投於井中，石燋井寒，激聲大鳴，若雷之狀，二驗也。人傷於寒……腹中素溫。溫寒分爭，激氣雷鳴，三驗也。當雷之時，雷光時見大（火）……四驗也。當雷之擊時，或燔人室屋，及地草木，五驗也。」

⑦論死篇對枯骨在野，時嗚呼有聲的解釋是「人死口喉腐敗，舌不復動，何能成言。然而枯骨時呻鳴者，人骨自有能呻鳴者焉，或以爲秋（妖）也」。

⑧紀妖篇對各帶神話性之故事，皆以妖作解說。

⑨訂鬼篇對鬼的解釋是：

（一）「凡天地之間有鬼，非人死精神爲之也，皆人思念存想之所致也。致之何由，由於疾病；人病則憂懼，憂懼則鬼出。」

（二）「一曰，人之見鬼，目光臥亂也……」

（三）「一曰鬼者人所得病之氣也……」

（四）「一曰鬼者老物精也。」

（五）「一曰鬼者本生於人。時不成人，變化而去。天地之性，本有此化，非道術之家所能論辯。」

（六）「一曰鬼者甲乙之神也。甲乙者天地之別氣也，其形象人。人病且死，甲乙之神至矣。」

（七）「一曰鬼者物也，與人無異。天地之間有鬼之物，常在四邊之外，時往來中國，與人雜則（一則），凶惡之類也。故人病且死者乃見之。」

（八）「一曰人且吉凶，妖祥先見。人之且死見百怪；鬼在百怪之中。」

⑩王充又以「鬼之見也，人之怪也」；王充很相信妖。他在訂鬼篇中對妖的解釋是「天地之氣爲妖者，太陽之氣也」。

妖的情形是「妖或施其毒，不見其體。或見其形，不施其毒，或由其聲，不成其言。或明其言，不短其音」。然則妖何以是太陽氣爲之。王充的解釋是「太陽之氣，天氣也。天能生人之體，故能象人之容。夫人所以生者，陰陽氣也。陰氣生爲骨肉，陽氣生爲精神。……太陽之氣，盛而無陰，故徒能爲象，不能爲形。無骨肉，有精氣。故一見恍惚，輒復滅亡也」。將上面所引諸例，畧加分析，可得出下列各結論。

一、由（一）至（五），王充雖以書傳所記者爲虛；但亦承認虛必由某種「實」而來；他的解釋都是由文字記載之虛，而求其所以致此虛之實。此一意義，用另一語言表示，即是承認僞中有眞。而他便是要在僞中求眞。此一態度，不僅是非常合理，而且在研究傳說性的歷史時，是非常必要的。古史辨派的先生們，生於王充將近兩千年之後，尙不能了解到此。

二、但王充所用以虛中求實的方法，則多出於想像。想像可以作虛中求實的啓發，而並不能作爲求實的判斷的根據。所以在他的想像中，有的近於情理，如（二）（三）（四）；有的則不近於情理，如（一）（五）等。憑想像作判斷，多是出於方法運用上的放恣，王充尚不能反省到此種程度。

三、（六）對雷的解釋，是把當時流行的陰陽運行於十二月之中的思想，和他耳目所直接得到的現象，結合起來所作的解釋。這也是他所說的「考之以心，效之以事」互相結合的範例。因此，這應當算在他所作的各種解釋中是最好的解釋。但他由耳目所直接得到的現象，並不是從被解釋的事物的自身得來，而是由他所認爲類似於被解釋的事物，再轉用到被解釋的事物上去。這是他用得最多的方法。但類似終是類似；科學絕不能從類似的轉用中得出結果。何況王充在此處以外，常常把並非類似的東西看作類似的東西，問題便更嚴重了。但在他這類的解說中，可以看出他對於耳目所能直接得到的現象，很肯留心加以觀察，這應當是很有意義的。

四、在（九）對鬼的解釋中，（一）（二）兩項皆相當地合理；但由（七）（八）（九）看來，他不信鬼而信妖，遂至連他的無鬼論也不能堅持下去，這便從此一迷信圈，跳入彼一迷信圈，構成王充人格與思想的矛盾與混亂。至於⑽，妖出於太陽之氣所作的進一步地解釋，乃是以虛幻事物（妖）爲基礎所作的想像，更難有學術上的意義。

九、王充的天道觀

漢代學術上所要解決的問題，就其統宗而言，在現實上是要解決大一統地專制下的各種政治問題。在其理念上，則係要解決天人性命的問題。這是遙承子貢所不得而聞的性與天道，漢儒却要求能够得而聞。並且此一問題，自鄒衍陰陽五行之說擴展以後，一直是順着陰陽五行這條線索以求得各自的解答；所以我可以用「唯氣論」這個名詞來概括他們這一方面的學術方向。王充的理念，或者稱爲王充的哲學，更明確表現出唯氣論的特性。但他不同於漢代一般唯氣論者的，乃在於：（一）一般唯氣論者是以氣來貫通天人，由此而以人知天。王充則以氣隔斷天人關係，而認爲天人不能互知。（二）漢人言氣，逐漸將陰陽五行組成一個系統，以陰陽五行爲氣。並且多以陽爲善，以陰爲惡。但王充間或繼承了陰陽的觀念；但他對陽的看法並不太友好，他以爲妖，毒物的「毒」，小人之口，都由受太陽之氣而來，所以他實際想用「元氣」代替陰陽之氣；並且在天地生物的歷程中，排除五行的觀念。（三）一般唯氣論者雖然認爲氣凝結而爲形體；但凝結爲形體以後，氣仍貫注於形體之中，發生獨立性的作用。但王充則以氣既凝結而成形體，氣的作用，即由形體而見。因此，他實際由唯氣論落實而爲「唯形論」；在這一點上，他與荀子的「非相」，恰恰站在相反的立場。（四）一般的唯氣論，雖早有命運的觀念，並且可以早推到論語孟子中之所謂命，(註十六)但談到性與命時，依然是守住中庸「天命之謂性」的構造，命乃「命令」之意。所以由天所命令於人的成爲人之性，在順序上，應當是命先而性後。而天命之命是理性的，命運之命是盲目的。但王充之所謂命，完全說的是命運之命；命與性，是屬於兩種不同的性格，而是在男女性交受胎時，同時所決定的。因此，他援引古典上的命字時，多有語意上的轉換。由王充著作的心理動機言，應先由他的遭遇而命而性而天道。所以論衡開始幾篇都是談命運。現在把他這一方面的思想排成一個系統，依然按着天人性命的順序，從他的天道觀說起。

(1) 天是氣抑是體？

因爲王充的性格，喜歡把一切問題，從具體方面去把握，而不喜歡從抽象方面去把握，所以他對天的自身，提出了到底是氣還是體的問題，而偏向於天是體。他之所謂體，乃有形體，有堅度的體質之體。他在談天篇說「且夫天者氣邪？體邪？如氣乎，雲烟無異」。變虛篇說「使天體乎，耳高不能聞人言。使天氣乎，氣若雲烟，安能聽人辭」。這好像他對於天到底是體是氣，尚未決定。但在談天篇中又肯定的說「儒者曰，天、氣也。……如實論之，天體，非氣也」。變虛篇中也肯定的說「夫天，體也，與地無異」。在道虛篇更肯定的說「天之與地，皆體也。地無下，則天無上矣」。祀義篇說「夫天者體也，與地同」。

他這種說法，本身有許多困難，使他不容易堅持下去，所以有時游移其詞，有時又引一般流行的「清輕者上浮而爲天，重濁者下沉而爲地」的說法。但他何以要偏向於天是體的看法？因爲第一，當時流行的唯氣論，主張「同類通氣，性相感動」（偶會篇）。他反對這種感動說，所以他對於上說的答復是「若夫事物相遭，吉凶同時，偶適相値，非氣感也」。他不否定災異及妖祥等等的眞實性，而只反對這是由氣感而來。天是體而不是氣，他覺得便把「氣感」說的根子拔掉了。第二、是爲了人是體，天也是體；但天的體顯然與人的體不同，由此以說明人有欲而天無欲，所以人有爲而天無爲、自然，且由此以說明天與人不能相知。（見下）

(2) **天道自然**

王充對天自身的性格，亦即是所謂「天之道」，可用「自然無爲」四字加以概括。

初禀篇「自然無爲，天之道也」。

寒溫篇「夫天道自然，自然無爲。……使應政事，是有爲，非自然也」。

譴告篇「夫天道，自然也，無爲。如譴告人，是有爲，非自然也。黃老之家，論說天道，得其實矣」。

在自然篇，更集中這一論點，並列明其根據。

「何以知天之自然也？以天無口目也。案有爲者口目之類也。口欲食而目欲視，有嗜欲於內，發出於外，口目求之，得以爲利欲之爲也。今無口目之欲，於物無所求索，夫何爲乎？何以知天無口目也？以地知之。地以土爲體，土本無口目。天地、夫婦也；地本無口目，亦知天無口目也。使天體乎？宜與地同。使天氣乎？氣若雲烟；雲烟之屬，安得口目。」

「此皆自然也（按指河出圖，洛出書，張良遇黃石公授太公書等）。夫天安得以筆墨而與圖書乎？天道自然，故圖書自成。晉唐叔虞魯成季友生，文在其手……宋仲子生，有文在其手……三者在母之時，文字成矣；而謂天爲文字，在母之時，天使神持錐墨筆刻其上乎？自然之化，固難疑知；外若有爲，內實自然……黃石授書，亦漢且興之象也。妖氣爲鬼，鬼象人形，自然之道，非或爲之也。」

「春觀萬物之生，秋觀其成，天地爲之乎？物自然也。如爲天地爲之，爲之宜用手乎；天地安得萬萬千千手，並爲萬萬千千物乎？諸物在天地之間也，猶子在母腹中也；母懷子氣，十月而生……自然成腹中乎？母爲之也？偶人千萬，不名爲人者，何也？鼻口耳目，非性自然也。」

「夫寒溫、譴告、變動、招致，四疑皆已論矣。（指論衡有此四篇　皆已辨其爲虛）譴告於天道尤詭，故重論之（按自然篇上文重論譴告之事。）論之所以論別也（者），說合於人事，不入於道意。從道不隨事，雖違儒家之說，合黃老之義也。」

(3) 天生物的情形

天是形體；天之道（性格）是自然無爲；但王充並不否定天生萬物；天生萬物，依然是由天之施氣。不過一般以陰陽二氣爲生物之氣。王充亦偶然說到陰陽二氣，如前所引訂鬼篇。說日篇「天地幷氣，故能生物」。這是他所說的當時一般的觀念。但他則以爲生物僅由天施氣於地，地只是以土承受天的氣，並不是以陰氣承受天的陽氣，所以他認爲天生一般之物的氣是「元氣」；而生聖人的氣是「和氣」。他之所謂元氣，他在物勢篇中，亦稱爲「一行之氣」；換言之，只是「一樣氣」，而沒有兩樣以上的。不能作陰陽未分以前之氣去理會，他有時說「天地合氣」，只是說天合氣於地，而不是說天地陰陽之氣相合。

幸偶篇：「俱禀元氣，或獨爲人，或爲禽獸。」

無形篇：「人禀元氣於天，各受壽夭之命，以立長短之形。」

論死篇：「人未生，在元氣之中。既死復歸元氣。」

四諱篇：「夫婦之乳（按猶生）子也，子含元氣而出。元氣，天地之精微也。」「人含氣，在腹腸之內；其生十月而產。其一元氣也，正月與二月何殊？五月與六月何異？而謂之凶也？」

齊世篇：「夫天地氣和，卽生聖人。」

他既不喜歡用陰陽二氣以言生物，當然更反對把五行之氣摻雜到生物的功能裏面。但他並不是否定五行之氣，而只是把五行之氣，限定在人的身體裏面。更不承認五行相勝相生之說。五行以相勝相生而運行。不承認其相勝相生的作用，卽否定了五行的「行」；完全失去了言五行的意義。

物勢篇：「或曰，五行之氣，天生萬物。以萬物含五行之氣，更相賊害。曰，天自當以一行之氣生萬物，令之相親愛；不當令五行之氣，反使相賊害也。或曰，欲爲之用，故令相賊害。賊害相成也。故天用五行之氣生萬物。………不相賊害，不成爲用。曰，天生萬物，欲令相爲用，不得不相賊害也？則生虎狼蝮蛇及蜂蠆之蟲，皆賊害人，天又欲使人爲之用邪？且一人之身，含五行之氣，故一人之行，有五常之操。五常，五行之道也。五藏在內，五行氣俱。………一人之身，胸懷五藏，自相賊也？」

天生物的情形，完全是自然無爲。他承認人禀天之元氣以生，這只是最早的人。以後的人，不復直禀天之氣，這是一個很新的說法。雖然，他有時不曾堅持此種說法。

奇怪篇：「天地，夫婦也。天施氣於地以生物。人轉相生；精微爲聖，皆因父氣，不更禀取。」

感虛篇：「天主施氣，地主生物。有葉實可啄食者，皆地所生，非天所爲也。」

物勢篇：「儒者論曰，天地故生人，此言妄也。夫天地合氣，人偶自生也。猶夫婦合氣，子則自生也。……且夫婦不故生子，以知天地不故生人也。然則人生於天地也，猶魚之於淵，蟣虱之於人也。因氣而生，種類相產。萬物生天地之間，皆一實也。」

自然篇：「天地合氣，萬物自生。猶夫婦合氣，子自生矣。……或說以爲天生五穀以食人，生絲麻以衣人，此謂天爲人作農夫桑女之徒也，不合自然。」

「天者普施氣。萬物之中，穀愈飢而絲麻救寒，故人食穀衣絲麻也。夫天之不故生五穀絲以衣食人，由（猶）其有災變不欲以譴告人也。」

「天之動行也，施氣也。體動，氣以出，物乃生矣。由（猶）人動氣（按當作「體」）也；體動氣乃出，子亦生也。夫人之施氣也，非欲以生子，氣施而子自生矣。天動不欲以生物，而物自生；此則自然也。施氣不欲爲物，而物自爲；此則無爲也。儒家說夫婦之道，取法於天地。知夫婦法天地，不知推夫婦之道，以論天地之性，可謂惑矣。夫天覆於上，地偃於下，下氣蒸上，上氣降下，萬物自生其中間矣。當其生也，天不須復與也。由（猶）子在母懷中，父不能知也。物自生，子自成，天地父母，何與知哉。」

(4) 天人不相知

王充以天之生物，乃出於自然無爲，其目的在於說明天之自身，只由形體的運動而施氣，施氣並不是以生物爲目的，物乃在施氣之下偶然自生，天並不知道，更无所要求於它所生的物；所以天所生之物，與天毫不相干；而物既生之後，人與天的地位旣懸隔，人之體又與天之體全不相同，由此而導出天人不相知，天人不相感，以澈底否定漢代所流行的災異說。

感虛篇：「夫天去人，非徒層臺之高也。湯雖自責，（天）安能自知而與之雨乎。」

雷虛篇：「人在天地之間，物也。物亦物也。物之飲食，天不能知；人之飲食，天獨知之？」「天神之處，猶王者之居也……王者與人相遠，不知人之陰惡。天神在四宮之內，何能見人闇過？王者聞人過，以人知。天知人惡，亦宜因鬼。使天聞過於鬼神，則其誅之宜使鬼神。如使鬼神，則天怒，鬼神也；非天也。」

明雩篇：「人不能以行感天，天亦不隨行而應人。」

商（適）蟲篇：「天道自然，吉凶俱會。」

指瑞篇：「或言天使之（指騏麟鳳凰）所爲也。夫巨大之天，使細小之物，音語不通，情指不達，何能使物？物亦不爲天使。」

(5) 王充之天道觀與老子之天道觀

按王充的自然無爲的天道觀，他在自然篇一開始便說是「依道家論之」。在王充的思想裏面，是把道家安放在儒家之上，把老子文子，安放在孔子顏淵之上。但若以老子所說的天道，即是王充所說的天道，便是莫大的誤解。第一，在春秋以前所說的「天生蒸民」的天，是宗教性格的天。此種起源甚早的宗教性格的天，至春秋時代，已演變而成爲道德法則性格的天。道德法則性格的天，可以滿足人間道德根據的要求，但不一定能解答天如何能創造萬物的要求。老子的道，首先是代替原始宗教來解答道或天是如何來創造萬物的。我在文學與自然一文中，曾指出老子之所謂自然，有四種意義。第一個意義是說明道的形成，是自本自根，自己如此，是宇宙萬物的第一因，以此來正定道的創造地位。第二個意義是說明道創造萬物，「但生而不有，爲而不恃，長而不宰」（五十一章），使萬物不感到是被創造的，而是自己如此的。但老子雖未明說道創造萬物的必然性，不過他對道的創造作用所作的描述，如「用之不勤」「獨立而不改，周行而不殆」，「逝曰反」等的描述，既保證了道的永恒創造的性格，因而也保證了道的永恒創造的作用。孔子是從「四時行焉，百物生焉」來體會天道；老子實際是以「用之不勤」等的永恒創造來體認道。換言之，道與創造是不可分的，創造對道而言，是必然的。他所說的自然無爲，實際是爲了成就萬物而自然無爲。到了莊子，便常常以「天」的地位代替老子裏面「道」的地位；而他的重點，已由天轉到人；但天的基本性能，與老子並無所異。可是王充所說的天的生物，只是一種偶然。他所說的自然無爲，乃是天自己照顧自己，有如夫婦交媾時只是爲了自己滿足自己的情欲一樣，這是擲棄萬物的自然、偶然。他常以夫婦交媾比天地合氣；但他從來不繼續推比下去，夫婦的交媾只爲了滿足一時的情欲；可是由交媾而懷了孩子以至生下孩子，此時夫婦對懷妊及生下的孩子，在正常情形之下，都是百般愛護的；則天對它所生的萬物又將如何呢？

第二，老子的道乃至天，雖然沒有人格神的意志，但它的性格却是最高理性的存在，是至善純美的存在；因而也是人世的善與美的最後根據，最高準繩。老子對它的形容，「惚兮恍兮，其中有象。惚兮恍兮，其中有物。窈兮冥兮，其中有精，其精甚眞，其中有信」（二十一章）。「信」指的是可信賴的秩序，與中庸「誠者天之道也」同義。莊子中對天的純美至善的形容，更爲突出。在此種描述的後面，當然是以人能體認、把握到天道爲其根據。但王充所描述的天道，及天道的自然無爲，却完全是混沌幽暗的東西。他絕對不感到道家之所謂道或天，與普通一般的人，是屬於兩個層次不同的存在。人只有通過一種工夫的努力而始能「體道」，始能「與天爲徒」。他經常把天扯下來與人相比，但實際天並趕不上人；因爲人還有心思，還可以憑學問求博通，而天則只是既無耳目口鼻，又無心思才智的混沌物。我始終認爲人對形上的把握，實際是由人的精神所投射出去的價值判斷。站在這一觀點來說，王充的精神狀態，和老子等道家人物的精神狀態，眞是天壤懸隔。

第三，老子的道或天的創生萬物，創生人，雖不是出之於意志，但它創生人乃至萬物時，即把自己的至善純美的性格，分化於各人各物的生命之中，而成爲人及物之德之性（註一八），這便成爲人與物的共同依據、保證；規定了人類前進的大方向。並且道或天雖對自己所創生的東西「生而不宰」，一任其自然。但道或大的性格，既已成爲創生物的德、的性，亦卽成爲人與物的本質，則人與物的本質，也自然要求向道或天的廻歸。所以老子說「夫物芸芸，各復歸其根。歸根曰靜，是曰復命」（十六章）。又說「道之尊，德之貴，夫莫之命，而常自然」（五十一章）。更由此而推進一步，則人的吉凶禍福，雖不是出於道或天的監視、執行；但合於道或天之道的則吉則得福，背反於道或天之道的則凶則得禍，因爲這是在最高理法之內的適應不適應的問題，這也是很自然的；所以在老子一書，在許多地方都就人的吉凶禍福以言天道，以言天道對於人世的要求。例如「不窺牖，見天道」（四十七章），是以天道爲可見。「天將救之，以慈衞之」（六十七章）。「勇於敢則殺，勇於不敢則活。此兩者或利或害。天之所惡，孰知其故？」（七十三章）「天之道，不爭而善勝……」「天網恢恢，疏而不漏」（同上）。「天之道，其猶張弓與，高者抑之，下者舉之，不足者補之。天之道，損有餘而補不足」（七十七章）。「天道無親，常與善人」（七十九章）。「天之道，利而不害」（八十一章）。雖然不是人格神的意志，却是最高法理的自然要求。因此，道家的天人性命關係，是天人一貫的關係。從這一點說，也可以推演出天人的感應。若不考慮到具體內容而僅考慮到這種天人關係的格架，則儒道兩家，可以說是相同的。但在王充，雖偶然也說「形、氣、性、天也」（無形篇）；但他心目中的天，只是一種混沌而不可爲人生依據之天，所以他所說的命，只是一種不可知的盲目的命運之命。並且只有「原人」才直接稟天之氣以生；此後的人，並不直接稟天之氣，而只是在父母合氣時稟父母之氣以生，於是人的性與命，乃稟受於父母合氣之時（見後）；所以天人性命的關係，是分成兩截，缺乏貫通統一的分割性的關係。他以此爲依據而澈底的否定天人感應的觀念。

綜上所述，王充雖依附於道家，但他的不了解道家，對老子的庸俗化，和他的不了解儒家，對孔子的庸俗化，完全是一樣。

(6) 王充天道觀的目的

王充假托於道家的自然無爲所建立的天道觀，主要是爲了否定當時流行的感應說。漢代的天人感應說，亦即是災異說，主要不是對一般人而言，而是在政治上對皇帝而言。自元帝起，災異增强了對皇帝的壓力。以中國幅員之大，可以隨時都有災異。災異一出現，做皇帝的人，最低限度，在表面上便要誠惶誠恐一番，人臣便借此大講皇帝一頓，有如劉向谷永之徒。可以看出災異說把皇帝的精神壓得透不過氣來。儘管成帝想辦法轉嫁向三公身上；而他的荒謬行爲，並不因此而眞有所改變；但在氣雰上，災異說的壓力並無所改變。光武以圖讖代災異，所以災異說的影響，在東漢的分量，不及西漢元帝及其以後是王充精神中的理想國，是他千方百計所追求的。一旦由他的自然的天道觀，把感應災異之說打倒了，而一切歸於不可知，亦無可奈何的命運，這對於皇帝，對於朝廷，的確是精神上的一大解放，同時在政治上也是他的一大貢獻。自然篇以「譴告於天道尤詭」數語作結，正說明他建立此種天道觀的目的之所在。當然如前所說，裏面也含有對皇帝、朝廷，的嚴重；但其對皇帝行爲的約束性，依然相當存在的。他自己懷才不遇的解釋因素在裏面。

但他並不是根本否定災異，也不是否定災異說者所舉出的不德之行的事實，而只是，認爲災異與行爲之間，沒有感應的關係，他把這種關係說成是「適偶」，即是適逢其會的偶然巧合。他以爲這種爲皇帝解除精神威脅，或可成爲他進身朝列的憑藉。

十、牽涉到的科學與迷信的問題

胡適氏在王充的論衡一文中，把漢代學術分爲「災異符瑞的迷信」，亦即是儒教的迷信的系統；及以實測效驗爲主的天文學的科學系統；而認爲王充「著書的時候，正當四分曆與太初曆爭論最烈的時期。他（王充）又是很佩服賈逵的人，又是很留心天文學上的問題，故不能不受當時天文學方法的影響。（原註：如說日篇可爲證），依我看來，王充的哲學，只是當時的科學精神應用到人生問題上去」。這眞是一種奇特的看法。

首先，我國天文學的成立，出於測候。測候是對天象所作的直接觀察與推算。直接觀察，是一切科學的起點。王充的說日篇中，完全不是以測候爲出發點，而係以「夜舉火者，光不滅焉」，「北方之陰，不蔽星光」等說法，類推到日象上面去，以辨正當時用陰陽觀念對日象所作的解釋。而他所建立的類推，實際是在不同類的基礎上相推，這是最不科學的方法。所以凡是提到王充的天文學知識的人，可以說沒有人不承認他在當時已經是非常落伍的浮說（註二〇）。王充在天文問題上，已不能表現一點科學精神，從何轉用到人生問題上面去。

其次，賈逵是比較過太初、四分二曆的；而論衡中曾將賈逵與班固等並稱過兩次。說得比較詳細的是別通篇。別通篇中曾說過「是以蘭臺之史，班固賈逵楊終傅毅之徒，名香文美，委積不紲」的話。這是由於對蘭臺令史的欣羨，因而把當過蘭臺令史一職的人說出，所以賈逵也被提到。但我曾把論衡中被王充所推重的西漢到東漢初的人物，作過概略的統計。提到陸賈的約十三次。提到賈誼的一次。提到淮南王安約五次。晁錯約一次。董仲舒約二十二次。嚴夫子約一次。司馬相如約四次。司馬遷約二十三次。谷永約八次。劉向約十次。劉歆約兩次。揚雄約十八次。桓譚約十一次。班氏父子共約十次。唐子高約七次。丁伯玉約一次。周長生約三次。成陽子長約一次。楊終約四次。傅毅約兩次。吳君高約兩次(註二一)。其中每一個人在王充心目中的分量，皆較賈逵爲重。而他推崇備至的董仲舒谷永劉向，皆可謂爲災異說的建立、發揚者。其他諸人，把賈逵也包括在裏面，亦無一人認爲國家的安危，個人的禍福，與政治及行爲沒有關係；這都是胡適所謂「迷信的儒教」。王充對這些迷信的儒教的人物，推重之如彼；而胡適却擯斥之如此，並把王充與這些人之間，代王充造成一道鴻溝。在論衡中，把賈逵夾在班固楊終傅毅中間提過兩次，胡適認王充「是很佩服賈逵的人」，由此而王充便從賈逵身上得到了當時天文學的科學精神，以轉用到人生問題上。這完全是胡氏顛倒王充本人的所輕所重，在自己主觀中所虛構出的事實。

凡是屬於事實判斷的，皆屬於科學知識範圍之事。凡屬於價值判斷的，皆屬於道德、藝術範圍之事。價值判斷，當然亦以事實現象爲基礎。但對事實作如何認定而賦與以何等價值，實皆出於判斷者自身道德、藝術精神的要求。從正面肯定道德藝術，固然是價值判斷；從正面反對道德藝術，不管他以何爲藉口，依然是價值判斷。因爲站在純科學的立場，對價值問題，是無從肯定，也無從否定的。對於天的問題，只由注意「天象」所得的結論，這都是事實判斷，這卽是中國很早所開始的天文日曆之學；雖然有時夾雜有價值判斷在裏面，尤以漢代的太初曆三統曆爲甚；但這只是混入的性質，其本身依然是屬於事實判斷。由「天象」而轉到「天道」，卽轉入到天之所以爲天之道，由此所得的結論，雖千差萬殊，都是價值判斷，都是出於判斷者由自己的精神狀態對天所作的要請。古代對天帝的信賴，是價值判斷。西周幽厲時代詩人對天的詛咒，是由失望而來的價值判斷。春秋時代以禮爲天之經、地之義，是價值判斷。孔子以「四時行焉，百物生焉」證明「天何言哉」；以「天何言哉」說明「余欲無言」的意義，是價值判斷。老子的自然無爲，是加上形上學的解釋所作的價值判斷。荀子「惟聖人不求知天」，這倒可以說是科學的態度。他把價值判斷安放在「聖人由積僞而生禮義」的上面。漢儒以董仲舒爲中心的「天道之大者在陰陽」，由陰陽以貫通天人性命，由此以言天人相與的感應，及作爲感應表現的災異，是價值判斷。論衡中的談天、說日兩篇，是事實判斷。但他以自然無爲爲中心的天道觀，表面上看，是反當日的道德價值判斷；但在反道德價值判斷企圖下所作的判斷，依然是價值判斷而不是事實判斷。等於現代否定一切的虛無主義所作的純否定的判斷，依然是一種價值判斷而不是事實判斷，是同樣的道理。天人感應的價值判斷，是出於對大一統的專制政治的皇帝所提出的要請。換言之，這是出於政治倫理道德所提出的要請。他們這種天道觀，雖發生許多流弊；當時救這種流弊，乃在反而求之於經義；王充也有這一點意思（註二三）。但大體上，若將感應說與王充反感應說兩者加以比較，則一爲有根蒂之人生，一爲漂浮之人生。一爲有方向之政治社會，一爲混沌之政治社會。一爲有機體之統一世界，一爲無機體之分割世界。一爲對人倫道德的嚴重地責任感，一爲對人倫道德的幽暗地虛無感。一爲要求對專制政治之控御，一爲要求對專制政治之放恣。漢書藝文志數術略歷譜下有謂「患出於小人而强欲知天道者，壞大以爲小，削遠以爲近，是以道術破碎而難知也」。這幾句話，好像恰恰是批評王充天道觀所用的「非類相推」的情形一樣，這到是一件奇怪的事情。在這種地方，不可輕易安上科學與迷信的帽子。

十一、王充的命運觀

(1) 天命與命運的發展與演變

因王充的幽暗混沌的天道觀，形成漂浮的人生、政治、社會觀，於是他勢必將人生、政治、社會，一舉而投入於機械而又偶然地不可測度的命運裏去，剝奪了人一切的主體性，一聽此機械而又偶然地命運的宰割。此卽論衡一開始所最强調的「命」。

西周及其以前之所謂命，都是與統治權有關的天命。到了春秋時代，擴大而爲「民受天地之衷以生，所謂命也」（註二十三）的一般人的命；卽是天所命於人的不僅是王者的政權，更進而成爲一般人民道德根據的命；這是天命觀念劃時代的大發展。「天地之衷」所命於人的，在孔子，在子思的中庸，便稱之爲「性」，在老子在莊子內篇便稱之爲德。這是在一般人生的道德要求上所新建立起來的天人關係，這可以說是道德自主性的覺醒。

在上述的道德自主性的覺醒中，人也發現道德的自主性對人的現實生活而言，並沒有全般的主宰能力；如貧賤富貴壽夭等，既不是人力所能控制，也不是當時的人智所能解釋，冥冥中彷彿有一股不可抗拒的力量在發生支配作用，這便在春秋時代出現了命運之命的觀念，作爲人力所能自主與不能自主之間的一條分界線。這兩種性格完全不同的命，在論語中將前者稱爲「天命」，將後者僅稱爲「命」。中庸則只言天命，不言命運。在孟子，則將前者稱爲「天」，將後者稱爲「命」，也間或有將兩者混淆的。老子書中，無命運的觀念。莊子一書，則極少數地方，將天與命混淆了；但就全書看，他和孟子相同，將前者稱爲天，將後者稱爲命。只有在外篇雜篇中出現的「性命」一辭，與易傳中「盡性以至於命」的「性命」觀念符合，卽是此處的性與命的關係，乃「天命之謂性」的關係。墨子一書，將前者稱爲「天志」，將後者稱爲「命」。此後命運的命，更普及於社會大衆之間；而性命之命，乃成爲漢代學術所追求的大標誌。

(2) 王充命運論的特色

王充之所謂命，乃完全繼承、接受命運之命的觀念，亦卽是與作爲人生本質之「性」全不相干的觀念。但因爲他把人生的主體性，政治的主動性，完全取消了，而一憑命運的命來加以解決、解釋，這便形成他的命運論特色。

他首先把命與性劃定界域。命祿篇「故夫臨事智愚，操行清濁，性與才也。仕宦貴賤，治產貧富，命與時也」。「夫性與命異。或性善而命凶。或性惡而命吉」。命義篇「操行善惡者性也。禍福吉凶者命也」。

其次，他對命的內容作了詳細的規定。命祿篇「凡人遇偶及遭累害，皆由命也。有生死祿夭之命，亦有貧賤富貴之命」。命與天的關係，他有時混而為一，有時又分而為二。命祿篇「孔子曰（按此誤以子夏之言為孔子之言）死生有命，富貴在天……孔子聖人……稱言命者，有命，審也」。此處分明是命與天是一，所以他又說「命則不可勉，時則不可力，知者歸之於天」。命義篇「死生者無象在天，以性為主。稟得堅強之性，則氣渥厚而體堅強，堅強則壽命長……故言有命，命則性也。至於富貴所稟，猶性所稟之氣，得衆星之精。衆星在天，天有其象。得富貴象則富貴，得貧賤象則貧賤。故曰在天。……天施氣而衆星佈精，天所施氣，衆星之氣在其中矣」。這段話裏面，把性與命混而為一，把命與天又分而為二。論衡中經常出現這種混亂的情形。但如後所說，他此處所說的性，是指初生時的生的狀態而言。他所說的天的性格，實同於命的性格。而命與性，同樣決定於父母合氣時的氣，所以「天」與「命」的關係，在王充，則天是虛擬而沒有實質意義的東西。所以在了解上，可把王充在這種地方（與命性相對稱時）的天，根本劃入括弧中去。他在這裏所以特地把天凸顯出來，實際是要把星相學中的「星」包含在命中去；這是他理論上一時的歧出，可以置之不論。我們只順着他根本的意義去疏導。命義篇謂「故國命勝人命，壽命勝祿命」。他提出國命的觀念，壓蓋在人命之上，政治行爲的意義與主動性，完全被他取消了，傳統的「君相造命」的話，完全被他否定了，於是命對人的決定性也就是更完全了。

爲了使命的觀念能對現實人生，發揮更大的解釋能力，便須把命的觀念更細分下來，以適應現實的各種情況。命義篇說「人有命、有祿，有遭遇、有幸偶。命者，貧賤富貴也。祿者盛衰興廢也。」「遭者，遭非常之變」。「遇者，遇其主而用也」。「偶也（者）謂事君有偶也」。「故夫遭遇幸偶，或與命祿幷，或與命祿離」。按此處之所謂「祿」，亦卽逢遇篇之所謂「時」。人的命應當是統一的；但人的一生，却有各種盛衰的變化，特賴時或祿的觀念加以彌縫。遭遇幸偶四個觀念，雖內涵的吉凶禍福，各不相同，但在「偶然」「突然」的意義上，則完全一致。因這些都是「後驗」的（事後應驗）；旣是後驗的，於是預定的命，又不易爲人所預知，而時常感到是突然偶然的變化。所以王充又提出這四個觀念來加以補救。在「與命祿幷」或「離」之間，便可以產生許多便宜的說法。

王充爲了貫澈命運對人生的支配力量，便反對當時流行的三命之說，特別反對三命中的「隨命」之說。命義篇：

「傳曰，說命有三。一曰正命，二曰隨命，三曰遭命。正命謂本禀之自得吉也。……隨命者，戮力操行而吉福至，縱情施欲而凶禍到，故曰隨命。遭命者，行善得惡，非所冀望。逢遭於外，而得凶禍，故曰遭命。」

按隨命之說，乃在命運的觀念中保持人的若干自主性，也是對人生前途所提供的保證。但這一說法，不能爲王充所允許。他說：

「使命吉之人，雖不行善，未必無福。凶命之人，雖勉操行，未必無禍。孟子曰『求之有道，得之有命』。性善乃能求之，命善乃能得之。性善命凶，求之不能得也……言隨命，則無遭命。言遭命則無隨命。儒者三命之說，意何所定？」

於是他另規定三命的內容，是「正命者至百而死。隨命者五十而死。遭命者初禀氣時遭凶惡也」。這可以說是完全沒有意義的說法。

(3) 命之由氣而形而骨的實現

然則命由何而形成？由何而見？從王充所提出的答復，更可以看出他的唯氣論的特色。

命義篇「人禀氣而生，含氣而長，得貴則貴，得賤則賤」。

初禀篇「人之性命，本富貴者，初禀自然之氣；養育長大，富貴之命效矣」。

這說得很淸楚，命是由稟氣而成。而所謂稟氣，乃決定於生時所稟的氣。

幸偶篇「俱稟元氣，或獨爲人，或爲禽獸。並爲人，或貴或賤，或貧或富。……非天稟施（黃暉以爲當作「施氣」是也）有左右也，人物受性有厚薄也」。

初稟篇「命謂初生稟得而生也」。

按王充以生爲性，故所謂「受性」，實卽是「受生」。

初稟篇說「命謂初所稟得而生也。人生受性，則受命矣。性命俱稟，同時並得；非先稟性，後乃受命也」。

所謂生時所稟之氣，乃指父母交媾時而言。所以命義篇說「凡人受命，在父母施氣之時，已得吉凶矣」。換言之，受胎之時，卽受命之時。胎乃人的形體；氣成爲人之形體，故命卽表現爲人的形體，特別表現在形體中的骨相。命運決定論，一變而爲人之骨相決定論。

命祿篇「夫命富之人筋力自强。命貴之人，才智自高。」

氣壽篇「彊壽弱夭，謂稟氣渥薄也」。「人之稟氣，或充實而堅彊，或虛劣而軟弱。充實堅强其年壽。虛劣軟弱，失棄其身」。「稟壽夭之命，以氣多少爲主性也」。

命義篇「且命在初生，骨表著見……富貴貧賤，皆初稟之時，不在長大之後」。

無形篇「人稟氣於天，各受壽夭之命，以立長短之形……器形已定，不可小大。人體已定，不可減增。用氣爲性，性成命定。體氣與形骸相抱，生死與期節相須。形不可變化，命不可減加」。「人稟氣於天，氣成而形立；則（形）命相須，以至終死」。

骨相篇「人曰命難知，命甚易知。知之何用（由），用之骨體。人命稟於天，則有表候（見）於體，……骨法之謂也」。「非徒富貴貧賤有骨體也，而操行清濁亦有法理。貴賤貧富，命也。操行清濁，性也。非徒命有骨法，性亦有骨法」。「相或在內或在外。或在形體，或在聲氣」。

初稟篇「文王在母身之中已受命也。王者一受命，內以爲性，外以爲體」。

按由荀子的非相篇，可知骨相之術，在先秦已甚發達。西漢亦甚爲流行。由命而落實於人的骨相，這在命理的子平術未出現以前，乃談命運之術的必然歸趨。王充的思想，正代表了此一歸趨。玆將王充的這些繁複地說法試表列於下；

表一

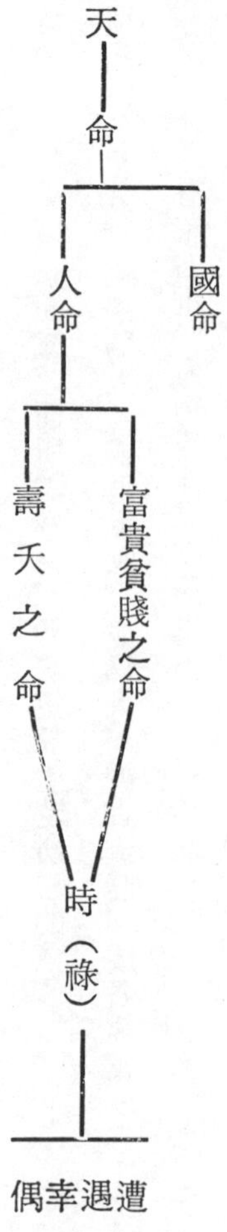

天—命—┬—國命
　　　　└—人命—┬—富貴貧賤之命—┐
　　　　　　　　└—壽夭之命————┴—時（祿）—遭遇幸偶

表二

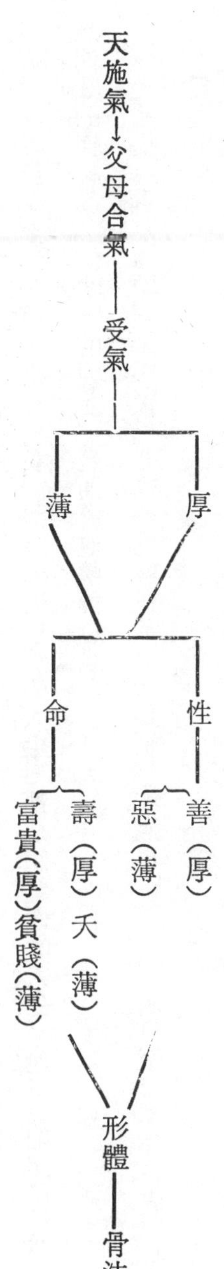

(4) 王充命運論的缺口

在王充的唯氣論的命運論中，還有兩個特異的觀念。一是求的觀念。命祿篇「天命難知，人不耐（能）審。雖有厚命，猶不自信，故必求之也。……有求而不得者矣，未必不求而得之者也。精學不求貴，貴自至矣。力作不求富，富自至矣」。按順著王充的命運論，則異虛篇所謂「故人之死生，在於命之夭壽，不在行之善惡。國之存亡，在期之長短，不在於政之得失」；這是他自然的結論。而且就骨相篇說，要能知命，在於審視各人的骨法，骨法是不能改變的。由他上述的結論，可以引出一個結論來，即是人應當完全過着安命的生活。但他在命祿篇又提出一「求」字來；求必有求的線索，於是他把與命運完全切斷了的行為，又重新搭上一條線，以為求命的線索；這固然是他思想的矛盾，也可以說是他的思想的缺口。因為有了這一點缺口，才不至把人生完全悶死在命運的乾坤袋裏，而王充本人，依然表現出十分積極性的人生。

但是上面由「求」的觀念，將行爲與命運搭上一條線，在王充全部思想中，是點綴性的，是非常薄弱的一條線。就一般人生而言，生活總希望能避禍而得福。避禍得福的途徑，當然是憑自己的行爲。人的行爲是自己可以把握住的。在自己的行爲上立基，而將不可知之命，置之於無足輕重之列，這才是論語上所謂「不知命，無以爲君子也」的知命，由此而「居易以俟命」，「修身以俟之」，把命置於不足重輕，對人生不能發生干擾的作用。所以人生的主體性，依然是把握在自己手上，而形成堅定不移的人生態度。王充既非常動心於禍福利害，而又對行爲失去信心，乃完全委任之於命運；命運並不能眞正確定於骨相，而只能驗之於事後。在未驗之前，人生是茫然的。卽在既驗之後，人生也只是感到突然的。於是在王充的命運論中，第二個特異之點是逢遇倖偶的觀念。所以論命的第一篇是逢遇，第二篇是累害。第五篇是幸偶，第十篇是偶會。他實際所感受的人生，都是偶然性的人生。他所强調的自然，也是偶然的性格。「偶然」的觀念，貫通於他整個思想之中。例如：

逢遇篇「處尊居顯，未必賢，遇也。位卑在下，未必愚，不遇也」。「不求自至，不作自成，是名爲遇」。

幸偶篇「凡人操行有賢有愚。及遭禍福，有幸有不幸。舉事有是非。及觸賞罰，有偶有不偶」。

命義篇「故人之在世，有吉凶之命，有盛衰之祿，重以遭遇幸偶之逢……」。指瑞篇「物生爲瑞，人生爲聖。同時俱然，時其長大，相逢遇矣……其實相遇，非相爲出也」。王充雖然在命祿篇說「凡人遇偶及遭累害，皆由命也」。但究不如命義篇所說的「故夫遭遇幸偶，或與命祿並，或與命祿離」二語之爲確當。把生命完全安放在命運裏面的人生，實即把生命安放在偶然裏面的人生，也即是一種漂泊無根的人生，這是命運論自身的否定。

十二、王充的人性論

(1) 唯氣的人性論

王充人性論的構成格架，由前面的表二可以約畧了解，與命的構成格架，完全相同，即是將唯氣論貫澈到人的形體骨法之上。在命運論上，以稟氣的多少說明命的有吉有凶；在人性論上，以稟氣的厚薄，說明性的有善有惡；並且都可以從形體骨法上看出來的。命祿篇說「夫物不求而自生，則人亦有不求貴而貴者矣。人情有不教而自善者，有教而終不善者矣。夫性猶命也」。此處之所謂「性猶命也」，是就性對善惡的決定性，等於命對貴賤貧富的決定性一樣而言。其所以有同樣的決定性，正因爲性的形成，同爲唯氣論的格架。

命義篇「性命在本。故禮有胎敎之法……賢不肖在此時矣。受氣時，母不謹愼，心妄慮邪，則子長大狂悖不善，形體醜惡」。

無形篇「用氣爲性，性成命定」。

率性篇「禀氣有厚泊，故性有善惡也……人受五常，含五臟，皆具於身。禀之泊少，故其操行不及善人，猶（酒）或厚或泊也……人之善惡，共一元氣。氣有少多，故性有賢愚」。

骨相篇「非徒富貴貧賤有骨體也；而操行清濁亦有法理……非徒命有骨法，性亦有骨法」。

自然篇「至德純渥之人，禀天氣多，故能則天自然無爲。禀氣薄少，不遵道德（按此指道家之道德），不似天地，故曰不肖」。

按王充的基本意思只是性命之氣，受自父母合氣之時。受氣多者性善而命吉，受氣少者性惡而命凶。故就一般的情形而言，天並非直接施氣於人，人亦非直接受氣於天。但特出之人，則直接受氣於天。命義篇，在建立了他自己的三命說以後，更謂「亦有三性。有正有隨有遭。正者禀五常之性也。隨者隨父母之性（也）。遭者遭得惡物，象之故也」。他這裏所謂隨父母之性，蓋因受父母之氣。由此可知「禀五常之性」，卽上引自然篇之所謂「禀天氣多」。這對於禀氣厚薄，決定性之善惡的說法，在他的理論中，是一種歧出。又前引他提到古人重胎敎的地方，以母的念慮，影響於子女的善惡，這在他的理論中，也是一種歧出。所以有這種歧出，一方面原於王充思想本來很駁雜；同時也是因爲唯氣論對人性的解釋太單純化了，難於順着一條直線作解釋的原故。宋儒周敦頤、二程、朱元晦，皆受有漢儒唯氣論的影響；而朱元晦特顯出理氣二元論，從某一角度看，這是漢儒唯氣論的合理的發展，也解除了王充不自覺地所遭遇到的難題。

(2) 人性論上的折衷態度，及宿命論的突破

本性篇是王充對前人的性論，作有系統的批評；並把自己的性論，作有系統的陳述的一篇文字，也是論衡中較平實，較有意義的一篇文字。他對各家性論，在批評中並不一概加以抹煞，而認爲「亦有所緣」；即係承認各人所根據的事實，而認定其局部的妥當性，這是很合於批評原則的。他最後的結論是：

「實者人性有善有惡，猶人才有高有下也。……謂性無善惡，是謂人才無高下也。稟性受命，同一實也。命有貴賤，性有善惡。謂性無善惡，是謂人命無貴賤也。凡州田土之性，善惡不均，故有黃赤黑之分，上中下之差……人稟天地之性，懷五常之氣，或仁或義，性術乖也。動作趨翔，或重或輕，性識詭也。面色或白或黑，身形或長或短，至老極死，不可變易，天性然也……余固以孟軻言人性善者，中人以上者也。孫卿言人性惡者，中人以下者也。揚雄言人性善惡混者，中人也。若反

經合道，則可以爲教。盡性之理則未也。」

王充將人性分爲上中下，可能爲韓愈原性將性分爲三品之所本。也實是西漢思想家的通說。在本性篇中雖反駁了董仲舒性生於陽，情生於陰，故性善而情惡的說法。但在王充的人性論中，實受了董氏重大的影響。本性篇一開始「情性者人治之本，禮樂所由生也」的一段話，雖似儒家通說，然在董氏天人三策中，闡發得最爲深切。又論衡中的率性篇一開始說：

「論人之性，定有善有惡。其善者固自善矣；其惡者固可敎告率勉，使之爲善。凡人君父審觀臣子之性，善則養育勸率，無令近惡。惡則輔保禁防，令漸於善。善漸於惡，惡化於善，成爲性行。」

由此而反復闡述敎化之功，並結之以「由此言之，（善惡）亦在於敎，不獨在性也」。我以爲這也是受了董氏的重大影響。王充的性論，按照其形成的格架看，善惡也和命的吉凶一樣，是宿定而不可移易的。但在正面論的重大影響。王充的性論，按照其形成的格架看，善惡也和命的吉凶一樣，是宿定而不可移易的。但在正面論到人性時，除中人之性可善可惡，固須敎化而成以外，並在率性篇中爲性惡也開出一條自立之路，這在他全盤的思想中，固然顯得突出而不調和。但正賴有此一突出，使我們可以承認他的思想家的地位。

附　註

註一：後漢書四十上班彪列傳贊語。

註二：後漢書班固列傳註引謝承書；北堂書抄引司馬彪書，並同。又意林引抱朴子，意亦相近。

註三：見後漢書三十一第五倫列傳。

註四：兩漢時，太守與其僚屬，亦以君臣相稱。此處之所謂人君，及論衡中涉及時事而稱君者，皆指太守而言。又論衡書中對「將」之責望特重，此「將」不僅指都尉，亦指國相及太守，程材篇稱東海相宗叔犀，陳留太守陳子瑀爲「兩將」，此其明證。又與第五倫傳互證，更可明瞭。自紀篇不爲「利害見將」，正指都尉及太守言之。乃黃暉釋爲「將猶從也。言不爲利害動」，大謬。光武已廢都尉，惟邊郡尚加保存，故會稽尚有都尉府。

註五：論衡各篇成書年代，可參考黃暉論衡校釋附編二王充年譜章帝元和二年項下，黃氏所考定。

註六：漢官儀「蘭台令史六人，秩百石，掌書核奏」，按書者乃鈔寫。職掌鈔寫核奏之文。

註七：按太史太祝，秩六百石，蘭台令史何能與之相比。蓋王充僻居下郡，不明當時政制，故爾妄言。

註八：從王充對天的成因是氣或體的爭論，他有時把氣與形體分爲二，而與戰國末期以來，以氣生形，氣貫澈於形之中的觀念不同。

註九：後漢書三，建初四年，章帝詔諸儒「會白虎觀，講議五經同異」。

註一〇：佚文篇「論衡篇以十數，亦一言也，曰疾虛妄」。

註一一：見後漢書四十一第五倫篇列傳。

註一二：博士系統的流弊，以劉歆讓太常博士書，言之最爲深切。

註一三：見講瑞篇。

註一四：見章氏檢論卷一。

註一五：請參閱註四，實將太守包括在內。

註一六：我在中國人性論史先秦篇中，對論語之所謂命與天命的不同性格，用歸納的方法，已解釋得清清楚楚。

註一七：此在自然篇中，已表白得很清楚。

註一八：老子及莊子內篇之所謂德，即莊子外篇雜篇之所謂性。

註一九：參閱老子一書所謂「天之道」。

註二〇：黃暉論衡校釋附編三引晉書天文志對王充之論，駁之甚詳。又引有賀道養渾天記，盧肇海湖賦前序、後序等，皆加以駁斥。又王充最佩服桓君山，後序謂「桓君山攻之已破，此不復云」。由其方法之幼稚，其結論固不足言也。

註二一：上面統計數字，恐有遺漏。故實際數字，或當較此處所列者爲多，但決不會較此爲少。

註二二：譴告篇「六經之文，聖人之語，動言天者，欲化無道，懼愚者，言非獨吾心，亦天意也。及其言天，猶以人心，非謂上天蒼蒼之體也。」按自成帝時，以經義正術數之失，乃大儒中之通義。當另有專文加以闡明。

註二三：左傳成公十三年「劉子曰、吾聞之，民受天地之衷以生，所謂命也」。

國家圖書館出版品預行編目資料

增訂兩漢思想史　卷二

徐復觀著. – 初版. – 臺北市：臺灣學生，民 65
面；公分

ISBN 978-957-15-0541-1 (平裝)

1. 哲學 – 中國 – 漢(公元前 202 - 公元 220)

112.2　　82005444

兩漢思想史　卷二

著作者：徐復觀
出版者：臺灣學生書局有限公司
發行人：楊雲龍
發行所：臺灣學生書局有限公司
臺北市和平東路一段七五巷十一號
郵政劃撥戶：〇〇〇二四六六八號
電話：（〇二）二三九二八一八五
傳真：（〇二）二三九二八一〇五
E-mail:student.book@msa.hinet.net
http://www.studentbook.com.tw

本書局登記證字號：行政院新聞局局版北市業字第玖捌壹號

定價：新臺幣六〇〇元

一九七六年六月初版
二〇一九年一月初版七刷

11203-2

ISBN 978-957-15-0541-1 (平裝)

徐復觀教授著作表

1. 學術與政治之間（甲集）／一九五六年／中央書局（絕版）。
2. 學術與政治之間（乙集）／一九五七年／中央書局（絕版）。
3. 學術與政治之間（甲、乙集合刊）／一九八〇年／學生書局。
4. 中國思想史論集／一九五九年／中央書局（絕版）。
5. 中國思想史論集／一九六七年／學生書局。
6. 中國人性論史／先秦篇，一九六三年／中央書局（絕版）。
7. 中國人性論史／先秦篇／商務印書館。
8. 中國藝術精神／一九六六年／中央書局（絕版）。
9. 中國藝術精神／學生書局。
10. 公孫龍子講疏／一九六六年／學生書局。
11. 石濤之一研究／一九六八年／學生書局。
12. 徐復觀文錄（四册）／一九七一年／環宇書局（絕版）。
13. 徐復觀文錄選粹／一九八〇年（係由四册《文錄》中精選彙輯 ／學生書局。
14. 徐復觀文存（收錄四册《文錄》未選入《選粹》的文稿）一九九一年／學生書局新版。

15. 黃大癡兩山水長卷的眞偽問題／一九七七年／學生書局。

16. 中國文學論集／一九七四年／學生書局。

17. 兩漢思想史（卷一）／一九七二年初版／香港新亞研究所出版，原書名《周秦漢政治社會結構之研究》／三版改名／一九七四年臺一版／學生書局。

18. 兩漢思想史／卷二／一九七六年／學生書局。

19. 兩漢思想史／卷三／一九七九年初版／學生書局。

20. 儒家政治思想與民主自由人權／一九七九年「八〇年代」初版，一九八八年學生書局收入刊行初版。

21. 周官成立之時代及其思想性格／一九八〇年初版／學生書局。

22. 徐復觀雜文集①論中共②看世局③記所思④憶往事（四册）／一九八〇年四月初版／時報公司。

23. 徐復觀雜文集・續集／一九八一年初版／時報公司。

24. 中國文學論集續篇／一九八一年初版／學生書局。

25. 中國思想史論集・續篇／一九八二年初版／時報公司。

26. 中國經學史的基礎／一九八二年初版／學生書局。

27. 論戰與譯述／一九八二年初版／志文出版社新潮文庫。

28. 徐復觀最後雜文集／一九八四年／時報公司。

29. 徐復觀教授紀念文集／一九八四年／時報公司。

30. 徐復觀先生紀念論文集／一九八六年／學生書局。

31. 徐復觀最後日記—無慚尺布裹頭歸／一九八七年／允晨叢刊。

32. 徐復觀家書精選／一九九三年／學生書局。

翻譯兩種

(一)詩的原理（萩原朔太朗原著）一九八八年／學生書局新版。

(二)中國人之思維方法（中村元著）一九九〇年／學生書局新版。

註：此為徐復觀教授最完整的著作年表。以上各書皆不斷有新版問世，可分別向印行書局、出版社購買。另有徐師書簡已着手編輯，不久當可付梓。至此，徐師著作大體賅備矣。

受業生 蕭欣義 陳淑女 曾永洋 謹識

一九九二年七月一日編訂